Aus Freude am Lesen

Hollywood-Reporterin Jane Bussmann hatte sie alle: Ashton Kutcher, P Diddy, Paris Hilton. Da stolpert sie eines Tages über das Foto eines gewissen John Prendergast, ein »Peacemaker«, der in den besten Zeitungen des Landes über seine Mission berichtet und schon im Weißen Haus gearbeitet hat. Ein amerikanischer Held – der noch dazu blendend aussieht. Sie beschließt, alles daran zu setzen, an ihn heranzukommen – egal wie. Als der *Independent* tatsächlich einwilligt, sie für ein Interview mit ihm nach Washington zu schicken, muss sich Jane, deren anspruchsvollster Artikel bisher eine Reportage über ein Kurhotel für Hunde war, ernsthaft etwas einfallen lassen …

JANE BUSSMANN hatte bereits mit 19 Jahren eine eigene Kolumne beim Londoner *Guardian*, bevor sie mit 22 Comedy-Autorin bei der BBC wurde. Sie war als Drehbuchschreiberin und Redakteurin an den preisgekrönten Comedy-Serien »Smack the Pony«, »Brass Eye« und »South Park« beteiligt, bevor sie als Promireporterin nach Hollywood ging. Über ihre irrwitzigen Anstrengungen, dem amerikanischen Friedensstifter John Prendergast näherzukommen – vom ersten Interview in Washington bis zu einem gescheiterten Treffen in Uganda, wo Bussmann ziemlich unvorbereitet in einen Bürgerkrieg geriet –, hat sie dieses Buch geschrieben. Für »Ausgerechnet Uganda!« wurde Jane Bussmann mit verschiedenen Comedy-Preisen ausgezeichnet. Sie brachte ihre Geschichte außerdem 2006 als Comedy-Stück erfolgreich in New York, London und Edinburgh auf die Bühne.

Jane Bussmann

Ausgerechnet Uganda!

Wie ich einmal einen Mann durch
halb Afrika verfolgte und er mich
trotzdem nicht heiratete

*Aus dem Englischen
von Norbert Hofmann*

btb

Die englische Originalausgabe erschien 2009
unter dem Titel »The worst date ever« bei Macmillan, London.

Verlagsgruppe Random House FSC-DEU-0100
Das für dieses Buch verwendete
FSC®-zertifizierte Papier *Lux Cream*
liefert Stora Enso, Finnland.

1. Auflage
Genehmigte Taschenbuchausgabe Mai 2012,
btb Verlag in der Verlagsgruppe Random House GmbH, München
Copyright © der Originalausgabe 2009
by Jane Bussmann
Copyright © der deutschsprachigen Ausgabe 2010
by Verlag Klaus Bitterman · Edition Tiamat, Berlin
Umschlaggestaltung: semper smile, München
nach einem Entwurf von Bruce Fairburn
Umschlagmotiv: Mark Andrews
Satz: Uhl + Massopust, Aalen
Druck und Einband: CPI – Clausen & Bosse, Leck
SL · Herstellung: BB
Printed in Germany
ISBN 978-3-442-74369-8

www.btb-verlag.de

Frage: Wie viele von hundert Ugandern, glaubst du, besitzen ein Telefon?

Antwort: Zwei. Und das Tragische ist, keiner hat die Nummer des anderen.

Für jeden von uns kommt ein Moment, wo wir uns in aller Klarheit sehen. Manche erreichen diesen Augenblick und erkennen: Mein Gott, ich bin wirklich der Hammer. Ich habe die Welt verbessert, sogar meiner Jacke sieht man an, was ich schon alles geleistet habe, und mein Arsch ist einfach fantastisch.
Andere können das nicht von sich behaupten. Für diejenigen unter uns, die sich eingestehen müssen, mein Gott, ich bin *immer noch* so, ist dieses Buch.

Inhalt

Hinweis:

In dem Abschnitt über Hollywood habe ich die Reihenfolge einiger Ereignisse geändert, um ein paar noch bescheuertere Begegnungen mit Promis hinzufügen zu können. Die Ereignisse sind an sich unwichtig, aber es kommen immerhin berühmte Personen darin vor. In den Uganda-Kapiteln habe ich Namen, Orte und alles sonst geändert, was Leute in Schwierigkeiten bringen könnte. Für etwaige Fehler gebe ich dem Alkohol die Schuld.

1

Ich habe einige wirklich großartige Priester kennengelernt

Ich kann mich noch genau an den Moment erinnern, an dem alles begann: Frühling 2003. Ich aß in Beverly Hills mit dem beliebtesten Mann Amerikas zu Mittag. Es war ein Essen zu zweit auf der Terrasse eines Restaurants, und ich starrte in die Augen von Ashton Kutcher, dem Schauspieler, der heutzutage besser bekannt ist als der Typ, der Bruce Willis Demi Moore ausgespannt hat. Ashtons Augen waren so bildschön dunkel und sexy, dass man sich schon beim bloßen Hinsehen schuldig fühlte, so wie es einem ergeht, wenn man einen nackten Hintern streichelt, den man zufällig in seiner Handtasche findet. Ich hatte das Gefühl, mich bei jedem in dem Café entschuldigen zu müssen. Und alle dort dachten das Gleiche wie ich, von der Kellnerin, die mir Kaffee nachschenkte und mir einen Blick zuwarf, der sagte: *Nicht schlecht, Sister*, bis zu dem alten Filmproduzenten, der seinen Bauch auf den Tisch hievte, um zu sehen, ob es wirklich Ashton war, der mit jemand anderem sprach als ihm. Seine Wampe bebte vor Entrüstung: Es war tatsächlich Ashton, 26 Jahre jung und umwerfend, der Durchbruchstar von Hollywood, der heiße Typ aus der Sitcom *Die wilden Siebziger,* der wilde Rebell aus der MTV-Sendung *Punk'd.* Es war unübersehbar, selbst der fette alte Hetero wollte ihn vögeln. Als Ashton meinen intensiven

Blick erwiderte, konnte ich nur eines denken: *Es muss einen Weg geben, wie ich mich umbringen kann, ohne dass es Mutti aufregt. Ich werde ein ertrinkendes Kind retten. Ja. Beverly Hills' Presbyterianische Vorschule & Kindergarten, ich werde eins von denen in den Fluss werfen …*

Ashton hat mich nicht aufs Kreuz gelegt. Dies war immerhin Hollywood. Er hat andere damit beauftragt, und die haben das für ihn erledigt. Weil ich nicht Ashtons Freundin war, war ich das Problem. Es gilt eine Regel zu beachten, wenn man mit berühmten Leuten redet: Komm niemals auf das Thema Religion zu sprechen: Sie könnten dazu eine Meinung haben. Aber ich wusste einfach nicht mehr, was ich ihn noch fragen sollte. Das passierte mir häufig, wenn ich mit Promis sprach. Ich hatte bereits seine Lieblingskaffeevariation, die Marke seines Handys und seine bevorzugten Sportschuhe abgehakt. Es war nichts mehr übrig. Und da sagte er völlig unerwartet, dass er religiös sei, aber nicht zur Kirche gehe.

»Ich häng lieber mit Leuten rum, die nicht meine Überzeugungen haben«, sagte er, »und dadurch bringe ich sie vielleicht dazu, ein bisschen über ihre Überzeugungen nachzudenken.« Pause. Aber dann … dann meint er ja – »Sie könnten mich also bekehren?«, wollte ich nun wissen. Er fragte mich nach meiner Religion. Meine Religion? Menschen sind eigentlich von Natur aus, nun ja, nett?

»Sie glauben wirklich, dass man als guter Mensch auf die Welt kommt?«, wollte er wissen. »Das heißt also, Sie halten nicht viel von Darwins Lehre?«

Was hab ich nur getan? Er wird meine eigenen Überzeugungen gegen mich verwenden. Ich werde mich doch nicht dafür entschuldigen, dass ich Atheistin bin.

»Nein, nein«, sagte ich entschuldigend.

»Alles muss von irgendwoher kommen, nicht wahr? Warum sollten wir also nicht diese höhere Macht Gott nennen, das ist nun einmal ihr Name«, sagte er. »So ist es doch, oder? Es ist also Gott. Sie glauben an Gott.«

Das Gespräch zog sich noch länger hin, aber ich habe es aus Platzgründen komprimiert, und weil ich eine Heidin bin. Und während er redete, sah ich mich von oben. Selbst bei diesem Gespräch war Ashton Kutcher für diesen Planeten nützlicher als ich. Ich wollte nur weg, auf der Stelle. Er lächelte mich selbstzufrieden an, und so sagte ich leichthin: »Ich mag einfach keine Priester. Sie sind gruselig, manipulierend. Bäh!«

Er starrte mich an. »Wie viele Priester haben Sie denn in Ihrem Leben kennengelernt?«

»Ich … Ein Dutzend?«

»Ich bin in meinem Leben einigen wirklich großartigen Priestern begegnet. Zwei. Aber näher kennengelernt habe ich nur vier … Nein, drei. Nein, doch vier. Und einen von ihnen kannte ich nicht wirklich. Aber zwei waren wirklich großartige Menschen … Nein, ich traf fünf Priester, und drei von ihnen waren großartig …«

Ich versuchte, zum Thema Kindesmissbrauch zu wechseln, um die Stimmung zu heben. Es funktionierte nicht.

»Einer schickt mir immer noch eine Karte zum Geburtstag, und ich hab ihn seit zwölf Jahren nicht mehr gesehen«, sagte er. »Nun ja, ich überlasse es Ihrem eigenen Urteil, aber ich glaube, Sie sollten über das, was Ihnen wichtig ist, ein wenig nachdenken.«

Und das schrieb ich dann letztendlich über ihn: »Ashton ist wirklich die coolste Person ganz Amerikas.«

∗

Willkommen in meiner Welt. Celebrity-Journalismus. Umsonst Essen mit den Stars. Das Dumme war nur, Ashton hatte recht. Einer von uns machte TV-Shows, die die Leute unterhielten, produzierte Filme, die beim Sundance-Festival Premiere hatten, und verbrachte Zeit mit seinem Vater, um ein Haus zu renovieren. Die andere war eine Promi-Journalistin.

Es gab großartige Promi-Journalisten in Hollywood. Ich gehörte nicht zu ihnen. Ich hasste es, unverschämte Fragen zu stellen. Ich wusste nie, wer gerade absolut *in* war, außerdem hielt ich Modedesigner für arrogante kleine Freaks, die Frauen absichtlich dumm aussehen ließen. Es war meine eigene Schuld, meine Fehlentscheidung, die mich im Paradies, umgeben von schönen, sexy Leuten, hatte landen lassen – ich war aus meinem alten Leben ausgebrochen. Ich war nach Hollywood geflüchtet, um Drehbücher zu schreiben. Unglücklicherweise waren Leute, die in dem Metier tatsächlich gut waren, vor mir dort angekommen, und anstatt die Dialoge für *Casablanca* zu schreiben, fand ich mich als jemand wieder, der darüber schrieb, was für ein fantastischer Typ Ashton Kutcher war. Schlimmer noch, ich war von Beruf Comedy-Autorin, dazu ausgebildet, die unpassendsten Dinge zu sagen. Nun hatte sich der Reflex in eine Art kulturellen Tourette-Syndroms verwandelt, und ich hatte Angst, weil ich früher oder später meine ganze Wut an Paris Hilton auslassen würde.

Wenn Sie der Meinung sind, ich jammere, dann haben Sie recht. Aber bitte haben Sie Nachsicht! Ich bin sicher, dass es irgendwo auf der Welt ein kleines achtjähriges Mädchen gibt, das mit Wasser im Hirn geboren wurde und meinen Job geliebt hätte. Aber Sloshy musste nie zu 400 Blind Dates mit schönen jungen Millionären gehen, die sie nicht ausstehen können und ihr eine geschlagene Stunde lang erzählen: »Ich kann die wahre Liebe nicht finden« (Untertitel: »Ich bumse Scarlett Johansson«).[*]

Im ruhigen landwirtschaftlichen Iowa, wo Ashton aufwuchs, wäre er einfach ein weiterer lebhafter Kerl in einer Bar gewesen. Nur, und das lernte ich über die Jahre von den Gesprächen mit einer endlosen Reihe von Promis, Ruhm bringt die soziale Entwicklung in genau dem Alter, in dem er einschlägt, zum Stillstand. Es ist nicht die Schuld der Promis. Britney schlägt sich ziemlich gut für eine Elfjährige, um die sich pharmazeutische Riesen und Kevin Federlines Pimmel kümmern. Michael Jackson ist völlig normal für einen fünfjährigen Jungen, der Pyjamapartys liebt. George Clooney dagegen quälte sich heroisch durch mehr als zwanzig Gastrollen (einschließlich der »des Lippen synchronisierenden Transvestiten«), bevor er ganz groß mit *Emergency Room* herauskam, das heißt, er wird für den Rest seiner Tage ein eleganter Mittdreißiger sein. Was Ashton angeht, nun ja, ein Deal mit Calvin Klein als Unterwäschemodell und eine erfolgreiche Sitcom mit 19, und sieben Jahre später hatte man einen Schulabgänger, der offensichtlich von Gott dazu auserwählt war, die Heiden zu bekehren.

Unsere Unterhaltung war zu Ende, er lehnte sich in Siegerpose zurück. »Sehen Sie, ich gehe nicht in die Kirche, aber ich bin jeden Tag in ihr.«

Ich glaubte immer noch nicht an Gott, aber ich hatte eine Offenbarung: *Mein Gott, das ist mein Leben.*

*

Genau in dem Moment, wie das Glück es nun mal so wollte (ich glaube nicht, dass ich das je wieder sagen und auch so

---

[*] rechtlicher Hinweis: nicht Ashton Kutcher.

meinen werde), schickte ihm P Diddy eine SMS. Ashton zog sein Telefon aus der Tasche und tippte seine Antwort an P Diddy, alias Puffy, Amerikas reichster unfähiger Rapper. Als Ashton anfing, über sein Wochenende auf P Diddys Yacht zu reden, änderte ich in Gedanken meinen ursprünglichen Karriereplan für Hollywood: *Ich spende meine Organe. Das ist die einzig nützliche Sache, die ich noch tun kann. Aber es darf nicht nach Selbstmord aussehen, Mutti zuliebe...*

»Puffy hat dieses Ding bekommen... wir haben das Repertoire fast zusammen... Das wird das Rat Pack des Jahres 2003 werden...«

Aber wir sind in Beverly Hills: Was ist, wenn Paris Hilton meine Nieren bekommt? Ich werde auf den Organspenderausweis schreiben: »Alle Teile meines Körpers für jeden – außer für Promis.«

»Ich ruf ihn also an, und ich nenne ihn Frank...«

Was aber, wenn die Schrift verschmiert und es sich wie: »Alle Prominenten« liest? Ich werde in einem Kotzbrocken wie Simon Cowell enden.

»Und er nennt mich Dean...«

Ich hab eine Idee: Ich werde meine Spenderkarte in eine Plastikhülle tun und an meinem Kleid befestigen. Nun kann ich sterben. Perfekt!... Moment mal. Sieht das nicht nach Selbstmord aus?

Plötzlich bemerkte ich, dass Ashton mich fragend anschaute. Ich wühlte in meiner zerrissenen Gucci-Tasche nach dem Packen mit Informationen zu Ashton Kutcher. Mist. Er lag immer noch ungeöffnet hinter der Tür meiner Wohnung, wo ich ihn vor einer Woche dazu benutzt hatte, Hundekacke von meinen Absätzen zu entfernen.

Aber ich hatte einen Notfallplan, weil ich wie jeder, der seinen Job hasst, nur die Minimalanstrengung machte: Ich hatte die Zauberfragen für Interviews mit Prominenten patentiert. Beide. Zwei magische psychologische Fragen, um herauszufinden, was zum Beispiel jemand wie John Travolta ticken lässt. (In Travoltas Fall sind es Flugzeuge und ███████. Und warum auch nicht? Er ist John Travolta.) Magische Promifrage eins: »Sie sind in bewundernswerter Form. Was ist Ihr Geheimnis?« Worauf die Berühmtheit stets antwortet: »Bin ich das? Wow. Danke. Denn ich treibe nie Sport und ernähre mich ausschließlich von Käse.« Eine Variante der Frage eins ist äußerst wichtig, weil sie den Befragten erlaubt, sich zu entspannen und sich zu öffnen wie ein Arschloch auf Amylnitrat. Ashton setzte noch eins drauf: »Ich bin einfach glücklich. Glück lässt einen gesund aussehen«, sagte er. »Ja, wissen Sie, deprimierte Leute sehen nicht gesund aus – sie sind immer, igitt, es steht in ihrem Gesicht.« Ashton bestellte sich einen Kebab und sah gleich zwanzig Prozent besser aus. Ich bestellte drei schwarze Kaffee, und mir wurde nur übler. Ich ging zur magischen Promifrage zwei über.

»Wir alle wissen, wofür Sie berühmt sind«, sagte ich und hoffte, er werde nichts einwenden, »aber wie fühlen Sie sich, wenn Sie nicht wegen Ihrer inneren Werte geschätzt werden?« Magische Promifrage zwei entschied es: Ashton entspannte sich und erzählte mir, dass er nur er selbst sei, wenn er altruistische Arbeit leiste. Als Beispiel nannte er das Promi-Basketballspiel, an dem er demnächst in der NBA-Unterhaltungsliga vor Tausenden von sexuell ausgehungerten Soldatenfrauen teilnehmen werde. Die Zauberfragen retteten meine Haut, bis ich endlich flüchten konnte.

An diesem Tag, als ich mein Essen in Beverly Hills mit Amerikas beliebtestem Mann beendete, stellte ich mich endlich der Realität. *Ok, ich muss weg von hier. Denn ich habe totalen Mist gebaut.* Ich habe mich dazu erniedrigt, die Evolutionstheorie verächtlich zu machen, in der Hoffnung, dass ein früheres Unterwäschemodell mich vielleicht mochte. Ein früheres Unterwäschemodell, das mich für eine Idiotin hielt. Und es hatte damit nicht ganz unrecht.

2

Das Goldene Zeitalter der Bescheuerten

Und was für ein perfekter Zeitpunkt das war, um in L.A. festzusitzen. Es war das Goldene Zeitalter der Bescheuerten, und in Hollywood erreichte es seinen Höhepunkt: Die Jahre zwischen 2003 und 2006 in Los Angeles waren wie 1966 bis 1969 in London, nur ohne coole Musik, coole Filme oder Leute, die auch nur irgendetwas Nennenswertes leisteten. Reporter machten sich Gedanken über Michael Jacksons Schmusedecke, Vogelgrippe und geklonte Schafe, während »größerer sozialer Fortschritt« nur bedeutete, dass ein Gericht Analverkehr für legal erklärt hatte. Die Leute konnten den Präsidenten der Vereinigten Staaten nicht daran hindern, dass er ihnen einen drei Billiarden Dollar teuren Krieg aufbürdete, aber jedermann konnte sich nun unbesorgt von hinten nehmen lassen. Es waren noch ein paar Jahre hin bis zur Bankenkrise, den hohen Benzinpreisen und dem Verfall von Los Angeles in einen Zustand völliger Geisteskrankheit. Vorerst drehte sich alles darum, sich was hochzuziehen, zu vögeln und sich einen neuen Chihuahua zuzulegen, einen Hund, den sich nur jemand anschafft, der entweder sternhagelvoll oder auf Drogen ist.

Konsequenterweise wählte sich diese Ära der Geschichte die sogenannten »It Kids« als ihre Repräsentanten. Leute, die ständig in den Medien präsent waren. Wenn man die »It

Girls« traf, war Nicole Richie warmherzig und witzig, Lindsay Lohan war naiv und süß, aber oft von schnöseligen Typen umgeben, so dass man sich schon Sorgen machen musste. Paris Hilton hingegen hielt pflichtbewusst die Rolle als das »sexy« Ding aufrecht, indem sie sich so rüde benahm, dass sich jeder in ihrer Nähe fragte, womit er sie gelangweilt hatte und wie er doch noch ihre Liebe gewinnen konnte. Verdammt, ich glaube, sie gefiel mir damals sogar. Sie waren alle auf ihre Art clever, aber Junge, Junge, sie waren die Inspiration für eine Million weiterer Königinnen der Dummheit.

Jedes Wochenende stolzierten Mannequins den Sunset Strip entlang und liefen zwischen der Skybar und der Standard Bar mit angemalten Beinen und ohne Schamhaar hin und her. Ich weiß das, weil diese Generation nicht BHs verbrannte, sondern Schlüpfer verschmähte. Die Martinis schlugen ihnen schwer auf den leeren Magen, und ich wurde unfreiwillige Zeugin, wie sie kichernd auf einen Maserati am Straßenrand zustolperten und dabei der ganzen Stadt ihre rasierten Mösen zeigten. Während die Welt in einen Krieg schlitterte, bekämpfte L.A.s Rebellion nicht das System, sondern gab sich nuttiger als seine Frauen.

Sie waren nicht ungehorsam gegenüber ihren Eltern, die sich das, was sie besaßen, hart erarbeitet hatten, sie widersetzten sich nur der Vorstellung, sich um irgendetwas scheren zu müssen. Als ich mit Mischa Barton unterwegs war, demonstrierte sie mir diese Haltung umgehend und kaufte sich aus einer Laune heraus eine Pfadfinderinnenuniform. Die Hipsters von L.A. verhielten sich wie Kinder: Sie wurden schnell müde, bekamen Wutanfälle, und manchmal sah man sie schluchzend am Steuer ihrer Autos sitzen. Sie trugen Verbände am Handgelenk und verschwanden für ungewisse Zeit in Kliniken. Wie gesagt, es war kaum ihre Schuld. Als verantwortungsbewusste

Angestellte dieser Industrie nahmen die Angelenos (die Einwohner von L.A.) tagaus, tagein rund um die Uhr Drogen, genauso wie Judy Garland es getan hatte, schluckten Ritalin, Adderall and Provigil – und das nicht, um sich besser konzentrieren zu können (ohnehin nutzlos im Zeitalter der Bescheuerten), sondern um ja kein Gramm zuzunehmen.

Abends nahm dann jeder Ambien, weil es laut Werbung der einzig logische Weg war einzuschlafen und ja eigentlich niemand müde war. Ambien verlor an Beliebtheit, als bekannt wurde, dass Leute, die das Mittel eingenommen hatten, so voller Energie waren, dass sie manchmal nachts aufstanden und Dinge taten, an die sie sich am nächsten Morgen nicht erinnern konnten. Die New Yorker Presse berichtete, dass Leute, die Pillen nahmen, einschliefen und Autounfälle verursachten. *Diese Nacht hab ich wirklich gut geschlafen... Warum liegen bloß überall im Auto Zähne...? Nein!* In Los Angeles war es ein bisschen anders: Leute nahmen Ambien, schliefen ein und schlugen sich den Bauch voll. *Diese Nacht hab ich wirklich gut geschlafen... Warum ist das Bett mit Erdnussbutter verschmiert...? Neeeiiin!* Kurzum, wir lebten in einer kaputten Stadt.

Die »It Girls« lieferten weiterhin Schlagzeilen und litten traurigerweise an Verwirrung. Nicole nahm die falsche Auffahrt zum Highway. Britney heiratete und ließ ihre Ehe drei Tage später wieder annullieren. Beim Antrag auf Auflösung ihrer Ehe argumentierte sie, dass es ihr »an Verständnis für ihre eigenen Handlungen mangelte«, während Paris ihre Festnahme unter dem Verdacht auf Drogenmissbrauch am Steuer mit den Worten erklärte: »Vielleicht bin ich ein bisschen zu schnell gefahren ... Ich hatte wirklich Hunger und wollte unbedingt einen In-N-Out Burger.« Während all dies passierte, stand sie nicht etwa unter Aufsicht und Sorge ihrer Eltern, sondern unter der ihrer verwirrten und verängstigten Haustiere.

Ihre Eltern hatten in der Tat hart für das gearbeitet, was sie besaßen. Als Paris Hiltons Exfreund Rick Salomon *1 Night in Paris* herausbrachte, ein Filmchen, das zeigt, wie seine wahre Liebe sich an seinem Unterleib wie eine Ratte in einer Mülltonne zu schaffen macht, war es Paris, der Pornographie vorgeworfen wurde. Sie bekam das schlechte Image, das ihr nicht gerade half, als ihr Gefängnisstrafe drohte, während ihre Mutter Kathy Hilton ungestraft in ihrer eigenen Reality-Show auftreten durfte. Britney bekam die Riemen einer Krankenbahre zu spüren und einen Paparazzo zum Freund. Lynne Spears erhielt einen Buchvertrag und *ließ ihre Tochter wieder unbeaufsichtigt außer Haus.*

Das Goldene Zeitalter der Bescheuerten breitete sich als ein Phänomen ohne Nachrichtenwert aus, was die Medien wiederum für eine erstaunliche Nachricht hielten. Mein Job dabei war, so zu tun, als ob dieses Nichts etwas wäre. Etwas Großartiges.

*

Von einem Frauenmagazin wurde ich aufgefordert, einen Tag im Leben von Nicole Richie zu verbringen. Der Fokus: *Seht, wie hübsch und dünn Nicole geworden ist.* Die Sommerstory drehte sich diesmal um »Badekollektionen« und diente als Vorbereitung auf die Winterstory: »Iss nicht so viel, oder der Badeanzug wird dir nicht passen.« Es hatte den ganzen Frühling geregnet, und Palmenblätter und Müll lagen überall auf den Straßen, als ob es einen Aufstand gegeben hätte. Wenn es regnet, bricht diese nervöseste aller Städte sofort zusammen, alle brabbeln vor sich hin, Chevrolets fahren in Schlangenlinien über die Highways, Häuser auf Pfählen geraten in Panik und rutschen die Hügel hinunter. An jenem Tag kam mir die Stadt noch verrückter vor als sonst. Ich fuhr den Hollywood Boulevard entlang und überholte einen Radfahrer mit einem Papagei auf seinem Lenker. Ein Tramp in einer goldenen Anzugjacke tanzte Jitterbug auf dem Gehsteig. Oh, und dort spaziert Spiderman in seinem blauen und roten Lycraanzug ... *Jesus* ...

Die Sonne stand bereits hoch, und der Bevölkerung ohne Klimaanlage war heiß. So heiß, dass ich das Lenkrad mit einem Geschirrtuch festhalten musste. Ich fragte mich, warum Schauspielerinnen niemals Schweißflecken hatten, und erinnerte mich an den wie ein Insekt aussehenden Chirurgen, den ich für *Marie Claire* interviewt hatte. Er erzählte mir, dass er im Vorfeld der Oscarverleihung sechzehn Dosen Botox in die Achselhöhlen von Schauspielerinnen spritzte, um ihre Schweißdrüsen zu lähmen. Wahrscheinlich mit seinem Rüssel. Inzwischen schienen zweiunddreißig Injektionen die Regel zu sein. Ich wusste, dass ich kaum ein Recht hatte, irgendetwas daran zu kritisieren. Ich konnte keinerlei Qualifikationen vorweisen außer meinem Abitur in Kunst. *Vielleicht wenn ich auf eine andere Schule gegangen wäre, vielleicht wenn ich nicht Physik gewählt hätte, vielleicht wenn ich mehr wiederholt hätte, anstatt zwei Jahre lang im San Siro Café in Parliament Hill Kit-Kat zu essen, dann wäre ich vielleicht jetzt nicht unterwegs zur Tracey-Ross-Boutique am Sunset Boulevard, um darüber zu schreiben, wie unglaublich toll es ist, einen Bikini zu tragen.*

Tracey Ross' Boutique war hipper als hip, ein Ort, an dem ein junges Sternchen am Hollywoodhimmel eine Menge Geld loswerden konnte, indem sie es in limettengrüne Passhüllen aus Schlangenhaut investierte oder in Armbänder mit der Inschrift WÜNSCH DIR WEISHEIT und Broschen, die für mich wie Eiserne Kreuze aus Strass aussahen. Ich nahm ein Armband in die Hand, das aus alter Kordel gemacht war.

»Ist das nicht entzückend?«, fragte die Verkäuferin rasch, eine Drohung ihrerseits, dass ich es kaufen sollte.

»Sieht nicht sehr strapazierfähig aus«, sagte ich noch rascher, eine Drohung meinerseits, dass ich es nicht kaufen würde.

»Es ist mit Absicht so gemacht, dass es leicht reißt«, erklärte sie geduldig, »und wer immer es findet, bekommt, was Sie darin an positiver Energie versteckt haben. Es ist ein ›Danke-schön im Voraus‹-Armband.« Mein Telefon klingelte.

»Okay, es wird also ein langer Tag werden«, zwitscherte die Magazinredakteurin.

Du sagst es.

*

Der Star, den ich interviewen sollte, trat aus der Umkleide-kabine. Nach ihrem Auftritt in der TV-Serie *The Simple Life* stieg Nicole kometenhaft auf, eine ungewöhnliche neue Per-sönlichkeit. Aber das reichte Hollywood nicht, und einer der Akteure in der Filmindustrie – der Stylist – hatte sie unter seine Fittiche genommen. Nicole sah umwerfend aus. Zumin-dest schrieb ich das. Ich habe keine Ahnung, ob es stimmte oder nicht. Sie hatte kein Gramm Fett am Leib und war braun angesprüht, so dass sie zumindest gesund aussah. Im folgen-den Sommer, als ich sie wieder interviewte – der Aufhänger: *Seht nur, wie schrecklich dünn Nicole jetzt ist* –, schrieb ich: »Nicole ist nicht abgemagert.« Ja, und sie war schön, aber sie existierte seit zwölf Monaten völlig ohne jedes Fett am Leib, und eine gute Freundin hätte laut und deutlich gesagt: *»Lasst sie endlich essen, ihr Arschlöcher, bevor sie ganz austrocknet.«*

Ich hoffte, dass sie nicht sterben würde. Nicole war witzig

und entwaffnend freundlich, mit einem schönen Lächeln, das ein wenig müde, aber immer noch amüsiert wirkte. Wie Dolly Parton hatte sie immer einen guten Blondinenwitz auf Lager. Ihre Entschuldigung dafür, dass sie vierzig Minuten zu spät kam, war: »Tut mir leid, ich hab wieder ein Auto zu Schrott gefahren.« Die Adoptivtochter von Lionel Richie lief auf Zehenspitzen und mit weiten Augen von einem grotesken Schauplatz in Los Angeles zum nächsten, eine spindeldürre Prinzessin in einem verzauberten Königreich.

»Was war Ihr teuerstes Spielzeug?«, fragte ich.

»Ein paar Fabergé-Eier«, sagte sie.

»Hat die Ihr Vater für Sie gekauft?«

»Nein, ich hab sie mir selbst bei Geary geholt«, sagte sie. Geary war *der* Juwelier in Beverly Hills. »Am Ende des Jahres bekam mein Papa die Rechnung, und seitdem darf ich dort nicht mehr anschreiben lassen.« Ich fragte sie, wie alt sie damals war, und erwartete, dass sie sechzehn sagen würde.

»Acht«, sagte sie.

»Wie sind Sie denn dorthin gekommen?«

»Fahrer.«

Ja, Nicole war großartig, aber Junge, Junge, was hatte sie für eine Kavalkade von Arschlöchern im Schlepptau. Coiffeur, Maniküre, Pediküre, »Problemlöser« und weitere Komparsen, die alle an jenem Morgen eintrafen, um für Nicole *da* zu sein. Und sie kamen früh genug, um auf den sichtbarsten Plätzen des sichtbarsten Frühstückscafés zu frühstücken.

Aus dem Ankleideraum trat die Frau, die die »Size Zero« kreiert hat: Star-Stylistin Rachel Zoe höchstpersönlich. Sie umkreiste Nicole wie eine zerrupfte Krähe. Mag sein, Krähe ist ein wenig harsch. Vielleicht beschreibt »Brigitte Bardot im Kochbeutel, auf den eine Krähe eingehackt hat« Zoe besser. Wie auch immer, es spielte keine Rolle, denn Zoe wurde als ein Genie in Hollywood gefeiert. Dort ist man offensichtlich ein Genie, wenn man Ideen aus den frühen 1990ern borgt. Heute war es offensichtlich Rachels Aufgabe, Nicole Richie als Flittchen zurechtzumachen.

»OH, MEIN GOTT, KOMMT MAL ALLE SOFORT HER UND SCHAUT EUCH AN, WIE SÜSS SIE AUSSIEHT!«, schrie eine aus der Bagage. Die Krähe hatte die aufgeweckte Nicole in eine Kinderprostituierte mit einem Tattoo verwandelt. Nicole zeigte auf ein kleines Paar Spitzenschuhe, das auf ihrem Bauch eingeätzt war.

»Ich ließ das machen, als ich vierzehn war. Ich zeigte die Ballettschuhe meinem Papa«, sagte Nicole, »und erzählte ihm, dass ich es für ihn gemacht hatte wegen seines Songs ›Ballerina Girl‹.«

»Und was hat er dazu gesagt?«

»Nichts.« Sie schaute mich mit ihren großen »Wer, ich?«-Augen an. »Dann sagte er: ›Bitte tu mir keine weiteren Gefallen mehr‹, und brach in Tränen aus. Als ich vierzehn war, sagte ich ihm, ich sei lesbisch. Ich bringe ihn die ganze Zeit zum Weinen.«

Wir schlenderten durch den Laden.

»Wie haben Sie Rachel kennengelernt?«, fragte ich Nicole, aber bevor sie antworten konnte, stürzte sich Rachel auf uns.

»Ich half ihr bei der Auswahl des Outfits für die *Oprah Winfrey Show,* und wir haben uns sofort ineinander verliebt«, sagte Rachel und starrte mir direkt in die Augen – ohne eine Spur von Humor. Niemand sieht die komische Seite in Hollywood, es sei denn, sie sind von Paramount mit einem lukrativen Vertrag dazu verpflichtet. »Die Kleider, die wir auswählten, wurden ›Look der Woche‹ im Magazin *US Weekly.*«

»Wieviel kostet das – ›Look der Woche‹?«, fragte ich. »Was benötigt man, um im Rennen zu sein?«

»Eine Fendi- oder Marc-Jacobs-Handtasche kostet fünfzehnhundert bis dreitausend Dollar. Schuhe, Chloe oder Stella, vielleicht fünfhundert bis eintausend Dollar. Ein Cocktailkleid von Oscar de la Renta... mehrere tausend Dollar. Die kostenlosen Modelle passen Nicole nicht. Sie hat ganz klar ›Größe null‹, eine 50-cm-Taille«, sagte Rachel. Ich hasste sie dafür, dass sie stolz darauf war, ich hasste sie, weil ich Nicoles Rippen zählen konnte, was einen überraschte, wenn man gesehen hatte, wieviel sie an jenem Morgen gegessen hatte. Ich weiß das so genau, weil man mir die Rechnung überließ. Hollywood war berüchtigt für seine »Celebrity-Essen«: ein kalorienreiches Mahl in der Anwesenheit eines Journalisten oder Paparazzos. Ich machte immer gute Miene zum bösen Spiel und schrieb, dass die Stars unmöglich eine Essstörung oder ein Drogenproblem haben konnten, wenn man Zeuge geworden war, was sie gerade verputzt hatten. Auch an diesem Tag spielte ich mit, weil ich Nicole mochte und mir überlegte, dass sie, wenn ich sie alle zwölf Monate interviewte, zumindest einmal im Jahr richtig essen würde.

»Das ist so Rolling Stones«, rief Zoe aus und zeigte auf Nicoles neues Outfit – Clownhose mit einem Bikini.

»Wie die Groupies der Rolling Stones«, stellte Zoes Assistentin fest, als wäre sie ganz von allein darauf gekommen. Ich dachte, Nicole sieht eher so aus, als hätte sie versucht, Bill Wyman einen zu blasen. Und Wyman sagte, nein danke. Ich wollte nur noch weg. Ich spielte bei dieser Farce mit. Ich war Komplizin bei Nicoles Zerstörung. Ich drehte mich zu dem Bücherregal hinter mir und sah zufällig einen Bildband über die Taliban, der irgendwie zwischen all die Kabbala-Literatur geraten war. Nicole nahm das Buch aus dem Regal, aber Zoe riss es ihr aus der Hand.

»Nein, nicht, Nicole! Das könnte politisch aussehen!«,

schimpfte Zoe und starrte mich wütend an, weil ich versuchte, ihre Klientin zu schädigen. »Würde es Ihnen was ausmachen, zu Coffee Bean zu gehen? Nicole möchte einen Black-Vanilla-Kaffee mit Eis. Noch jemand? Holen Sie für jeden einen. Sie brauchen kein Geld, oder?«, sagte sie zu der Assistentin, aber gemeint war ich.

»Wie bei den Rolling Stones«, sagte Zoes Assistentin.

*

»Black Vanilla mit Eis bitte«, sagte ich zu der Frau im Coffee Bean, einem Laden aus Chrom und Beton, und ignorierte Luke Wilson, der am Ende der Theke neben den Zuckerstreuern stand. Seit dem Film *The Royal Tenenbaums* hatte ich ein Faible für ihn.

»Hi… Entschuldigung… Sie sind fantastisch«, sagte ein Mann mit Rundumsonnenbrille zu Luke.

»Danke, Mann«, sagte Luke irritiert und reichte einem Mädchen, das aussah wie Julie Christie, einen schwarzen Kaffee, in den sie Süßstoff schüttete. *Mist, nun gefällt er mir gar nicht mehr. Das passiert mir doch immer wieder.*

Wir warteten, während für »Size Zero«-Nicole ihr Zucker-Getränk zubereitet wurde. Los Angeles ließ mich an meinem Verstand zweifeln, und es war noch nicht einmal Nachmittag. Das Dumme war nur, dass L.A. bestimmt, wo es langgeht. Du warst es, die verrückt war, und Coffee Bean oben auf der Sunset Plaza war nicht nur ein weiteres Café, nein, es war der Höhepunkt aller Errungenschaften L.A.s, ein in Sonne gebadeter Tempel, wo man die Leute vergöttern konnte, denen man nacheifern wollte. Draußen vor dem Café standen drei der heißesten Girls in Los Angeles, und damit die heißesten Girls der Welt. Blond, straffste, zarteste Haut und groß. Sie sahen aus wie Tara Reid zu der Zeit, als Partymachen sie noch dünn machte, und sie saßen breitbeinig da in ihren pastellfarbenen Juicy-Couture-Fitness-Outfits, die Hohepriesterinnen von Los Angeles. Zu ihren Füßen hockten Taschenhündchen, eine Rasse irrsinnig kleiner Chihuahuas, die wie durchgerittene Hamster aussahen. Auch die Chihuahuas wurden immer dünner und dümmer, um mit dem Zeitgeist mitzuhalten. L.A. war von ihnen befallen. Selbst Adrien Brody hielt sich einen Chihuahua, und er hatte einen Film über den Holocaust gemacht. Ich war dafür ausgebildet worden, solchen Stuss satirisch zu beschreiben, aber was sollte einem Witziges über eine Kreatur einfallen, die dumm genug war, sich selbst zu strangulieren? Die Taschenhündchen liefen bellend aufeinander zu, und als ihre Leinen festschnappten, flogen beide Vierbeiner mit einem Jaulen durch die Luft. Man würde denken, sie hätten nicht vergessen, was ihnen keine fünf Minuten zuvor passiert war, als sie wieder aufeinander losgingen. Aber um das zu verstehen, müsste man ein Chihuahua sein.

Die drei Girls waren Freundinnen und hatten sich dort getroffen, um zusammen aus Strohhalmen Iced Coffee zu zutzeln. Sie saßen mit den Rücken zueinander und telefonierten mit ihren Handys. *Es geht um sie, nicht um mich. Sie können das machen, wenn es ihnen gefällt. Vielleicht sind sie ja geistig zurückgeblieben.*

»Ich könnte gerade echt aus der Haut fahren«, sagte eine von ihnen. »Da kommt sie zur Arbeit und nimmt Drogen vor den Augen ihrer Kollegen. Und das ist total egoistisch. Ich meine, ich rauche Gras auf der Arbeit, aber sie ist einfach nur selbstsüchtig.«

»Die Blutproben schlauchen mich. Ich habe das jetzt schon so oft gemacht, und sie finden nichts. Ich sag dir, ich werde mir einen anderen Homöopathen suchen ...«, sprach die dritte. *Ruhig bleiben, Jane, ganz ruhig.*

»Black Vanilla?«

»Hier! Danke. Kann ich eine Quittung bekommen? Super, danke, tschüss…«

Die Assistentin und ich brachten der Bagage den öligen kalten Kaffee.

3

Eine gute Kandidatin für ein Facelifting

Die dynamische und gleichzeitig ausgehungerte Bevölkerung von Los Angeles war nur ein Rätsel in einem größeren Trend: *Realität* ist optional geworden. Dir gefällt etwas nicht so, wie es ist? Dann warst du hier richtig. L.A. konnte Dinge, die schiefgingen, stoppen und vertuschen, es sei denn, man ist Tara Reid, der ihre frisch und schlecht operierte Titte auf dem Gang über den roten Teppich rausflutschte. Glücklicherweise war sie zu berauscht von der schwindelerregenden Atmosphäre des Showbusiness, um es zu bemerken. Im Goldenen Zeitalter der Bescheuerten boomte Los Angeles' dümmste Industrie, und ich berichtete darüber: Schönheitschirurgie war nun cooler als sie es je in den Jahrzehnten zuvor gewesen war. Man sah in der Stadt noch die Ergebnisse der ersten Welle des Schönheitswahns: zerschnittene und schmerzhaft aussehende Farrah-Fawcett-Nasen an Witwen, die durch Beverly Hills schlichen wie zerbrechliche alte Pekinesen (eine Art Retro-Chihuahuas). Ich fragte mich, ob die Witwen genauso wie ihre Hunde niesten, wenn sie einen Schnupfen hatten, und überall Rotz versprühten.

Die Kultnase des Tages war die von Mischa Barton – man sah viele davon auf Elton Johns Oscarpartys –, aber als der wirkliche Feind fabelhaften Aussehens galt nicht ein männlicher Zinken, sondern dicke Oberschenkel. Die neueste Mode war ultranasse Liposuktion, die superschnell, superbeliebt und superbillig war. Für zwei Riesen kamen Hollywood-Girls am Freitag in die Praxis und wurden noch am selben Tag entlassen, wobei oft genug eine mit Blut durchzogene Mischung aus Kochsalzlösung, Lidocaine und gefäßverengenden Stresshormonen aus ihren perforierten Wunden auf die Autositze tropfte. Bei manchen ging das bis zu vierzehn Tage so, aber meistens waren sie am Sonntag wieder beim Brunch und fraßen sich das verlorene Fett wieder an. Im Los Angeles des Jahres 2003 war das *normal*. Meine Freundin sah eine Frau vor einer Umkleidekabine in einem Fred-Segal-Laden (eine »Jeans-Bar«), die sich bei der Verkäuferin beschwerte, dass sich auf der Jeans, die sie anprobierte, ein roter Fleck befand, bis sie bemerkte, dass es ihr eigener Fettsaft war.

Als Journalist wird man die ganze Zeit mit kostenlosem Zeug eingedeckt. Meistens Vanillekerzen und Pfefferminztabletten. Mir wurde eine ermäßigte Fettabsaugung von Hollywoods Topchirurgen angeboten. Er hatte über Jahre die Superstars behandelt und wollte sich erschöpft in seine Villa zurückziehen. Fettbeseitigung ist eine körperlich anstrengende Arbeit, besonders wenn man jeden Freitagnachmittag jede berühmte Person in Hollywood absaugen und auskratzen muss. Als ich in seinem Behandlungszimmer stand, dachte ich: *Wow! Ab Montag werde ich ganz dünn sein.* Dann hörte meine Freundin, wie der Arzt meinen Fall als »eine größere Operation« beschrieb. Ich wog 57 Kilo, und verglichen mit dem Gewicht während meines Londoner Partylebens, dachte ich Idiotin, waren 57 Kilo gar nicht so schlecht.

Als ich jegliche Fettabsaugung ablehnte, verschlug es dem Chirurgen die Sprache. Ich hatte eine Privatsitzung mit dem Canaletto der Ärsche ausgeschlagen. »Tja«, seufzte er, »Sie wären eine gute Kandidatin für ein Facelifting.« Ich hoffte, dass es eine Beleidigung war. War es nicht. Zumindest wusste ich nun, warum die Hollywood-Bevölkerung so unfreundlich zu mir war. Ich war in ihren Augen ein hässlicher Freak.

4

Ich frage nicht, ob Sie auf die
Windschutzscheibe wichsen

Natürlich war nicht alles schlecht. Wenn jede Berühmtheit wie Teri Hatcher wäre, hätte ich immer so weitermachen können. Die kleine Teri: Einmal spricht sie begeistert über *Desperate Housewives*, und dann wiederum meint sie schuldbewusst, dass man etwas Produktiveres tun könnte als mit ihr zu plaudern. Und Marilyn Manson hüpft vergnügt durch sein Hollywood-Spukschloss und zeigt stolz seine Sammlung satanischen Schnickschnacks. Im nächsten Augenblick aber gesteht er, dass er über die Hexenjagd nach der Columbine-Tragödie so aufgebracht gewesen sei, dass er sich auf seinen Dachboden verkrochen hat und zwei Monate lang kaum heruntergekommen ist. Dann hätten wir noch Dolly Parton. Ein paar Tage, nachdem ihre Mutter gestorben ist, reißt sie auf der Bühne in Tennessee Witze über ihre Riesentitten, mit denen sie »das Licht blocken« kann, und kann dann ihre Tränen kaum zurückhalten, als sie über den Mantel mit den vielen Farben singt, den ihre Mama für sie gemacht hat. Diese Leute waren »Celebrities«, weil sie ihre Herzen öffneten und das Publikum hineinließen. Als Journalist saß man nicht bloß unter den Zuschauern, man durfte auch einen Blick in ihre Welt werfen und verstehen, was sie so großartig machte.

Und Promi-Journalismus war damals ok, etwas schäbig,

aber angenehm, ungefähr so wie der muffige alte Mann in einer Kneipe, der einem ein Bier spendiert. Zuerst ruft der Redakteur den Journalisten an, und sie haben dann folgende Konversation: »Hast du Lust, am Dienstag X zu interviewen?«, fragt der Redakteur.

»Warum?«, sagst du.

»X hat gerade einen Film mit Y gemacht. Er basiert auf einer wirklich coolen Story. Lies doch mal ...«

»Da kann ich nicht. Da hat meine Mutter ihren Fünfzigsten«, sagst du. »Wieviel?« Auftrag gebongt!

Aber dann fing das Ganze an, sich zu verändern. Und die roten Flaggen habe ich ignoriert.

»Wir haben Lucy Liu auf dem Titelblatt«, sagte mein Redakteur. »Also, ihre Eltern sind Einwanderer, und ihre Lebensgeschichte ist wirklich interessant. Wir möchten, dass du ein bisschen nachforschst.«

»Klasse«, sagte ich. »Was soll ich rausfinden?«

»Schau dir die Narbe auf ihrer Brust genau an und frag sie, ob es Krebs war.« Nicht in einer Million Jahren hätte ich das gefragt, aber dann saß ich einige Tage später Lucy Liu gegenüber. Die nette, superhöfliche Lucy Liu, die schon morgens um drei Uhr aufsteht, mit dreizehn in einer Lagerhalle gearbeitet und sich ihren Weg aus der Armut erkämpft hat.

»In dieser Industrie kann es für eine Frau härter sein«, sagte Lucy Liu. Ich starrte unterdessen auf ihre Brüste. Die »Celebrity Culture« hatte zugeschlagen.

Ich glaube, dass diese neue »Promi-Kultur« als Wette zwischen einigen Magazinredakteuren begann, die sich ausgerechnet hatten, dass sie die Auflage steigern könnten, wenn sie Bilder mit der Unterschrift abdruckten: »Meine Güte! Warum bumst er diese alte Schlampe?« Ich denke, sie hielten das für witzig, ironisch, postmodern. (NB: Beim Fernsehen und im

Promi-Journalismus gibt es so etwas wie postmodern nicht. Es bedeutet nur Schwachsinn, produziert von cleveren Leuten, die sich schuldig fühlen.) Es dauerte nicht lange, und die neue Form von Celebrity-Journalismus war schäbig und postmodern, ungefähr so wie das Arschloch in der Kneipe in seinen Paul-Smith-Klamotten, das so tat, als ob es einem ein Bier spendierte, und es einem dann über die Schuhe schüttete.

Die Unterhaltung mit dem Redakteur verlief nun so:

»Hast du Lust, am Dienstag X zu interviewen?«

»Warum?«, sagst du.

»X hat gerade einen Film mit Y gemacht.«

»Eine wirklich coole Story. Lies doch mal...!«

»Ja. Frag ihn, ob er sie wirklich fickt«, sagt der Redakteur. »Ach, scheiß drauf, natürlich vögeln sie. Aber sie ist fünfzehn Jahre älter als er! Frag ihn, warum er sie fickt.«

»Der Film...«

»Scheiß drauf. Ich will wissen, warum er sie fickt.«

»Da kann ich aber nicht. Da hat meine Mutter ihren Fünfzigsten«, sagst du. »Aber okay – wieviel?«

*

Die Gründe, warum man mit ihnen reden wollte, enthielt man den Interviewpartnern immer vor. Interviews waren nicht einfach Blind Dates, es waren Verabredungen, bei denen ich aufkreuzte und im Endeffekt darüber redete, dass ich eigentlich ein Faible für einen ihrer Freunde hatte. Als ich losgeschickt wurde, um Jared Leto zu interviewen, war ihm, dem hochintelligenten Schauspieler, zuvor gesagt worden, dass wir uns einen Dreck für *Alexander*, seinen neuen Film von Oliver Stone, interessierten. Niemand auf Gottes grüner Erde scherte sich einen Dreck um *Alexander*, aber Jared verdiente es nicht, dass ich ihn vierzig Minuten lang immer wieder fragte, ob er nun Scarlett Johansson bumste oder nicht. Und das war es noch nicht einmal, was ich fragen sollte.

»Sie ist weitaus berühmter als er! Finde heraus, warum sie ihn bumst!«

Ich lebte in ständiger Angst, zu einem Interview mit George Clooney geschickt zu werden. Ich wagte nicht mir vorzustellen, wie die Instruktion lauten würde, aber ich war mir ziemlich sicher, dass irgendwann die Bemerkung fallen würde: »Ich frage nicht, ob Sie auf die Windschutzscheibe wichsen.«

5

Tunnel

Hollywoods irrer Drive und Elan, der die ganze Stadt verein-
nahmte, ließ mich durchhalten. Man fühlte sich wie auf einer
riesigen, harten Technoparty. Mit soviel Energie an einem
Ort würde irgendwann etwas passieren, musste es einfach.
Es fühlte sich an, als ob etwas Bahnbrechendes und Welt-
bewegendes geschehen würde. Es war, als ob sich die Planeten über der Nadel an der Spitze des gewaltigen Platten-
turms, der das Capital-Records-Gebäude ist, ausrichten und
die Energie, die in der Luft lag, in alle Himmelsrichtungen
leiten würden.

Nord-London, wo ich aufgewachsen war, ein Hinterland
zwischen Muswell Hill und Highgate, hatte weitaus weniger
Elan. In Muswell Hill spürte man lediglich noch, dass es vor
langer Zeit einmal aufregend gewesen war, nämlich zur Blüte-
zeit des britischen Punks. Damals, als Suggs von der Band
Madness dort rumhing und über sein Auto sang und man in
einer Wohnung über einem Lebensmittelladen Speed kaufen
konnte. Dann stiegen die Immobilienpreise, und bald darauf
gab es in Muswell Hill nichts als Croissants und Babyklei-
dung zu kaufen. Suggs war in der Zwischenzeit nach Cam-
den gezogen. Und was Highgate betraf, so lebte dort niemand
mehr außer Sting und ein paar schnöseligen Teenagern, die

zur Channing Girls' School und Highgate Boys' School gingen und weder nach links noch nach rechts schauten, wenn sie die Straße überquerten. Gottes auserwähltes Volk hatte das schließlich nicht nötig. Sting hatte ich persönlich nie gesehen, es sei denn, er war ein Exhibitionist in den Mittachtzigern mit einem Schal ums Gesicht – in dem Fall hätte ich ziemlich viel von ihm gesehen. Unsere Straße verschwand in den Queens Woods, einer alten Pestgrube, wo Exhibitionisten gemeinsam auf Schulmädchen mit Stulpen warteten, die auf ihrem Heimweg diese Abkürzung nahmen. Jeder Exhibitionist, der sich noch um halb sieben Uhr abends in dem Wald aufhielt, sah mich in einem braunen Dufflecoat und mit Nana-Mouskouri-Brille vom Judo heimeilen und dachte: »Nun ja, nicht gerade Claire Grogan, aber ich kann hier echt nicht länger mit meinem Pimmel draußen rumstehen. Die Mücken sind am Kommen.« Im Alter von sechzehn, zwischen Exhibitionisten und ungenießbaren Croissants, produzierte der jugendliche Elan, der mir noch geblieben war, nur eine Sammlung Flugblätter von Demonstrationen gegen Marschflugkörper und Tierversuche, und ich war nicht einmal fähig zuzugeben, dass mir die Demonstrationen am Militärflughafen Greenham Common oder weiße Ratten eigentlich egal waren.

Hier in Kalifornien hingegen versprühte jedes Haus Energie. An dem Tag des Ashton/P Diddy/Spenderausweis-Suizid-Tiefpunkts schmiedete ich einen Plan. Als ich durch Bel Air nach Hause fuhr, vergoldete die Nachmittagssonne die Dattelpalmen am Straßenrand und die niedrigen mediterranen Villen, die so aussahen, als könnte sie nichts erschüttern. Aber ich fuhr weiter. Ich hatte lange genug in Amerika gelebt, um zu wissen, dass man sein Leben durch bloße Willenskraft ändern konnte. Dies war mein Fluchtplan: Ich würde einen Tunnel graben. *Ich werde nach Hause gehen und das beste Drehbuch seit* Peter's Friends* *schreiben.*

Ich öffnete ein Holztor an der Fairfax Avenue und betrat eine Oase des alten Hollywoods: ein verborgener Garten mit schwerem rotem Hibiskus, violetten Paradiesvogelblumen und Bananenpalmen, deren Blätter in der warmen Luft raschelten. Dies war mein Zuhause, eine Reihe von Cottages, die ursprünglich für ein paar längst verstorbene Schriftsteller der Paramount-Studios gebaut worden waren. Angeblich waren die Cottages absichtlich so winzig klein, um ihre Bewohner dazu zu zwingen, sich schnell aus ihnen herauszuschreiben oder aber auf einem heruntergeklappten Schrankbett zu sterben. Dort war also mein Häuschen. Ich hatte es in einer Kleinanzeige gefunden: eine orangefarbene Casita im spanischen Stil mit einem Dach aus Terrakottaziegeln. Es war einfach unwiderstehlich.

Ich hängte draußen eine rote Plastikkugel mit Zuckersirup auf, die ich gekauft hatte, damit sich die Kolibris darum streiten konnten, und im selben Moment schoss ein metallischgrüner Kolibri heran, den ich Fido nannte, und steckte seinen Schnabel hinein. Dann erschien ein rosafarbener, und Fido stürzte sich auf ihn. Fidos sirrenden Flügeln zu lauschen, war eines der Wunder meiner neuen Heimat Kalifornien. Schwirrvögel schwirren wirklich.

Die kleinen Häuser standen keuchend in der Sonne, während ihre Mieter eifrig tippten. Ich fragte mich, welche Skriptseiten in diesen winzigen Zimmern aus den Schreibmaschinen gerissen worden waren, welche Produzenten nach achtzehn Stunden Brainstorming auf den Schrankbetten eingeschlafen waren. Ob sie in der Nacht, schwindlig vom Bourbon, aufge-

---

* Ein furchtbarer Film übrigens.

wacht und über den Holzboden durch das Schlafzimmer ge-
schlurft waren, um die Toilette zu benutzen. Und ob ihnen
(den Produzenten) beim Pinkeln plötzlich die fehlende Wendung im dritten Akt eingefallen war und sie entschieden, ins
Bett des Schriftstellers zu steigen, um zu feiern. Das hätte bedeutet, dass sie schwul waren, da die meisten Schriftsteller
und Produzenten immer noch Männer sind, abgesehen von
Betty Comden, die im Abspann zu *Du sollst mein Glücksstern
sein* genannt wird, Frances Marion, die einen Oscar für das
Drehbuch von *Der Champ* erhielt, und Dorothy Parker, die
zu betrunken war, um überhaupt viel zu schreiben. In der Tat
könnten die gemeinsamen Badezimmer die Erklärung dafür
sein, dass West-Hollywood die Schwulenhauptstadt der Welt
wurde. Zu meinen Nachbarn gehörte ein zorniger schwuler
Designer mit einem karamellfarbenen Penis und gelbbraunen,
mächtigen Muskeln, der mit dem Kokainschnupfen aufgehört
hatte und nun jeden Morgen um fünf aufbrach, um mit einem
heimlich schwulen Polizisten beim Gewichtheben seine Ag-
gressionen abzubauen. Dann waren da noch ein schwuler
Musiker, der mit einem Gewehr im Bett schlief, ein schwuler
Buchhändler und ein Hetero-Möchtegern-Filmemacher, der,
und das spürte ich, nicht lange durchhalten würde.

An diesem Tag klapperten keine Schreibmaschinen. Statt-
dessen kam aus den kleinen Bogenfenstern gedämpftes Tip-
pen von Laptoptasten. Hollywood, die Filmindustriestadt. In
der Straße, die ich zurückgelassen hatte, Saltram Crescent,
London W9, standen ausrangierte Möbel auf dem Gehsteig.
In Hollywood fand ich einmal ein Macintosh G4 PowerBook.
Ich ließ meinen Computer hochfahren. Ich verband große
Hoffnungen mit diesem Haus, mein siebtes in zwei Jahren. In
Hollywood ist man geneigt, oft umzuziehen, da Städte voller
Träumer wahnsinnig viele Verrückte anziehen, die eine Immo-

bilie meist nur mieten. Meine erste Unterkunft war ein Gäste-haus oberhalb des Sunset Strip, das von einer stämmigen Deutschen mittleren Alters namens Helga vermietet wurde. Sie hatte wilde Haare, ein rechteckiges schwarzes zahnloses Loch als Mund, und an ihrem Kinn hingen braune Schleim-tropfen. Sie behauptete, von Gene Kellys Vater missbraucht worden zu sein, sagte aber nicht, in welchem ihrer Löcher. Es dauerte sechs Wochen, bis ich herausfand, was es mit dem Schleim auf sich hatte. Ich zog aus, als ich morgens um ein Uhr aufwachte und Helga auf meinem Dach herumklettern sah. Bevor ich verschwand, ging ich in ihr Haus, um mit ein paar Bonmots meine moralische Überlegenheit zu bewei-sen. Aber als ich sah, wie sie mit ihren Fingern Eiskrem aß, wurde mir klar, dass dies ein schaler Sieg wäre. Und immerhin wusste ich nun, woher der Schleim kam.

Während der Computer mit sich brabbelte, öffnete ich den Kühlschrank und trank einen ganzen Liter kalten Kaffee. Den hatte ich vom Fitness-Bootcamp gerettet, wo der Trainer mich noch angeschrien hatte, dass es mir an der positiven Energie mangle, wirklich abnehmen zu *wollen*. Er war ein liebenswer-ter Schwuler, und wir alle mochten ihn. Als sich später heraus-stellte, dass seine positive Energie Crystal Meth zuzuschreiben war, mochten ihn alle noch mehr. Das verschaffte ihm noch mehr prominente Klienten. Jedes Mal wenn ich zu einer gro-tesk frühen Zeit aufstand und schmerzhafte Kniebeugen mit Gewichten machte, wo ich doch etwas Konstruktives hätte tun können, schaute ich auf und sah Mr Big von *Sex and the City* auf dem Laufband neben mir. Der arme Kerl schien kein eige-nes Leben zu haben.

Ich riss eine neue Packung Papier auf, legte es in den Drucker und fing an zu tippen. Okay, das Schrankbett war schon lange nicht mehr da. Okay, ich schrieb wie ein Teenager auf einer IKEA-Schreibtischplatte unter einer Schlafkoje, die bei jeder Bewegung quietschte. Okay, ich schlief schließlich ein, denn ich war seit 6 Uhr 14 auf, aber ich war entschlossen, mit einem Film die Welt zu retten.

In Hollywood beginnt man mit einer Idee, die leicht zu verstehen ist. Ich hatte diese: *Der Englische Patient* trifft *Dr Strangelove* trifft *Casablanca* trifft *Monthy Python's Leben des Brian*. Ein Kassenschlager und mein Tunnel weg von hier. Ich wäre Tim Robbins in *Die Verurteilten*, ein vorbildlicher Häftling, der sich scheinbar gleichgültig von den Mächtigen in den Arsch ficken lässt, aber hinter dem Poster an meiner Wand wäre ein riesig großes Loch, das ich mit einem Löffel gegraben hatte. Als Löffel benutzte ich eine Kopie von Hollywoods Lieblingshandbuch fürs Drehbuchschreiben, *Story* von Robert McKee. Es war eine von sechzehn Anleitungen, die ich mir geborgt hatte, bevor ich es auch nur wagen konnte, mit dem Schreiben zu beginnen, und es war die wichtigste. Von allen jungen Führungskräften der Filmstudios wird erwartet, dass sie an McKees Seminaren teilnehmen. McKee ist der Mann, von dem Nicolas Cages Figur in dem Film *Adaption* etwas lernen will, bevor er jeden Lebensmut verliert. McKee machte es ihm nicht schwer.

Sein einfacher Rat lautete: »Hauptfigur sucht Erfüllung ihres Wunsches jenseits ihrer Möglichkeiten. Bewusst oder unbewusst entscheidet sie sich zum Handeln…« Ich beschloss, erst einmal das Ashton-Interview loszuwerden.

Um vier Uhr morgens beendete ich den Text über Ashton, klickte SENDEN, wandte mich wieder meinem Skript zu, formatierte eine Titelseite und schlief am Schreibtisch ein. Ein Telefonanruf weckte mich. Der Redakteur sagte, der Ashton-Artikel sei großartig, besonders der Abschnitt über das Basketballspiel für einen wohltätigen Zweck.

»Ich meine, wer hätte das gedacht? Das ist wirklich ein sympathischer Charakterzug…« *Igitt, wie hab ich es nur geschafft, mit dem Haar im Kaffee einzuschlafen?*

»… also, wir bringen Ashton auf der Titelseite, wird in ein paar Wochen erscheinen…« Nächster Anruf. Eine andere Redakteurin.

»… Wenn du nächsten Donnerstag Zeit für ein persönliches Treffen hast, dann haben wir da jemanden für dich. Es ist 'ne große Sache, und im Moment dürfen wir noch nicht sagen, wer…«

Gut, denn es ist mir scheißegal. Ich kann es nicht glauben, dass ich gerade eben Kaffee aus meinen Haaren gesaugt habe. Ist das ein Stück Croissant?… Ja. Hmm. Moment mal, ich hab doch gar kein Croissant gekauft…

»… Oh, ich kann es nicht für mich behalten. Jane, hättest du Lust auf eine Verschönerung?«, sagte die Redakteurin. »Denn wir haben – du wirst es nicht erraten – Rachel Zoe!«

Ja. Sag ihr, sie soll außerhalb Cedars Sinai auf mich warten. Ich werde mein Kordelarmband fallen lassen, darauf warten, dass sie es aufhebt, und sie dann rückwärts mit dem Auto überfahren. Mein Dankeschön im Voraus. Ich starrte auf die Titelseite meines Skripts. Es hatte noch nicht einmal einen Titel. Bei diesem Tempo wäre Tim Robbins schon zu Tode gefickt worden.

6

Ich habe eine 1,80m große Gummivagina, und ihr werdet sie verwenden

Ich weiß, ich weiß, erfolgreiche Leute haben einen Plan und ziehen ihn durch. Ich plante so gut wie nichts. Ich begann im Showbusiness nicht als eines dieser verrückten kleinen Mädchen, die die Abendparty ihrer Eltern stören und in einem Tutu und mit Lipgloss »The Sun Will Come Out Tomorrow« singen und dann deprimiert sind, weil ihre Väter sie nicht mögen. Ich hatte höhere Ambitionen: Ich wollte Physikerin werden, so dass ich Zeitreisen machen und allem entfliehen konnte. Das war mein Berufswunsch, aber es gab ein Hindernis. Ich war grottenschlecht in Physik. Das ist kein Witz, sondern eine wirkliche Tragödie wie die einer Ballerina, die 1,90 m groß wird. Je älter ich wurde, desto schlechter wurde ich in Physik. Als ich mich dann auf mein Physikabi vorbereitete, tat ich mich schwer, überhaupt die Fragen zu verstehen. Nicht einmal die unglaubliche Menge an Snakebites, die ich währenddessen konsumierte, schaffte es, die Sache einleuchtender zu machen. Aber dann, wie das Glück es so wollte, ging meine Mutter für mich zur Schule, um meine Abschlussnoten zu erfahren, und das Schicksal nahm eine Wendung.

Ich war achtzehn. Mit wasserstoffblondem Haar und in der Hand eine Flasche Retsina stand ich in einer Telefonzelle nahe einer Tequila-Bar in Griechenland und war auf das

Schlimmste gefasst. Mutti war in meiner Schule und ging die Listen mit den Ergebnissen an der Wand durch. Schriftliche Arbeiten, die viel Mühe erforderten – die meisten nicht bestanden, weniger wichtige mündliche Prüfungen –, die meisten bestanden. Mit geduldiger mütterlicher Liebe las sie mir am Telefon alles vor.

»Du hast bestanden!«, sagte sie stolz, und ich ging zurück zu der griechischen Tequila-Bar für eine kurze Feier, die dann mehrere Wochen dauerte. Zu dem Zeitpunkt wusste ich es nicht, aber es stellte sich heraus, dass ich nur im Mündlichen in Kunst und Französisch bestanden hatte. Ich war also für nichts geeignet, außer vor dem Louvre für Touristen Bleistiftzeichnungen von Boy George zu machen. Dies war die glücklichste Auszeit meines Lebens, denn als ich nach Hause zurückkehrte und die Wahrheit erfuhr, war es zu spät, um die Prüfungen zu wiederholen und vernünftig zu werden. Besser noch, ich konnte meiner Mutter die Schuld geben. Sie hat für mich dann Teekuchen gebacken, in der Hoffnung, dass ich eines Tages die Schule wiederholen würde.

Stattdessen lernte ich wie durch ein Wunder den Mann kennen, der *Till Death Us Do Part* schrieb: Johnny Speight. Er war ein geduldiger Mensch, der einen Rolls-Royce fuhr mit dem Kennzeichen »MOO« (in Anspielung auf den Ausruf der von ihm geschaffenen Figur Alf Garnett: »You silly moo«, du dumme Kuh), was ich supercool fand. Er lehrte mich das Sitcom-Schreiben, und ich verfiel der Sitcom, so wie sich Frauen angeblich in Kinder vergucken. Ich liebte »Situationskomödien«, eine gute Sitcom macht Leute glücklich. Sie lassen einen glauben, dass das Leben ok ist. Bevor ich mit Comedy begann, ist es mir nur einmal in meinem Leben gelungen, Menschen glücklich zu machen, und zwar auf einer Technoparty, als ich eine Pille Ecstasy verlor. Im Ernst, das ist kein

Witz, obwohl es wie jeder gute Witz einen wahren Kern hat – und es war noch dazu die größte Pille E aller Zeiten: hausgemacht, eine Kapsel von der Größe einer Waldbiene, ein Geschenk zum einundzwanzigsten Geburtstag, das jemand mit Tesafilm an einer Karte befestigt hatte. Ich gab sie einer Freundin, einer bisexuellen wiedergeborenen Christin und Drugdealerin, die sie für mich aufbewahren sollte. Sie ersetzte die Kapsel durch eine halb so große und behauptete mir gegenüber, sie sehe keinen Unterschied. So ist das eben mit bisexuellen, wiedergeborenen Christinnen, die dealen.

Dann, und das war das zweite Wunder, startete Radio One eine neue Showreihe in einem Nachtclub, und ich schrieb einige Sketche über Unterhaltungen, die ich zufällig in Clubs gehört hatte. Ich bekam einen Job, Stegreiftexte für DJs zu schreiben. Dann trat Carlton TV an mich heran, weil sie Ausschau nach jungen schwarzen Autoren hielten. Ich bekam den Job. Sieben Jahre in der Alternativszene der Comedy, später war ich eine unbedeutende Autorin in der »Entwicklungshölle« und näherte mich mit Sitcoms, die *The Junkies* und *Put out more Fags* hießen, nicht gerade dem Mainstream an. Nichtsdestotrotz, die britische Comedy-Szene in den Neunzigern machte mir riesigen Spaß. Man konnte alles verarschen, vor allem mit Requisiten. Die waren das Beste an der ganzen Sache, weil sie einerseits total bescheuert waren, das Ganze gleichzeitig aber auf den Punkt brachten. Ich erinnere mich gern daran, wie ich die legendären Requisiten-Schränke der BBC durchstöberte und nach immer dümmeren Toneffekten für eine kurzlebige Radio-Show suchte, die ich mit David Quantick machte: *Bussmann & Quantick Kingsize*. Das war die Abteilung der BBC, die Mike Spilligan und Peter Sellers ermöglicht hatte, und es war unglaublich, der Dame von den Requisiten dabei zuzusehen, wie sie winzige Türen von verschiedener Größe auswählte, die sie auf der Bühne dann auf- und zuschlug. Von Burgfestung bis Schiffskabine war da alles dabei. Danach gingen wir zum Radio Theatre von Broadcasting House, dem Hauptquartier der BBC, wo uns der Produzent seine Auswahl der besten Moorhühnerfürze vorspielte.

Irgendwie landete ich in verschiedenen Räumen, wo Armando Iannucci eine Hüpfburg mit Kindern füllte, die Labour-Abgeordnete darstellten. Chris Morris kreierte eine Droge in der Größe einer Sahnetorte, und Graham Norton überredete Grace Jones, in das Hinterteil eines Teddybären »La Vie en Rose« zu singen. Der Chef der BBC-Abteilung für Leichte Unterhaltung mahnte mich dafür ab, dass ich bei Radio Four die Rolle eines sexbesessenen viktorianischen Kindes spielte. Sally Philipps strippte, bis nur noch zwei Streifen Elektroklebeband an ihrem Körper klebten, Valerie Singleton missbrauchte einen »Schwankungsmesser«, der für Wahlabende gedacht war (Steve Coogan: »Hat irgendjemand Miss Singletons Schuhe gesehen?«), und ein Moderator der Kinderserie *Blue Peter* baggerte mich an (*Blue Peter*-Moderator: »Ich habe eine kleine Wohnung in Ipswich«, leider sagte er nicht: »Frag deine Mutti, ob du das Zimmer verlassen darfst.«)

Aber allmählich änderte sich die Art der Unterhaltung. Reality-TV brach herein wie ein Schwarm Heuschrecken, und die Requisiten wurden als Erstes zerstört.

Eines Tages stürzte ein piekfeiner junger Produzent in den Autorenraum. Wir waren gerade dabei, uns etwas Komisches zu Dianas Beerdigung auszudenken, und uns fiel nichts ein.

»Ich hab unten ein wirklich teures Requisit von der Reality-Doku. Ich werde es definitiv nicht wegwerfen. Bringt es in eurem Sketch unter!«, sagte er.

»Was ist es?«, fragte ich hoffnungsvoll.

»Eine 1,80 m große Gummivagina«, sagte er ungeduldig. Er war es, der uns bezahlte.

»Es ist … es ist nicht wirklich … Ich meine, sie ist tot…«

»Ist mir scheißegal! Ich habe eine 1,80 m große Gummivagina, und ihr werdet sie verwenden!«

Jedes Riesenarschloch konnte nun mittlerweile einen Job beim Fernsehen bekommen.

*

Einige Monate später ging es in einem anderen Autorenraum um eine der ersten Reality-Shows. »Ja, es ist ganz einfach, wirklich nur ein paar Witze«, sagte der schicke junge Produzent.

»Witze über was?«, fragte ich, die erste von vielen ahnungslosen Fernsehautoren, die diese Frage einem piekfeinen jungen Reality-Produzenten stellten.

»Es spielt in einer Hotelanlage für Paare… Diese Leute sind so unkultiviert, dass euch mehr Witze einfallen werden als ihr brauchen könnt… Ich zeig euch mal einen Clip… Mein Gott, schaut euch ihren Bauch an. Hat sie denn keine Augen im Kopf?«

Doch, aber es ist ihr egal, und warum soll sie sich verrückt machen? Sie ist im Urlaub, für den sie gespart hat, du scheußliches Stück Scheiße aus einer Privatschule, war nicht die richtige Antwort. Egal, das war's. Das Ende einer Ära. Das Medium Fernsehen war mittlerweile so etwas wie ein widerlicher Chef, der keine Freunde hatte, und jeder, der dort arbeitete, fühlte sich entmutigt, abgesehen von den Leuten, die darauf versessen waren, mit Do-It-Yourself-Shows riesige Summen einzusacken. Was sollte ich nur tun?

Ich ging zu Fuß nach Hause in die Saltram Crescent, W9, auch so ein Hinterland zwischen Kilburn und Maida Vale. Aus

49

der chinesischen Imbissbude roch es nach Rührei auf Toast. Diese Gegend war für nichts bekannt, außer für Geschäfte mit Namen wie Davetronics und Vanity Clare, und alte schwarze Männer, die in ihren Vorgärten saßen und mit niemandem Ska spielten. Saltram Crescent war okay. Als meine Blumenkästen in Sicht kamen, spürte ich, dass man den Besitz von einigen Geranien, die noch nicht verwelkt waren, kaum ein Privatleben nennen konnte, aber das scherte mich nicht mehr. Ich wusste ziemlich genau, was ich tun würde. Ich musste mich ans Werk machen und eine neue Comedy schreiben, die die Welt veränderte, über irgendetwas, etwas, das wichtig war. Über... *Wow, diese Geranien sind wirklich schön und so rot. Was ist das da im Briefkasten?*

Die Broschüre des Immobilienmaklers im Briefkasten teilte mir mit, dass sich meine Realität in der Tat verschoben hatte. Ich wohnte nicht länger in einem Hinterland. Die Regierung der Grundstücksmakler hatte es nämlich in Queen's Park umbenannt oder vielleicht sogar Maida-Vale-Grenzgebiet, ein begehrtes Stadtviertel, geeignet für Yuppiepaare, die hofften, eine Familie zu gründen und in den vielen neuen Läden, die kurz vor der Eröffnung standen, wie etwa Yogastudios, ihre Freizeit zu verbringen. Nun war endgültig klar, was ich zu tun hatte. Ich musste meine Wohnung verkaufen und dann nichts wie weg von hier.

Ich dachte mir einen Plan aus, der alles, was ich zuvor beschrieben habe, miteinschloss, und er war idiotensicher: Ich musste nur einen Job finden, der mir die Möglichkeit bot, die beste und neuartigste Comedy aller Zeiten zu schreiben – und zwar in Hollywood. Ein Klacks. Ein einfacher Plan. Eine leichte Aufgabe. Ich kannte niemanden dort außer Jackie Brambles, aber das schien in dem Moment nicht wichtig zu sein. Ich deckte mich mit einer Ladung journalistischer

Schreibarbeit ein, renovierte meine Wohnung, bot sie zum Verkauf an und stieg in ein Flugzeug mit nichts als Jackie Brambles Telefonnummer. Geranien mochte ich sowieso nie. Die stinken nämlich nach Scheiße.

7

Ein schönes warmes Bad

L os Angeles war so voller Energie. Ich bin tagelang durch die Gegend gefahren und habe staunend auf Straßen mit Namen wie Wonderland Avenue und Bob Hope Drive gestarrt. Die Sonne ließ alles spektakulär erscheinen, und zunächst war es auch tatsächlich atemberaubend. Ein drei Stockwerke hohes Wandbild von Homer Simpson, Luke Skywalker, die tanzende Julie Andrews auf einem Berg in *The Sound of Music* – das musste 20th Century Fox sein! Jedermann in L.A. lächelte mich an. Die Leute waren so unglaublich freundlich, dass sich allein schon ein Gang zum Zeitungsstand wie ein warmes Bad anfühlte.

»Wieviel Trinkgeld gebe ich denn?«, fragte ich den Kellner.

»Wir nennen es eine kleine Aufmerksamkeit, meine Liebe«, sagte er. »Fünfzehn bis zwanzig Prozent.«

Ich wurde Mitglied in einem Fitnessstudio. Und dabei handelte es sich nicht um irgendein Kellergeschoss für Bodybuilder. Bei »Crunch« sah man bekannte Schauspielerinnen ihre Skripte auf Laufbändern lesen. Der Fitness-Tempel hatte Kurse für Göttinnen (nein, auch für mich nichts) und eine Sauerstoffentzugskabine für Leute, die das normale Atmen für zu leicht hielten, und ich habe dort fettfreie Chips in fettfreie Saure-Sahne-Dips getunkt. Ich konnte essen, was ich in

London aß, und dabei abnehmen. Das war einfach unglaublich.

Selbst die Leute beim Fernsehen waren nett zu mir. Jeder, den ich anrief, wollte sich so bald wie möglich mit mir treffen, ich konnte ja schließlich zufällig »das nächste große Ding« sein. In Hollywood ist Unterhaltung eine Industrie. Hier arbeiten Profis, die Fernsehsendung über Fernsehsendung produzieren. Sie sitzen nicht herum, blättern Immobilienseiten durch und machen oberschlaue Bemerkungen über die Genitalien irgendwelcher Stars oder über weniger schnöselige Leute, die niemandem etwas zuleide getan haben. Ich weiß, wovon ich rede, ich habe lange genug beim britischen Fernsehen gearbeitet. In Los Angeles schuftet man wie verrückt. Ein 48-Stunden-Tag ist nichts in L.A. Produktionsfirmen mieten fahrbare Espresso-Bars, die um 10 Uhr abends anrollen, um mit Karamellsirup zu verhindern, dass die irre Energie verloren geht. Es ist zwei Uhr morgens? *Na und?* Das hier muss bis sechs Uhr für den Sender in New York fertig sein. Beim britischen Fernsehen bedeutete spät arbeiten, dass man das Büro nur aus dem Grund noch nicht verlassen hatte, weil die Sekretärin erst noch ein paar andere Sachen erledigen musste.

Ich dachte, dass es wahrscheinlich besser wäre, sich einen Agenten zu nehmen. Der erste Hollywood-Agent war ein kahlköpfiger, manischer Mann, der in seinem Sessel hin und her schaukelte.

»Was ist denn für Sie gutes Geld?«, fragte er. *Wow... vielleicht so um die 750?*

»Vielleicht eintausend die Woche«, sagte ich.

»Eintausend? Was sind Sie, Britin? Ich habe Leute, die machen vierzehntausend Dollar die Woche. Eintausend. Bupkiss. Kennen Sie den Ausdruck? Er bedeutet Nichts. Setzen Sie sich jetzt mit niemand anderem mehr in Kontakt...«

Die zweite Agentur glich einer Abteilung des Pentagon. An der Rezeption empfing mich ein Wachmann, der mich die sieben Meter bis zum Fahrstuhl begleitete, im Fahrstuhl passte dann ein anderer auf mich auf für den Fall, dass ich die letzten zehn Jahre damit verbracht haben sollte, eine gefälschte Identität als ausländische Comedy-Autorin zu kreieren, um vor Ort einen ihrer Klienten zu ermorden. Und wenn ich damit Erfolg gehabt hätte, glauben Sie mir, diese Klienten hätten mehr Kolumnenzentimeter bekommen als Benazir Bhutto. Der zweite Agent schaute sich zwanzig Sekunden meines Demobands an.

»Was ist das, Animation?«

»Nein, das ist ein Sketch über …«

»Sprechen Sie nicht mit anderen Agenten. Wen treffen Sie denn sonst noch?«

Ich sagte den Namen.

»*Hassen* Sie sich denn? Auf seiner Liste stehen nur Schreiberlinge. Schrott, Schrott, Schrott. Sind Sie auch so jemand? Wer sonst noch?«

Ich nannte den Namen.

»Wer sind Sie, Tina Turner? Das ist nämlich Ike. Ike Turner. Ich werden Ihnen nicht sagen, was für einen Ruf er in dieser Stadt hat«, sagte er. »Sein Ruf in dieser Stadt ist mehr als schlecht. Wer noch?«

Ich nannte den Namen.

»Der hat Krebs. Noch jemand?«

In diesem Moment tauchte plötzlich ein älterer Schwarzer mit einer Schürze von unter dem Schreibtisch auf: Während unseres Gesprächs hatte er die Schuhe des Agenten geputzt, wohlgemerkt die Schuhe, die er trug. Wahrscheinlich war er seit der amerikanischen Wirtschaftskrise von 1929 dort unten gewesen.

Die dritte Agentur war mir als eine »kleine Boutique-Agentur« beschrieben worden. Tatsächlich war es aber ein monumentales Gebäude, das eine ganze Straßenecke von Beverly Hills einnahm. Diese Agenten regierten Hollywood, sie hatten ihre privaten Gulfstream-Jets, ihre Assistenten trugen Kopfhörer und kannten meinen Namen und Lebenslauf – für den Fall, dass »das nächste große Ding« britische Girls in Topshop-Klamotten waren, die Sitcoms über Heroin schrieben.

Es war Casual Friday, was der Agent mir gegenüber als Anlass genommen hatte, seine braunen Hush Puppies zu tragen. Sie waren wie eine Waffe auf mich gerichtet. Er schaute sich acht Sekunden meines Demobands an.

»Was ist das? Eine Dokumentation?«

»Äh… nein, es ist ein Sketch über …«

»Sprechen Sie nicht mit anderen Agenten!« Inzwischen war mir klar geworden, dass diese Aufforderung mehr dem Schutz der anderen Agenten diente als der Sicherung meines Talents, aber mir war das egal. »Man kennt Adam Sandler in Ihrem Land? Ich werde ihm dies schicken.« Das klang zwar abwegig, aber für einen Freitag sicher nicht schlecht.

Auf dem Nachhauseweg hielt ich an der letzten Agentur, ein Büro der Alten Welt in dem ruhigen Universitätsviertel von Westwood. Der unaufgeregte ältere Agent schaute sich das Band an und lachte dabei leise in sich hinein. Ich unterzeichnete sogleich einen Vertrag mit ihm und ging heim, um zu schreiben oder vielmehr mit einem seltsamen amerikanischen Bier in einer Hängematte zu sitzen und bei Sonnenuntergang Kolibris zu beobachten. Diese Stadt war so warm, so fettfrei, so voller hart arbeitender Leute, die alle so nett zu mir waren.

Ich wurde ein klassischer L.A.-Neuling: Im Morgengrauen saß ich auf dem Heimtrainer und radelte mich um den Verstand, verlor fast sieben Kilo und plante, welches Hügelhaus mit einziehbarem Dach und Swimmingpool drinnen und draußen ich kaufen würde, dann entschied ich mich für eine bizarre Gesichtsbehandlung (eine Wellness-Einrichtung für Prominente hat übrigens tatsächlich eine »Beschützerin«, eine ganz mütterliche Frau, die dich wie ein Baby in ihren Armen zum Behandlungszimmer begleitet – Rühren Sie mich ja nicht an!). Ich hatte mich in das magische Königreich geflüchtet, und wenn ich erst einmal das Skript beendet hatte, würde mein freundlicher Agent mich zu einer Audienz bei dem König und der Königin in den Schlossturm führen. Aber dann sprang jäh etwas auf mich zu und biss mich in den Hintern.

8

Eine lange kalte Dusche

Einen Job beim britischen Fernsehen zu bekommen, funktioniert so: Man ruft den Produzenten der Show an. Die sagen dann: »Schicken Sie uns etwas zu, was Sie geschrieben haben«, und wenn es ihnen gefällt, ist man drin. Auf diese Weise schlug ich mich einige Jahre durch und hatte am Ende Stücke für etwa fünfzig Shows geschrieben – von *Loose Ends* bis *The Fast Show*. Ich hing in fast allen Besprechungsräumen des Television Centre herum und trank schlechten Wein mit britischen Comedians, nachdem sie meist bessere Versionen meiner Witze vorgeführt hatten. Man kann sich einen Agenten nehmen, wenn man will, und ich machte das schließlich auch. Aber wenn man einen BBC-Produzenten überzeugen kann, dass das Musterskript nicht mit ausgefallenen Haaren bedeckt sein wird, ist er durchaus bereit, einen Blick hineinzuwerfen. Jetzt war ich jedoch in Amerika, und beim amerikanischen Fernsehen schickt dein *Agent* dein Musterskript an die Produzenten der Show. Kein Problem. Ich hatte einen Agenten beauftragt, und er hatte eine wirkliche Erfolgsbilanz – nun kommt der lebensverändernde, saudumme Fehler –, ich hatte auch einen Experten für Dachausbau beauftragt, und der hatte keine Erfolgsbilanz.

Es genügt wohl zu sagen, dass ich den Sommer nicht mit

Leuten von der 20th Fox Century verbrachte. Ich lag in West-London ausgestreckt auf dem Rücken und starrte auf den Schutt in meiner Wohnung, ein Eis in der einen Hand, Plastiklöffel in der anderen, einen Plastikbeutel aus einer Weinbox auf der Brust, der Plastikhahn in meinem Mund. Als ich schließlich nach Los Angeles zurückgekehrt bin, dreizehn Kilo schwerer und um siebzig Riesen* leichter, rief ich meinen Agenten an. Er hatte entschieden, seine Firma zu schließen, was bedeutete: Ich hatte mal einen Agenten. Keiner der anderen Agenten, die ich besucht hatte, nahm meine Anrufe entgegen. Selbst die Sekretärinnen, die meinen Namen kannten, sprachen nicht mit mir. Das Unvorstellbare war passiert. Ich war »eine Autorin ohne Vertretung« – zwar im magischen Königreich, aber außerhalb der Schlossmauern, und niemand wollte meine Skripte entgegennehmen.

»Schick sie doch einfach selbst!«, sagt dir die Vernunft. Aber Los Angeles ist keine vernünftige Stadt. Produzenten öffnen grundsätzlich keinen Briefumschlag, der die gefürchtete »unerbetene Zusendung« von jemandem enthält, der »nicht vertreten« ist. Es könnte ja sein, dass sich der Einsender als ein Verrückter entpuppt, der sie wegen Diebstahls einer Idee für eine Episode von *Will & Grace* verklagt, in der eine Couch für Barbra Streisand gehalten wird und mit Tom Jones' Pimmel in den Sprungfedern aufwacht. Skripts von »Vertretenen« haben Wasserzeichen als Urheberschutz und werden von Boten zugestellt. Alle anderen? Zurück an den Absender.

Ich sagte mir, alles wird gut. Ich würde weiterhin für die Leute schreiben, für die ich in Großbritannien gearbeitet hatte, und gelegentlich interviewte ich auch Briten. Es tat gut,

---

* Positives Eigenkapital übrigens.

Ozzy Osborne bei der Beschreibung seines britischen Familienlebens zuzuhören.

»Wie erziehen Sie Ihre Kinder, Oz?«, fragte ich.

»Es ist nicht leicht, wenn sie nach Hause kommen und ihren Vater mit einer Flasche Schampus im Arsch über einen Eiskübel gebeugt sehen«, sagte er nachdenklich. Hatte Oz aufgehört, wie einer aus L.A. zu trinken? »Nein! Sharon versteckt die Flaschen! Ich fand neulich eine und sagte zu ihr: Sharon, dieser Wein schmeckt wie Scheiße! Und sie sagte: Dreh sie um, Oz, sie schmeckt wie Pisse!« Es war herzerwärmend zu sehen, wie Sharon mit einem Häufchen Scheiße auf einem Teller über den schweren Teppich des Beverly Hills Hotels lief und schrie: »Ich sag dir, Oz, es ist die Katze! Katzenscheiße riecht ganz anders als Hundescheiße!« Und dann Oz zu sehen, wie er aus der Suite nebenan herausstürzt und eine Schrotflinte schwenkt, logischerweise.

In Großbritannien gibt es drei Möglichkeiten, sich abzureagieren: Alk, Blasphemie und geschmacklose Witze – und L.A. missbilligt alle drei. Das warme Bad von Hollywood war in Wirklichkeit ein Dampfdruckkessel. Ich mochte die Bullen nicht, die mit Schusswaffen hinter mir auftauchten, meinen Ausweis verlangten und mich fragten, warum ich zu Fuß ging. Ich mochte die Managertypen in ihren BMWs nicht, die mich beinahe überfuhren und mich dann anschrien, weil ich ihre E-Mail vermasselt hatte. Ich mochte den Mann nicht, den ich ungewollt im Verkehr geschnitten hatte und der fünf Minuten lang schreiend neben mir herfuhr, bevor er einen Stein nach mir warf. Sein Therapeut hatte ihn offensichtlich Selbsterkenntnis gelehrt: Hab immer einen Beutel mit Steinen dabei!

Schließlich musste ich es mir eingestehen: Hollywood ist der schlimmste Ort auf der Welt. Es ist affenheiß und voll von

Arschlöchern. Den Sternen sei Dank war ich ausgerechnet bei Anbruch des Goldenen Zeitalters der Bescheuerten in der Hauptstadt der Bescheuerten gelandet. Es gab nur einen Job, den ich machen konnte, und der Gedanke allein bereitete mir Magenschmerzen. Dann schaute ich eines Tages, als ich mich, um alles zu vergessen, mit fettfreien Chips vollstopfte, auf die Verpackung. Dort stand eine Warnung: »KANN MAGENKRÄMPFE UND DURCHFALL VERURSACHEN«. Ich hatte das Kleingedruckte nicht gelesen. Ich war die Dümmste von allen.

9

Ich könnte nicht mit einem schwulen Mann
zusammen sein

Nun schau mal, sagst du dir. Es gibt doch einen altbekann-
ten Fluchtweg aus einem miesen Leben. Du musst dich
einfach möglichst oft mit berühmten Männern treffen! Ja, und
Promis gehen nicht mit Normalsterblichen aus, Gott sei Dank.
Jeder in Hollywood ist berühmt und sexy. Jetzt hör aber auf,
sagst du, L.A. ist das Land der schönen Menschen, Menschen,
die Stars in Liebeskomödien spielen oder die Regie dazu führen oder sie produzieren. Könntest du nicht ausgehen und
dich betrinken, zufällig einen netten Typen kennenlernen und
alles wäre für immer okay? Kate Hudson und Matthew McCo-
naughey haben es doch auf der Leinwand wieder und wieder
vorgeführt. Erstens, es ist zwar wahr, dass L.A. siebzig Prozent
makellose Schönheit ist, aber wenn man je mit irgendjemandem, der extrem schön ist, länger zusammen war, weiß man,
was für Langweiler sie sind. Ständig haben sie Heulkrämpfe,
weil es *einfach nicht genug* ist. Oder schlimmer noch, es ist
mehr als genug, und sie haben keinen Sinn für Humor. Zweitens, Amerikaner sind ganz anders als Briten: Die Vereinigten
Staaten wurden aus einer Kolonie von Puritanern gebildet, die
Europa verließen, weil das puritanische Europa ihnen nicht
puritanisch genug war. Amerikaner lieben es, effektiv zu sein
und ein produktives Leben zu führen. Sie weiden sich nicht an

irgendwelchen unappetitlichen Details des Lebens und unterscheiden deshalb auch nicht zwischen »betrunken sein« und »ein Trinker sein« – und ich bestehe darauf, dass es einen Unterschied gibt. Wenn wir morgens mit einem Kater aufwachen und keinen blassen Schimmer haben, wie wir nach Hause gekommen sind, dann ist das ein Grund für ein Schinkensandwich. Die Amerikaner sprechen da gleich von »Bewusstlosigkeit« und sehen darin einen Grund zum Einschreiten. Drittens, die Leute in L.A. sind einfach merkwürdig. Alle, die in Hollywood landen, glauben, sie müssten ihre Mitmenschen unterhalten, und leiden daher oft an einer hochfunktionierenden Geisteskrankheit. Sie sind fähig, einfache Aufgaben wie den Vorstandsvorsitz der NBS Television Studios zu übernehmen, aber unfähig, auf Dauer eine persönliche Beziehung zu führen. Ich bin für beides nicht funktionstüchtig genug, aber ich trinke wenigstens. Britische Männer sind zurückhaltend und charmant. Zum Beispiel dieser junge Gentleman und sein Begleiter, die mir um etwa vierzehn Uhr im Zug von Kilburn nach Euston gegenübersitzen.

»Na los, sprich mit ihr!«

»Ich kann nicht. Was soll ich'n sagen?«

»Weiß nicht. Mann, sprich einfach mit ihr!«

Pause. Der andere Typ bietet mir mit einem sonnigen Lächeln etwas Alufolie an.

»Tschuldigung, Schätzchen. Möchste etwas Heroin rauchen?«

»Ne, oder! Jetzt wird se nich mehr mit dir ausgehen, du Wichser!«

Und nun zum Vergleich, wie das in Hollywood läuft. Männer in Los Angeles machen sich keine Gedanken über Anmachsprüche, sie haben lediglich ein paar Sätze für den Abgang parat. Da war der Schauspieler, der sich kaum losreißen konnte, einen sehr schwulen Nachbarn dabei zu beobachten, wie er aus einem sehr schwulen Pick-up-Truck stieg.

»Ich könnte nicht mit einem schwulen Mann zusammen sein«, seufzte er. »Ich bin zu groß. Ich würde ihn verletzen.« Schwere Pause. »Darüber denke ich viel nach.«

Oder der Regisseur, ein junger Mann voller Wut und Zorn aus einem verrohten Land – geboren und aufgewachsen in Kanada, aber darum ging es nicht –, seine Leute waren vergewaltigt worden aufgrund ... na, der Probleme, Mann. Als er dabei war zu gehen, nachdem er sich so stark in eine schlechte dramatische Vorführung hineingesteigert hatte, dass er sein *eigenes* Haar streichelte, drehte er sich zu mir um.

»Wir passen nicht zusammen. Ich fick einfach gern wie ein Tier«, sagte er, zeigte auf mich und fügte ernst hinzu: »Vergiss nicht, dass ich das für dich getan hab. Und bitte mich nicht darum, es noch einmal zu tun.«

Oder der Agent. Wir verstanden uns glänzend. Wir hatten super viel Spaß zusammen, und er gab erstaunlich wenig Stuss von sich. Eines Abends – und ich meine mich zu erinnern, dass er zu dem Zeitpunkt nichts anhatte – ging ihm ein schrecklicher Gedanke durch den Kopf: »Du *weißt* doch, dass ich glücklich verheiratet bin, oder?«

*

Draußen wuchs der Druck wegzulaufen. Das Leben in Hollywood fühlte sich für mich definitiv nicht wie eine Liebeskomödie an, eher wie ein Zombiefilm, in dem einem niemand glaubt, wenn man sagt, die Zivilisation steht kurz vor ihrem Kollaps. Wir trieben auf einen Krieg zu, und das Merkwürdige war, dass die Drahtzieher dieses Armageddon anscheinend Britneys und Nicoles Publicity-Manager waren.

Ich hätte eine Menge von Präsident Nummer 43, wie sie

hier George Bush nennen, lernen können. Er hatte etwas spitzgekriegt, worüber sonst nur die Publicity-Leute Bescheid wussten – verdrehte Logik. Verschwende niemals Zeit damit, dich für deine Handlungen zu rechtfertigen, wenn du das neue Allzweckvergehen anwenden kannst: Du selber bist ganz einfach der Wahnsinnige.

Anstatt Zeit damit zu verschwenden, seine Gründe für den Krieg gegen den Irak zu verteidigen, erklärte George Bush, was passieren würde, wenn wir den Krieg nicht führten. Er ließ Fernsehspots machen, die zeigten, wie Amerika von fundamentalistischen islamischen Wölfen überfallen wird. Und das waren nicht etwa originelle symbolische Wölfe, sie waren vielmehr dem symbolischen kommunistischen Bären nachgebildet, der in Amerika einfiel, wie sie Ronald Reagan in seinen Wahlkampfspots verwendet hatte. Für den Fall, dass irgendjemand nicht verstand, warum er vor dem Bären Angst haben sollte, sagte der Erzähler: »Da ist ein Bär im Wald. Für manche Leute ist es einfach, ihn zu sehen. Andere sehen ihn überhaupt nicht. Einige sagen, der Bär ist zahm. Andere sagen, er ist heimtückisch und gefährlich. Da niemand wirklich sicher sein kann, wer recht hat, macht es da nicht Sinn, genauso stark wie der Bär zu sein?« Der Bär und die Wölfe waren *wirklich* furchterregend. Von London bis Washington löste sich die Realität schneller auf als die Eiskappen an den Polen. Bald darauf befanden wir uns unter einer dicken Schicht von Lügen.

Ich hätte auch eine Menge von George Bushs Opposition lernen können. Die Demokraten sagten, die Wölfe seien zu albern, um darauf zu reagieren, und antworteten dann mit einem Adler, der aussah, als ob er nicht einmal in Scheiße rumhacken könnte. Als Kritiker die Demokraten Snobs nannten, die den Kontakt zu den gewöhnlichen Amerikanern verloren hätten, wehrten sie sich wütend mit der Bemerkung, Wölfe seien überhaupt eine etymologisch unangemessene Metapher für Muslime. Was stimmt, da Wölfe kaum an fundamentalistischen Werten festhalten, sondern lieber Schweine fressen, sich als Frauen verkleiden und in Betten herumlümmeln, wo sie auf kleine Mädchen warten.

Die US-Regierung bewegte sich auf einen Krieg zu. Mehrere Experten verwiesen darauf, dass er illegal sei, aber niemand schien in der Lage zu sein, etwas zu tun. Als Gesetzgeber anfingen, etwas über, naja, die UNO und so zu murmeln, schickte Nummer 43 Colin Powell in die Vollversammlung, anstatt Zeit mit Selbstrechtfertigungen zu verschwenden. Der General schwenkte ein Fläschchen mit weißem Pulver und erklärte, dass es zwar kein Anthrax sei aber so aussehe, und wenn es Anthrax wäre, erkenne man, wie leicht es für jemanden sei, Anthrax zu beschaffen, und denken Sie daran, wie gefährlich das wäre. Nun, angesichts dieser Argumentation hatte die UNO keine andere Wahl, als voll und ganz Amerikas Aneignung der irakischen Ölfelder zuzustimmen. Es lässt sich leicht sagen, die amerikanische Öffentlichkeit hätte doch bemerken müssen, wohin all das führt, aber als ich in den USA ankam, berichteten die dortigen Fernsehnachrichten über das Ausland in einem Segment mit dem Titel »Um die Welt in achtzig Sekunden«.

Wohlgemerkt, ich war kein Stück besser. Ich machte mir gerade einen Frühstücksshake, als meine Mutter mich aus London anrief und wissen wollte, was die Amerikaner von Guantanamo hielten.

Ich sagte ihr, einen solchen Ort gebe es nicht, *glaubst du etwa, wir hätten nicht davon gehört, wenn es ein solches Gefängnis auf einer Insel gäbe? Das ist das Albernste, was ich je gehört habe,* während ich in einen Mixer Eiweißpulver mit Schokoladengeschmack und etwas Seetang füllte.

»Mutti, ein *Gefängnis* auf einer *Insel*? Wo hast du das denn gesehen?«

»Es war gerade im Fernsehen …«

»Verdammt noch mal, Mutti, das ist die Sendung *Survivor*.«

Zu der Zeit, als alles den Bach runterging, waren wir kein bisschen klüger. Ich sah zu, wie die Leichen von vier amerikanischen Blackwater-Angestellten angezündet und durch die Straßen von Fallujah geschleift wurden. Die Nachrichtenreporter nannten sie »Auftragnehmer«, erwähnten aber nie, dass sie als Söldner eingestellt waren. »Contractors« bedeutet hier normalerweise Bauunternehmer. Ich dachte wirklich, Blackwater sei eine Maler- und Tapezierfirma. *Das ist wirklich gemein. Da gehst du in dieses fremde Land, um Schulen wiederaufzubauen, und die Leute dort tun dir sowas an. Vielleicht haben sie Farbe über die Lichtschalter gestrichen. In meinem Haus lass ich Blackwater jedenfalls nichts machen.*

10

Ich bin wieder da und so verliebt

Los Angeles hatte größere Probleme.

»Unsere Klienten sind geschädigt worden«, sagte Papilloma,* die Presseagentin.

»Geschädigt?«

»Ja, grob verletzt. Wir haben Ihnen exklusiven Zugang zu Danny und Chris gegeben, und Sie verhalten sich dann so.« Danny und Chris Masterson von *Die wilden Siebziger* und *Malcolm Mittendrin*, talentierte Schauspielerbrüder, die ich in das angesehene britische Modemagazin *The Face* eingeschmuggelt hatte, obwohl sie niemand im Vereinigten Königreich kannte, und obendrein waren sie auch noch Mitglieder von Scientology.

»Entschuldigung, aber ich bin nicht sicher, was …«, sagte ich.

Papilloma seufzte theatralisch. »Wir sprechen über den Artikel in *The Face*.«

»Die Top-Ten-Liste?«

»Sie haben uns nicht gesagt, dass noch andere Leute genannt werden würden.«

»Aber… es ist eine Liste der zehn Besten…«

* Nicht ihr richtiger Name.

»Jetzt wissen wir, wie Sie arbeiten.« Sie knallte den Hörer auf die Gabel und rief irgendwann wieder an. »Jane, ich bin die Erfahrenere von uns zweien und werde deshalb diese Geschichte vergessen, aber Sie sollten wissen, dass wir Sie im Auge behalten.«

L.A. erhöhte den Druck. Erste Risse zeigten sich in dem sorglosen Infantilismus der »It Kids« – mehr Wutanfälle, mehr Beinahe-Unfälle –, und die Publicity-Manager wurden immer härter. Nicht den Kindern, aber jedem gegenüber, der auf die Tatsache hinwies.

*

»Wir planen, diesmal Geri Halliwell und ihre Brustkrebsängste auf die Titelseite zu setzen«, sagte die Redakteurin durch die Freisprechanlage.

»Sie hat Brustkrebs?«

»Nein, sie fürchtet sich davor…«

Ich saß im Auto und hielt Ausschau nach irgendjemandem, der einigermaßen normal aussah. Vielleicht die junge Frau dort, die am Straßenrand stand? Eine hübsche normale Größe 36. Da drehte sie sich um, und ich sah die Einstichwunden einer Fettabsaugung. Also auch sie hatten sie gekriegt. *Das könnten Mückenstiche sein. Quatsch! Dies ist L.A. Letzten Freitag hatte sie wahrscheinlich Größe 42.* Mein Telefon klingelte. Eine andere Redakteurin.

»Was wirst du Britney fragen?«

Ich versuchte härter als sonst, bei Verstand zu bleiben, denn ich war auf dem Weg nach Culver City, um Britney Spears zu interviewen. Mein Drehbuch war inzwischen der größte historische Thriller, der je geschrieben worden war, und ich würde die Menschheit retten, wenn ich erst einmal mit dem Schreiben begann. Aber für den Moment ignorierte ich Armageddon und wollte nur die angenehme Seite sehen. *Schau mal, wie hübsch Culver City ist.*

Und Culver City war mehr als hübsch: ein ruhiges Viertel im Westen von Los Angeles, das in den zwanziger Jahren rund um die Metro-Goldwyn-Mayer-Studios gebaut worden war. Lange Zeit gab es hier viele billige Kneipen, und die Hauptstraße sieht immer noch so aus, als ob einem gleich Orson Welles entgegenschwankt, auf der Suche nach Jack-Daniel's-Milchshakes. *Vom Winde verweht*, *Grease* und *Der Zauberer von Oz* wurden hier gedreht, und »Die Gelbe Ziegelsteinstraße« befand sich auf der Riesenbühne Stage 15 in den Sony-Studios, bis sie die Trümmer von Tante Emmys Farmhaus dazu benutzten, einen Hügel für *Ein Amerikaner in Paris* zu errichten. Ich schaute gerne zum Culver Hotel hinauf, ein dreieckiges Gebäude aus Backstein und Mahagoniholz. Es geht das Gerücht, dass es einst Charlie Chaplin gehörte und während der Alkoholprohibition in den 20er und 30ern durch einen unterirdischen Tunnel mit den Filmstudios verbunden war. Ich sah mich als Drehbuchautorin durch den Tunnel rennen, um mich zu betrinken, nachdem ich den ganzen Tag Louis B. Mayers Sekretärin damit genervt hatte, ihm meine überarbeiteten Skripts zu zeigen. Ich schwelgte in der Vorstellung, an dem möglicherweise fiktiven Pokerspiel teilzunehmen, bei dem Charlie Chaplin das ganze Gebäude an John Wayne verlor. Und stellte mir das gleichermaßen unwahrscheinliche Gespräch zwischen John Wayne und den Black Panthers vor, als sie versuchten, das Gebäude von dem reaktionären Cowboy zu kaufen, und welche Worte er wohl wählte, um sie wissen zu lassen, dass er es dann schon lieber kostenlos dem YMCA geben würde. Und dann der Blick in John Waynes Gesicht, als ihm klar wurde, dass er ein ganzes Hotel einem Haufen junger Männer vererbt hatte, die… verkleidet als Cowboys… *No, sweet Mary, say it ain't so…* Mit Culver City konnte ich umgehen. Womit ich nicht zurechtkam, war der Grund, warum ich dort war.

Ich hatte meine Anweisungen von der Redakteurin. »Wir wollen etwas von dem Schmerz, alles, was sie durchgemacht hat, aber dann einen positiven Dreh, dass sie zurück und wieder schön ist (was sie hoffentlich sein wird). Ok, also unten stehen die Zitate für die Titelzeilen, auf die wir aus sind. Wenn du möglichst alle kriegen kannst, das wäre das ideale Szenario…« Ja, Magazine entscheiden über genau die Worte, die sie von den Promis hören wollen, und es ist dein Job, die Promis dazu zu bringen, sie auszusprechen. »Die Titelzeilen lauten: ›Ich bin NICHT schwanger. Kevin und ich sind stärker denn je. Und ich kann es gar nicht abwarten, wieder zu arbeiten.‹ Oder: ›Ich bin wieder da und schön!‹ Oder: ›Ich bin zurück, und ich bin glücklicher denn je.‹«

Sonst noch was?

»›Ich bin wieder da und so verliebt?‹«

Überhaupt kein Problem. Ich werde es mir sowieso ausdenken.

»Oder: ›Weltexklusiv – BRITNEY. Sie ist wieder da, sie ist schön, und sie enthüllt ALLES in dem lange erwarteten Interview.‹« Ich hoffte, mein Englischlehrer wird niemals herausfinden, was ich da trieb.

Kopf hoch, Jane! Du bist eine der wenigen Journalistinnen, denen es gestattet ist, mit ihr zu sprechen, weil ihre Presseagenten dich für wirklich dumm halten… *Nein, das funktioniert nicht.* Kopf hoch! Du wirst gleich mit einem Idol Zeit verbringen, von dem alle Männer heimlich träumen! Vielleicht kriegst du ein paar Tipps… *Gott, ich hoffe nicht. Es wird wie an jenem Tag sein, da ich Scarlett Johansson, als sie sich unbeobachtet glaubte, dabei erwischte, wie sie ihr sexy Gesicht im*

Spiegel übte. Oh, Scheiße, es war schrecklich, ihre Augen nach oben gedreht, die Lippen nach außen gestülpt wie das Rektum eines Pferdes ... Oooh, mach das Fenster auf ... Schluss jetzt, Jane! Es gibt Millionen Leute, Sloshy eingeschlossen, die gerne mit dir tauschen würden. Und du könntest auf einem Fischdampfer sein und einem Kabeljau den Kopf einschlagen ... *Es funktioniert nicht.*

Culver City ging in ein flaches industrielles Ödland über, wo Britney lauerte. Ich hatte alle E-Mails, die zwischen meiner Redakteurin und Britneys Presseagentin hin- und hergegangen waren, ausgedruckt und mit dabei, um beweisen zu können, dass ich mir das Interview, das gleich stattfinden sollte, nicht eingebildet hatte.

Ich bog in die Smashbox-Studios ein und stellte mein Auto zwischen die blank polierten 100 000-Dollar-Cadillac Escalades. Smashbox sah aus wie ein langweiliger Schuppen. Insider aber wussten Bescheid: Dies war einer der Orte, wo Stars hinkamen, um gestylt, fotografiert und gefilmt zu werden. Man konnte solche Gebäude schon von weitem leicht erkennen, da sie alle paar Minuten eine missmutige Frau mit Stöckelschuhen und Schamloslippen ausspuckten, die in der Hand einen Kaffee wie einen Speer hielt. Das war zweifellos eine Presseagentin, aber nur eine untergeordnete, weil ihre durch die enge Hose sichtbaren Schamlippen kaum mehr als zwei Zentimeter lang waren. Es war anscheinend eine Regel der PR: Je höherrangig die Agentin, desto länger die Schamlippen. Ich fragte mich, ob sie ihre scheußlichen Hosen extra mit solchem Schritt machen ließen oder ob die Möse vom Lügen fett wurde. Die junge Presseagentin beschimpfte jemanden am Teleon mit einer gezwungenen, seufzenden Stimme voller Wut, weil sie, die Dritte von unten, an diesem Tag mindestens zwei andere Leute wie Abschaum behandeln musste.

Ich konnte Britney Spears durch die offene Tür des Schminkraums sehen. Ihr Haar sah genauso aus wie Dachbodenisolierung, ein Knäuel zerfetzter gelber Fasern, aber in vier Stunden wird ein Hairstylist, gewöhnlich ein als Pirat verkleideter Schwuler, Sprühwachs im Wert von 20 Dollar darin verrieben haben, und Britneys Haar wird so glänzen wie die Cadillac Escalades draußen. Heute hatten sie die Super Crew herbeigerufen – Stylist, Friseur und Make-up-Artist, nur die besten Leute –, ein Aufräumteam, das jedes aus dem Wasser gezogene, halbstrangulierte Betthäschen wiederbeleben konnte. Es war ein mieser Tag im Magischen Königreich, und die Super Crew hatte alle Hände voll zu tun. Britney hatte Gefallen daran gefunden, sich wie eine senile Oma anzuziehen. Sie trug einen Wollpulli und eine dicke Lesebrille. Ihr Haar war schwierig, kein Wunder bei ihrem Stresslevel. Doch egal, was auf oder in ihrem Kopf vor sich ging, Britney war ein Star, sie würde »Sexy« aus dem Hut ziehen, und die Super Crew waren Profis. Irgendwie schafften sie es immer, dass die Abgebildete auf den Fotos taufrisch, kokett und unbekümmert aussah. Aber davon waren wir noch weit entfernt.

Ich schlenderte in das Fotostudio. *Ich tu so, als ob dies ein Café wäre und ich gekommen bin, um ein paar köstliche Minibrownies zu essen.* Ich sah sie vor mir: frisch und nach Butter duftend, die durch den Kakao schmolz. Oh, mein Gott, das sind nicht einfach Brownies, das ist eine richtige Schokoladentorte – mmmh ... Zumindest eine Sache sollte meinen Tag aufhellen, aber wieder einmal kam etwas dazwischen: Eine missmutige Assistentin hatte den Kuchen zuerst entdeckt. Wir stürmten beide auf den Tisch zu. Ein Kopf-an-Kopf-Rennen, aber da stellte sich mir jemand in den Weg. Wann würde ich endlich lernen, den Seiteneingang zu benutzen? Zumindest beim Dessert wäre ich dann die Erste.

»Entschuldigen Sie, WER sind Sie?«, sagte eine Stimme. Ich schaute nach unten. O nein. Ich glaube, ich habe gerade Schamlippen von mehr als acht Zentimeter Länge gesehen. Es war eine Presseagentin, und keine junge.

»Ich bin die Journalistin, die Britney nach dem Shooting interviewt.« Ich strahlte und setzte mich sicherheitshalber, um nicht zu zappelig zu wirken.

»Uns wurde nicht mitgeteilt, dass Sie kommen«, fuhr sie mich an.

»Das Büro in New York hat mich beauftragt.« Diese Adresse gab auf harmlose Art zu verstehen: »Dein Boss, Dumpfbacke.«

»Nein, haben sie nicht.«

»Sie haben mit meiner Redakteurin gesprochen. Ich habe die E-Mail…«

»Ich weiß nichts davon.«

Ich wollte ihr zeigen, wo auf der Liste ihre E-Mail-Adresse stand, aber das hätte sie sicher für unverschämt gehalten. Von mir wurde erwartet, eine momentane geistige Verwirrung zu- zugeben, aber in dem Moment lenkte mich etwas ab: Britney zog sich aus. Nackt stand sie da. Ihre Ehe mit Kevin Federline, dem Backup-Tänzer aus der Provinz, hatte ihren Sexappeal zerstört. Sie sah aus wie die Tussi vom Ende des Wohnwagen- parks. Die Super Crew versuchte, ihr ein neues öffentliches Image zu verpassen. Selbst in ihrer besten Zeit war Britney keine soignierte Angelina, die in einer Wolke aus Chanel aus- gesetzte Babys adoptierte. Britney riss sich ihr Top vom Leib. Sie hatte eine merkwürdige würfelförmige Figur bekommen. Ihr Bauch war aufgebläht, und nicht nur, weil sie zu viele aus- gesetzte Cheeseburger adoptiert hatte. K-Fed hatte es wieder getan. Die Presseagentin führte mich aus dem Studio und ließ mich davor Platz nehmen. Ich konnte meinen Blick nicht von ihrer Vagina losreißen. Ich glaube, sie wollte nach mir schnappen. Schon legte die Agentin los.

»Sie werden nichts von dem, was Sie hier gesehen oder gehört haben, erwähnen«, blaffte sie. »Sie können schreiben, dass Britney die erfolgreichste Musikerin aller Zeiten ist, noch vor Christina Aguilera. Aber alles, was Sie heute gesehen haben, bleibt außen vor.«

Ich schwöre, die Lippen zwischen ihren Beinen knurrten mich an.

»Nein, nein, kein Wort«, sagte ich und versuchte, nicht nach unten zu sehen.

»Das Interview wird ganz sicher morgen stattfinden, wenn überhaupt«, schloss sie, aber ich hörte nicht mehr zu, weil ich plötzlich bemerkte, dass ich auf dem Kuchen saß, den ich in meine Tasche gestopft hatte.

Ich ging zurück zu meinem Wagen ohne Interview. Die Publicity-Manager hatten noch nicht entschieden, wie sie mit Britneys zweiter Schwangerschaft umgehen sollten. Nun, sie könnten ihr zum Beispiel sagen, dass es nicht als Spätabtreibung gilt, wenn man sein Baby fallen lässt. *Scheiße, es geht bestimmt um die Top-Ten-Liste. Warum habe ich nicht mit dem Magazin gesprochen? Wir brauchen eine Liste der zehn Besten mit weniger Nummern darauf.* Dies war ein Desaster, das Magazin würde mir nie wieder einen Auftrag geben, und ich müsste zurück nach Hause und bei Mutti wohnen.

*

Schauen Sie mal, ob Sie die Lüge in diesem Kotzartikel entdecken, den ich für eine Sonntagszeitung geschrieben habe: »Wir treffen uns in Los Angeles … Britney hatte wirklich eine Zeit der Unschuld, während Madonna sich nur vage daran erinnerte, wie es war, noch Jungfrau zu sein …« Nun finden

Sie bitte die Lüge in diesem Artikel für ein größeres Frauenmagazin: »Ich bin überrascht, als ich die Frau treffe, die die erfolgreichste Sängerin aller Zeiten ist: Britney ist wahrscheinlich auch die normalste von allen.«

Jeder Satz ist ein Haufen Schwachsinn, »die Normalste« wird sich krummgelacht haben, aber in beiden Fällen ist das Wort »treffen« eine ausgemachte Lüge. Ich habe seitenweise darüber geschrieben, wie Britney Spears in Person ist, aber getroffen habe ich sie nie. Diejenigen nicht zu treffen, die man eigentlich interviewen soll, ist ziemlich normal im Promi-Journalismus: Wenn Sie sich wundern, warum Interviews heutzutage nur noch das immer gleiche Gesabbel sind, dann ist das so, weil viele davon gar nicht stattfanden. Welche Realität bitte?

Tatsächlich rief Britneys Presseagentin die Redakteurin an, um sich vielmals zu entschuldigen, und das Interview wurde auf einen anderen Termin verlegt. Dann klingelte am Morgen des vereinbarten Tages das Telefon. Es war Britneys Agentin, die anrief, um mitzuteilen, dass das Interview nicht stattfinden könne.

»Das Durcheinander tut uns soooo leid, gerne würden wir das Interview heute machen, aber es geht nicht. Britney fühlt sich nicht wohl ...«, sagte sie, wobei sie nach einer Gabel griff, um ihre Hose aus der Spalte zu zerren, und dann erklärte sie weiter, dass es für ein fünfseitiges Titelinterview nicht nötig sei, mit dem Star persönlich zu sprechen, da »wir« alle Informationen hätten, die »wir« vielleicht bräuchten, einschließlich der Tatsache, dass Britney größer als Christina Aguilera sei. »Und wie vereinbart, wir erwähnen absolut nichts von dem, was wir bei dem Fotoshooting sahen.« Natürlich würde es wieder wie beim letzten Mal sein: fünfzehn Minuten am Telefon. Britney mit irgendwelchen Körnern im Mund. Maisschrot mit Käse, erklärte sie.

»Wie viele Interviews hast du gegeben?«, fragte ich.

»Eine Billion«, antwortete sie. »So ungefähr.«

Und dies schrieb ich danach: »Britney hat den sexy Akzent einer Südstaatenschönheit, und bei unserer Begegnung nennt sie mich gleich ›Schatz‹. Sie trägt eine Jogginghose und ein rosa Sweatshirt, sie ist freundlich und warmherzig und überraschend selbstironisch für jemanden, der schon mit siebzehn als die sexieste Frau der Welt bezeichnet wurde.«

Warten Sie, es kommt noch schlimmer: »Was einem wirklich auffällt, ist Britneys natürliche, menschliche Art.«

*

Um ihre neue Härte zu demonstrieren, erfanden die Publicity-Manager eine Waffe, die noch wirksamer war, als sich persönlich zwischen die lästige Journalistin und ihre Klienten zu stellen: Nicht-Beachtung. Leute riefen mich an, um mich zu ignorieren. Eines Tages klingelte mein Telefon, und alles, was ich hören konnte, war Tipplärm. *Ich werde von einem Romanautor gestalkt.* Dreißig Sekunden später – volle dreißig Sekunden später, ich zählte mit, weil es saukomisch war – »Jane, hier ist Campylobacter.* Du hast wegen Samantha angerufen …« Hatte ich. Vor mehreren Wochen. »Gibt es noch etwas, was du wissen möchtest?«

Ja. Weiß Samantha, die dich ja bestimmt für die Pressearbeit bezahlt, dass du Wochen brauchst, um einen Telefonanruf zu beantworten? Und für wen hältst du dich, dass du jemanden anrufst und ihn erst einmal deinem Getippe zuhören lässt? Es wäre mir egal, wenn du für das Rote Kreuz arbeitetest und wenn du nach dem Tsunami eine Bestandsliste der Amputationssägen erstellen müsstest (du weißt, dass

---

* Nicht ihr richtiger Name.

die Chirurgen kaum noch Sägen haben? Wie wirst du ihnen die Nachricht beibringen? »Wollt ihr die schlechte Nachricht zuerst oder die wirklich schlechte Nachricht?«). Nein, Campylobacter, es würde mir nichts ausmachen, dass du tippst, während du mit mir sprichst, wenn du für das Rote Kreuz arbeitetest, aber du bist ein Presseagent, und es ist deshalb so gut wie sicher, dass du deine Zeit damit verbringst, bei Defamer nach den Mösenlappen von Paris Hilton zu suchen.

L.A. wurde tougher und ich immer rüder. Ohne jeden Ausweg war ich kurz vor dem Durchdrehen. Ich musste mit dem Eingesperrtsein irgendwie fertigwerden. Die Rettung kam schließlich von den Promis selbst.

11

Das perfekte Promi-Interview

Beachten Sie, dass auf diesem Paparazzo-Foto von Mischa Barton und mir ich diejenige bin, die versucht, nicht erkannt zu werden.

Ich lernte von den Stars, dass man das Spiel nicht mitspielen muss.

»Hast du irgendwelche Lieblingsorte in L.A.?«, fragte ich.

»Ich hab nicht gerne eine Meinung und erzähl sie jedem«, sagte Mischa. »Ich bin noch jung, und man weiß nie, wie das sonst rüberkommt.«

»Du hast vollkommen recht. Hast du in letzter Zeit irgendwelche guten Filme gesehen?«

»Ich schau mir keine neuen Filme an«, sagte sie und seufzte. Wie konnte ich nur fragen? »Ich mag die Klassiker lieber.«

»Geht mir auch so. Zum Beispiel …?«

»*Infam* mit Katherine Hepburn … Ganz allein ihr Werk.«

Ich hatte nicht die Absicht, ihr zu sagen, dass es ein Audrey-Hepburn-Film war. Dann wäre ich wieder diejenige mit dem rüden Benehmen gewesen, und ich lernte doch gerade von dieser Meisterin. Jetzt wusste ich, wie ich L.A. Herr werden würde: Ich würde mich einfach um einiges schlimmer verhalten als die Leute um mich herum.

*

Es gab mir einen Kick, die schrecklichste Mitarbeiterin aller Zeiten zu sein. Lügen, betrügen, stehlen, Minibars plündern, Hausverbote provozieren, alles egal, ich folgte nur einer Regel: Schreib nette Sachen. Natürlich las ich die Artikel selber nie. Dabei wäre ich mir wie ein Deutscher vorgekommen, der in seinem Bad neben der Toilette ein Regal hat, wo er seine Kacke hinstellt, um sie zu studieren. Je unverschämter die Leute, desto mehr klaute ich. Noch bevor eine Presseagentin auftauchte und mich in ein Zimmer schickte, wo ich einen Schauspieler umschleimen musste, war meine Handtasche voll mit Hotelgabeln. Ich mag die eigentlich überhaupt nicht, aber ich nahm sie einfach mit, um mir zu beweisen, dass ich ein guter Mensch bin.

Wenn ich über Partys berichtete, starrten mich die Presseagenten böse an, sobald ich mich dem Tisch mit den Werbegeschenken näherte. »Finger weg von den Geschenktütchen! Die sind für die neuen Talente.« Ich plünderte die Tüten, wenn niemand hinsah, und ließ für die Promis nur eine Menge alter Kerzen zurück. Die »Brustkrebs«-T-Shirts verschenkte ich an Obdachlose. Ach, *nur für neue junge Talente.* Ich dachte, Sie sagten: für die verrückte Alte vor der Schwulen-Kirche, die wie Nick Nolte aussieht.

Als ich in Hollywood anfing, habe ich bei meinen Treffen mit den Stars genauso wie sie eine Diät-Cola bestellt, um freundlich zu erscheinen. Später habe ich dann aber Margaritas so schnell getrunken, wie es eben geht ohne zu rülpsen, und manchmal noch schneller, nickte ständig und stimmte zu, dass es tatsächlicher billiger sei, gemeinsam einen Privatjet zu leasen als die ganze Entourage erste Klasse fliegen zu lassen. Tequila belebt: Wenn ich meine Augen zumachte, konnte ich mir einbilden, in einem mexikanischen Hurenhaus zu arbeiten.

In der Anfangszeit, wenn das rote Licht an meinem Aufnahmegerät BATTERIE SCHWACH anzeigte, wurde ich ganz nervös und wechselte sofort die Mignonbatterien. Später habe ich dann einfach eine Serviette darübergelegt. Nach Anbruch des Goldenen Zeitalters der Bescheuerten starrte ich mein Gegenüber an und wartete nur darauf, dass er oder sie es zu sagen wagte.

»Ich glaube, Ihr Aufnahmegerät läuft nicht mehr«, sagte die Person.

»Das ist nur zur Reserve. Ich übertrage unser Gespräch direkt auf meinen Computer, er hat AudioMixPro.« *Es gibt kein solches Programm wie AudioMixPro, du dämlicher, schöner Trottel. Mir sind nur DEINE CHIHUAHUAS SCHEISSEGAL.*

Es ließ sich nicht mehr leugnen: Ich wachte morgens in guter Stimmung auf, aber sobald ich einen Blick in meinen Terminkalender warf und meine Jobs für den Tag sah, hatte ich schon die Schnauze voll. Schließlich schaute ich nicht mehr in meinen Kalender. Eines Tages saß ich gutgelaunt vor dem Computer und suchte bei Google nach Artikeln zu »Völkermord«, als mein Telefon klingelte.

»Jane, Arooni[*] am Apparat. Ich arbeite in Rinky's[**] Büro.«

»Wirklich? Toll!« Ich hatte vielleicht ein bisschen was getrunken.

»Danke, danke. Ich habe Chad Michael Murray[***] für dich.«

»Großartig!« Ich hatte keine Ahnung, wer diese Leute waren.

»Kannst du das Interview jetzt gleich machen?«

»Klar! Gib ihn mir.« Ein Interview? Ich schaute in meine E-Mails. Da war eine von einem Magazin, fast zwei Jahre her – könnte ich Chad Michael Murray interviewen? Offensichtlich hatte ich zugesagt. Als sie die Verbindung zu Chad an seinem Filmset herstellten, googelte ich »Chad« und landete bei einer Site mit Reisetipps für Schwule.

»Chad. Vielen Dank, dass Sie sich die Zeit nehmen«, sagte ich und suchte verzweifelt den Bildschirm ab. *The Chaps Inn. Das größte Premier Ressort für Ledermänner und Bären in Palm Springs…* »Sie glauben ja gar nicht, wie sehr wir Sie in England lieben.« *Spiele in der Outdoor Sling…?* »Es ist absolut unglaublich, was Sie alles gemacht haben. Was meinen Sie, wie kam es dazu?«

[*]   Nicht ihr richtiger Name.
[**]   Nicht ihr richtiger Name.
[***]   Sein richtiger Name.

Chad legte los. »Ich hab soviel Glück gehabt…« *Nein, ich brauche Hinweise, du bescheidener Blödmann. Gib mir ein paar Namen, mit denen ich arbeiten kann.* Es kam noch schlimmer: Laut Google war der junge Schauspieler ein wirklich netter Kerl, der Härten überwunden hatte, von denen ich nichts wusste. Bis heute habe ich nicht die leiseste Ahnung, wer Chad Michael Murray ist. Ich glaube, ich habe etwas über ihn und die Serie *O.C., California* geschrieben.

*

Das Ärgerliche war nur, dass ich nichts tun konnte, um Ärger zu kriegen. In einer Welt, wo man Journalismus von solcher Qualität wie »Wer hätte gedacht, dass Teri Hatcher so nett ist?«* produzierte und das auch noch gedruckt wurde, hörte sowieso niemand mehr zu. Einmal bekam ich ein Interview, hinter dem alle Magazine her waren. Historisch, ein Jahrzehntereignis, ein kultureller Meilenstein. Aber als ich »Danke schön, das war fantastisch« zu dem neuen Typen aus *Desperate Housewives* sagte und allein vor seinem Haus über dem Beachwood Canyon stand, spürte ich… Ich kann das Gefühl nicht genau beschreiben, aber ich habe gehofft, es würde verschwinden, wenn ich nach Hause joggte. Die Gegend war bereits dunkel, es regnete, und plötzlich rutschte ich beim Laufen aus. Mein iPod schlitterte über den Kies. Ich hatte ihn als digitales Aufnahmegerät benutzt, und das Interview des Jahres? Weg. Wusste ich überhaupt noch, was er gesagt hatte? Natürlich nicht, ich hatte ja nicht zugehört. Ich konnte mich an kein einziges Wort erinnern: nicht, mit wem er zurzeit ging, welchen Film er als nächsten machte, ob er das Ergebnis einer Analgeburt war, rein gar nichts. Kehrte ich um

* Sie ist es, aber *darum geht es nicht.*

und interviewte ihn noch einmal? Natürlich nicht, ich war ja nicht irre. Stattdessen ging ich nach Hause und dachte mir den ganzen Artikel aus. Niemand bemerkte es. Nicht das Magazin und sicher nicht der Schauspieler. Denn der erste Satz, den ich schrieb, lautete: »(Der Neue in *Desperate Housewives*) ist sechsundzwanzig, sieht aber jünger aus. Er hat funkelnde Augen, strahlend weiße Zähne und ist muskulös... hat etwas von einem Rock-Gott... auf stille Art ein Macho.« Der Artikel wurde als einer der genauesten gelobt, die je über ihn geschrieben wurden.

Ich schaffte es einfach nicht, Schwierigkeiten zu bekommen. Schlimmer noch, ich kam in den Ruf, aus Stroh Gold machen zu können. »Wenn jemand mit der umgehen kann, dann bist du es...«, war alles, was ich hörte. Als Anna Nicole Smith in vier Stunden nur zwei Worte sagte, eines davon war »Igitt«, machten wir daraus einen Beitrag von vierzehn Seiten. Eines Abends, als ich etwas für eine seriöse Tageszeitung schrieb, nickte ich ein und sah beim Aufwachen, dass der Artikel fertig war. Da ich keine Elfen als Helferinnen habe, muss ich ihn im Schlaf zu Ende geschrieben haben. Ich las das Ganze nicht noch einmal durch für den Fall, dass es nur ein wunderbarer Traum war, sondern klickte schnell auf SENDEN. Der Artikel erschien.

Dawson's Creek. Es war *Dawson's Creek*, nicht *O. C., California*. Ich fand sogar einen Weg, um noch weniger mit meinem Job zu tun zu haben. Eines Morgens, als mir schon übel davon war, Umschreibungen für den Satz »X ist so wohltuend liebenswert« zu finden, warf ich die Blätter in den Papierkorb und arbeitete das perfekte Promi-Interview aus: zuerst die Überraschung, wenn man sie trifft, dass sie soviel menschlicher sind als ihr Image und doch Starqualität ausstrahlen, dann der emotionale Aufruhr der letzten Zeit, der sie zu Menschen wie du und ich gemacht hat, wobei sie daraus klüger, glücklicher und in besserer Form als je zuvor herausgekommen sind dank der Liebe ihrer Familie/Haustiere/Fans, und dann, nachdem das durchgestanden war, haben sie an Wochenenden ein wenig mit nicht ganz erlaubten Dingen experimentiert. Dieses »Interview« verwendete ich dann wieder und wieder für verschiedene Promis. Die Zitate wechselten, aber die Übertreibungen blieben die gleichen.

Alle paar Wochen überarbeitete ich das schlampig gemachte Mistding mit einem Synonymwörterbuch, aber bald war selbst das zu viel Arbeit, und schlimmer noch, es erweckte den Anschein, dass ich irgendetwas mit dem Endprodukt zu tun hatte. Ich fand einen Weg, Interviews zu machen, wieder heimzugehen und immer noch Geld zu verdienen: Schamlos wie ich war, hörte ich auf, die Artikel selbst zu schreiben und gab die Aufnahmebänder ganz einfach einer Reihe sehr, sehr junger Autoren, die das in meinem Namen erledigten. Die waren so jung, dass sie noch Hoffnung hatten.

»Jane, ich kann heute nicht arbeiten: Ich hab's bis in die letzte Runde der ›Nacht der neuen Talente‹ im Comedy Store geschafft, und dann kommen noch diese Agenten ...«

»*Was? Nein!* Das kannst du doch nicht machen! Du bist schließlich ein Intellektueller! Bitte schreib mir mal in achthundert Worten, dass ›X‹ definitiv kein Drogenproblem hat«, flehte ich ihn an, »und manchmal verkaufen sie an die *Mail* weiter, lass also den Abschnitt über Gary Glitter und den Slangreim raus ...« Meine Lehrlinge waren Amerikaner und viel zu nett, um Schweinkram zu schreiben, weshalb ich dann immer noch einen Hauch von schmierigen Details über das Sexleben der Stars hinzufügen musste. Ansonsten hatte ich aber so gut wie nichts mehr mit meinem Job zu tun, was bedeutete, dass ich mich auf das Drehbuch konzentrieren konnte. Inzwischen hatte ich die bittersüßeste Liebeskomödie, die je geschrieben wurde, im Kopf, und ich war bereit loszulegen. Intensives Studium von McKee, dem Gott aller Drehbuchautoren, hatte mir gezeigt, worauf es ankommt: Im Grunde ist eine Story Folgendes: »Es gibt einen Held, und der hat ein Problem.« Aber jedes Mal, wenn im Begriff war zu schreiben, klingelte das Telefon.

»Dies ist für die Sommerausgabe, wir nehmen also nur Diät-Zitate«, sagte die Redakteurin. »Der Aufhänger ist: Mein Kampf mit dem Gewicht.«

»Weiß sie Bescheid?«

»Nein. Ihr Agent sagt, dass sie sich nicht ausdrücklich zu dem Thema Gewicht äußern wird. Wir haben ihm gesagt, dass der Aufhänger eine TV-Serie ist, die in Großbritannien rauskommt. Es ging nicht anders, du weißt ja, wie ihr Agent ist …«

»O ja, ich kenne ihn …« Ich hatte unterdessen eine Riesenratte im Smoking gezeichnet, und die Redakteurin redete immer noch.

»… also, sie wird wahrscheinlich über die Reality-Show sprechen wollen, aber wenn du das Interview etwas lenken könntest, in Richtung wie toll sie doch aussieht und ob es ihr gefällt, in der Show jetzt alles tragen zu können, was ihr in den Sinn kommt, jetzt, da sie so abgenommen hat …« *Stellen Sie sich vor, das hier ist nicht Ihr Job und Sie sind an einem besseren Ort. Ich bin auf der Beerdigung einer Ratte. Sie ist von einem Straßenräuber erschossen worden, und ich bin die Freundin der tapferen Ratte, und alle Ratten sind nett zu mir …*

»Frag sie unbedingt, wie sexy sie sich fühlt. Jemand von *Elle* meint, sie sei schwanger …« *Sie spielen den Lieblingssong der Ratte: »I Will Always Love You« von Whitney Houston. Alle weinen, Gott, seine arme Rattenmutti. Vielleicht werde ich nach dem Trauergottesdienst mit seinem Bruder was anfangen …*

Ich summte nun mit einer betrübten Rattenstimme Whitney Houston ins Telefon, und niemand in der Redaktion bemerkte es. *BitterSWEEEEEEEET… Memoriiiiiiies… Sieh doch mal die angenehme Seite: Sie hätten dich darum bitten können,* »Kate Winslet verliert ihr Babygewicht« *zu schreiben, obwohl sie niemals fett war.*

»Kate, zu dem neuen Film – wie haben Sie sich für die Rolle als Iris Murdoch in Form gebracht?«

Während ich die Kinder, die ich mit Sahnebonbons dafür bezahlte, dass sie meine Promi-Interviews verfassten, ermahnte und antrieb, fiel mir ein rührseliger zweiter Akt zu meinem neuen Drehbuch ein, die größte Science-Fiction-Story, die je… und fast hätte ich sie aufgeschrieben. In der Zwischenzeit ging die journalistische Arbeit zügig weiter, trotz meiner Inkompetenz und Todesaura. Nichts, was ich auch tat, war für dieses schreckliche Königreich zu schrecklich. Ich bettelte um Schläge, aber sie kamen nicht. Das, was dann geschah, hatte ich allerdings nicht erwartet.

12

Es gefällt uns wirklich, aber ...

Die Ashton-Story erschien in *The Face*, und jeder war glücklich. So glücklich, dass der Londoner *Evening Standard* anrief. Ashton war seit kurzer Zeit mit jemandem zusammen, der noch berühmter war als er. Es sickerte durch, dass er, nachdem er unser Interview beendet hatte, um *Saturday Night Live* in New York zu präsentieren, seine zukünftige Frau Demi Moore getroffen hatte. Demi war wieder ganz groß in den Nachrichten, und die Gerüchte waren ohrenbetäubend: 400 000 Dollar teure Schönheitsoperation, sagte ein Gerücht, mit der Begründung, dass Demi hübsche Beine hatte und ein Mann scharf auf sie war. Es wurde darauf hingewiesen, dass es keine Schönheitsoperation gab, die 400 000 Dollar kostete. Nun, es ist offensichtlich, sagte das Gerücht, Frappuccino-Schaum vor dem Mund, dass Demi sich einer *experimentellen* Operation unterzogen haben musste, von der noch niemand etwas gehört hatte. Dabei wurde die Beinhaut bis zur Leiste durchgetrennt und wie ein Paar Strumpfhosen hochgezogen. *Offensichtlich.* Dies war eine kolossale Neuigkeit, und der *Evening Standard* wollte, dass ich das Ashton-Interview aktualisierte, so dass sie es noch einmal bringen konnten.

»Es gefällt uns wirklich«, sagte der *Evening Standard*. Dieser

Satz geht stets einem Aber voraus. »Aber ... hat er denn Demi überhaupt nicht erwähnt?«

»Er war noch nicht mit ihr zusammen, als ich ihn interviewte.«

»Ja, aber die Leser wissen das ja nicht. Können Sie vielleicht noch mal nachfragen?«

»Sicher.« *Sicher werde ich wieder mit ihm zu Mittag essen: Schließlich schafften wir es nicht bis zum Neuen Testament.* Die Sache war so heiß, dass Ashton von einem Medienkonzern locker eine Million Dollar hätte bekommen können, wenn er sein Herz über Demi ausgeschüttet hätte, ganz zu schweigen von dem Kebab, den eine britische Tageszeitung anzubieten hatte. Aber das tat er nicht, was nur bedeuten konnte, dass sie wirklich verliebt waren. Nichts in der Welt konnte mich dazu bringen, ihn anzurufen. In den Zeitungen, die ich mir durchschaute, waren alle »Quellen«-Zitate über das Gefühlsleben des Paares, die ich klauen wollte, offensichtlich frei erfunden. Spieglein, Spieglein an der Wand. Am Ende bauschte ich den ursprünglichen Artikel mit risikolosem Geschwätz etwas auf und benutzte Sätze wie »Demi wäre verrückt, wenn sie nicht mit ihm ginge« und so exklusive Details wie die, wo Ashton und Demi Urlaub machten. Der *Standard* war verständlicherweise nicht entzückt und rief zurück, um zu fragen, ob ich sicher sei, dass Ashton nichts über sein Verhältnis zu Demi gesagt hatte, oder darüber, dass Demi mit ihren vierzig Jahren schon abscheulich alt sei und überhaupt. Ich sagte, ich sei mir immer noch sicher, weil die beiden damals noch gar nicht zusammen waren.

»Ach ... Es ist ... Ach ... Was denken *Sie* denn, was er darüber denkt, mit Demi Moore zusammen zu sein?«

»Was er meiner Meinung nach denkt? Ich glaube, er denkt, dass es fantastisch ist.«

Bis dahin hatte ich unzählige solcher Gespräche gehabt und flüchtete ins nächste Straßencafé, um mich mit Frozen Yoghurt vollzustopfen, bevor das Gesicht meines Englischlehrers wieder vor meinem inneren Auge auftauchte.

Mehrere Ausflüge zu dem Eiscafé waren nötig, um die Erscheinung loszuwerden, und jedes Mal, wenn ich dort war, wurde ich von einem Teenager bedient, dessen Anstrengungen, ein Transvestit zu werden, damit endeten, dass er aussah wie Cherie Blair. Ich war schon so weit, sie nach einer Medium-Portion zu fragen, konnte aber das Wort nicht ausspucken, weil ich wusste, was der Transvestit sagen würde.

»Baby-Portion, Mama oder Papa?«, fragte der Transvestit.

»Medium«, sagte ich.

»Mama?«, fragte der Transvestit.

»Medium.« Ich gab nicht nach. Wenn Amerika das Wort »groß« wieder einführte, wäre Fettleibigkeit über Nacht verschwunden. Ich bezahlte die Transe für einen fetten Klumpen Carbolite – Yoghurt (mit wenig Kohlenhydraten), gesüßt mit Maltitol (verursacht Fürze schrecklichster Art, aber enthält keinen Zucker) – und, endlich ruhig, saß ich da und starrte ausdruckslos auf den Santa Monica Boulevard. Dank Frozen Yoghurt hatte ich meinen Frieden mit der Welt gefunden.

Der endlose Santa Monica Boulevard war nicht das alte Hollywood. Dies hier war Hollywood 2050. Die Architektur war perfekt, die Leute stets höflich und in Topform, Hunde, Rasen und Fingernägel waren nicht verdreckt, und es gab dort sogar einen Park, der nach einem ermordeten Schwulen benannt war. Als ich durch den Matthew Shepard Human Rights Triangle Park schlenderte, fragte ich mich, ob nicht alle Bürgerpflichten an Schwule übergeben werden sollten. Dort gab es sogar einen offenen Doggingplatz mit dem Namen

Vaseline Alley. Sittenloses Verhalten war also auf eine vorbestimmte, angemessen abgegrenzte Bumszone beschränkt.

Ein Polizeiauto fuhr vorbei mit dem Stadtlogo in den Regenbogenfarben des Gay Pride an den Seiten. Einmal sah ich zwei Polizisten Hand in Hand auf dem Santa Monica Boulevard, und keiner der beiden war von The Village People. Vielleicht sollte ich einen Film über schwule Polizisten schreiben. Handeln nicht alle Polizistenfilme von Schwulen? »Sie waren Polizisten. Und sie waren Männer. Und sie waren gekommen, um die Hintern der anderen zu schützen und die eigenen hinzuhalten ...«

Zumindest habe ich die Situation noch nicht akzeptiert, dachte ich und spähte in einen Eimer Frozen Yoghurt mit Schokoladensplittern. Ich glaube zumindest, es waren Schokoladensplitter. Ich hatte nämlich eine extradicke schwarze Sonnenbrille auf und konnte kaum etwas sehen. Und es waren Leute um mich herum, die ich aber nicht hören konnte. Ich habe den ganzen Tag Ohrenstöpsel getragen, um von den L.A.-Telefongesprächen und Schoßhündchenkämpfen ja nichts mitzubekommen. *Vielleicht wird Kevin Spacey irgendwann von Chihuahuas angegriffen, und die Herrscher von WeHo (West Hollywood) werden gezwungen sein, die Hundebevölkerung mit Baseballschlägern zu reduzieren. Ich habe Bürgerstolz, ich könnte helfen. Ein Liter Eiscremeersatz mit null Kohlenhydraten. Es ist gar nicht so schlecht hier ...* Selbstzufrieden pulte ich gerade mit dem kleinen Finger Schokoladenstückchen aus dem Becher, als das Telefon klingelte.

Die neutral klingende Stimme eines Mannes fragte: »Spreche ich mit Jane Bussmann?« *Oh, Scheiße, wer auch immer das jetzt ist.* »Marty Singer am Apparat. Ich bin Anwalt und vertrete Ashton Kutcher. Ashton möchte, dass Sie wissen, wie aufgebracht er ist, dass jemand, der so nett zu sein schien, *so etwas* tun konnte.« Pause. Das war selbst für die konventionellen Standards von L.A. ein grober Einstieg.

»Nein, tut mir leid, ich weiß nicht, worum es geht. Sie müssen schon etwas genauer sein.« *Ich wusste es. Ich hätte sagen sollen, dass ich Priester liebe. Alle Priester – die fetten, die dünnen, ich kann gar nicht genug Priesterröcke um mich haben. Au weia, mein Magen…*

»Ich meine das Zitat im Londoner *Evening Standard*.« Der *Standard*? Was habe ich geschrieben? Demi wäre verrückt, wenn sie nicht mit ihm ginge… Oh, mein Gott. Das hatte der *Evening Standard* gedruckt?

Marty fuhr fort: »Lassen Sie es mich Ihnen vorlesen. ›Ashton sagt: Sie war die geilste Schauspielerin Hollywoods, als ich aufwuchs… Und jetzt bumse ich sie. Das ist einfach fantastisch. Von Jane Bussmann.‹« Mein Frozen Yoghurt war nur noch ein Becher mit brauner Kotze. Mama!

13

Wir verwendeten keine Zitate,
die auf irgendeine Weise negativ waren

Zu Hause brach der E-Mail-Wahnsinn aus. Meine Redakteurin, die ungenannt bleiben soll und dort sowieso nicht mehr arbeitet, erklärte mir, dass »ein paar kleine Schnipsel« hinzugefügt wurden, was »nicht ideal« war, aber das passiere nun einmal in den Medien, wenn Artikel aktualisiert würden. Darüber hinaus betonte sie, dass keine Zitate verwendet wurden, die auf irgendeine Weise negativ seien. Sie schloss mit:

Alles Gute
Liz

Ich traf mich mit meinen Freunden, um mit ihnen zusammen in Panik zu geraten. Vielleicht war Marty Singer ja einer dieser Anwälte, die ihre Dienste auf den Werbeflächen von Bussen anbieten: »Sollten Sie am Arbeitsplatz mit Ihrem Schniedel in einen Mähdrescher geraten sein, rufen Sie mich an.« Dann befragten wir Señor Google: »›MAD DOG‹ SINGER von Lavely und Singer ist seit langem der scharfe Medien-Wachhund für Stars wie Arnold Schwarzenegger ...« Marty vertrat Rick Salomon, der Paris Hilton dabei gefilmt hatte, wie sie ihm einen blies. Anstatt von den Hiltons durch alle Gerichte verfolgt zu werden, war Rick innerhalb kurzer Zeit Millionär gewor-

den, dank Marty Singer. Marty war der erfolgreichste Prozess-
anwalt in Hollywood. Ach du liebe Zeit, das war nicht gerade
ideal.

Ich kannte die ungenannte Redakteurin vom *Evening Standard* schon aus der Zeit, als sie noch bei *Marie Claire* gearbeitet hatte, und fand sie eigentlich sehr nett. Sie hatte einen
Fimmel für Tierrechte und gab gerne Artikel über die tragi-
schen Hurenelefanten von Sri Lanka in Auftrag, die gezwungen wurden, deutschen Touristen für eine Rupie einen run-
terzuholen. Ich dachte, sie übertreibt es ein bisschen mit den
Rechten für Tiere, ahnte aber nicht, dass sie auch versessen
auf Prozesse war. Britische Tageszeitungen verstehen Amerika
nicht. In Großbritannien sind Anwälte alte Männer mit langer,
lockiger, weißer Perücke und mit schwarzem Barett, und sie
ähneln senilen Fledermäusen. Größtenteils sind sie harmlos.
In Amerika gibt es Anwälte, die dein Leben beenden können.
Und Marty war Ashtons Anwalt, das hieß, er war wahrscheinlich auch Demis Anwalt, das hieß, er war wahrscheinlich auch
Bruces Anwalt, das hieß, ich war erledigt.

Ich konnte es mir nicht leisten, ein drittes Mal ein Verfah-
ren am Hals zu haben, wobei es bei den ersten zwei bloß um
leichte Autounfälle ging, nicht um die Rufschädigung eines
Filmstars. Ich würde geradewegs ins Gefängnis wandern. *Und
dann werde ich einer dieser neuen fetten Obdachlosen sein:
dreihundert Pfund mit Winkarmen und an der Autobahnaus-
fahrt in einem Colabecher um Kleingeld betteln. Einem Ein-Li-
ter-Becher Cola ...* Warum hatte ich nicht wie jeder richtige
Journalist meine Zitate einfach gestohlen?

*

Aber Marty Singers Kanzlei rief wieder an, und diesmal war
ein Engel am anderen Ende: eine mütterlich klingende Frau.

Sie sagte, es tue ihr so leid, dass sie mir Ärger machten, und fügte hinzu, sie würden mich in Ruhe lassen, wenn ich schriftlich bestätigte, dass Ashton jene Sätze nicht gesagt hatte. *Ja, bitte! Ich möchte NICHT verklagt werden! Gott sei Dank, sie haben sich dazu entschieden, die Sache außergerichtlich zu regeln. Promis wollen solche Episoden möglichst ruhig und schnell zu Ende bringen.* Ich schickte Martys Kanzlei sofort eine E-Mail: »In den vierzehn Jahren, in denen ich Leute interviewe, ist es nie passiert, dass völlig frei erfundene Zitate in meine Artikel gesetzt wurden. Ich bin äußerst wütend... Nie zuvor hat sich eine Redaktion so etwas erlaubt... Ich weiß es sehr zu schätzen, dass Ashton mir seine Zeit schenkte und das angenehme Interview gab...« Übersetzung: Ich besitze nichts von Wert. Ich besiegelte den Deal, indem ich Ashton ein Exemplar meines üblichen seifigen Gefasels schickte, begleitet von einem Brief, der ihm mitteilte, wie fantastisch er sei, und der vermutlich in dem Haufen seiner Fanpost verschwand. Anschließend machte ich zur Buße einen langen Spaziergang. Überall, wo ich herumlief, waren die Zeitungsstände vollgeklebt mit Fotos von Ashton und Demi. Ich fühlte mich wie eine Gotteslästerin.

Ich kam mit einem Wochenvorrat an Frozen Yoghurt nach Hause zurück, und schon ging es mir besser. Zwei Stunden später starrte ich in den leeren Eisbehälter, als meine Freundin, eine BBC-Korrespondentin, mich auf den neuesten Stand der Nachrichten brachte. Schlagartig änderte sich alles. »Die Story ist raus, meine Liebe! Das, was du über den *Evening Standard* gesagt hast!« Marty hatte die winselnde E-Mail als mein offizielles öffentliches Statement in Umlauf gebracht. Ich sollte einfach kein Teil der Promi-Kultur werden. Meine Aufgabe sollte es sein, mich aus dem Hinterhalt über sie lustig zu machen und gleichzeitig ihren Niedergang zu planen. Nun saß ich hilflos da, während die Medien in ganz Amerika meine Beleidigungen gegenüber meinem Arbeitgeber zitierten. Am nächsten Tag hielt ich es für klug, mich nach einer neuen Tätigkeit umzusehen.

14

Die Bedeutung von Erleuchtungen

Wo zum Teufel sollte ich also hin? Nach Deutschland und für den Rest meines Lebens *Der Naked Guys Gerfarten* schreiben? Meine Familie war der Ansicht, dass es keine Schande sei, nach Hause zurückzukehren und meinem früheren Arbeitgeber beim Fernsehen zu gestehen, dass ich für Hollywood doch nicht gut genug war. Mein etwas anders denkender Freund Michael sagte, es sei überhaupt nicht schwierig, eine Geburtsurkunde von jemandem meines Alters zu bekommen, der als Kind gestorben war, und damit einen Führerschein zu beantragen. »Dann kannst du – dein richtiges Du – sagen, du seist bei einem Flugzeugabsturz umgekommen. Natürlich ein kleines Flugzeug, über das nicht in den Zeitungen berichtet wurde ...«

Ich beschloss, mich erst einmal zu verschanzen. Ich zog wieder um, in eine geteilte Eigentumswohnung, die einem älteren Mann gehörte. Er war der Sohn irgendeiner Berühmtheit und der geizigste Mensch, den ich je kennengelernt habe. Er war nicht nur zu geizig, seine alten, pilzbefallenen Teppiche zu erneuern, sondern weigerte sich auch, seine alte Badehose wegzuschmeißen. Und glauben Sie mir, man konnte durch sie hindurchsehen, wenn sie nass war. Jeden Morgen unterbrach ich meine Schreibarbeit, um ihn beim Rückenschwimmen zu beobachten. Seine alten Hoden hüpften auf und ab wie neugierige Seemöwen. Der Anblick half beim Nachdenken. Ich musste mein Leben ändern, und zwar vollständig. Ich bedauerte nichts, außer dass ich bei Modeshootings nicht noch mehr geklaut hatte – ich hätte zumindest ein iBook ergattern können. Aber wenn man einen beschissenen Job hat und Tagträumen nachhängt, fällt einem in dem Moment, in dem der Job weg ist, auf, dass es mit den Tagträumen nicht sehr weit her war, oder schlimmer noch, die Tagträume ließen einen an dem beschissenen Job festhalten, während die Jahre dahingingen. Gelegentlich bekam ich, oh, Horror, noch einen Interviewauftrag, aber es war zu spät. Ich entschied, dass ich a) an dem Drehbuch weiterarbeiten, b) nicht die Nerven verlieren und c) nicht meine Ersparnisse aufbrauchen würde. Ich scheiterte bei a) und b) und wachte nachts schweißgebadet auf. Ich träumte immer wieder von einem Streit, den ich mit der US-Einwanderungsbehörde am Flughafen Fort Worth in Texas hatte. Mit diesen Leuten legt man sich nicht an, schon gar nicht in Texas.

»Sie können von Glück sagen, dass ich Ihren Pass nicht auf der Stelle zerreiße und Sie zu einem zweiten Interview nach oben schicke«, hatte der Mann in Texas gesagt. »Sie arbeiten hier NICHT. Sie LEBEN hier NICHT. Sie werden sich bei der Einwanderungsbehörde melden, bevor Sie versuchen, das Land zu verlassen.«

John Taylor erzählte mir, dass er einmal vom US-Zoll beiseite genommen und stundenlang befragt wurde, und Duran Duran mehr zur amerikanischen Wirtschaft beigetragen hat als die Saudis. Falls ich zur »Secondary Immigration« hinaufgeschickt werden sollte, würde ich keine zwölf Stunden später in der Wohnung meiner Mutter sitzen.

»Nicht gut«, sagte der Arzt im Cedars Sinai Hospital. Ich

hatte meine Ersparnisse noch und wollte zumindest meinen Tunnelblick und die allgemeine körperliche Erschöpfung kurieren. Im Goldenen Zeitalter der Bescheuerten gab es auch bescheuerte Ärzte.

»Nicht... gut?«

»Es besteht die beträchtliche Wahrscheinlichkeit einer Krebserkrankung Ihrer Nebenniere. Den Urintests nach zu urteilen produzieren Sie eine große Menge an Cortisol. Das ist das Kampf-oder-Flucht-Hormon.«

»Nun, es ist viel wahrscheinlicher, dass ich einfach ein unschlüssiger, streitlustiger Feigling bin ...«

»Das ist nicht zum Lachen«, sagte der Arzt und fügte hinzu, dass er mir sagen würde, ob ich Krebs hatte, sobald ich ein paar hundert Dollar bezahlte. Das klang für mich allerdings nicht nach einem Deal.

»Dann ändern Sie Ihre Lebensweise«, sagte er, diagnostizierte »Nicht genug Geld« und schickte Rechnungen über mehrere tausend Dollar, die sich um c) kümmerten und tatsächlich eine Veränderung in meinem Leben brachten. Ich lernte eine wertvolle Lektion: Piss immer nur in eine Toilette!

So konnte es nicht weitergehen. Das Drehbuch hatte sich hartnäckig geweigert, sich selbst zu schreiben, und ich brauchte dringend einen Plan. Es musste doch etwas geben, was ich tun konnte. Dann, eines Abends, ich war auf Stellensuche, das heißt, ich sah fern, hatte ich eine Erleuchtung. Im Fernseher liefen die Auslandsnachrichten – endlose Reportagen über glückliche Iraker, die ihre amerikanischen Befreier willkommen hießen. Die Realität entglitt schnell: Es war bekannt geworden, dass die amerikanische Regierung für die Verbreitung dieser Bilder von glücklichen Irakern sorgte – sie waren gefälscht, im Auftrag der Regierung hergestellt, aber die Fernsehanstalten sendeten sie weiter. Niemanden scherte das.

Aber dann erschien ein Mann auf dem Bildschirm, der nicht plünderte, bombte oder nach einem Wiederaufbauvertrag gierte: ein Neurochirurg von Ärzte ohne Grenzen, der sich mit Vorsicht durch das Kriegsgebiet bewegte, unterwegs ohne Schutz bis auf sein Walkie-Talkie. Als ich den Sender wechselte, sah ich einen weiteren Mann, der auch ein Funksprechgerät in der Hand hielt: ein Presseagent, der in den Apparat brüllte, als Tom Cruise in eine Limousine stieg. Er schrie, als kommandierten er und seine Leute ein Feldlazarett, und dabei ging es doch nur um einen winzigen Scientologen, dessen größte Leistung in meinen Augen seine Zahnspange war, die ihn noch dazu bescheuert aussehen ließ.[*] Dieser furchtbare Auftritt löste meine Erleuchtung aus: Es gibt zwei Arten von Menschen auf der Welt, die Nützlichen und die Nutzlosen, und ich hatte mein ganzes Erwachsenenleben mit absolut nutzloser Arbeit verbracht. Ganz im Gegensatz zu dem Kerl von Ärzte ohne Grenzen. Ich wette, dass er jeden Flüchtling flachlegen konnte, der ihm gefiel.

Ich schaute mich in meiner Wohnung um. Mich würde wahrscheinlich nicht mal mehr ein Delfin bumsen. So hatte ich mir das Ende meines Lebens nicht vorgestellt: mit Süßstoff vollgestopft, in einer WG sitzend und auf einen wackligen IKEA-Schreibtisch starrend: doch nicht in meinem Alter.

Man kann nicht vor sich selbst davonlaufen. Aber man kann sich verstecken. Ich schmiedete einen Plan: Ich werde Hollywood verlassen und mich den nützlichen Leuten anschließen. Ich schickte sofort eine E-Mail mit meinem Lebenslauf an Ärzte ohne Grenzen.

* Dies ist nicht die Meinung des Verlags Macmillan Publishers Ltd. oder irgendeines seiner Agenten.

15

Er beendet Kriege

Ärzte ohne Grenzen brauchte zurzeit keine Promi-Journalisten. Ich fühlte mich gekränkt, aber sah auf ihrer Website eine Liste mit der Kopfzeile: »Berufe, die MSF (Medicines Sans Frontiers) momentan nicht rekrutiert«. An zweiter Stelle standen Aromatherapeuten. Ich wusste nicht, welcher internationale Vorfall zu dieser Entscheidung geführt hatte, aber die Tatsache hatte doch etwas Tröstliches. Das Internet war voll von freien Stellen für nützliche Leute: Amnesty International, die Vereinten Nationen, sogar ein Flüchtlingslager für Kinder, die wegen Hexerei aus ihren Dörfern verjagt worden waren. Ich sah mich schon in einer afrikanischen Morgendämmerung mit Frühstücksgong in der Hand: »Also, wer von euch kleinen Scheißern hat die Milch gerinnen lassen?« In der Welt der Selbstlosigkeit herrschte jedoch harte Konkurrenz. Ich verschickte zwanzig Lebensläufe und bekam eine Antwort von der britischen Hilfsorganisation »Save the Children«, die mich nach meinen Qualifikationen fragte. Ich antwortete ihnen sofort und hörte nie wieder etwas von ihnen. Anscheinend rangiert pädiatrische Chirurgie höher als das Schreiben von Sketchen für BBC Radio 4. Nun gut, das war's. Ich war nutzlos. Ich konnte morgen sterben, und niemand würde leiden, abgesehen von Topshops Unterwäscheabteilung und meiner Mutti.

Ich lag im Bett, auf dem überall Schokorosinen verstreut waren, und glaubte verrückt zu werden. *Lasst mich abhauen. Ich werde alles tun. Die Realität hier ist so gut wie dahin.* Es war die Endphase der amerikanischen Präsidentenwahl 2004, und Experten sagten voraus, dass George Bush wieder gewinnen werde. Erneut, erklärten sie, werde er die Wahlergebnisse manipulieren, aber diesmal in Ohio, nicht in Florida. Erneut tat niemand etwas, um das zu verhindern. Ich verließ für kurze Zeit mein Bett, um mit Karl Penn (von der TV-Serie *House*) für einen lokalen Radiosender einige politische Sketche zu produzieren. Dann kam die Wahl, und der Präsident manipulierte die Wahlergebnisse,* diesmal aber in Ohio. Und wieder passierte nichts. Mein Gott, meine Witze hatten rein gar nichts bewirkt. Ich rief meinen Freund Laurence in London an, um mich etwas abzulenken. Laurence erzählte mir, dass eine amerikanische Universität mit seinem Vater, einem Archäologen, in Kontakt getreten war. Die US-Regierung wollte von ihm wissen, wie es zur Plünderung von Kunstschätzen in Bagdad kommen konnte, als Amerika den Irak besetzte, und wie man das bei einem Einmarsch in den Iran verhindern könnte. Wir waren alle auf dem besten Weg in die Hölle, und mein gesellschaftlicher Beitrag bestand darin, Schokofrüchte zu beschaffen.

Ich war wieder im Bett und blätterte in einem obskuren politischen Journal – ich glaube, es war *Vanity Fair* –, als ich auf das Foto eines Mannes stieß. Er schaute mich aus einer Seite an, die mit »Hall of Fame« überschrieben war und Leute porträtierte, die versuchten, einen Krieg in Afrika zu beenden. Da

---

* Dies ist die Meinung der Autorin, die sich auf Indizien und persönliche Vorurteile gründet. Ich habe für längere Ausführungen keine Zeit, aber es gibt Websites von Leuten, die gründlicher recherchiert haben.

rechts, das ist er. Ich riss die Seite heraus, stand auf und zeigte sie meiner Freundin Pauline, einer Journalistin bei der *New York Times*.

»Schau mal, Pauline«, sagte ich. »Der Hauptberuf dieses Typs ist es, Kriege zu beenden. In Afrika.« Sein Name war John Prendergast, einundvierzig, ein Held. Unter Clinton war er im Weißen Haus Direktor für afrikanische Angelegenheiten, und nun zählte er weltweit zu den meistrespektierten Konfliktlösungsexperten.

Es war mir nicht entgangen, dass er noch dazu äußerst attraktiv aussah. Aus rein journalistischen Gründen verbrachte ich die nächsten achtundvierzig Stunden damit, bei Google etwas über ihn herauszubekommen, und verfluchte John Prendergast, Hochzeitsfotograf aus Liverpool, weil er die Suchergebnisse blockierte.

Der richtige John war ein Rätsel. Woher kam er? Was hatte ihn nach Afrika gebracht? War er Single? Alles leider unbekannt. Die renommiertesten Zeitungen veröffentlichten Johns Artikel über den außenpolitischen Mist, der gebaut wurde. Aber so ungehalten seine Worte auch waren, sie gaben nichts über den Mann preis, der sie schrieb. Als ich ihn dann auf CNN fand und reden hörte, wusste ich, dass ich an etwas ganz Besonderem dran war. Ich las Konferenzprotokolle (Frauen sind schrecklich penibel). Bei jeder dieser hochtrabenden Debatten war er der Joker, der gerne gespielt wurde, und ich verstand genau, worauf er hinauswollte.

Für diesen Mann war Krieg ganz kurz und knapp Folgendes: Während altbekannte Armut und Ungerechtigkeit die Voraussetzungen dafür schaffen, sind Kriege nichts anderes als klassische Verbrechen wie Mord, Raub und Vergewaltigung, die ganz einfach von Verbrechern begangen werden. Gleichzeitig lassen wir sie aber ungestraft davonkommen, indem wir so tun, als wäre alles komplizierter, als es in Wirklichkeit ist. Und er, kaum zu glauben, behauptete, diese Probleme könnten tatsächlich gelöst werden.

Über 800 000 Menschen wurden in Ruanda zerhackt, und vier Millionen starben im Kongo, während die Supermächte tatenlos zusahen. Mehr als das, die Supermächte spielten diese Verbrechen bewusst als alte Stammes-/religiöse/ethnische Streitereien herunter, die zu komplex für uns seien, um sich einzumischen. Drehen wir den Spieß doch einmal um: Europa wäre von Afrika kolonisiert worden, und nichts hätte Afrikaner dazu bringen können, sich in den schwierigen Stammeskonflikt zwischen Hitler und den Juden hineinziehen zu lassen. Verdammt, ich musste mich mit John Prendergast treffen. Er war nicht nur absolut sexy, er war noch dazu klug. Ich fragte mich, wie falsch es wohl wäre, während des Interviews auf seinen Knien zu sitzen. Aber die Hindernisse waren gewaltig. John hatte sich auf Konfliktlösung spezialisiert. Ich komme aus der englischen Mittelklasse, wir sind Spezialisten für Konfliktvermeidung. Meine Eltern sprachen zwischen 1976 und 1990 nicht miteinander, nur um eine Szene zu vermeiden. Wie also konnte ich einen Mann, der im Weißen Haus gearbeitet hatte, davon überzeugen, mich, die immer noch freiberuflich für das Magazin *Glamour* tätig war, mit nach Afrika zu nehmen? Ich machte mir nichts vor: Ich war eine gescheiterte Schulabgängerin aus Muswell Hill. Für jemanden wie mich gab es keine Möglichkeit, einen früheren Direktor aus dem Weißen Haus kennenzulernen. Da rief, völlig unerwartet, die hochangesehene Zeitung *The Independent* an.

»Wir wüssten gern, ob Sie etwas für uns schreiben würden?« *Ich? Mein Gott!*

»Ja, würde ich gern!« *Bitte über Politik. Etwas über Politik.*

»Verstehen Sie uns bitte nicht falsch«, sagte der *Independent.* »Aber wir glauben, dass Sie genau die Richtige sind, um einen Artikel über Beziehungen zwischen Männern und Frauen zu schreiben, die mit jemandem zusammen sind, der eigentlich zu gut für sie ist.«

Pause.

Bevor Sie den nächsten Satz lesen, bedenken Sie, dass ich keinen Sinn für Ironie habe.

»Es gibt da diesen Mann in Washington«, sagte ich. »Ich würde ihn liebend gern interviewen.«

»Was macht er?«

»Er beendet Kriege.«

»Ist er attraktiv?«

Verdammte Scheiße.

»Nun ja, er hat Klasse … aber er verdient sein Geld damit, Kriege zu beenden!«

»Ich bin nicht sicher, dass er für den *Indie* der Richtige ist …«

»Er ist absolut perfekt für Ihre Zeitung. Er befindet sich auf einer Ein-Mann-Mission, um die Welt zu retten, aber er ist gleichzeitig total normal …«

»Ah ja …«

»Stellen Sie sich vor, Bob Geldof wäre kein ███████ Okay, lassen wir das. Denken Sie an jemanden, der sich einen Dreck um den Rest der Menschheit schert, aber kein Popstar der achtziger Jahre ist.«

»Diese Sache über Paare aus zwei verschiedenen Schichten … Kennen Sie jemanden, der das machen könnte?«

Ja. Lisa Snowdon. Wie sie George Clooney rumgekriegt hat, ich werd's nie wissen. Vielleicht dachte er, sie ist Kellnerin. Aber der *Independent* war die einzige Chance, die ich hatte. Für ein Interview mit *InStyle* würde John sich nicht mit mir treffen. Der Mann am anderen Ende der Leitung war schon im Begriff aufzulegen, als mir einfiel, dass die Wahrheit mich noch nie irgendwohin gebracht hatte.

»Sie müssen unbedingt etwas über ihn bringen – John ist ein Star!«

Umgehend erhielt ich den Auftrag, in ein Flugzeug zu steigen und mich mit John zu treffen.

16

Wirr im Kopf von Östrogenpflastern

Washington, D. C.: Ich interessierte mich inzwischen so für Politik, dass ich mir sogar einen Trenchcoat gekauft hatte. Dazu trug ich eine Sonnenbrille und sah im Endeffekt nichts als lächerlich aus. Die Glastüren am Ronald Reagan National Airport – Ronald-Nichtswiewegvonhier-Reagan-Airport – öffneten sich automatisch, und ich stand mitten in einem Schneesturm. Schnee! Dies war das cleverste Wetter, das ich seit Monaten erlebt hatte, und ich war auf dem direkten Weg, die attraktivste und zugleich ernstzunehmendste Person der Welt zu interviewen. Er würde nie darauf kommen, dass die seriöseste Sache, über die ich bisher geschrieben hatte, ein Artikel über ein Kurhotel für Hunde war, und eventuell noch der Sketch für *Brass Eye* über die Jungfrau Maria am Steuer eines Autos.

Auf dem Rücksitz eines Washingtoner Taxis fuhr ich durch den Schnee. Jeder, an dem wir vorbeikamen, schien in Eile zu sein, und das sicherlich im Dienste des Allgemeinwohls. Alle sahen so aus, als ob sie an der Weltregierung beteiligt waren. Los Angeles dagegen ist eine Stadt des Egoismus, was auf die Dauer deprimiert. Wenn man den ganzen Tag nur in den Abgrund seines eigenen Nabels schaut, dann ist man irgendwann bereit zu springen. In L.A. sind ganze Bürogebäude am

Wilshire Boulevard geheime Kliniken für Schönheitsoperationen. Aus versteckten Hintereingängen kommen Promis in Bandagen, die sich in Stücke schneiden lassen, um mehr sie selbst zu sein. Hier in D.C. jedoch sah jedes Gebäude so aus, als würden dort drinnen Entscheidungen gefällt, die viele Menschen betrafen.

Mein Interview mit John war auf fünfzehn Uhr in seinem Büro bei der International Crisis Group festgesetzt, aber ich wollte mich schon vorher vorstellen. Er hatte am Morgen eine Diskussion mit George Bushs Botschafter für Kriegsverbrechen. Thema: Völkermord im Sudan. Ort: das Brooking Institute, eine legendäre Denkfabrik. Heilige Scheiße, dieser Mann begann seinen Tag mit Massenmord, und in dieser Stadt gab es Orte, wo sich Leute trafen, um nichts anderes zu tun als zu denken. In L.A. kamen sie zusammen, um Händchen zu halten und für die Stärke zu beten, einem ganz gewöhnlichen Drink zu widerstehen, bevor sie einen Liter GBH auf Ex tranken und vor den Augen der Polizei auf dem Pacific Coast Highway wilde Wendemanöver machten.

Ich kam ziemlich aufgelöst und spät an, weil ich den Namen Brookings vergessen hatte, und die bloße Angabe »Denkfabrik« reichte in Washington einfach nicht aus. Nachdem ich gerade erst direkt aus L.A. angekommen war, war mein Blutzucker viel zu niedrig, und der Liter Kaffee machte es nur noch schlimmer. Brookings war ein elegantes Gebäude, und es wimmelte von wissenschaftlichen Experten. Alte Männer und ältere Frauen, die durch jahrzehntelanges Denken schon ganz verschrumpelt und verkrüppelt waren. Die Atmosphäre war gespannt, denn man wartete auf den Hauptakt. Es hätte das Hammersmith Apollo in London sein können, wenn die Menge nicht aus lauter 75-Jährigen bestanden hätte, die sich an Budweiser statt an Kaffee festhielten. John war offensichtlich der Rockstar der Menschenrechtsverletzungen.

Der muntere Sprecher des Instituts stellte sich mir vor.

»Wir denken besser als die anderen Denkfabriken«, sagte er. »Darf ich Ihnen Ihren Mantel abnehmen?«

»Nein!… danke.« Ich hatte mir wirklich Mühe gegeben, mich optisch anzugleichen – schwarzer Rollkragen, Trenchcoat, Netzstrümpfe –, und es funktionierte nicht einmal. Schlimmer noch. Als ich eine der Broschüren las, bemerkte ich, dass ich soviel Zeit mit dem Lippenfüller und dem Konturenstift verbracht hatte – ach ja, der natürliche Look –, dass ich den ganzen Völkermord falsch verstanden hatte: Sudanesische Volksbefreiungsarmee = gute Jungs. Nationale Kongresspartei = völkermörderische Irre. *Ok, wie auch immer, gut.* Aber wo war John? Niemand hatte eine Ahnung. *Nennen sich selbst Denkfabrik und wissen es nicht…*

Und dann sah ich ihn. Er stürmte in seinem weiten Mantel aus einem Taxi. Als er durch die Glastür hereinkam, schien er unnatürlich groß zu werden, aber vielleicht schrumpfte ich ja auch. Jedenfalls fühlte ich mich fünf Jahre älter, als er vor mir stand. *Er sieht aus wie ein Feuergott.* Er sah noch besser aus als auf dem Foto, weil er inzwischen älter war und sein Haar graue Strähnen hatte, was ihn in meiner Fantasie ungebundener machte. Graue Strähnen waren nun das Coolste, was ich je gesehen hatte. Er schüttelte mir als Erster die Hand, weil ich sie ihm so schnell entgegengestreckt hatte, dass überhaupt niemand anderes vorher hätte reagieren können.

»Guten Tag, Jane Bussmann, *Independent.*« Das war gleich die erste Lüge.

»Hi! Hi! Freut mich, Sie kennenzulernen.« *Hi. Wow. Er sagte Hi.*

Ich versuchte, professionell neutral wie die Kriegsreporterin

Kate Adie zu erscheinen und gleichzeitig mit allem Mut in seine Augen zu blicken. *Ich wusste es: Seine Augen sind gerötet von der Anstrengung, die Welt zu retten.*

Ich sah, wie er jeden anlächelte. Das war für mich der Inbegriff des Erwachsenseins: wenn man sich nicht schon in jungen Jahren so hatte einschüchtern lassen, dass man stets reserviert blieb. Andere halten Zurückhaltung für ein Zeichen der Reife, während man sich aber doch nur in Acht nimmt wie ein verletzter Teenager. Ich beobachtete die Frauen, die ihn beobachteten. Frauen, die mit ihm sprachen, neigten leicht ihren Kopf. Die jüngeren wandten sich ihm mit großen glänzenden Augen zu und bissen sich auf die Zunge, um keine unangemessenen Fragen stellen zu können: »Wollen Sie vielleicht …? Unsere Klasse macht da eine Party und würden Sie …?«, bevor sie dann schließlich fragten: »Wie kann ich mich denn für ein Praktikum bewerben?« Die älteren Frauen neigten ihre Köpfe leicht nach hinten, die Augen halb geschlossen in mütterlicher Freude über dieses menschliche Kunstwerk, blieben aber trotzdem kokett. Und ich selbst hielt mich für die vollendete Erwachsene, weil ich seine Verehrerinnen wie eine unbeteiligte Außenstehende beobachtete. Oder war es nur mein verzweifelter Selbstschutz, der mir das Gefühl gab, ich hätte noch Kraft angesichts dieser Flutwelle der Liebe, mit der die Welt ihn überschwemmte? Ja, ich war hin und weg.

Ich pflanzte mich in die erste Reihe. Die Investition in die Netzstrümpfe sollte nicht umsonst gewesen sein. Dann entdeckte ich Kameras und mir dämmerte, dass die Sache vom Fernsehsender C-Span, die Fernuniversität der spannenden Liveberichterstattung, übertragen wurde. Ein langer Vormittag stand uns bevor. Ich spürte, dass sich die Flugreisemüdigkeit über mich ausbreitete wie sanft rieselnder Schnee. Und dann ging es in der Diskussion auch noch um das brutale

Niedermetzeln, Bombardieren und Massenvergewaltigen von Zivilisten, die das Pech hatten, in der Nähe von Ölfeldern zu leben … glaube ich zumindest. Das Ganze wurde etwas verwirrend. Als eine Akademikerin anfing, die Verbrechen der sudanesischen Regierung an den Stämmen Darfurs aufzulisten, merkte ich, dass ich meinen Kopf nicht mehr aufrecht halten konnte. Ich schlief tatsächlich während der Beschreibung unerträglicher menschlicher Leiden ein. Und dabei hatte ich extra einen Nachtflug in der Economy-Class genommen.

Ich kam wieder zu mir, als John seinen Platz einnahm. Mein Interesse an ihm – ich meine natürlich den sudanesischen Dorfbewohnern – wuchs. Er war der Sonnyboy der Veranstaltung.

»Wenn der Präsident der Vereinigten Staaten Sie anriefe, und Sie hätten eine Minute, um ihm zu erklären, was in Darfur geschehen muss, was würden Sie ihm sagen?«, fragte der Diskussionsleiter. John grinste, sein Clooney-Lächeln wärmte jeden Kaffee in Washington. *Oh, mein Gott, er lächelt mich an.* Ich lächelte zurück. Dann schaute ich mich um. *Ich wusste es.* All diese alten Damen machten ihm schöne Augen.

»Ich hatte meine Minute mit dem Präsidenten bereits«, sagte John. *Verdammt, er beschreibt seine Audienz bei George Bush und klingt immer noch wie ein netter Kerl.* Ich musste mich zusammenreißen: Ich war live auf C-Span, sechs Zuschauer beobachteten mich. »Ich war im Weißen Haus, und es ging um die Verabschiedung irgendeines Gesetzes. Unsere Blicke trafen sich, und er kam zu mir herüber. Er plauderte, als wäre ich sein bester Freund, und schien viel darüber zu wissen, was in Afrika los war. Vom Texas-Akzent, den man sonst immer hört, keine Spur. Er sagte sogar, er freue sich darauf, mit mir zusammenzuarbeiten, und das jagte mir wirklich Angst ein«, sagte John. »Später erzählte mir einer seiner Berater, dass er wohl dachte, ich sei Bono.« Ein Raum voller Professoren brach in Gelächter aus. Ich glaube, ich fiel auf den Boden.

John erklärte, was genau er in Afrika zu verändern versuchte: Die Verantwortlichen sollten endlich mit dem Geschwafel aufhören und die eigentlichen Verbrecher stoppen. Frauen wurden nicht wahllos vergewaltigt, sagte er. Jeder wisse, die sudanesische Regierung habe Vergewaltigungsgangs, aber anstatt internationale Truppen zu schicken, überließen wir es lieber 2000 einheimischen Soldaten, ein Gebiet der Größe Frankreichs zu beschützen. »Mit anderen Worten, entscheiden – ja, entscheiden – wir uns täglich, diese Frauen, wenn sie ihr Haus verlassen, ganz einfach nicht zu beschützen.« Selbst ich konnte verstehen, dass hier etwas schieflief, und ich verdiente meinen Lebensunterhalt mit Sätzen wie »Nicole sieht fantastisch aus«.

»Ebenso wissen wir, wer die Verbrecher sind, und wir wissen, dass sie reich sind. Trefft sie, wo es ihnen wehtut! Sperrt ihre Bankkonten! Wie die meisten reichen Kerle sind sie eitel, also verbietet ihnen das Reisen. Das ist nämlich äußerst peinlich am Flughafen. Das hat schon zuvor funktioniert: Als wir dieselben Leute in den neunziger Jahren am Reisen hinderten, weil sie Al-Qaida Unterschlupf gewährten, ›warfen sie lieber Osama bin Laden aus dem Land‹, als auf den Jetset zu verzichten.« Mein Gott. Das war brillant. Mich überkam ein seltsames Gefühl. Ich glaube, es war Hoffnung.

Und vor meinen Augen tauchte schlagartig mein zukünftiges nützliches Leben auf: Ich mixe Cocktails in einem alten Safarizelt in der Serengeti, auf dem Boden liegen arabische Teppiche, und die tragbare Bar ist erstaunlich gut bestückt. Aus irgendeinem Grund bin ich wie Doris Day gekleidet. Ich bringe die Cocktails nach draußen, wo John sich mit einem Guerillaführer, einem Großwildjäger und einem Mitglied von MI6 unterhält. Oh, und mit einem Pygmäen. Ich gehe zurück in das Zelt, um ein paar Snacks zu holen, die ich aber nicht anrühre, weil ich einfach zu glücklich bin, um jemals wieder etwas zu essen.

*

Die Diskussion war zu Ende und ich kämpfte mich durch die Menge hormonbehandelter Expertinnen, die John umlagerten. Er sprach mit allen. So gut er mit Leuten umging, so hoffnungslos war sein Umgang mit technischen Geräten. Er ließ sein Telefon fallen, fummelte an seinem BlackBerry herum und verlor die Visitenkarten, die man ihm gerade erst in die Hand gedrückt hatte.

»Hi, ich wollte mich nur kurz wegen des Interviews heute Nachmittag erkundigen. Könnte ich eine Stunde bekommen?«, sagte ich. Ich war längst hin und weg. Ich wollte den Rest meines Lebens mit ihm verbringen – fünfzig Jahre Kriegsverbrechen, politische Diskurse und Schweinereien. Die Gefühle beruhten nicht auf Gegenseitigkeit. Ich spürte das, denn er lachte mir ins Gesicht.

»Auf keinen Fall! Sie können maximal dreißig Minuten haben, oder ich mach's überhaupt nicht!«

Aber ... ich habe so viele Vorbereitungen getroffen ... der Lippenfüller allein hat fünfzehn Dollar gekostet ...

Ich litt nun buchstäblich unter irgendeinem namenlosen fünfzehn Dollar teuren Reizstoff, der dafür gedacht war, die Schleimhäute zu entzünden, etwas, was nur allein eine Frau zur Stützung ihrer mentalen Verfassung benutzen konnte. John hatte sich bereits umgedreht und marschierte mit Bushs Botschafter für Kriegsverbrechen davon.

Ich gehöre zum Leck-mich-ich-gebe-nicht-auf-Lager. Das Interview am Nachmittag stand fest, ich sprang in ein Taxi und ließ mich ins Zentrum bringen. Ich hatte Hoffnung.

17

Toffeekuchen

Ich führte meine Recherchen im Starbucks durch, das gegenüber von Johns Büro lag, und konzentrierte mich auf den
Völkermord am Horn von Afrika und andere Dinge.

»Karamell-Macchiato und ein Stück Toffeekuchen bitte.« Der
Lippenfüller war noch gar nichts. In Vorbereitung auf das Treffen hatte ich völlig auf Zucker verzichtet. Ach, ein Mann müsste
man sein. Da kannst du die mädchenhafte Figur von Harvey
Weinstein haben, und die Leute sind immer noch nett zu dir.

Draußen wagte sich die neue Welt von Washington zum
Mittagessen vor die Tür: Männer und Frauen in Anzügen,
sexy und ganz real. In L.A. will jeder von zehn bis fünfzig gekleidet sein wie Xtina Aguilera, die sich für ihre Zeit im Mi-
ckey Mouse Club rächt. Hier in dieser Stadt tragen Erwachsene Hemden mit geschlossenem Rücken und stellen keine
Schmetterlingstattoos zur Schau.

Um Punkt 15 Uhr marschierte ich in das Bürogebäude
der International Crisis Group. Es erinnerte mich an Stock-
werk 7½ aus dem Film *Being John Malkovich*: ein grauer und
marineblauer Tunnel, vollbehangen mit Berichten über Kriege
auf der ganzen Welt. Junge Praktikantinnen trugen Doku-
mente hin und her, und ich versuchte eine Rothaarige mit
Blicken zu töten, was aber nicht funktionierte. Keine Spur von

John, also las ich seinen Lebenslauf: In der Sparte Fachgebiete stand »Terrorismusbekämpfung«. Immer noch nichts von ihm zu sehen. Ich fand einen Stapel von Berichten, die John und seine Kollegen verfasst hatten. Die Islamische Befreiungsfront kämpfte auf den Philippinen. Zwölf Tote in Pakistan. Ein König in Nepal löste seine eigene Regierung auf. Stöße von Fotokopien dokumentierten abgehackte Glieder, eskalierende Konflikte und verpfuschte Gelegenheiten. Soweit ich es verstand, begannen John und seine Kollegen jeden Morgen damit, herauszufinden, wo der nächste Krieg drohen könnte, und schickten dann E-Mails an internationale Regierungen, um ihnen zu sagen, wie der Krieg aufzuhalten ist. Außenministerien rund um die Welt abonnierten die Mitteilungen des Instituts. Vierzig Prozent der Ratschläge wurden Gesetz. Und sie klangen auch noch überraschend vernünftig. Ich las, dass in vielen Gegenden Pakistans die einzig kostenlosen Schulen von islamischen Extremisten geleitet werden. Wenn man also die Verbreitung von islamischem Extremismus verhindern will, schlug der Bericht vor, dann soll man sie nicht bombardieren und noch mehr reizen, sondern damit beginnen, normale Schulen zu bauen. *Die Rothaarige ist schon wieder da. Was hat sie bloß vor? Macht sie …*

John kam heraus.

Oh, lieber Gott. Er trägt einen Aran-Pullover. Das ist nicht fair. Das ist so wie eine Frau, die in einem Bikini aus ihrem Büro kommt.

Ich riss mich zusammen und sagte nichts, öffnete stattdessen meinen Laptop. Er guckte irritiert.

»Sie checken Ihre E-Mails?«, fragte er.

»Nein«, sagte ich, Blick immer noch auf den Computer gerichtet. »Ich gehe nur noch mal die Fragen durch, um keinen Scheiß zu bauen.«

Fluchen mit einem edlen britischen Akzent: hat für Hugh Grant funktioniert und funktionierte auch für mich.

»Darf ich Ihnen Ihren Mantel abnehmen?«, fragte John. Ich reichte ihm den Trenchcoat. Der hatte seine Arbeit getan: Das Liebesabenteuer begann, zumindest in meiner Fantasie. Ich war keine Showbiz-Schreiberin in Hollywood mehr, vollgepumpt mit Glukose und Kaffee. Ich war Kate Adie auf dem Matterhorn, wenn das denn der höchste Berg in Afrika ist. Ich musste nur eine Titelgeschichte über den schlimmsten Krieg des Jahrhunderts schreiben, die dann den Lauf der Geschichte verändert, und gleichzeitig dafür sorgen, dass John meine schreckliche Vergangenheit beim Magazin *She* nicht entdeckte.

»Ist Ihnen kalt?«, fragte er. »Ich jedenfalls friere. Lassen Sie mich die Heizung höherstellen. Moment, ich hole Ihnen einen Stuhl.« *Nein, das ist schon ok. Ich sitze lieber auf deinen Knien.* Nach Jahren, die ich in der Nähe von Promis verbracht hatte, war ich so gerührt, dass jemand höflich zu mir ist, dass diese kleinen Gesten wie ein Heiratsantrag erschienen. Das Interview war phänomenal. (Zweiunddreißig Minuten. Ha, ich hab gewonnen.) Er hat über Kriegsverbrechen, Terrorismusbekämpfung, Menschenrechtsverletzungen gesprochen. Er erwähnte jedoch keine Ehefrau. Man konnte sehen, dass er sein Geld mit Verhandeln verdiente. Während wir uns unterhielten, übersetzte er komplexe Kriegsgründe in einfache Muster und unterstrich seine Erklärungen mit den Händen in der Luft. Zu meiner Beschämung bemerkte ich, dass ich unter dem Tisch die Beine schwang wie ein Kind, das Sugar Puffs isst. Er erzählte mir von einem seiner Einsätze in Ostafrika, in Uganda genauer gesagt, bei dem ein verrückter Rebell namens Joseph Kony zu einer Waffenruhe überredet werden sollte. Ich fragte ihn, ob er den Mann selbst treffen werde.

»Man kann nicht einfach dorthin gehen und sich mit dem Rebellenführer treffen«, sagte er. »Nein, kein Mensch aus dem Westen, der das versucht hat, ist lebend zurückgekommen.«

»Befürchten Sie denn nicht, dass es Ihnen genauso ergehen wird?«

»Nee.«

Das ist so unglaublich. Mein Hirn war wie gelähmt.

»Warum nicht?«

»Nun, wenn man abends im Norden Ugandas herumläuft, dann sieht man all diese Kinder, und sie wollen nur eins: sicher nach Hause kommen und nicht in der Nacht entführt und zu Soldaten oder Sexsklaven gemacht werden«, sagte er mit sich senkender Stimme. »Es ist also sehr leicht, die Motivation für diese Art von Arbeit zu haben, wenn…« Ich hörte nicht zu, weil ich mich nach dem Wort »Kinder« anstrengen musste, nicht an meinem Fingerknöchel zu kauen. Und dabei will ich überhaupt keine. John sagte, er werde bald nach Uganda gehen und mit einem einheimischen Friedensstifter zusammenarbeiten, um herauszufinden, was Joseph Konys Bedingungen waren. Der Friedensstifter in Uganda schien eine wahrlich mutige und wunderbare Person zu sein. Hoffentlich war er nicht derjenige, der getötet wurde. Über sein Privatleben wollte John nicht sprechen, aber ich hatte fünfzehn Jahre Erfahrung als gewiefte Interviewerin.

»Für einen Friedensstifter tragen Sie ziemlich lange Haare«, sagte ich. Und so erfuhr ich bald, dass er als Sohn eines Handelsreisenden aufgewachsen war. Er erzählte, dass er nachts kaum mehr als vier Stunden schlafe und fünfhundert E-Mails pro Tag bekomme.

»Ich kann sie unmöglich alle beantworten, sie sind von Leuten, die irgendwo eine meiner Reden hörten, vielleicht helfen wollen…« Er hatte Campylobacter nie getroffen.

Sein Vater verkaufte Corn Dogs – aufgespießte Hot Dogs im Maisteig – aus dem Kofferraum ihres Wagens. »Wir blieben nie länger als drei Jahre an einem Ort und zogen weiter, um Leute zu finden, die noch nicht genug von Corn Dogs hatten«, sagte er und lachte. Ich vermutete, dass es für ihn als Kind weniger lustig war. Es könnte erklären, warum er der Mensch wurde, der er war, ein Mann, der jeden Morgen erschöpft aufstand und dann versuchte, Leute zu retten, die er nicht kannte. Ich wette, er wusste sogar, wie es war, im Grenzland Muswell Hill aufzuwachsen. Vielleicht würde er, wenn ihm mein Artikel gefiel, mit der NATO in die Gegend einfallen und sie für mich niederbrennen.

Wenn das alles in den Sternen geschrieben stand, so stand dort auch in Klammern, dass John auch ein paar Freundinnen haben sollte. Und von all den Frauen, die es dort draußen gab, reichte es nicht, dass sie die weltbekannteste Vertreterin humanitärer Hilfe war und Millionen für wohltätige Zwecke spendete, nein, sie musste auch noch die Sexiest Woman in the World 2002, 2003, 2004 und 2005 sein.

»Wenn Sie mich fragen würden, wer sich in diesen Bereichen am stärksten engagiert, dann würde ich Angelina Jolie sagen«, sagte er. »Ich hab sie am Weltflüchtlingstag kennengelernt.« *Mist, wenn ich gewusst hätte, dass dieser Tag immer noch groß gefeiert wird, wäre ich dort gewesen und hätte sie davon abgehalten, sich an ihn ranzumachen.* »Sie kam auf mich zu, und wir unterhielten uns«, erzählte er. »Ich sagte ihr, dass ich in Kürze in den Kongo fliegen werde, und sie sagte, dass sie schon seit langem eine Reise dorthin geplant habe ...« *John, für einen Terrorismusbekämpfungsexperten bist du bemerkenswert naiv.* »Letztendlich sind wir dann zusammen dorthingefahren. Das Wichtigste für sie sind die Flüchtlinge, besonders interessieren sie die Rechte weiblicher Flüchtlinge. Sie ist hochmotiviert, was Gewalt gegen Frauen angeht.« *Na klar, Hinternversohlen und so.* »Wir haben ein Rehabilitationszentrum für Kindersoldaten im Kongo gebaut.«

»Hat sie das finanziert?«

»Sie hat das ganze Ding bezahlt.« *Na gut, ich werde vielleicht einen beeindruckenden Origami-Kranich falten.*

Und dann geschah etwas Seltsames. Ich bat John, die schlimmste Gräueltat zu beschreiben, die er je gesehen hatte, und dieser Mann, der jeden Schrecken in Worte fassen konnte, hörte jäh auf zu sprechen. Seine Augen wurden glasig. Ich bemerkte, dass ich gerade meinen ersten 1000-Meter-Blick gesehen hatte. Nun waren wir in einer Welt weit weg von Washington und Hollywood. Ich hatte keine Ahnung, was er sah, aber es brachte ihn eine ganze Minute zum Schweigen. Schließlich kam er zurück und schlug auf den Tisch.

»Ich habe nicht... Ich bevorzuge es... Es ist am besten, wenn ich mich an nichts erinnere«, sagte er. »Ich ziehe es vor, Erinnerungen in politischen Rat umzusetzen... versuche, Dinge zu ändern...« Offensichtlich unterdrückte er blinde Wut, Emotionen zuckten über sein Gesicht. Ich hatte eine Idee, und es war eine schlechte.

»Haben Sie je daran gedacht, an einem Dokumentarfilm mitzuwirken?« Ich sagte das zu einem Mann, der ständig in den Nachrichten von CNN oder CBS zu sehen war. »Ich kenne da... kannte... ein paar Fernsehleute in England.«

»Warum nicht?« Er gab mir seine Handynummer, als die Rothaarige wieder mit schwingenden Hüften vorbeikam. »Hallo, Lindsay.«

»Haben Sie später noch Zeit auf ein Bier?« Ich konnte nicht anders. Lindsay, der Name eines Flittchens.

»Ich trinke kein Bier...«, sagte er. *O je, warum habe ich einen so blöden Annäherungsversuch gemacht? Natürlich tust du das nicht. Du musst ja schließlich Kriege beenden, du kannst nicht einfach ausgehen und dich betrinken.* »Aber ich mag Orangensaft.« *Glaub ich sofort. Orangensaft, das ist leicht. Ich könnte das süßliche Zeug literweise trinken…*

An jenem Tag gab es keine Zeit für Orangensaft, aber John sagte, er sei sich sicher, dass wir uns wiedersehen würden. Er schüttelte meine Hand. Diesmal schaute ich genau hin. Kein Ring.

18

Hintertür

Ich sauste bei strahlendem Sonnenschein nach Hause, unter den Taxirädern spritzte das Wasser aus den Pfützen. Asphalt hatte seit den Acid-House-Tagen nicht so vielversprechend ausgesehen. Ich hatte bei fünfzig Shows mitgearbeitet und in all den Jahren, in denen ich von einem Besprechungsraum zum nächsten gestolpert bin, muss ich doch irgendjemandem über den Weg gelaufen sein, der einen Dokumentarfilm über John machen könnte und wollte. Das war mein neuer Job: Dokumentarfilm-Brokerin. Scheiß auf Bob Geldof. Dieser Mann hier beendete Kriege und versuchte nicht, eine zweite Popkarriere zu starten, und er roch noch dazu gut.

Ich rief ganz einfach den Leiter von BBC-Factual an. Er sagte, was John mache, klinge wirklich cool. »Beschaffen Sie etwas Filmmaterial über ihn.« Eine opportunistische Schlampe beim Sender Channel 4 sagte, John scheine ja wirklich sexy zu sein. »Beschaffen Sie etwas Filmmaterial über ihn.«

Ich? Ich hatte gehofft, Sie würden den Richtigen anrufen, der so etwas professionell macht, und ich könnte dann wie eine völlig neutrale Gönnerin am Set auftauchen, mit Orangensaft natürlich. Ich hatte überhaupt keine Ahnung, wie man einen Dokumentarfilm dreht, aber ... Wie schwer konnte es schon sein, ein eindringliches, vielfach ausgezeichnetes Feature zu produzieren?

Beide Fernsehanstalten warnten mich, vorweg Geld dafür auszugeben. Ich legte jedoch auf einen Schlag 10 000 Pfund von meinen Ersparnissen hin, um eine Kameraausrüstung und eine Crew zu mieten. Was konnte ich denn filmen? Wie sollte ich das Ende eines Krieges in einem fremden Land aufregend darstellen, wenn ich es mir nicht einmal leisten konnte, eins zu besuchen? Ich arbeitete an einer Lösung, während ich als Gastmoderatorin für einen Comedy-Sender am Sunset Boulevard, hoch über dem Meer der Großstadtlichter, eine Radioshow präsentierte. Am Strip befinden sich die Rockclubs: der Viper Room, der Rainbow und der Whiskey a Go Go. Dies war Led Zeppelins Los Angeles. Sie zogen über den Strip auf der Jagd nach Muschis. Allerdings saßen sie gewöhnlich im Rainbow, und irgendwann bemerkten sie, dass ihnen eine Schnecke unter dem Tisch einen ablutschte. Stellen Sie sich das vor, Sie sitzen da mit einem Wodka Ananas, und plötzlich zieht Ihnen jemand, den Sie nicht sehen können, die Unterhose runter.

Gastmoderatorin zu sein bedeutet, man inszeniert eine wilde Party im Radio mit vielen verrückten Anrufern, die irgendwelche Mitteilungen loswerden wollen. Ununterbrochen kamen Anrufe durch, die ich mir ausgedacht hatte. Wer ruft schließlich schon einen Radiosender an? Es ist alles eine riesige Verarschung. Das heißt, ich dachte sie mir selbst aus, denn die wenigen Male, die ich mit Leuten sprach, die tatsächlich anriefen, deprimierten mich so, dass ich nie wieder ein Telefon mit blinkenden Lichtern abhob. Bei One FM, wie Radio One während seiner trostlosen trendigen Phase hieß, war gewöhnlich Carol in Staines die Hauptpreisgewinnerin. Carol gewann eine Menge Faxgeräte. Die meisten davon verschenkte ich an Freunde. Es war ein ätzender Job, aber für die tägliche Penisparade der Radio One DJs lohnte sich das Ganze. Einer kam jeden Tag mit offenem Hosenschlitz, die Eier gut sichtbar, ins Studio. Ich tat meist so, als würde ich unter dem Schreibtisch Bänder mit Toneffekten aufstapeln, das gab mir die Möglichkeit, gebannt hinzustarren und mich zu fragen, wie weit sich ein Paar auseinanderleben konnte, dass die Frau ihren Ehemann so zur Arbeit gehen ließ, oder ob sie ihn so sehr hasste, dass dieser Anblick schon der Höhepunkt ihres Tages war. Entschuldigung, das ist völlig unwichtig. Und es handelte sich auch nicht um Alan Fluff oder John Peel, die im Übrigen sehr nett waren.

Wieder im Studio am Sunset Strip. Ich versuchte krampfhaft Zeit zu schinden, und ließ ein paar Chris-Rock-Songs spielen, während ich meinen Laptop nach alten Pornowitzen (Löschen: Pamela, Ersetzen: Paris) durchforstete. Da klingelte mein Telefon. Es war John Prendergast. Ich schaltete das Mikro ab. John fragte, ob ich gerade Zeit hätte, das Interview noch mal durchzugehen. Ich hatte ihm nämlich erzählt, dass ich noch einige Fakten gegenchecken müsste. Im Hintergrund konnte ich Lärm und Geschrei hören. Vielleicht hatte er ja einen Warlord verärgert.

»Ähmm, ich hab im Moment ein bisschen viel zu tun… Ach was, warum nicht«, sagte ich.

»Gut, gut, das ist nämlich die einzige freie Minute, die ich habe«, sagte John. »Hätten Sie was dagegen, wenn wir es im Fitnessstudio machen?« Gott segne Amerika für seinen Mangel an Zweideutigkeiten.

»Äh, sicher, John…«

»Großartig! Dann kann ich trainieren. Schießen Sie also los!« Im Hintergrund fielen Gewichte auf den Boden.

»Nun, was haben Sie im Sudan gemacht?«

»BEEEEschaffung von Beweisen für Kriegsverbrechen des Bashir-Regimes an der nichtarabischen Bevölkerung, um von Völkermord sprechen zu können...« ÄCHZ! KLIRR.

»Denn wenn es als Völkermord definiert ist...?«

»Wenn nach der Genfer Konvention ein Land... ÄÄÄCHZ!... Völkermord begeht, dann ist die übrige Welt verpflichtet, darauf zu reagieren.«

»Ist das der Grund, warum sie es ethnische Säuberung nennen?«

»Genau... Phhh... Phhh...« Er keuchte. Ach...

Lange Pause.

»Sind Sie noch da?«

»Entschuldigung, John. Zurück zum Völkermord... äh, was für Beweise haben Sie gefunden?«

»Frauen haben mir ihre Narben gezeigt, wo Bashirs Männer ihnen die Beine aufgeschlitzt haben. Das ist dann ein Zeichen an die Familien der Frauen, dass sie von der arabischen Miliz vergewaltigt wurden. Sie nennen sie ›ihr Schwarzen‹, ›ihr Sklaven‹ – Sie verstehen, Massenvergewaltigung ist hochpolitisch, eine Kriegswaffe...«

»Wow, das ist irre. Moment, John, geben Sie mir 'ne Minute. Sie hören Comedy FM, live vom Sunset Strip! Man hört, dass Paris Hilton hier in Hollywood einen Nachtclub eröffnet hat. Sehr strenge Zutrittsregeln. Aber Leute, macht euch keine Sorgen, versucht es einfach an der *Hinter*tür, da lässt sie jeden rein... Und hier ist Bill Hicks für euch.« *Gott, ich hasse mich.* »Sorry, John, Massenvergewaltigung, wo waren wir...?« *Frag ihn, frag ihn, frag ihn.* »Ach ja! Hören Sie, die BBC und Channel 4 sind an Filmmaterial über Sie interessiert. Machen Sie demnächst etwas, was wir filmen könnten?«

»Nun... ich fliege nach New York, um mich mit Kofi

Annan zu treffen. « Er zuckte hörbar mit den Achseln. »Wäre das brauchbar?«

Der Generalsekretär der Vereinten Nationen. Ich schaltete das Mikro ab, weil ich laut lachen musste. Das war so daneben.

19

Ein Spionagefilm

John traf am Montag um 7 Uhr in New York ein, weil am Dienstag um 15 Uhr die Supermächte darüber abstimmten, ob der sudanesische Präsident Omar al-Bashir am Kauf weiterer Waffen gehindert werden sollte... oder ob man ihn so weitermachen ließ. Kofi Annan hatte John zusammen mit den Köpfen all der anderen nützlichen Organisationen – Amnesty International, Human Rights Watch, Save the Children – zu einem Treffen eingeladen, um sich in dieser Sache beraten zu lassen. Ich recherchierte ein wenig – ich war jetzt schließlich eine Dokumentarfilmemacherin – und stellte fest, dass Bashir wie ein Doppelgänger von Chef aus *South Park* aussah.

Ich bin also mit meinem Kameramann nach Newark geflogen. Guy war ein Israeli mit einem Gesicht, das aus Kreisen bestand: runde Wangen, lockiges Haar, ein Halbmondlächeln. Kameraleute sind oft schlecht gelaunt, weil »das Licht scheiße ist«, und sie wissen genau, dass sie deinen Film wie *Titanic* aussehen lassen könnten, wenn sie nur 200 Millionen Dollar zur Verfügung hätten. Aber je mehr Guy von allem die Schnauze voll hatte, umso mehr lachte er. Ich fragte mich, ob das so war, weil er den Autobomben in Tel Aviv entronnen oder weil er ganz einfach nicht ganz dicht war.

Unser Flugzeug aus Los Angeles landete in strömendem Regen.

»Das wird verdammt beschissen aussehen, das ist Ihnen klar?«, sagte Guy. »Ha ha ha ha ha. Ein totales Desaster. Ha ha ha ha. *O Gott.*«

Mir war das egal: Ich verschleuderte das Geld, das ich mit Promi-Interviews verdient hatte, für einen Dokumentar-film über Hassverbrechen und einen geilen Kerl. Das Wetter schien ein Symbol zu sein.

Wir hatten keine Filmerlaubnis, und die Sicherheitsleute scheuchten uns weg. Daher versteckten wir uns mit unserer Kamera hinter dem Starbucks am Newarker Flughafen und warteten auf Johns Flugzeug, das aus Miami kam. Er war ge-rade in Uganda und Tschad gewesen und wollte nun in ame-rikanischen Universitäten von San Francisco bis Boston auf-treten, um für Studentenproteste gegen Präsident Bashir zu mobilisieren. Nach dem, was ich über das Chaos am Horn von Afrika gelesen hatte, war Bashir so etwas wie die Wiederkehr von Hitler, nur weniger tuntig. Mich erinnerte die Situation im Sudan an 1938, als Hitler seine Schergen losschickte, um Fensterscheiben einzuschmeißen und jüdische Geschäfte in Brand zu stecken. Es war wieder Kristallnacht, und wie da-mals sahen alle tatenlos zu. Ich habe mich oft gefragt, warum niemand Hitler nach dem Pogrom gestoppt hat. Es gab doch so viele kluge Leute im Europa der dreißiger Jahre. Meine Großmutter zum Beispiel, eine junge Medizinstudentin, die mit sechzehn von zu Hause weglief und nach Berlin ging, wo sie sich ihr Haar kurz schneiden ließ und am Staatstheater als Requisitenschieberin ihr Studium verdiente. Ihr muss doch klar geworden sein, wenn sie sich so umschaute, dass der Auf-marsch mehrerer hundert Nazis in einem jüdischen Stadtteil nichts Gutes bedeuten konnte.

Es könnte sein, dass Völkermord für eine Krankheit der Armen gehalten wird. Viele reiche Juden meinten, der Krieg würde ihnen nichts anhaben, ein Glaube, der ihnen keinen Erste-Klasse-Holocaust sicherte, als die Gestapo vor der Tür stand. Reich, sagen Sie? Gut, dann nehmen Sie im vorderen Teil des Zuges Platz und lassen Sie Ihre Kunstsammlung auf dem Küchentisch, sie wird noch dort sein, wenn Sie zurückkommen. Meine Großmutter war zwar keine Jüdin, aber ihre Mutter hatte Geld, und zudem hatte sie einen jüdischen Chocolatier geheiratet, um ihn vor den Nazis zu schützen.

Ich weiß nicht, ob meine Urgroßeltern am Abend der Kristallnacht festgenommen wurden oder ob sie sich am nächsten Morgen für jene bedauernswerte Zugfahrt selbst vorstellten. Ich weiß auch nicht, was dann geschah, aber ich bin mir sicher, dass es keine durchzechte und durchtanzte Nacht war. Meine Tante hat mir ihre Ausweise aus dem Dritten Reich mit dem großen Adlerstempel darauf gezeigt. Meine Urgroßeltern waren demnach umbenannt worden. Sie hießen jetzt Moses und Sara Israelisch. Das Dritte Reich hatte offensichtlich eine Vorliebe für komische jüdische Namen, und wie deutsche Comedy so ist, müssen die Deutschen das lustiger finden als *Schindlers Liste*. Meine übrige Familie hat es irgendwie aus Deutschland rausgeschafft. Mein Großonkel Hermann, der Wert auf Stil legte, hat sich einen Pelzmantel angezogen und ist vor den Nazis über die Alpen geflohen. Oder aber er hat für die Nazis an der russischen Front gekämpft, bis er von der Saukälte krank wurde, da er keinen Pelzmantel hatte. Ich habe keine Ahnung, was alles passiert ist und was nicht. Ganz sicher weiß ich nur, dass ich jedes Mal an Weihnachten an meinen Urgroßvater denke und an all die Schokolade, die ich jetzt nicht bekomme, und das ärgert mich mehr, als es sich irgendjemand vorstellen kann.

Wenn dies also eine Wiederholung von 1938 und Bashir Hitler war, dann war John ein Informant, der verzweifelt versuchte, die Leute zum Zuhören zu bringen. *Dörfer, er brennt ganze Dörfer nieder, Sie müssen mir glauben…* Johns Problem war es natürlich, dass dieser Völkermord in Afrika stattfand, und nach den internationalen Richtlinien, wann etwas nicht scheißegal ist, waren Afrikaner leider Juden ohne das nötige Geld, Bagels oder *Seinfeld.* Als John zum Ausgang kam, sagte ich, wie ein Sozialarbeiter in einer Klapsmühle: »Schauen Sie, ich habe einen Orangensaft für Sie.«

John war so charmant wie zuvor, und auch seine Augen waren wieder gerötet vor Erschöpfung. Er sah krank aus, aber davon ließ er sich nicht aufhalten. Jetzt, da er nicht mehr im Weißen Haus war, konnte er Gesetze nicht mehr *machen,* nur noch diejenigen beraten, die dafür zuständig waren. Und diesmal hatte er die große Chance, auf diejenigen Einfluss zu nehmen, die Geschichte machten. Wie ein Schmutzfleck erschien New Jersey durch die beschlagenen Fenster des Taxis, als wir hinüber nach Manhattan fuhren.

Ich lutschte Schokolinsen und fragte John, ob er jemals Angst um sein Leben gehabt habe.

»Auf mich ist mehrfach geschossen worden, vor allem in Somalia. Sogar Raketen wurden auf ein Flugzeug abgefeuert, in dem ich saß. Gewehre, Sie wissen schon, an die Schläfe und so…«

»Ja.« Ich weiß schon.

»Eine Landmine explodierte direkt unter dem Auto vor mir… aber wenn man diese Sache lange macht, dann hat es irgendwann keine Wirkung mehr. Mein Puls schlägt in solchen Momenten nicht mehr höher.«

»Auch 'ne Schokolinse?«

»Äh, nein danke. Ich habe eine Laktoseunverträglichkeit.«

»Was war das Schlimmste, was Sie jemals in einem Kriegs-gebiet gesehen haben?«, fragte ich. Er bekam wieder diesen starren 1000-Meter-Blick.

»Darüber möchte ich lieber nicht sprechen«, sagte er. »Und was war es bei Ihnen?«

Ich erinnerte mich an Ashton, der alle Priester aufzählte, die er kannte. »Ich möchte darüber lieber auch nicht spre-chen«, murmelte ich.

»Ja, das verstehe ich«, sagte John. Offensichtlich hatte mich dieser Mann nicht gegoogelt. Gut, gut. Sein BlackBerry hörte nicht auf zu vibrieren.

»Mia Farrow«, sagte John. »Sie möchte wissen, wann wir die Benefizveranstaltung in Stings Haus in Angriff nehmen.« Er sah sehr zufrieden aus. Offensichtlich hatte er auch Sting nicht gegoogelt.

*

Kofi wartete auf John im UN-Hauptquartier, ein hochaufra-gender grüner Sockel, der den East River überschaut, eine Kulisse wie aus einem Spionagefilm über den Kalten Krieg. Ich war immer noch fest entschlossen, mich anzupassen – schwarzer Rollkragen, Minirock, aber die Netzstrümpfe hatte ich inzwischen aufgegeben –, und das Ganze fing an zu funk-tionieren. Umwerfend aussehende Frauen mit stahlhartem Blick und in schwarzen Rollkragenpullovern verschwanden in dem Hauptquartier: perfekt also. An dem Ort arbeiteten Bondgirls, und zwar nicht die nuttigen aus den achtziger Jah-ren.

Die Sicherheitskontrollen waren so gründlich wie im Kal-ten Krieg, und ich hatte nicht genug verschiedene Doku-mente, um mich auszuweisen. John rief seinen alten Kumpel Fred an, irgendein hohes Tier bei der UNO, und wir wurden sofort hineingelassen. Es gibt keine Regeln, nur Passwörter, und man ist entweder einer von uns oder von ihnen.

Wir liefen dann an riesigen Fenstern entlang durch blassgrüne ringförmige Gänge mit Rollbahnlichtern wie in *James Bond – 007 jagt Dr. No*. Leute kamen auf John zu, sobald sie ihn erblickten, als wäre er tatsächlich Bono. Ein kleiner terrierähnlicher Mann schüttelte ihm die Hand.

»Ich möchte Ihnen nur sagen, dass das, was Sie tun … machen Sie weiter so«, sagte er überschwänglich. »Weiter so.« John sah mich leicht verdutzt an.

»Das ist Bushs Stellvertretender UNO-Botschafter«, sagte er. »Das ist er.« All die Anstrengungen, all die Reden, all das, damit dieser kleine Kläffer zu seinem Boss gehen kann, um zu sagen: »Egal, was wir wollen, die Öffentlichkeit will Taten sehen.« Johns Augen verrieten Optimismus, aber er hielt sich zurück.

Bernardo, ein riesiger Italiener mit einem roten runden Kopf, der irgendetwas mit Sicherheit im Haus zu tun hatte, bat mich, in seinem Büro zu warten. An den Wänden hingen Fotos einer kleinen rotgesichtigen Enkelin. Bernardo kam zurück, und ich glaube nicht, dass ich ihm sagte, dass er für einen UN-Beamten in erstaunlicher Form sei, aber ich gratulierte ihm zu seiner schönen Tochter und drückte mein Erstaunen aus, dass er alt genug war, schon eine Enkelin zu haben. Denn so kam es nicht dazu, dass er mich fragen konnte, was zum Teufel ich eigentlich im UN-Hauptquartier mache. Vielmehr erzählte er mir von seinen Tagen als junger Soldat an den Ufern des Schwarzen Meeres.

»Du kannst keinem Araber trauen. Die stechen selbst einen Schulfreund nieder«, sagte er väterlich.

»Sie haben vollkommen recht«, sagte ich, die Promi-Journalistin, aus Gewohnheit.

Annans holzverkleidetes Konferenzzimmer befand sich irgendwo weit oben im Gebäude und wurde von Schlägertypen bewacht. Hier fand das geheime Gipfeltreffen der Weisen in der Welt der Nützlichen Leute statt. John nahm unter einem großen goldenen UN-Logo Platz, direkt gegenüber von Kofis Thron, und ich wartete im Hintergrund zusammen mit richtigen Politik-Journalisten. Das Ganze wurde immer grotesker. Herein kam Nicholas Kristof, ein engagierter Korrespondent der *New York Times*. Er sah zynisch aus, aber auch aufgeregt: Das hier war schließlich ein glanzvolles Ereignis im Völkermord-Kalender. Herein kam Samantha Power, eine 34 Jahre alte Harvard-Professorin mit langen roten Haaren und großen blauen Augen, die auch wie John diesen starren Blick in die Ferne hatte. Anstatt sich zwei Jahre lang von Kit-Kats zu ernähren, hatte Samantha ihre Prüfungen bestanden und war eine erfolgreiche Akademikerin geworden. Als ich Witze über Lenny Henry und sein Glücksschwein schrieb, berichtete Samantha über das Massaker von Srebrenica. Mit zweiunddreißig hatte sie bereits den Pulitzer-Preis für ein Buch über Völkermord gewonnen und zusammen mit John für die Abendnachrichten Massengräber ausfindig gemacht. Kit-Kats sind wirklich gut, besonders wenn man sie in heiße Schokolade tunkt.

Dann marschierte ein Kordon von Männern in dunklen Anzügen herein. Sie traten zur Seite, und da war Kofi. Bernardo scheuchte alle Journalisten hinaus auf den Flur, ließ mich aber zwischen dem UN-Personal stehen. *Weil ich einem riesigen Italiener zugestimmt hatte, dass Araber ihre Schulfreunde niederstechen, befinde ich mich nun in einer geschlossenen Sitzung mit Kofi Annan. Wenn Kofi das Magazin* Grazia *liest, bin ich geliefert.* Der Bulle neben mir war ein furchterregender FBI-Typ mit Cowboystiefeln unter seinem Anzug. Er ahnte wohl, dass etwas nicht in Ordnung war, schon allein deswegen, weil ich alles, was gesagt wurde, hektisch auf die Rückseite einer Starbucks-Serviette schrieb.

»Vier Entwicklungshelfer sind im Dezember ermordet worden. Gerade erst wurde am helllichten Tag auf eine junge Mitarbeiterin von USAID geschossen«, berichtete einer der Weisen, der einen Bart wie der Weihnachtsmann hatte und deshalb wahrscheinlich der weiseste war.

»Ich werde das nachprüfen lassen«, sagte Kofi, dessen Stimme immer gleich blieb. Man konnte sehen, dass er es gewohnt war, solche Horrormeldungen zu hören. Seine Nummer zwei jedoch, Jan Egeland, ein hitziger baumlanger Norweger, rieb sich das Gesicht, wenn Leute berichteten, dass sudanesische Massenvergewaltigungsopfer, die es von ihren Dörfern in die Flüchtlingslager geschafft hatten, von denselben Söldnern bewacht wurden, die sie vergewaltigt hatten. Wie ich später erfuhr, handelte es sich übrigens um Lager, die von dir und mir finanziert werden.

»Wir haben die Möglichkeit, etwas zu unternehmen«, sagte Samantha Power. »Wir könnten den Funkverkehr überprüfen, wie wir es in Ruanda hätten tun sollen… wenn wir damals Radio Mille Collines unterbrochen hätten…« Mille Collines war der Propagandasender, der die Hutus dazu aufgerufen hatte, die Tutsi-»Kakerlaken« auszurotten.

Kofi stimmte zu, dass die örtlichen Truppen der Afrikanischen Union ihre Aufgabe nicht erfüllten. Außerdem bereitete er die Entsendung von Friedenswächtern vor, um Darfur zu helfen. Die nützlichen Leute fragten ihn, wann das sein werde. Kofi sagte, er wisse es noch nicht, denn zurzeit habe er keine Soldaten zur Verfügung, da sie im Irak und in Afghanistan seien.

»Es ist so, als ob die Welt zwei Jahre lang in den Wehen gelegen hätte, nur um eine Maus zu gebären!«, schimpfte Egeland. Ich beobachtete John, und plötzlich erinnerte er mich an Harrison Ford in *Blade Runner*. Der FBI-Cowboy schaute sich um. Vielleicht hatte ich meine Beobachtung laut ausgesprochen.

*

Nach der Sitzung kam Kofi mit den Vertretern der fünf Supermächte zusammen, um ihnen mitzuteilen, was John und die Weisen ihm berichtet hatten. Es blieben noch sechsunddreißig Stunden, bis Amerika, Russland, China, Großbritannien und Frankreich darüber abstimmten, ob Bashir mit einem Waffenverbot belegt werden sollte. Das Problem war, dass vier der fünf Supermächte ihm Waffen verkauften oder anderen dabei halfen, ihm Waffen zu liefern: Russland, China, Großbritannien und Frankreich.

»Glauben Sie, dass es klappen wird?«, fragte ich John.

»Ich habe schon früh gelernt, in diesem Job weder optimistisch noch pessimistisch zu sein«, sagte er. Wir beide wussten, dass er log.

John verbrachte diese sechsunddreißig Stunden rastlos in New York und sprach mit jedem, der die Abstimmung beeinflussen konnte.

Ich folgte ihm die ganze Zeit mit der Kamera, stellte Fragen und versuchte, mich keinen Fantasien hinzugeben. Ich saß an seinem Bettende, als er mir von seinem letzten Besuch in Khartum, Bashirs Hauptstadt, erzählte.

»Ich war dort im Fernsehen, beim Sender Al Jazeera, und sagte freiheraus, was ich denke: Der sudanesische Präsident sollte wegen Verbrechen gegen die Menschheit strafrechtlich verfolgt werden. Am nächsten Tag war in der örtlichen Zeitung zu lesen: Es gibt einen bestimmten Gast, der sich in einem bestimmten Hotel – meins – in einem bestimmten

134

Zimmer – meine Zimmernummer – aufhält und der seine gefährlichen Aktivitäten unterlassen sollte... Marinesoldaten mussten kommen und mich dort rausholen, bevor... Sie wissen schon.«

Ich wusste schon. Ich fühlte mich wohler mit Johns schusseliger Seite – hoffnungslos verloren in seinen Sätzen um vier Uhr nachmittags, als der fehlende Schlaf sich bemerkbar machte. Er trug Hemden, die überhaupt nicht zu seinen Krawatten passten, und was die technischen Geräte anging, nun ja, da war er völlig unfähig. Das Hotelpersonal riss sich darum, ihm DSL anzubieten.

»DSL? Was ist das?«, fragte er verängstigt. »Jagt das den Computer in die Luft? Denn der, den ich jetzt habe, gehört mir nicht. Meiner ist nämlich explodiert...« Ich wollte ihn auch als einen ganz normalen Menschen zeigen und fragte ihn, ob er je etwas anderes tue als nur arbeiten.

»Nun... Sie könnten mich im Fitnessstudio filmen.« Eine Stunde später stemmte er im Unterhemd Gewichte. Ich wusste nicht mehr, wo ich hinschauen sollte. Aber es war ja schließlich seine Idee gewesen, nicht meine.

»Meine Mutter hat einen Rosenkranzverein – Frauen sitzen im Kreis und beten –, und von dort kommt wohl die Kraft, die mich schon in einigen dieser schlimmen Situationen gerettet hat...«, sagte er. Ich glaube, ich hörte nicht hin. Wie hätte ich das auch tun sollen?

»War es einer von Bashirs Leuten, der Ihnen ein Gewehr an die Schläfe hielt?«

»Nein, das war ein Junge an der ruandischen Grenze. Vermutlich hatte er etwas genommen, er war jedenfalls völlig überdreht.«

»Warum hat er nicht abgedrückt?«

»Der Rosenkranzverein wahrscheinlich?«

»John, wenn Sie aufwachen, wissen Sie dann immer, in welcher Stadt Sie sind?«

»Zumindest in fünfzig Prozent der Fälle«, sagte er mit großer Gewissheit.

Unsere Gesprächszeit ging zu Ende. Die Schlaflosigkeit bereitete mir Kopfschmerzen. Ich schluckte Alka-Seltzer, um meinen Kaffeekonsum unter Kontrolle zu halten. John dagegen blieb jede Nacht wach und beantwortete 500 E-Mails. Aus einer Laune heraus fragte ich ihn, welcher Tag denn heute sei.

»Mittwoch«, sagte er. »Es ist definitiv Mittwoch.« Es war Dienstag. Die ganze Woche hatte ich ihn nichts anderes essen sehen als ein paar Schokokekse. Dazu kaute er eine Laktosetablette. »Gegen die Migräne. Schokolade. Ich hol mir jetzt eine.« Ich wusste immer noch nichts über sein Privatleben. Er schien auf der Flucht zu sein wie Spezialkräfte hinter der Feindeslinie. Ich vermutete, dass er vermutlich jung geheiratet hatte und seine Frau Meeresbiologin war, die sich nun auf einer antarktischen Außenstelle aufhielt, wo sie aus Treue zu den flugunfähigen Pinguinen für immer bleiben musste. Ich hielt das für ganz in Ordnung, denn sie war dort mit einigen väterlichen Geologen zusammen, die ihr das gaben, was John ihr nicht geben konnte. Ich bin ein netter Mensch.

*

Es waren nur noch wenige Stunden bis zur Abstimmung, und wir sausten mit dem Taxi zu einer juristischen Fakultät in einem eleganten Gebäude in Manhattan, die eine Veranstaltung zu den Nürnberger Prozessen ausrichtete. John sollte eine Rede halten, um die Unterstützung von jungen Anwälten zu gewinnen, aber wir waren schon spät dran, und dann fuhr das Taxi auch noch zur 5th Street anstatt zur Fifth Avenue.

Ich schaute John an. Es schien ihn schließlich doch noch

einzuholen. Sein Gesicht hatte sich verändert. Ich sah eine Wut, die wie ein Sturm am Horizont heranrollte. Er hätte den Taxifahrer beinahe ermordet, als wir endlich am Ziel ankamen. Die Hälfte seiner Redezeit war bereits dahin. Ich hatte Angst. So höflich John auch war, verarschen ließ er sich absolut nicht.

Im Foyer trafen wir auf zwei ältere Herren, die beide Richter bei den Nürnberger Prozessen waren. Ich fragte den einen der beiden, einen nachlässig gekleideten, gebeugten Mann, ob er sich an meinen Großvater erinnerte, und sein trüber Blick sank zurück in die Zeit. Mein Großvater war Dolmetscher bei den Prozessen gewesen. Mein Vater erzählte, dass er einmal das Geräusch eines Seils beschrieben habe, wenn jemand erhängt wurde: Bing.

»Was haben Sie von den Prozessen noch besonders in Erinnerung?«, fragte ich den zweiten Richter, einen temperamentvollen kleinen Mann. Ohne zu zögern, sagte er: »Nazis, die Kugeln sparten, indem sie durch die Babys die Mütter erschossen.« Und da wird immer noch behauptet, die Juden seien geizig. Ich schaute zu dem geistesabwesenden ersten Herrn und fragte mich, ob mein Großvater je in Versuchung geraten ist, die Worte zu ändern, als er die Aussage der Männer übersetzte, die die Eltern seiner Frau vergast hatten. Ein zusätzliches Adjektiv hier, ein Superlativ dort. Dann machte ich mich auf zum Büfett, weil ich Alec Baldwin entdeckt hatte, und außerdem gab es Sushi umsonst.

Endlich begann die Abstimmung. John konnte seine Augen kaum noch auf etwas gerichtet halten. Er war wütend auf China, wütend auf Russland und auf mich. Ich hatte ihn seit 7 Uhr morgens mit einer Kamera belästigt. Montag. Spät am Abend, wir waren noch in der Fakultät, bekam er einen Anruf von seinen Kollegen bei der International Crisis Group. Dem

Ausdruck auf seinem Gesicht nach zu urteilen, dachte ich, er wird Kofi Annans Bürotür eintreten.

»Das erste Mal in zwei Jahren haben sie dafür gestimmt, etwas gegen Bashir zu unternehmen«, sagte er, sorgfältig darauf bedacht, keine Gefühle zu zeigen. Aber dann lächelte er.

»Sind Sie glücklich?«

»Ich würde nicht sagen glücklich«, sagte er. »Ich würde sagen zufrieden.« Er war sehr glücklich.

20

Niedergeschlagen

Wie schwer konnte es sein, einen Dokumentarfilm zu schneiden? Während John mit seinem acht Jahre alten Bruder Jay-Z (nicht das Ergebnis einer Affäre seiner Mutter mit dem gleichnamigen Rapper, sondern seiner Teilnahme an einem Sozialprojekt »Großer Bruder« für Kinder aus schwierigen Familien) auf Klettertour in den Bergen war, versuchte ich, mit Avid zu arbeiten, der kompliziertesten Software der Welt. Um vier Uhr morgens war meine Festplatte voll. *Scheiß drauf! Lösch ich eben meine iTunes-Mediathek. Wer braucht schon Musik?* Ich wankte aus der Wohnung zum Frühstück mit Teri Hatcher, damit sie der Welt ihr Herz ausschütten konnte. Als Teri mich fragte, was ich machte, war ich zu müde, um zu lügen, und nach meinem Bericht sagte sie: »Ich verstehe vollkommen.« Sie spendierte mir einen doppelten Cappuccino und gab mir schnell noch einige Zitate für den Artikel »Auf der Suche nach neuer Liebe«. So konnte ich bald nach Hause zurück und an dem Filmmaterial basteln. Eine Woche später beauftragte ich einen richtigen Cutter.

*

Vielleicht war es der holprige Ton, vielleicht fehlte auch einfach der rote Faden, vielleicht war es der *I'm Alan Partridge-*

Autor Peter Baynham (Oscarnominierung für *Borat*. Nicht schlecht, Pete!), der den Presseagenten einer Todesschwadron der Dschandschawid spielte:

REPORTER (JANE): Ihr Klient wurde dabei beobachtet, wie er die Gruppenvergewaltigung eines achtjährigen Mädchens anführte.

DSCHANDSCHAWID-AGENT (BAYNHAM): Er suchte nur nach seinen Autoschlüsseln!

Vielleicht war es auch einfach nur Mist, jedenfalls lehnten BBC und Channel 4 das Projekt ab.

Wenn man ein Drehbuch schreibt, werden die fiktionalen Personen vollkommen real. Man kann sie hören, man sieht sie herumfuchteln, man leidet mit ihnen, wenn sie schlechte Entscheidungen treffen. John Sullivan, der die TV-Serie *Only Fools and Horses* schreibt, erzählt, seine Frau nehme ihn nicht mehr zu Marks & Spencer mit, weil er laute Selbstgespräche mit den Stimmen seiner Figuren führt.[*] Aber wenn diese Figuren von irgendwelchen Redakteuren abgelehnt werden, folgt eine bittere Woche des Selbsthasses, und man fragt sich, welche Verbrecher diesen unglaublichen Scheiß in Auftrag gegeben haben, der jeden Abend um 20.30 Uhr die Öffentlichkeit beleidigt. Danach verschwimmen dann allmählich die Gesichter deiner Figuren, ihre Stimmen werden immer schwächer und leiser, und schließlich fallen dir neue Ideen ein. Aber ich hatte John übers Ohr gehauen – eine wirkliche Person –, was sich schrecklich und total neu für mich anfühlte und nicht mit einem »Aber es ist schon ok, weil …« aufhörte.

---

[*] *Now That's Funny!* Von David Bradbury und Joe McGrath. Methuen, 2000.

Nicht einmal der Auftrag für eine neue Kolumne im Magazin *Red* über mein glamouröses Leben in Hollywood konnte das schlechte Gewissen beruhigen. Ich stand auf meinem Balkon in L.A. und stellte bedrückt fest, dass ich nach der Bezahlung des Cutters zwanzig Riesen Schulden hatte. Oh, und ich hatte nicht an einem einzigen Kriegsverbrechen etwas geändert. Unten im Swimmingpool zeigte mein Vermieter wieder mal seine Hoden. Alles lief schief.

Dann schickte mir John wie aus dem Nichts eine E-Mail. Zuletzt hatte ich gehört, dass er bei der CIA ein Seminar über Terrorismus abhielt. Nun hatte er von seinen eigenen Spionen – Analysten und Einheimische in Ostafrika – neue Informationen erhalten, und er hatte einen neuen Auftrag: Uganda.

Der verrückte Rebell Joseph Kony verhielt sich immer noch wie ein Wahnsinniger, aber vor kurzem hatte sich sein Propagandist – Sam Kolo, der Karl Rove von Uganda – abgesetzt. Kony hatte Kontakt aufgenommen, und zwar mit einer mutigen ugandischen Friedensstifterin, einer Freundin Johns, namens Betty Bigombe. Er erzählte ihr, dass er seine Verwandten vermisse und sich Sorgen um die Zukunft seiner Kinder mache. Das Monster wurde also müde.

Ugandas Präsident Museveni hatte auch die Trommeln für eine Waffenruhe gerührt, und John wollte die Chance nutzen und zusammen mit Betty den Deal durch einen Friedensvertrag besiegeln, bevor beide Seiten ihre Meinung änderten. Ein zwanzigjähriger Krieg könnte zu Ende gehen – mit Johns und Bettys Hilfe.

Einige Worte am Ende seiner E-Mail erregten meine Aufmerksamkeit: »Möchten / Müssen Sie nach Uganda?«

Du Mistkerl! Ja natürlich, aber unter welchem Vorwand? Mein Dokumentationsversuch war gerade von jedem im Showbusiness in den Mülleimer geworfen worden. Ich konnte nicht noch einmal die Zeit dieses Mannes mit einem überflüssigen Film verschwenden.

Ich rief ihn an.

»Könnte ich darüber... *schreiben,* was Sie in Uganda machen werden?«, fragte ich.

Verständlicherweise skeptisch wegen der misslungenen Dokumentation knurrte John: »Für wen?«

»Eine Zeitung«, blaffte ich, was ziemlich dumm war, denn John sagte: »Ja.«

21

Der schrecklichste und brutalste Mann der Welt

Es ließ sich nicht leugnen. Meine einzige Job-Qualifikation war es, Leute in Prominente zu verwandeln. Wenn alles, was ich konnte, nur darin bestand, Paris Hilton interessant zu machen, warum schrieb ich dann nicht über wirkliche Verbrecher? Warlords, Kriegsverbrecher, korrupte Präsidenten. Diese Arbeit war doch genau das Richtige für mich, und ein DKNY-Safarikleid besaß ich bereits. Ich sah mich als Auslandskorrespondentin, die mit gefährlichen sexy Männern in exotischen Hotels gefährliche sexy Cocktails trinkt. Uganda wäre nur der Anfang: Kate Adie berichtete aus Albanien, Sierra Leone und vom Tiananmen-Platz, und ich konnte das auch alles, sobald ich herausgefunden hatte, wo diese Orte überhaupt waren. Ich musste nur eine wirklich große Story schreiben, also wendete ich mich direkt an Google. Auf gut Glück tippte ich »Der schrecklichste und brutalste Mann der Welt« ein. *Osama bin Laden, blabla. Warum bekommt der Kerl kein besseres Foto? Du kannst einen Jihad führen, aber du kriegst nicht mal ein professionelles Porträtfoto… Bush in einer albernen Fliegerjacke. Das World Trade Center bombardieren kannst du,* aber anscheinend

---

* Das ist eine Verschwörungstheorie, also höchstwahrscheinlich Schwachsinn.

keinen Mantel kaufen... Dann starrte mich ein neues Gesicht an: ein Schwarzer mit Dreadlocks, Cowboyhut und Spiegel-sonnenbrille. Das war es. Die Story, die ich schreiben würde, handelte von John, der Joseph Kony, dem schrecklichsten und brutalsten Mann der Welt, das Handwerk legte.

Auf den Fotos mag er ja wie David Chappelle in seiner Rolle als Rick James aussehen, aber hier handelt es sich um Joseph Kony, Anführer der ugandischen Guerillatruppe namens Lord's Re-sistance Army. Ich hatte von der LRA schon gehört, konnte sie aber nirgendwo richtig einordnen. In einem Bürgerrechts-bericht, der so langweilig war, dass ich ihn mit dem Finger le-sen musste, fand ich eine kleine Fußnote, die mich jäh innehal-ten ließ. »Wenn Kony glaubt, du hast etwas Schlechtes über ihn gesagt, schneidet er dir die Lippen ab und lässt sie dich essen.« Das war noch gar nichts. Wenn Kony in kreativer Stimmung war, schlug er dem Schuldigen ein Vorhängeschloss durch den Mund und warf den Schlüssel weg. »Joseph Kony hat spiritu-elle, wenn nicht magische Kräfte.«

Das kann einfach nicht stimmen. Ich überprüfte es noch einmal: Der Report war von Rechtsanwälten und politischen Analysten verfasst. Kony war so hirnzerfetzend böse, dass Menschen mit richtigen Jobs dem Übernatürlichen die Schuld gaben. So hirnzerfetzend böse, dass er solche Klamotten tra-

gen konnte und Leute immer noch taten, was er sagte. Gummistiefel!

Joseph Kony sprach mit Gott. Gott war ziemlich redselig und befahl ihm, einen Riesenkrieg gegen einen bestimmten Mann zu führen: und zwar gegen Ugandas Präsidenten

Yoweri Museveni, einer der politischen Lieblinge Großbritanniens und Amerikas und außerdem hochangesehen auf der Weltbühne. Hier ist er mit dem früheren Außenminister Jack Straw zu sehen. Der Schwarze ist Museveni.

Yoweri Museveni, Chef eines großen afrikanischen Landes, aber Microsoft Word unterstreicht seinen Namen rot: »falsch«. Der Ordnung halber teilte Microsoft mir mit, ich müsste wohl Yoda aus »Star Wars« gemeint haben. Bill Gates, nieder mit der Dritten Welt!

Museveni hatte genug Probleme am Hals, etwa mit Armut und AIDS – 6,4 Prozent der ugandischen Frauen liefen voll mit HIV durch die Gegend. Glücklicherweise erhielt Museveni Budgetunterstützung von Großbritannien und Amerika, wahrscheinlich als Dankeschön dafür, dass er nicht Robert Mugabe ist.

Etwas an diesen beiden Männern verwirrte mich jedoch. Wie schaffte es ein offensichtlich Irrer wie Kony, eine Armee aufzustellen und sich dann auch noch gegen Museveni, der doch Millionen vom Westen bekam, behaupten zu können? Anfangs hatte Kony sehr wenige Anhänger. Er arbeitete jedoch daran, mehr für sich zu gewinnen, indem er versicherte, dass ihnen Kugeln nichts anhaben konnten, aber die Rekrutierung blieb schwierig. Dann kam er auf eine viel simplere Idee: Joseph Kony entführte schlicht und einfach Kinder. Und nicht nur ein paar. Er hatte »zwischen 20 bis 30 000 Kinder« verschleppt. Das war kein Druckfehler – Kony kidnappte seit zwanzig Jahren Kinder, und niemand konnte ihn fassen. Keineswegs überraschend, wenn es dort drüben so schludrig zuging, dass die offizielle Zahl der Entführten 25 000 lautete, also plus/minus *5000* Kinder.

Das war der Grund, warum mir die LRA so vertraut vorkam: Kony führte eine Kinderarmee an, die er irgendwie dazu

146

brachte, als seine Soldaten und Sexsklaven zu arbeiten. Großbritannien und Amerika, so schien es, hatten wenig dagegen getan. Wir waren bereits involviert: Unsere Regierungen hatten Steuergelder an Museveni geschickt. Wenn man es genau nimmt, schickten sie also die Mehrwertsteuer, die ich für Unterwäsche bezahle, dorthin, aber Kony kidnappte weiterhin vor sich hin, und ich habe 83 Schlüpfer. Die meisten sind von Topshop, also ich schätze mal, das macht 50 £ Mwst.

Mittlerweile waren in Uganda so viele Menschen gekidnappt worden, dass eine Entführung erst dann angenommen wurde, als die ersten zwölf Stunden verstrichen waren. Man kam diese ersten elf Stunden einfach zu spät zum Abendessen. So ungefähr der einzige Amerikaner, der nach ugandischen Maßstäben als gekidnappt galt, war der Teenager John Paul Getty III., und das auch nur, weil sein steinreicher Großvater zu geizig war, das geforderte Lösegeld zu zahlen, bis die Kidnapper dem jungen Mann ein Ohr abschnitten. Die Gettys hielten nichts davon, Kinder zu verwöhnen. Gerne wäre ich in jenem Jahr bei dem Weihnachtsessen der Familie dabei gewesen.

»Noch etwas Truthahn, John Paul III.?«

»Wie bitte, Mutter? Vielleicht erinnerst du dich: ICH KANN DICH NICHT HÖREN.«

Kony, der Kidnapper, das war eine unglaubliche Geschichte. Heute war der 10. Juli. John flog am 21. Juli. Im Wettlauf mit der Zeit musste ich meinen Weg nach Afrika erschwindeln.

22

Der Schwindel

Das war mein Plan: Mitten im Goldenen Zeitalter der Bescheuerten musste ich einen Redakteur überreden, eine große fette Story zu bringen und mir dafür sofort Flugtickets zu kaufen, denn entführte ugandische Kinder waren cool. Erfolg: unwahrscheinlich. Die Aussicht wurde noch unwahrscheinlicher durch die Tatsache, dass es nicht nur ein Wettlauf gegen die Zeit, sondern auch gegen die surrealste Zeit meines Lebens in L.A. war.

Ich konnte den Anblick der alten Hoden nicht länger ertragen und zog kurzerhand wieder um, diesmal auf ein Wohngelände, das der Kulisse der Yellow Submarine glich. Es lag auf einem Hügel, wo langohrige Kojoten und einen halben Meter große Eulen lebten und Zitronenbäume standen, deren Früchte so schwer waren, dass sie beim Herunterfallen die Autos einbeulten. Unter uns schwebten die Wolkenkratzer von Los Angeles auf einem violetten Zauberteppich aus Smog. Meine Mitbewohner waren unkonventionelle Journalisten, Spielzeugmacher und australische Musiker, die Wahnsinnspartys veranstalteten. Wir freundeten uns mit Lucha VaVoom an, eine Truppe maskierter mexikanischer Ringer und Burlesque-Tänzer, die nach ihren Shows auf dem Gelände feierten. Während ich meine Katie-Adie-Rolle einübte, war ich umgeben von mexikanischen Ringern, die mit Zwergen auftraten, die genauso aussahen wie sie selbst (Mascara und Mascarita). Dann waren da noch die Wau Wau Sisters, die als katholische Schulmädchen auftraten und auf Trapezen wieder verschwanden. Roky Roulette kam als Cowboy verkleidet auf die Bühne, machte einen Striptease auf einem Pogostick (Sportgerät, Springstock oder Hüpfstab) und war bei seinem Abgang nackt bis auf das goldene Bodypainting, eine blonde Perücke und einen Tanga. Karis kam als Frau auf die Bühne und verließ sie nach einer Reihe von Hula-Hoops und mittels eines sehr langen Seils als Mann. Kommandiert wurde die ganze Vorstellung von Liz, einer Femme fatale, vor der selbst der härteste Ringer in die Knie ging, und von Rita alias Ursulina, einer winzigen blonden Sexbombe, die als viktorianische Witwe mit einer Pferdepeitsche auftrat und als Pferd die Bühne verließ, und ich weiß bis heute nicht, wie sie das gemacht hat.

Vor diesem Hintergrund führte ich den ersten Teil meines Plans aus: Uganda cool zu machen. Mir wurde klar, dass es wohl besser wäre zu wissen: »Wo zum Teufel liegt eigentlich Uganda?«, bevor ich loslegte. Also recherchierte ich ein bisschen. Uganda liegt in der Mitte Afrikas, und da ist noch mehr! Uganda war im Gegensatz zu Ruanda und Simbabwe eines der Vorzeigeländer Großbritanniens und Amerikas. Eine Karte und kurze Geschichte des Landes finden Sie im Anhang.

*

Montag. Ich machte also meine ersten Anpreisungsversuche, vollgemalt in goldenem Bodypainting in der Form eines männlichen Torsos, wo ich Roky Roulette umarmt hatte. Ich führte Gespräche wie das Folgende mit einem Tanga-Abdruck auf dem Bauch. Die Namen sind falsch, aus naheliegenden Gründen und weil ich sie geändert habe.

»*Telegraph?*«

»Könnten Sie mich bitte mit dem Auslandsredakteur verbinden? Warten Sie. Wie heißt er doch gleich? Emma, hallo, mein Name ist Jane Bussmann. Ich möchte Ihnen eine Reportage über einen Guerillaaufstand in Uganda anbieten ...«

»Wenn Sie mit Ihrer Nachricht zufrieden sind, drücken Sie die Eins.«

Nun darf man nicht vergessen, dass ich nichts über Guerillaaufstände in Uganda wusste, und ich googelte noch während ich sprach, aber immer in dem Bewusstsein, dass die Leute am anderen Ende der Leitung, äh, Experten waren. Einmal verlor ich völlig den Faden und musste so tun, als ob das Gespräch unterbrochen worden wäre.

Dienstag. John brach in wenigen Tagen auf, und ich hatte ein kleines Problem: Niemand wollte die Story, an der ich, wie ich ihm erzählt hatte, schrieb. Am Ende der Gespräche kam immer wieder die ärgerliche Frage, ob ich es schon bei *Woman's Hour*, dem Hausfrauenprogramm der BBC, versucht hätte.

Ich rief alle an, die mir einfielen. Ich rief sogar *The Morale Maze* an, und die interessierten sich normalerweise für jeden Furz. Nichts.

Ich war wütend auf mich. Was hatte ich mir denn gedacht? Ich versuchte eine Geschichte über 25 000 junge Schwarze zu verkaufen, von denen nicht einer in den Duschräumen von Arsenal missbraucht worden war. Ich saß an der größten Story der Welt, und mir fiel kein Weg ein, wie ich irgendjemanden dazu bringen konnte, sie mir abzukaufen. Nutzlos. Während ich herumtelefonierte, wurden Tausende von Kindern gefoltert und gezwungen, als Sexsklaven zu leben. Dann kam es zu einem Wortwechsel, der mir den Rest gab.

»Nein«, sagte der Redakteur.

»Warum nicht?«

»Wir hatten bereits eine Afrika-Woche.« Wortwörtlich. *Newsnight*.

*

Mittwoch. Die Ringer verschwanden, aber die Party ging weiter. Ich wurde langsam verrückt. Ich rief *Woman's Hour* an.

»Und ich dachte mir gleich, dass das eine Geschichte für Ihr Programm ist, weil doch die Hälfte der Kinder eines Tages Frauen sein werden, wenn sie nicht vorher ermordet werden...«

Aber die Redaktion von *Woman's Hour* hatte ihre eigene Korrespondentin, niemand brauchte eine Britney-Spears-Lobrednerin in Afrika, und auf meinem Bett saß ein großer Kerl, verkleidet als Weihnachtsmann, der behauptete, Keith Richards Dealer zu sein. Das war noch nicht einmal das Surrealste. Das Surrealste war, dass jemand den Prototyp eines neuen Pogosticks hatte, mit dem man anderthalb Meter in die Luft springen konnte. Ich war gerade am Telefon und schaute aus dem Fenster, als eine Gestalt vorbeisauste und völlig aus dem Blickfeld verschwand.

Mir wurde allmählich klar, in welcher Zwickmühle ich mich befand: Während die Kinder weiter in Gefangenschaft waren und gequält wurden, gab es keine Story. Hören Sie sich das an. Das ist der genaue Wortlaut:

»Falls Kony sich dazu entschließen würde, die Kinder freizulassen, könnten wir etwas bringen«, sagte der Redakteur, »außerdem hatten wir gerade die Bob-Geldof-Serie... Sie verstehen...«

Die Geschichte der Kinder war unsexy und alt, die beiden

schlimmsten Wörter im Medienbetrieb. Ich war dem Untergang geweiht.

*

Aber dann rief meine Schwester an. Kate war Featureredakteurin beim Magazin *InStyle* – freiwillig. Sie machte ihren Job viel besser als ich, ganz zu schweigen davon, dass sie jünger, blonder, dünner und unendlich attraktiver war als ich. Sie hasste dumme Witze und meinte, Superstars verdienten Respekt. Kate hatte einen Auftrag.

»Das wird dir gefallen«, sagte sie in ihrer nüchtern-munteren Art. »Rachel Weisz hat gerade *Der ewige Gärtner* gedreht, einen Film darüber, wie Pharmakonzerne die Slums von Kenia ausbeuten. Wir möchten, dass du Rachel interviewst und sie vor allem danach fragst, wer ihr Lieblingsdesigner ist.«

Ich habe zu meiner Schwester gesagt: »Nein.«

Und etwas später: »Ja.« Wegen des Geldes.

Aber das brachte mich auf eine Idee: das Showbusiness. Ich schaute auf eine Landkarte. Kenia liegt neben Uganda. Ich heckte einen klasse Plan aus, wie ich nach Uganda kommen könnte: Ich schreibe einfach einen Artikel über alle Orte, die in *Der ewige Gärtner* vorkamen, natürlich finanziert von einem Reiseunternehmen. Dann spicke ich ihn mit Zitaten der berühmten und liebenswürdigen Rachel Weisz und mittendrin ein hübsches großes Foto von ihr in sexy Pose. Wenn ich erst einmal in Kenia bin, nehme ich einen Bus und fahre in die Hauptstadt Ugandas, eine Strecke von nur ... etwa zehn Zentimetern auf der Karte. Das war nicht nur perfekt geplant, es war auch eine glänzende Idee, weil John, sobald er den Krieg beendet hatte, vielleicht Zeit für eine Kenia-Safari haben würde. Eine Safarihütte mit Blick über die Serengeti – ich war bis jetzt der Meinung, dass es so etwas nur in den Songs von Toto gibt.

Ich machte mich auf den Weg zum SoHo Grand Hotel in New York, wo die schrecklich nette Rachel Weisz in einem Satinrock, über den ich etwas schreiben sollte, auf mich wartete. Fünfundvierzig Minuten lang befragte ich sie gnadenlos über die Örtlichkeiten des Films, und auch wenn sie der Wechsel der redaktionellen Linie bei *InStyle* offensichtlich verwirrte, kam Rachel wie ich aus der englischen Mittelklasse und wollte daher jeden Konflikt vermeiden. Als uns noch fünf Minuten blieben, fiel mir ein, dass das Interview ja für ein Frauenmagazin gedacht war. Rachel war ein Profi: Wir erledigten ihre Hoffnungen und Träume in genau vier Minuten und dreißig Sekunden. Oh, Scheiße – beinahe hätt ich's vergessen – wer ist ihr Lieblingsdesigner? Bob Gay? Nie von ihm gehört. Danke, tschüs. Sie druckten den Artikel. Jetzt hör aber auf, Kate, du hast gesagt, dass deine Redakteurin ihn für ein Paradebeispiel des Promi-Journalismus hält.

Ich machte mich auf den Weg zurück zum Flughafen und in ein neues Hindernis: Dem Reiseunternehmen, das ich dazu gebracht hatte, den Artikel »Die Örtlichkeiten des Films *Der ewige Gärtner*« zu finanzieren, war aufgefallen, dass ich eine Rundreise plante: von dem pittoresken Turkana-See, wo Ralph Fiennes von Auftragskillern ermordet wird, in das geschäftige Nairobi, wo man bei Rachels Autopsie Blutergüsse von einer Vergewaltigung feststellt, und schließlich zu der idyllischen Landschaft, wo Hubert Koundé die Eier abgeschnitten und in den Mund gestopft werden. Das war keine Charterreise. *Scheiße.* Egal, denn ich hatte gelesen, dass Uganda eine Menge Affen hat. Eine Gesellschaft, die Reisen zu einem ugandischen Affenreservat organisierte, erklärte sich bereit, meinen Trip zu bezahlen. Ich werde einfach zuerst ein paar Affen umarmen und dann über einen Krieg berichten. Ich fing an zu packen. Aber unerwartet tauchte ein neues Hindernis auf.

»Wogegen sind Sie eigentlich alles geimpft?«, fragten die Leute vom Affenreservat.

»Denn es gibt da ein kleines Risiko, die Masern zu bekommen.«

»Riskier ich«, sagte ich.

»Es geht nicht so sehr um Sie«, sagten die Affenreservatsleute. »Schimpansen sind sehr verwundbare Primaten. Wir wollen sie nicht der Gefahr aussetzen ...«

Ich war zu dreckig für eine Horde Schimpansen. Scheiß auf die Affen. Wie wär's mit *Cosmopolitan* ...?

*

Donnerstag. John traf die letzten Reisevorbereitungen. Er machte sich jetzt mit Don Cheadle auf die Reise. Der Star aus dem Film *Hotel Ruanda* hatte ein starkes Interesse an Afrika entwickelt, nachdem er eine längere Zeit mit dem Hotelier Paul Rusesabagina, dem Mann, den er spielte, verbracht hatte. Für mehrere Monate verzichtete er auf lukrative Rollen, um sich für humanitäre Zwecke einzusetzen. Nun flog er mit seiner Familie nach Uganda, um auf eigene Kosten mit John einen Dokumentarfilm über die Kinder dort zu drehen. Angeber. Ich saß immer noch in Hollywood fest.

*

Mein Mitbewohner, der Weihnachtsmann, brachte als Steigerung einen Beutel voll magischer Pilze mit zigarettendicken Stengeln mit. Zu der Zeit herrschte in L.A. die Theorie, dass der schnellste Weg, ihre Wirkung zu spüren, darin bestand, die Pilze zu Pulver zu zermahlen und es mit Orangensaft zu vermischen. Während ich um sechs Uhr morgens die Auslandsseiten britischer Tageszeitungen anschrieb, ging die Party munter weiter, und ich konnte das Surren einer Kaffeemühle hören, die nicht Kaffeepulver produzierte, sondern den Tagestrip nach Pepperland.

*

Meine Kräfte erlahmten allmählich. Dann schickte John mir eine E-Mail. Er beendete sie mit einem Smiley. Nun hatte ich keine Wahl, ich war zum Erfolg verdammt: Ich hatte von einem früheren Direktor des Weißen Hauses ein Emoticon bekommen. Ich peppte den Artikel auf, spielte die Rolle der schwarzen Kinder herunter, stellte John in den Mittelpunkt und schickte den Text an britische Sonntagsbeilagen. Dies musste ein Volltreffer werden.

»Er ist ein Held, ein wirklicher Held …« *Was zum Teufel ist das in dem Orangensaft – o nein…* »Und Joseph Kony ist ein wirklicher Schurke…« Redakteure erklärten mir, dass es sich für das Publikum nicht *echt* genug anfühlte. Schließlich befanden wir uns im Zeitalter des Reality-TV. Könnte ich es nicht ein wenig umschreiben, Sie wissen schon… Was? *Allen Widrigkeiten zum Trotz wird dieser Kriegsverbrecher… eine Lounge ausstatten. Aber würde IKEA ihn die LACK-Regale umtauschen lassen, die im Katalog zwar großartig aussahen, für die Rigipswände jedoch zu schwer waren?*

Es war der 17. Juli, und die Party war endlich zu Ende. Als die Sonne über den Kakteen aufging, lag das Gelände verloren da, abgesehen von ein paar Strippern, die nach einem Flaschenöffner suchten. Niemand wollte die Story. John war im Begriff abzureisen. Es musste doch in den Medien irgendeinen Abnehmer geben, den ich noch nicht kontaktiert hatte. Ich war völlig verzweifelt.

So kam es, dass ich die *Mail on Sunday*, Großbritanniens Mitte-Rechts-Familienzeitung, anrief. Die Schlagzeile ihrer ersten Ausgabe 1982 lautete: SO VIELE SCHWARZE – WES-

SEN SCHULD IST DAS? Ich ließ mich mit dem Reiseredakteur der *Mail* verbinden, weil er ein netter Mann mit einem Sinn für Humor ist und weil ich auch eine ernsthafte Reiseschriftstellerin bin. »Vergessen Sie den Hype, Bangkok ist wieder hip.« Das war ich.

»Hallo, Frank, hier ist Jane. Ich würde gerne eine Artikelserie über Leute schreiben, die als Freiwillige in einer ugandischen Schule unterrichten.«

Frank dachte einen Moment nach und antwortete dann: »Mach das. Altruismus ist gerade in.« *Dank sei den Tsunamis! Und jetzt bekomme ich richtiges Geld von einer rechten Zeitung, war nicht auf diesen* Independent-*Scheiß angewiesen.* Ich ging ins Internet und fand eine ugandische Schule. *Kann ich kommen und als Lehrerin arbeiten? Danke, tschüs.* Okay, die Anfrage war ein wenig länger, aber nicht viel. Es gab eine Wohltätigkeitsorganisation, die Freiwilligenprogramme anbot, es gab eine Schule in Uganda, und sie antworteten, sie würden sich freuen, wenn ich dort eine Zeitlang freiwillig als Lehrerin arbeiten wolle.

*

Also, um es kurz zusammenzufassen: Ich flog nach Afrika, um dort ohne jegliche Qualifikation zu unterrichten, weil ich eigentlich einen ernsten Artikel über 25 000 entführte Kinder und einen Friedensstifter schreiben wollte, und das war im heutigen Medienklima nur möglich, indem *Mail-on-Sunday*-Leser auf Urlaub in ein Kriegsgebiet geschickt wurden. Ein Kriegsgebiet voll schwarzer Menschen.

Ich besprach das alles mit dem Rest der Party. Während ich noch Zweifel hatte, waren sie allerdings ungeheuer optimistisch.

»Also, du bist nun Kate Adie!«, sagte einer meiner Freunde.

»Nein, ich bin eine Reiseautorin«, sagte ich.

»Es wird schon schiefgehen!«, sagte ein anderer.

»Aber ... John ist ein Friedensstifter«, sagte ich. »Was ist, wenn er sich am Ende neben den ›Zehn Besten Stränden für Senioren‹ mit einem Bild von Clint Eastwood in Speedos wiederfindet?«

»Er wird es großartig finden«, sagte ein dritter Freund.

»Wenn du nicht gehst, ist dir klar, wo du dann sein wirst?«, sagte der Erste. »Immer noch hier.«

»Ja, Mensch, du hast recht ... und ich meine, wenn er anschließend Urlaub machen will, braucht die *Mail on Sunday* bestimmt einen Artikel über Safarihütten«, sagte ich.

»Und es gibt niemand, der keine Löwen mag«, sagte der Weihnachtsmann.

Scheiß drauf! Ich gehe nach Afrika! Dann dämmerte mir etwas.

»Ihr seid alle auf Ecstasy, oder?«, sagte ich.

»Ja, sind wir! Ja«, riefen sie gleichzeitig.

23

In den Busch gezerrt und
mit Macheten zerhackt

Ich hätte John nicht fragen können, ob es ihm etwas ausmachen würde, auf den Reiseseiten zu erscheinen, selbst
wenn ich es gewollt hätte, denn er war von der Bildfläche verschwunden. Er war irgendwo tief im Kongo, das Land des
Goldes, Silbers und Coltans (das Mineral in Mobiltelefonen,
Videospielen und Computerchips). Alle wollten Coltan, und
auf der Suche danach stahlen bewaffnete Gangs den einheimischen Dorfbewohnern ihr Land. Ich traf mich vor kurzem
mit John in Los Angeles, und er erklärte mir, warum er damals
abgetaucht war.

Wir aßen zu Mittag in der Bar eines dieser mausoleums-
artigen Geschäftshotels, wo das Personal mit den Gästen flir-
tet, um nicht vor Langeweile Selbstmord zu begehen. Aber
nicht mit mir. Der Kellner, ein Hetero, machte John schöne
Augen.

»Der Anführer der größten Miliz in Kongo ist ein Kerl namens Laurent Nkunda«, sagte er und goss sich einen Becher
Ketchup über ein Stück einfaches Hähnchen. Afrika hatte seinen Magen ruiniert. »Kein Land will mit Nkunda verhandeln,
weil auch er ein Warlord ist, aber ich denke, wenn man nicht
die 82. Luftlandedivision hinschicken und ihn töten will, muss
man andere Wege finden, um ihn zu stoppen. Also heuerte ich

einen Kongolesen an, der meine Kollegen und mich zu Nkundas Versteck in den Bergen führte.«

»Ein richtiges Versteck? Mit Männern davor mit Gewehren und so?«

»Soll ich Ihnen noch etwas Ketch…«

»Danke, wir brauchen nichts. Erzählen Sie weiter, John!«

»Ein Kreis nach dem andern von Kerlen mit Gewehren. Er lebt auf einem Hügel in einer ehemaligen belgischen Kirche, schwer befestigt, aber mit uns redete er den ganzen Tag. Es wird behauptet, er sei ein Rebell ohne Anliegen, aber wir brachten ihn dazu, genau darzulegen, unter welchen Bedingungen er seine Milizsoldaten zurückziehen würde…« Der Kellner stand nun am Nebentisch und faltete dieselbe Serviette zum sechsten Mal.

»Warum sollten sie sich zurückziehen?«, fragte ich.

»Sie überfallen die Dörfer, bringen viele der Bewohner um und dann…«

»Alles okay bei Ihnen?« Der Kellner schon wieder.

»*Ja.*«

»Sie bringen sich mit all diesen Formen brutalster Vergewaltigungen ins Gerede, so dass keines der Opfer jemals zurückkommt«, sagte John.

»Wie zum Beispiel?«

»Nun jaaaa…«

Ich werde nicht auf das eingehen, was dann folgte, aber glauben Sie mir, das war das letzte Mal, dass ich einen Menschenrechtsverfechter »Wie zum Beispiel?« fragte.

*

Doch damals wusste ich das alles nicht. Ich kaufte ein Ticket nach London. Mein Plan lautete: L.A.X – LHR. LHR – EBB. Von Los Angeles International nach London Heathrow, in

Muttis Haus warten, bis John wieder auf der Bildfläche erscheint, ein Rendezvous ausmachen und dann nach Entebbe (Uganda) fliegen. Ich kaufte einen neuen Koffer, der sich perfekt für einen Kriegsbericht aus Afrika eignete: einen hundert Dollar teuren Gucci-Koffer von eBay mit einem abgerissenen Reißverschluss, ohne Räder und ohne Schloss. Während ich packte, sagte ich zu mir: Hör zu, Jane, dafür musst du dich nicht schämen. Kate Adie verdiente wahrscheinlich ihren Trip zum Tiananmen-Platz als Hostess in Shanghai. Wir wissen nicht, ob sie es nicht vielleicht tatsächlich tat. Meine Schwester war weniger zweideutig. Ich glaube, sie sagte so etwas wie: »Du wirst nie eine Kriegsreporterin sein, du hast ja schon Angst vor Paris Hilton. Und John heiratet dich sowieso nicht.«

Ich antwortete wahrscheinlich: »Kate, es geht nicht um ihn. Es geht um zwanzigtausend entführte Kinder.« Es könnte sein, dass ich in dem Moment gerade Stöckelschuhe einpackte.

Ich schaffte es bis zur Eingangshalle des Flughafens von Los Angeles, triumphierend. Final boarding, also noch Zeit für einen Drink. Ich knallte gerade einen Geldschein für einen Margarita auf die Theke, als mein Telefon klingelte.

»Paul? Oh, hallo, *Paul*.« Es war der Freund eines Freundes, der Dokumentarfilme machte. Er war in Uganda gewesen, und er sollte mir für mein Abenteuer den Rücken stärken. »Ja, Steve hat mir von Ihrem Uganda-Film erzählt und dass er großartig ist – ich hab ihn noch nicht gesehen –, ich habe aber vor, nach Uganda zu reisen, und ich dachte, Sie könnten mir eventuell ein paar Tipps geben.«

Paul rief: »Nicht nach Uganda. Auf keinen Fall! Sie können kein Taxi nehmen, ohne ausgeraubt zu werden. Sie dürfen kein Regierungsgebäude fotografieren. Sie dürfen mit niemandem Blickkontakt aufnehmen – es macht die Leute wütend. Sie werden in den Busch gezerrt und mit Macheten zerhackt. Glauben Sie mir, ich mache keine Witze.«

Pause.

»Ich habe mich bereits gewissermaßen verpflichtet...«, sagte ich.

»Ach so. Gut, Ihnen wird schon nichts passieren«, sagte er. Ich starrte auf meine falschen Schuhe und das Fischglas mit dem Margarita.

Aufruf für Passagier Jane Bussmann. Wenn Sie nicht sofort boarden, wird Ihr Gepäck aus dem Flugzeug entfernt.

Ich tippte eine E-Mail an die *Mail on Sunday*: »Tut mir leid, Frank. Ich kann das nicht machen. Ich log: Es gibt keinen Ort namens Uganda.« Bevor ich sie abschickte, sah ich, dass eine neue Nachricht eingetroffen war. Sie war von der britischen *Sunday Times*, die beste Zeitung der Welt, und geschrieben hatte sie Sean Punkt Ryan, der Leiter des Auslandsressorts.

»Jane, wir wollen unbedingt diese Story über John Prendergast. Wie bald können Sie das machen?«

Ich war eine Auslandskorrespondentin. SCHEISSE! Ich verschwendete keine weitere Minute. Ich lief geradewegs zum Duty-Free-Shop und kaufte mir eine neue Sonnenbrille.

24

Schnösel in einem Wu-Tang-Clan-Sweatshirt

*W*arte in London auf Johns Anruf, dann geh und sei... eine *Auslandskorrespondentin? Für die* Sunday Times? *Bist du dir sicher, dass das vernünftig ist?* Ich hatte beim Abflug ernsthafte Zweifel. Meine Knie drückten in die Nieren meines Nachbarn, das war nämlich ein Virgin-Flug, der früher mal Spaß gemacht hat, bis sie dann alle Economy-Sitze so eng zusammengeschraubt haben, dass jeder Flug einem Viehtransport glich. Eine schlechtgelaunte Stewardess teilte mir mit, ich dürfe keine Zeitung lesen, während das Sicherheitsvideo abgespielt wurde, das ich inzwischen eh auswendig kannte. Stattdessen sollte ich dankbar sein, von einer Cartoonfigur mit der Stimme Dani Behrs belehrt zu werden. *Dani Behr. Ich wette, wenn sich Sting in einem Besprechungszimmer an dich ranmachen würde, würdest du ihn ernsthaft in Betracht ziehen.*

Die ernsthaften Zweifel in mir übertönten Dani Behrs dröhnendes Geplapper. *Jane, vergiss, wer du bist, es wird ein scheußliches Durcheinander geben, und 25 000 Kinder werden zurückbleiben und sterben... Flieg zurück nach Hollywood und arbeite weiter als Promi-Journalistin: Über Wichser schreiben ist ein Job fürs Leben...* Ich konnte keinen klaren Gedanken fassen, aber es wird sich schon alles klären, sobald ich zu Hause in Großbritannien war, einem Land mit gesundem Menschenverstand. Ich ahnte ja nicht, dass sich Großbritannien in der Zeit meiner Abwesenheit verändert hatte.

∗

21. Juli 2005, in aller Herrgottsfrühe. Ich war auf dem Weg zu Field & Trek in der Baker Street, um mich auf das Leben als Auslandskorrespondentin vorzubereiten. Ich wollte eine Khakihose kaufen, genauso wie sie Angelina trug, als sie Kongo machte. Rettungswagen mit heulenden Sirenen rasten vorbei. Die Blumenkästen für die Geranien klapperten. Zivilfahrzeuge der Polizei schossen die Marylebone Road entlang. Wer anderes als Bullen fuhren einen Opel Caravan mit 150 Kilometer die Stunde durch das Zentrum von London? Zwischen dem Geheul der Sirenen passierte nichts: Büromädchen, Kleintaxifahrer und Cafébesitzer sprachen nicht, starrten sich nur mit verschränkten Armen an. Egal ob Pole, Nigerianer oder Italiener, alle wollten jetzt britisch sein und beäugten heimlich die anderen Londoner, um ja vielleicht Zeichen von islamischem Fundamentalismus oder gar schwarze Rucksäcke mit heraushängenden Drähten zu entdecken. Ich wusste, dass es vor zwei Wochen ein paar Bombenanschläge gab. Ich wusste allerdings nicht, dass wir den Verstand verloren hatten.

Die Stimme eines weiblichen DJs durchbrach das Schweigen des Taxiradios und rezitierte wichtigtuerisch Notfallnummern, als hätte sie ihre Radiokarriere nur auf diesen Winston-Churchill-Moment hin angelegt.

»Seien Sie auf einen weiteren Anschlag gefasst…«, sagte sie. Was? Worüber sprach diese hirnlose Schlampe? Die Bomben vom 7. Juli mit dem 11. September zusammenzubringen, macht Großbritannien zum Verbündeten der USA. Großbritannien ist vernünftig, das ist unser Trost. Wenn der Film *The Day After Tomorrow* ein britischer Film gewesen wäre, hätte er

163

den Titel *Etwas Frisch Draußen* bekommen. Das Schlimmste, was wir tun könnten, ist, uns von den Amis politisch führen zu lassen. Die sind schließlich total übergeschnappt. Ein Beweis für diese Behauptung? Ich habe das falsche Anthrax in Colin Powells Händen gesehen.

Alles an dieser Sache war lächerlich, bis hin zu dem Bild der vier Attentäter, die sich in den vier Himmelsrichtungen der U-Bahn-Linien ins Paradies sprengen wollten, wobei der eine bemerkte, dass die Northern Line selbst für einen Jihad zu deprimierend war, und sich in einem Bus mit der Nummer 30 zum Märtyrer machte. Auf gut Glück in ein afrikanisches Kriegsgebiet zu fliegen, war nicht mehr so abwegig. Es war, verglichen mit diesem Chaos hier, reinste Logik.

Die Stimme im Radio plapperte weiter. »Der verdächtige Bombenleger, der pakistanischer Herkunft sein soll, wurde von Fahrgästen niedergeschlagen, wir erfahren gerade ...« Wir. Du und irgendein schnöseliger Praktikant namens Crispin in einem Wu-Tang-Clan-Sweatshirt. Zwei fette Bullen mit Maschinenpistolen standen draußen vor dem Pizza Express. Ich hatte gelesen, dass Großbritannien der zweitgrößte Exporteur von Waffen ist, ich hatte nur bis dahin noch keine gesehen. Der nervöse Blick der Bullen machte mir Angst, ihre Finger streichelten die Waffen, als wären sie nicht Waffen, sondern zappelige Welpen, die mir jeden Augenblick ins Gesicht springen konnten. Britische Polizisten sollten eigentlich nicht bewaffnet sein. Holt mich hier raus!

Am nächsten Tag war ich wieder in der Baker Street, um die besagte Hose zu kaufen, als mein Telefon klingelte. Ich fühlte mich sofort schuldig, hatte aber auch Angst, es aus meinem Rucksack zu holen. Vielleicht stürzte sich in dem Moment jemand auf mich und warf mich zu Boden.

»Hast du die Nachrichten gesehen?«, fragte meine Freundin am anderen Ende der Leitung. »Polizeibeamte in Zivil haben gerade jemanden in der U-Bahn fünfmal in den Kopf geschossen.«

»In den Kopf? Warum nicht in den Arm? Hatte er eine Bombe?«

»Er hätte eine haben können.«

»Wollte er sie mit der Zunge zünden? Ich meine, verdammt noch mal …«

»Jane, sie hatten keine *Wahl*.«

Mein Mund war plötzlich ganz trocken. Ich musste raus aus London. Ich brauchte etwas zu trinken, hatte aber nicht den Mut, in die Drogerie an der Baker Street Station zu gehen. Wenn ich eine Selbstmordattentäterin wäre, hätte ich die aufgeweichten Snapers-Sandwiches mit in die Luft gejagt.

Ich flitzte in eine kleine Drogerie in einer Nebenstraße und fand eine Flasche Evian, aber es war niemand hinter dem Tresen. Plötzlich sah ich die Besitzerin, eine dicke Frau in ihren Fünfzigern, die zusammengesackt zwischen leeren Gläsern Babynahrung lag, die Augen voller Tränen. *Meine Güte, ich bin ein Arschloch.* Hier war jemand tief bestürzt, weil unschuldige Menschen verletzt worden waren. Sie stand schnell auf und nahm das Wasser.

»Neunundsiebzig Pence«, sagte sie, und ihre Stimme klang frustriert. »'ne Tüte?«

»Ja, ich benutze meinen Rucksack lieber nicht, oder sie schießen mir noch in den Kopf.« Scheiße! Das Tourette-Syndrom wieder, und es war noch nicht mal komisch. Eine Träne lief über das Gesicht der Drogistin.

»Wir sollten sie nicht hereinlassen«, platzte es aus ihr heraus.

»Wie bitte?«

»Amerika lässt sie nicht herein, warum machen wir das?«

Sie weinte BNP*-Tränen. All die Jahre verkaufte sie Haargel, Müsliriegel und Nurofen-Tabletten an Libanesen, Somalier und Bangladeshi und sagte: »Neunundsiebzig Pence. 'ne Tüte?«, aber was sie eigentlich sagen wollte, war: »Haut ab aus unserem Land, ihr Wilden, bevor etwas passiert.« Ich gab ihr 80p und ließ sie das Wechselgeld behalten.

Gleich ums Eck hatte ein muslimischer Buchhändler einen Artikel aus dem *Guardian* an sein Schaufenster geklebt und mit einem rosa Textmarker die Schlagzeilen »IRA-MITGLIEDER WURDEN NICHT KATHOLISCHE BOMBENLEGER GENANNT« und »MUSLIMISCHE FÜHRER VERURTEILEN TERRORISMUS« hervorgehoben. Ich lief an den Maschinenpistolen der Bullen vorbei zurück zum Haus meiner Mutter. Die Website der BBC wurde pausenlos angeklickt. Ein Fahrgast namens Mark Whitby beschrieb die Schießerei in der U-Bahn:

»Ich sah einen Asiaten. Er rannte in Richtung Zug, ihm dicht auf den Fersen waren drei Polizeibeamte in Zivil, einer von ihnen schwang eine schwarze Handfeuerwaffe ... Er stolperte halb ... Sie stießen ihn zu Boden und schossen fünfmal auf ihn ... Er sah aus wie ein in die Enge getriebener Fuchs. Er trug eine Baseballkappe und einen etwas dickeren Mantel – so einen, wie man ihn im Winter trägt, so eine Art Daunenjacke. Vielleicht hatte er darunter etwas versteckt, ich weiß es nicht ... Er sah eher dick aus, so ein ziemlich pummeliger Typ. Später fragten mich ein Polizist und Angestellte der U-Bahn, ob ich professionelle Hilfe bräuchte.«

Pummelig mit einem dicken Mantel. Ich bin überrascht, dass ihn die Fahrgäste nicht zuerst erschossen haben. Hier, nehmt mein Steuergeld, damit Mark Whitby professionell be-

---

* Die rechtsextreme British National Party.

treut werden kann. Die neue, publikumsfreundliche BBC appellierte an Zeugen: Sie sollten nicht bei den Ermittlungen helfen, sondern ihre Handybilder zur Verfügung stellen.

Noch am selben Abend identifizierte die Polizei den rundlichen, in die Enge getriebenen Fuchs als Jean Charles de Menezes, siebenundzwanzig Jahre alt und ein brasilianischer Fitnessfan. Ein pummeliger, gehetzter Fuchs in jeder Hinsicht, außer dass er nicht dick, asiatisch oder ein Fuchs war. Die Realität verzerrte sich in Großbritannien schneller als in Amerika.

Ich schrieb vor einigen Jahren mit David Quantick eine Sitcom, in der ein kluges Kaninchen, gespielt von Matt Lucas, in einen Krieg geschickt wird.

»Die Propaganda, die ich gerade schreibe, ist furchtbar«, sagte das Kaninchen und machte sich vor Angst in die Hose. Ich musste nach Afrika gehen, heraus aus diesem gottverlassenen Chaos einer westlichen Welt.

*

Ich hatte nicht die Zeit, einen richtigen Journalistenausweis zu bekommen, nachdem ich kein richtiger Journalist war, aber die *Sunday Times* gab mir einen Empfehlungsbrief, in dem stand, dass ich für sie eine Story schrieb. Sobald ich etwas von John hörte, war ich weg von hier.

Ich hatte jedoch nicht mit meiner Mutter gerechnet. Sie hielt überhaupt nichts von der ganzen Sache. Mutti bügelte sogar meine Socken, um die Reise doch noch zu verhindern. Aber ich telefonierte bereits mit all meinen Kreditkartengesellschaften und musste ständig das Telefonkabel hochheben, damit meine Mutter sich nicht selbst erdrosselte beim Wäsche-Hin- und Hertragen. Sie ist keine 1,60 groß.

»Ich versuche, mit der Kreditabteilung zu sprechen. Mutti, Pyjamas musst du nicht bügeln …«

»Ja, aber es sieht doch schöner aus, oder etwa nicht? Ich wette mit dir, du hast dich nicht impfen lassen«, sagte sie und eröffnete ihren Angriff mit einer Überraschungssalve.

»Ich bleibe in Kampala, das ist eine Hauptstadt, es ist nicht Bagdad. Das war ein Witz«, sagte ich und setzte auf Diplomatie.

»Ist in Uganda nicht der Flughafen Entebbe? Der Überfall auf Entebbe, wo die israelische Luftwaffe all diese Flugzeuge herunterschoss... Ach, die armen Geiseln... Das war ein schreckliches Chaos«, sagte sie und verspritzte überall Wasser.

»Ja, ich warte auf die Kreditabteilung...«, sagte ich in den Hörer und packte den Koffer extra chaotisch in der Hoffnung, meine Mutter werde das in die Hand nehmen. Sie griff erneut an.

»Ach, lass mich das machen, das kriegt ja alles Falten. Und du kannst dir den Flug doch gar nicht leisten«, sagte sie.

»Acht Kreditkarten«, sagte ich.

»Kreditkarten? Wie willst du die denn bezahlen?«

»Ich heb damit Bargeld ab. So trickst man sie aus.«

»Kreditkarten. Ich hatte nicht mal ein eigenes Zimmer, bis ich sechzehn war. Ich hatte die ganze Schulzeit nur drei Kleider, und eins davon war gelb.«

»Malariatabletten hab ich.« Mein Gegenangriff.

»Brot und Milch, das gab's am Freitagabend. Brot und Milch und Zuckersandwiches«, sagte sie und wandte sich ab.

»Ich werde in einer Woche wieder zurück sein.« Ich ahnte, dass dieser Streit nicht zu gewinnen war.

»Warum gehst du nicht nach Italien?«, sagte sie und attackierte mit gesammelter Kraft von links. »Ich glaube nicht, dass dieser Mann für dich...«

»Darum geht es nicht! Es geht um zwanzigtausend entführte Kinder! Bitte, bügle die nicht, das ist meine beste Hose. Mutti…«

»Du hattest immer neue Schuhe. Meine Mutter kaufte Schuhe auf dem Markt. Oh, die Frostbeulen. Ich werde das nie vergessen, als ich einmal auf eine Motte getreten bin. Ich kann das Knirschen immer noch hören«, beendete meine Mutter das Gespräch. Sie hatte gewonnen. Ich ging in mein Zimmer.

*

Dann kam eine E-Mail von John. Er hatte es bis nach Uganda geschafft, wo er in einer Hotelsuite den Friedensvorschlag ausarbeitete. Allein. Ein Freund von ihm, Dr. John, war gerade tot aufgefunden worden. Hubschrauberabsturz. »Er war ein echter Freund«, schrieb John. »Obwohl er mich einmal im Süden Sudans ins Gefängnis warf, ein harter Knochen.« *Der medizinische Verhaltenskodex muss in Ostafrika ein wenig freier sein…* »Bis zu den Ellbogen im Blut«, *such dir einen neuen Arzt, ich jedenfalls würde es tun,* »aber ein brillanter Stratege, und er kämpfte sein ganzes Leben für Frieden und Gerechtigkeit.« *Hah, noch ein Rebell.*

»Wie geht es Ihnen jetzt?«, e-mailte ich zurück.

Kurze Zeit später kam die Antwort. »Ich bin so unendlich traurig.«

Es sollte moralische Vorbehaltsklauseln für traurige E-Mails von harten Burschen geben, die allein in Hotelzimmern sitzen. Ich nahm das Telefon meiner Mutter, während sie in der Küche Auberginen salzte.

»Reservierung bitte. Entebbe, Uganda.« Und damit war ich auf dem Weg nach Afrika.

25

Sie bewahrt sich für die Ehe auf

Afrika. Ich schaute zwischen Wolken nach unten. Wir flogen über die Wälder des Kongo, reich an Gold und Diamanten, eine Beute, um die sich seit langem Könige, Söldner und Offiziere stritten. Kenia, Tansania, Ruanda… die Lektüre der ugandischen Klatschzeitung eines Mitreisenden enthüllte, dass in Uganda »Whopper« ein Slangwort für Penis ist. Dies ist Afrika, Baby.

Im Flugzeug überkam mich ein seltsames Gefühl. Offensichtlich war ich betrunken, doch da war noch etwas anderes. *Mein Gott, zum erstenmal in meiner Karriere fühle ich mich nicht wie ein Arschloch. Ich fühle mich… nützlich.* Lange hatte ich den Verdacht, dass mein Leben einfach nur ein schrecklicher Traum war, aber jetzt war ich aufgewacht, und meine Zukunft hatte endlich begonnen. *Ich bin bei meinen Leuten…*

Wohlwollend schaute ich zu der »nützlichen« Frau neben mir, bewunderte ihr ungefärbtes Haar, ihre ungebleichten Zähne, das einfache T-Shirt, das sie und alle ihre Freunde anscheinend trugen. Sackartige T-Shirts sind cool in Afrika, bedruckt waren sie mit – ist es die Hitze oder was? – »Ashford Parish Church Outreach Group«. Nein… Da stimmte doch was nicht. Sie sind zu ruhig. Was…? Was lesen sie alle?

Bibeln! Das war Ashton Kutchers Werk. Ich flog nach Afrika mit einer Flugzeugladung von Missionaren, die kamen, um den schwarzen Mann vor allen irgendwie interessanten sexuellen Stellungen zu retten.

Ich flüchtete mich auf die Toilette. Ein frisches Make-up würde mir das Überlegenheitsgefühl zurückgeben. Und prompt fiel mein Lippenfüller in das Flugzeugklo. Das war eine Warnung, ein schlechtes Omen in jeder Kultur. Ich hätte in das blaue Klowasser greifen müssen, aber der Stift wurde jäh hinaus zu den Wolken gesaugt, bevor ich auch nur die geringste Chance hatte.

»Verdammter Mist!« Weg war er, mein Glücksbringer, und trudelte nun nach unten in ein nordafrikanisches islamistisches Drecksloch, wo ihn eine junge Frau finden und dafür zu Tode gesteinigt würde.

Ich ging zurück zu meinem Platz und wollte die Christen wegschlafen. Ich schloss die Augen, und dann kamen die Bilder: Robert Redford wusch Meryl Streep die Haare. Bryan Brown nahm ein Bad mit Sigourney Weaver, und Virginia McKenna tollte in *Born Free* mit großen Katzen herum und mit diesem bärtigen Kerl, wie hieß er doch gleich? Dann tauchten im Hintergrund Missionare auf, die tanzten. Aber schließlich dämmerte ich doch ein und träumte von Löwenjungen, die mich tätschelten.

*

Die Flugzeugtür öffnete sich am Flughafen Entebbe, und wir waren am Ufer des Viktoria-Sees, eine riesige Schüssel voll Morgennebel, die aussah wie das Meer. Ich sah bewaffnete Soldaten und weiße seltsam geformte UN-Flugzeuge. Dies war richtig aufregend: endlich einmal Flugzeuge, die etwas Gutes taten und Truppen von nützlichen Leuten an alle Orte der Welt beförderten.

Die Schlange vor dem Zoll war endlos lang, nicht wegen der afrikanischen Entspanntheit, sondern weil zwei Dutzend Missionare mit vorstehenden Zähnen den Zollbeamten Scheiße erzählten. Was schreiben Missionare unter »Absicht des Besuchs«? »Euer schmutziges Volk von seiner minderwertigen Moral reinwaschen?« Warum ließ man sie überhaupt ins Land? Brachten sie vielleicht Kekse mit?

Während ich in der Schlange wartete, klaute ich einem Soldaten eine alte Tageszeitung. Ugandische Boulevardblätter wurden ein wichtiger Lesestoff. Sie brachten Geschichten über Oppositionsführer, die unter mysteriösen Umständen getötet worden waren, über Gefängnisinsassen, die »keine Ahnung hatten, dass Männer ihre Ärsche für falsche Zwecke benutzen konnten«, und über einen Minister, der offiziell bekanntgab: »Ich bin nicht homosexuell. Ich bin es nicht. Ich habe eine Frau und die Fähigkeit, fünfzig Frauen zu heiraten.« Wow. Und dies nach hundert Jahren Mission.

Ich sollte John in Kampala interviewen. Ins Stadtzentrum konnte man nur mit einem Taxi gelangen, aber ich war ja bereits gewarnt worden, dass man dann mit Sicherheit ausgeraubt werden würde. Verschlagen aussehende Taxifahrer kamen schnurstracks auf mich zu. Ich schaute hinüber zum Schalter für Fahrservice: verlassen. Eine Art Informationsbüro: verlassen. Eine Polizeikabine: leer. Einer der Taxifahrer sah nett aus, und er hatte ein Abzeichen mit einem Foto. Es war das Foto einer Katze. Aber ich stieg trotzdem in sein Taxi.

»Ist Uganda ... sicher?«, fragte ich.

Der Fahrer, Harry, kicherte. »Ohhh, ja«, sagte er und verriegelte alle Türen.

Als wir den Flughafen verließen, hieß uns Afrika mit einer Statue zweier Nashörner willkommen, die unglücklicherweise von hinten so aussahen, als ob sie sich paarten. Die Landschaft war grün und fruchtbar. Ich hatte gelesen, dass 39 Prozent der ugandischen Kinder durch Nahrungsmangel in ihrem Wachstum gehemmt waren, und dabei war dies ein Land, das sich – zumindest theoretisch – selbst ernähren konnte. An jedem Gebäude hing eine Aufforderung zu harter Arbeit. »LEISTUNG! EINSATZ!« stand auf einem Schulschild. Irgendwas war schiefgelaufen.

Ich war sehr müde, und die afrikanische Sonne hatte bereits ein Loch in den Himmel gebrannt. Ich bat Harry, mich wach zu halten, und er stellte sich der Herausforderung, indem er ganz dicht an die Fahrzeuge vor uns heranfuhr und dann jäh die Spur wechselte. Er schaltete das Radio ein. Schauspielerstimmen in Werbespots überschrien die dröhnende Musik. Sie wussten anscheinend, dass es hier laut auf den Straßen war. »Wenn Sie die Wahl haben, das Shampoo Sleeping Baby ist die RICHTIGE WAHL.«

Die erste Plakatwand, die ich sah, machte Werbung für Enthaltsamkeit. Sie zeigte das Bild einer lächelnden Frau, die glücklich war, keinen Sex zu haben. »Sie bewahrt sich für die Ehe auf«, verkündete das Plakat. »Und du?« Nun, ich versuchte gerade mich zum Selbstkostenpreis wegzugeben, aber trotzdem Danke für die Erinnerung.

Harry erzählte mir, dass sexuelle Enthaltsamkeit die offizielle Linie der Regierung war, um AIDS zu besiegen. Du musst nur bis zur Heirat Jungfrau bleiben und dein zukünftiger Ehemann auch, und verheiratete Leute schlafen sowieso nie mit jemand anderem. Ich war neugierig zu erfahren, woher dieser Rat kam, daher bat ich Harry, anzuhalten, um mir das Riesenplakat aus der Nähe anzuschauen. Darauf war das Logo der Regierung der Vereinigten Staaten von Amerika: George Bush Seniors US-Agentur für Internationale Entwicklung. Junge Afrikaner, habt keinen Sex, sagte GB sen. Das war schon ein starkes Stück von einem Mann, dessen eigene Vögelei den gegenwärtigen Präsidenten produziert hatte. Und ist das Desaster in der Hochzeitsnacht nicht garantiert, wenn beide Seiten völlig unerfahren sind?

Die Propaganda der sexuellen Abstinenz war für Museveni in den neunziger Jahren ein großer Erfolg, aber auf die Dauer ließ sich ein unwiderstehliches menschliches Verlangen nicht unterdrücken, und inzwischen richtete die Strategie mehr Schaden an, als dass sie Gutes tat, weil sie von christlichen Fundamentalisten gepredigt wurde, die auch Kondome verdammten. Aber die USA gaben immer noch großzügig Gelder für solche Plakate, die sagten: Gute Afrikaner mögen keinen Sex.

Bretterbuden wurden von modernen Gebäuden abgelöst: einfache Wohnwürfel aus den Siebzigern, die in aller Eile errichtet und dann der Verwahrlosung überlassen wurden. Wir fuhren nach Kampala hinein, die Hauptstadt, ein provisorisch aussehender Ort, wo die Ladenfronten alte Reklameschilder trugen, die offensichtlich in der Dritten Welt entsorgt wurden, wie abgelaufene Medikamente auch. *Es ist der Geschmack, den du schmeckst!*

Kampala war der Tummelplatz von Idi Amin. Man spürte, dass diese Stadt vor nicht allzu langer Zeit das Zuhause eines

Diktators war. Irgendjemand hatte, so wie es aussah, jahrelang Geld und die Rechtsstaatlichkeit abgeschafft. Wenn man von den entsetzlichen Akten politischer Gewalt mal absieht, war es hier irgendwie großartig. Ich war hier in einem Land, das mit dem ganzen Hollywood-Schwachsinn nichts am Hut hatte. In L.A. schwafelten die Leute ständig von ihrem neuen Toyota Hybrid, als ob er ein Staubsauger für die schmutzige Landschaft wäre. In Afrika lachten die Fahrzeuge: *Wir sind Autos, wir verschmutzen die Luft, das ist das, was wir tun!* Auf der Kyagwe Road nahmen mir chinesische Lastwagen, die schwarze Abgaswolken hinter sich ließen, die Luft. Selbst die Bekleidungsgeschäfte für Männer hielten sich nicht zurück. *Wir tragen Safarianzüge aus Jeansstoff mit Leopardenhaut an den Ellbogen, und wir tragen sie mit rosa hochhackigen Stiefeln aus der Haut von Boa constrictors, weil wir MÄNNER sind, Baby!*

Auch die Tierwelt kannte keine Regeln. Als ich aus dem Taxifenster schaute, traf mich der Blick eines übergroßen Vogels, der mitten in der Stadt auf dem Bürgersteig hockte, sich kratzte und mich dabei auch noch anstarrte. Es war ein schreckliches Ding mit einem widerlichen Schnabel und einem rötlich grauen Kehllappen, der von seinem Kopf herunterhing wie ein riesiges Skrotum. Der Marabu – ein kuschliger Name für einen offensichtlichen Kinderschänder. Wenn dieser Storch die Babys bringen würde, dann würden sie sicherlich ohne Augen ankommen.

Von hier also bekamen die »It Girls« ihre Riesenfedern. In der Luft kreisten mehr Störche. Harry sah, wie ich nach oben schaute, und strahlte.

»Die wissen, dass es ganz in der Nähe ein Schlachthaus gibt«, sagte er. »Sie fressen die Köpfe der Kühe. Warum sind Sie in Uganda?«

»Ich schreibe über Joseph Kony«, sagte ich. Der Name löste

175

bei Harry keine Reaktion aus. *Aber… ich dachte, wir sind hier in einem totalen Bürgerkrieg.* »Kony…?«

»Ach, der Kony. Er entführt Mädchen aus Schulen und missbraucht sie als Ehefrauen. Großes Problem«, sagte Harry und pfiff durch die Zähne. Dann der Nachsatz: »Ich glaube, er ist tot.«

Ich war schlagartig hellwach. Harry zeigte mir ein altes Boulevardblatt. Präsident Museveni äußerte sich über Kony. Kony sei besiegt. Bis auf eine Handvoll Soldaten. *Aber… Mann, gib mir eine Chance. Ich hab ja noch nicht mal mein Hotel erreicht.* Wenn der schrecklichste und brutalste Mann der Welt bereits geschlagen war, war meine Karriere als Auslandskorrespondentin am Arsch.

Plötzlich scherte Harry aus, um einen Unfall zu vermeiden. Ein Lastwagen steuerte direkt auf uns zu. Harry drückte sich in seinen Sitz, als er das Steuer herumriss und an dem Lastwagen vorbeischoss. RUMS! Der Lastwagen knallte gegen irgendetwas. Ich schaute mich um.

»Ist jemand verletzt?«, fragte ich.

Harry kicherte wieder. »Ohhh, nein«, sagte er. Dann sah er prüfend zurück. »Nein.«

Die Gegend wurde vornehmer. Hier mussten Weiße wohnen, weil vor den Häusern Männer mit Gewehren standen. Dann sah ich ein handgemaltes Schild: das Refugium Red Chili. Dort hatte ich ein Zimmer reserviert. Eine Jugendherberge. Ich hatte es nicht deswegen genommen, weil ich hoffte, Prinz Harry in der Gemeinschaftsdusche einen runterholen zu können, sondern weil diese ganze Mission, John zu treffen und die Welt zu retten, mit meinen Kreditkarten bezahlt wurde.

»Dort ist mein Hotel. Das Red Chili«, sagte ich.

Harry war besorgt. »Sie sind nicht im Sheraton untergebracht?«

»Nein, das ist mein Hotel.«

»Das ist kein Hotel, das ist eine Jugendherberge.«

»Ich weiß«, sagte ich.

»Das Sheraton ist viel besser«, sagte er.

»Ich weiß«, sagte ich.

Harry gab auf und fuhr mit dem Taxi nicht allzu hart gegen die Bordsteinkante. Am Ende der Straße sah man die Massenkarambolage. Ein Telefonmast hatte sich quer über die Autos gelegt. Ich war dafür bekannt, bei Unfällen extra langsam vorbeizufahren. Doch ganz in der Nähe hielt ein Auto an, aus dem vier Leute stiegen. Es sah so aus, als ob sie die Fahrt hierher extra gemacht hätten, um die Unfallstelle zu besichtigen. Aber ihren Gesichtern nach zu urteilen, entsprach das Chaos nicht ganz dem, was sie erwartet hatten.

26

Als feiner Pinkel ist man nicht gleich schwul

Ich stieß das rote Eisentor des Red Chili auf und ging auf den Wachmann zu, einen spindeldürren Mann in Mantel und Gummistiefeln.

»Wie geht's?«, sagte ich mit einem strahlenden Lächeln.

»Gut«, sagte er.

»Oh, nur gut? Was ist los?«, fragte ich.

»Malaria.« *Scheiße.*

»Dann sollten Sie aber nicht arbeiten«, bemerkte ich entgegenkommend. »Sie sollten im Krankenhaus sein.«

»Ich hab kein Geld«, sagte er.

Ich war erst zwei Stunden in Afrika, und ich machte alles nur schlimmer. Ich fummelte in meiner Tasche herum und gab ihm alles, was bei Malaria vielleicht hilfreich war: ein Beutelchen mit zwei Paracetamol und eine Banane. »Das kann ich nicht nehmen«, sagte er und hielt die Tabletten hoch. »Ich habe kein Geld!«

»Nein, wirklich, nehmen Sie es, ich habe nichts dafür bezahlt.«

»Sie haben das so bekommen? *Kostenlos?*«, sagte er.

»Ja, ich rannte beim Halbmarathon von San Diego …«

»Sie laufen Marathon? Aber … warum?«

»Halbmarathon. Um … um … nun ja, Gewicht zu verlieren…« *Geh jetzt. Geh einfach.* Das ist ein lebenslanges Mantra neben »Er mag dich nicht« und »Finde den Ausgang«.

Ich eilte durch die Rezeption und erledigte den Check-in in Windeseile. Schließlich würde ich zwei Stunden brauchen, um vor dem Anruf bei John mein Make-up fertigzubekommen. Außerdem sollte ich wohl auch nicht vergessen, die Schule anzurufen, wo ich angeblich vorhatte zu unterrichten… Dann blieb ich stehen: Das hier sah nicht wie eine Jugendherberge aus.

Ich befand mich in einer Romantik-Bar für Äquatorialreisende. Die Strahlen der Morgensonne kletterten über die grellrote Wandfarbe und wärmten die Luft, die von dem üppigen Garten hereinwehte. Da war der vertraute Geruch von Moskitospiralen. Aschehäufchen lagen zu meinen Füßen. Die Gummisandalen von Frauen, die Wäsche nach draußen trugen, klatschten auf dem Boden. Der Verkehr von Kampala war weit weg, und ich hörte das Klirren von Bierflaschen, als der Barkeeper den Kühlschrank auffüllte. Nile Special heißt es, und auf dem Etikett der kleinen braunen Flaschen brüllen Cartoon-Löwen. Das Red Chili war perfekt. Nichts an diesem Ort machte den Eindruck nach »Du bist pleite und eine absolute Null«.

Die Empfangsdame las zwei Zeitungen gleichzeitig. Niemand tut das in L.A.

»Hallo, ich möchte mich anmelden. Irgendwelche Nachrichten für mich? Jane Bussmann.« Und fügte beiläufig hinzu: »*Sunday Times*-Auslandsressort.«

»Ja!«, sagte die Dame und ging nach hinten ins Büro. Ich lächelte in mich hinein. Die Sonnenstrahlen berührten meine Schultern wie eine heiße Hand. Draußen im Garten kreischten Affen. Die Empfangsdame kam mit einer Nachricht zurück und öffnete sie ganz langsam.

»Aber dies ist für Jane Bussmann, *Mail on Sunday*-Reise-redak...«

»Keine anderen Nachrichten?«

»Sind Sie Lehrerin? Es ist nämlich von einer Schule. Da steht: Miss Bussmann, könnten Sie uns anrufen? Es ist dringend.« *Nein, ist es nicht, ihr seid eine Schule.* Ich zerknüllte die Nachricht. An jenem Tag hatte John ein Treffen mit Präsident Museveni. Er war im Begriff, den Krieg zu beenden, und ich berichtete darüber. Danach vielleicht ein paar Cocktails. Ich rief ihn an.

Eine ugandische Telefonistin mit zuckersüßer Stimme teilte mir mit, dass die Person, die ich sprechen wollte, zurzeit leider nicht erreichbar sei. Die Sonne stach mir in die Augen. Die Zeit lief mir davon. Ich musste meine E-Mails checken, da John den Tag über unterwegs sein würde, aber der Computer wurde von einem jungen weißen Mädchen in Beschlag genommen, das offensichtlich nach Uganda geflogen war, um seine iTunes-Titelliste neu zu mischen. *Oh, sie ist doch nicht etwa. Ist sie?* Und dann trafen andere Gäste des Red Chili ein. Das gab's doch nicht. *Sie ist. Sie alle sind. Aber was zum Teufel wollen Rich Kids in Uganda?*

Die Bar war von total gelangweilten Neunzehnjährigen übernommen worden. Ihre sonnengebräunten hohen Wangenknochen hatten sie von den Generationen reicher Männer vor ihnen geerbt, die ihren trüben Genpool mit Supermodels aufgefrischt haben. Sie rochen, und nicht nur nach Geld. Ich war die einzige weiße Frau dort ohne Bandana und Sarong. Weiße: Sowie sie in Afrika ankommen, fangen sie an, sich wie Mammy aus *Vom Winde verweht* zu kleiden. Aber selbst Mammy wusste, dass Schwarze sich so nicht anziehen.

»Babes, wollt ihr das AIDS-Waisenhaus machen oder Wildwasserrafting?«, fragte eine.

»Beides«, sagte die am Computer und seufzte. »Es ist so schwer zu sehen, ob einer AIDS hat in diesem Land, sie sehen alle so gesund aus.« Mir ist egal, was sie denkt, aber sie wird zurück nach England gehen, einen höheren Posten bei der Coutts Bank bekommen, was sie dann irgendwann für das Amt der Gesundheitsministerin qualifiziert mit der Aufgabe, den »National Health Service« zu zerstören.

Ihre Männer taten, was männliche Rich Kids im Ausland immer tun: sich einen seltsamen Bart wachsen lassen und Sandalen mit Klettverschluss und folkloristische Pluderhosen tragen. King Trusty, ihr Anführer, hielt sein Haar mit zwei rosa Gummibändern zusammen und stolzierte ohne Hemd durch die Rezeption. *Du kannst nicht den harten Mann markieren, du Jamiroquai-Flachwichser, du hast einen Pferdeschwanz.* Er versuchte, Marlboro gegen Bier zu tauschen. *Ich frage mich, ob er Prinz Harry vögelt. Wahrscheinlich. Als feiner Pinkel muss man nicht gleich schwul sein.*

Aber es kam noch schlimmer. Deutsche tauchten auf. Nicht die reichen Deutschen vom Strand mit ihren goldgepunkteten Halstüchern und einer Sonnenbräune wie Schweinebratenkruste. Es waren die zotteligen coolen Deutschen, die zerrissene Unterhemden trugen, aber immer noch Befehle brüllten. Sie waren auf einer Bustour quer durch Afrika. Warum? Sie haben nämlich ihren Rassismus überwunden. *Scheiß drauf. Die Barclaycard muss ganz einfach zwei Nächte im Sheraton aushalten müssen. Und dann geht's auf Safari.*

John wird nicht mehr da sein, und diese blöde Kuh ist immer noch am Computer. Mensch, konnte sie denn noch langsamer tippen? Bringen sie in der Channing School den Schülern keine Wörter mehr bei? Es gibt hier Leute, die Arbeit zu erledigen haben – ah, er wird weg sein …

»Sind Sie Lehrerin?«

»Nein. Könnte ich kurz – ich erwarte eine E-Mail – danke.«
Ich loggte ein. *Nein, Dummchen, ich bin keine Lehrerin. Ich bin jetzt Auslandskorrespondentin. Und ich habe eine E-Mail von John Prendergast.* Ich öffnete sie selbstgefällig. Da stand: »Tut mir leid, Jane, ich bin zurück nach Washington geflogen.«

27

Der selbstsüchtige Mistkerl

Ich lag in meinem Zimmer und studierte die Blutflecken an den Wänden. Einige waren klein mit getrockneten Moskitoresten. Andere waren irritierend groß. Ich hatte vier Riesen für Flugkosten und eine unglaublich teure Sonnenbrille ausgegeben, und ich stank nach Missionarsfürzen.

Ich wischte mein grässliches Make-up ab. John würde frühestens in einem Monat wieder in Uganda sein, weil Präsident Museveni sich gezwungen sah, das Treffen zu verschieben. Das Interesse der Empfangsdame an den Tageszeitungen war eine weitere Warnung gewesen, die ich ignoriert hatte – ich war am Tag nach dem Tod von Afrikas JFK eingetroffen: Dr. John, so schien es, war nicht bloß einer von Johns regimekritischen Freunden. John Garang war Sudans populärster Rebellenführer, der bei einem Hubschrauberabsturz tödlich verunglückt war. Selbstsüchtiger Mistkerl.

Joseph Kony war vielleicht tot, John Prendergast war weg, und ich konnte es mir nicht leisten, schnell mal nach Hause zu fliegen und zurückzukommen. Ich starrte auf den strukturierten Gips über meinem Kopf und dachte: »Eine Decke, die wie Hüttenkäse aussieht. Konnte es noch schlimmer kommen?«, als ich bemerkte, dass ich nicht unter Hubbeln aus Gips lag, sondern unter anscheinend Tausenden von Kokons. Ich sprang auf und verschob das Bett. Da sah ich, dass es längs der Wand einen großen Fleck verborgen hatte, der wie … fette Kacke aussah. Prinz Harry, wer sonst? Er war mitten in der Nacht aufgewacht und sagte sich: »Ich muss mal scheißen, aber die Toilette ist zu weit weg. Ich kann nicht einen Riesenhaufen mitten im Zimmer lassen, das wäre nicht in Ordnung. Aber wenn ich es verschmiere …« Noch vor einer halben Stunde war ich in einer fantastischen, wenn auch imaginären Beziehung. Und nun befand ich mich in einem kriegsgeschundenen afrikanischen Land, allein in einem Kackzimmer.

Dann, nach einer Weile, fiel mir wieder ein, dass ich doch als Auslandskorrespondentin für die *Sunday Times* Nachforschungen über den schrecklichsten und brutalsten Mann der Welt anstellen und nicht darauf warten sollte, dass John ihn fasste. Gott hatte offensichtlich entschieden, dass ich eine richtige Reporterin werden sollte trotz all meiner Bemühungen, das zu verhindern. Johns E-Mail hatte einen Freund erwähnt, mit dem ich sprechen könne, ein Kony-Experte, der seit Jahren die Fronten kannte. Ich setzte meinen Hintern in Bewegung und machte mich auf die Suche nach ihm.

28

Sie können das meinetwegen
aufschreiben

Ich begann meine Karriere als Auslandskorrespondentin mit nichts als einer Telefonnummer, aber mehr hatte ich ja schließlich auch nicht, als ich nach Los Angeles auswanderte. Und Jackie Brambles ließ mich auf ihrer Couch schlafen trotz der schrecklichen Witze, die ich für ihre Sendung bei Radio One geschrieben hatte.

»Ich warte auf Sie im Sheraton«, sagte Johns Freund mit leiser klarer Stimme. »In anderthalb Stunden.«

Ich wankte aus dem Red Chili. In der Gemeinschaftsdusche hatte ich mit den Schamhaaren der Jungschnösel zwischen meinen Zehen zu kämpfen. Um auch nicht im Geringsten wie ein Rich Kid auszusehen, lief ich lieber in einem Grace-Kelly-Wickelkleid und in Stöckelschuhen herum, was bei den Schlaglöchern nicht ganz einfach war. Ich fragte den Wachmann mit der Malaria – er lebte noch, was Paracetamol doch vermag – nach dem Weg ins Stadtzentrum. »*Boda boda*«, antwortete er. Ich lächelte und winkte. Wahrscheinlich halluzinierte er.

Hinten auf der Yussuf Lule Road ging die Massenkarambolage immer noch weiter. Sie dauerte jetzt schon vier Stunden. Ein Motorroller mit einem lebenden Schwein, das auf dem Rücksitz festgebunden war, raste auf die ineinander verkeilte Karosseriemasse zu, und ich hielt mir die Augen zu. Das Schwein zappelte wie wild, vermutlich versuchte es auch seine Augen zu bedecken, aber die Maschine verfehlte die Wagen. Zwei Männer versuchten, ein Wrack von der Straße zu schieben. Das war bestenfalls eine symbolische Geste, und sie gaben schnell auf. Ein Taxi schlitterte unaufhaltsam in den Schrottberg. Ich wunderte mich, warum er nicht einfach bremste. Vielleicht hatte er das Taxi ohne Bremsen billiger bekommen.

Ein Moped kam jäh vor meinen Füßen zum Stehen. »*Boda boda!*«, sagte der kleine Fahrer. Seine Stimme war schrill, weil er noch keinen Stimmbruch hatte. »Sie fahren in die Stadt?« Ach so, *Boda boda*, Motorrollertaxi.

»Aber du hast ja überhaupt keinen Helm«, sagte ich. Er schüttelte den Kopf. »Die Polizei kriegt mich nicht«, beruhigte er die nervöse Erwachsene.

Wir fuhren so schnell, dass die Mädchen, die die Straße mit Körben voll grüner Orangen auf dem Kopf überquerten, kreischten. Ich duckte mich auf dem Rücksitz, hielt mein Kleid fest und versuchte nicht laut zu wimmern, aber dieser Junge, halb so groß wie ich, kannte keine Furcht: Wenn wir im Verkehr stecken blieben, verschaffte er sich mit den Füßen seinen Weg zwischen den Autos. An einer Ampel hielten wir neben einem anderen *Boda-boda*-Jungen mit Augäpfeln, die aussahen wie orangefarbene Wunderkugeln. Ich hatte nicht daran gedacht, die Pupillen meines Fahrers anzuschauen. Einfallsreich hatten die *Boda-boda*-Jungs dafür gesorgt, dass die Straßen ihnen weniger gefährlich erschienen: Sie waren völlig zugedröhnt.

Johns Freund, der Kony-Experte, wartete irgendwo im Garten des zum Sheraton gehörenden Rhino Pubs, das sich noch nicht entschieden hatte, ob es eine Sportbar oder ein afrikanisches Themenpub war. Vorerst hatte jemand wahllos Nummernschilder an die Wände genagelt. Ein großes Cartoon-Rhinozeros, das aussah wie Jack Black nach ein paar Runden MDMA, machte mir schöne Augen.

Ich wusste, dass Johns Freund Joshua hieß und er über den Krieg und die Lord's Resistance Army auf dem Laufenden war – so etwas wie ein intelligenter Späher. Sonst wusste ich nichts über ihn. Ich schaute in den Raum, konnte aber nur hinten in der Ecke ein paar Geschäftsleute ausmachen. Dann sah ich ihn, direkt an dem Tisch vor mir. Ein langgesichtiger Mann saß dort allein mit einem markenlosen Laptop. Sein Orangensaft stand in der Sonne.

Joshua schien ein stiller Beobachter seiner Mitmenschen zu sein. So jemand hatte ich in Hollywood nie getroffen. Ich strahlte und stellte mein Bandgerät an.

»Okay, wenn ich es aufnehme?«

»Sie können von mir aus mitschreiben«, sagte er mit gedämpfter Stimme.

»Es ist also okay, wenn ich unser Gespräch aufnehme?«

»Sie können mitschreiben«, sagte er kaum hörbar. Allmählich dämmerte es mir, dass dies anders laufen würde als ein Interview mit einem Girl aus *Buffy, die Vampirjägerin* im Garten des Chateau Marmont in Hollywood. Das Treffen der Geschäftsleute sah harmlos aus – zwei weiße Europäer belehrten einen Afrikaner über Selbsthilfe –, aber Joshua entspannte sich nicht. Also nahm ich die Rolle als Interviewerin ein, die jahrelang in Hollywood funktioniert hatte: arglos und ganz aufgeschlossen für die Meinungen des Gegenübers.

»Nun, was hat es mit all diesen Geschichten über Schwarze Magie auf sich?«, fragte ich. Joshua zuckte zusammen.

»Wenn man sich nicht ausgiebig damit beschäftigt hat, dann ist es schwer zu verstehen«, sagte er. Zum ersten Mal seit

Jahren gab ich die eingeübte Rolle auf und spürte, dass von uns beiden die Spannung abfiel.

»Ich verstehe nicht, wie Kony seit beinahe zwanzig Jahren ungestraft davongekommen ist«, sagte ich. »Ich habe über seine magischen Kräfte gelesen, aber bestimmt glaubt doch niemand daran, oder?«

»Sie alle glauben daran und er selbst auch«, sagte Joshua. »Es geht quer durch alle Ränge. Ich habe mit Soldaten gesprochen, ich habe mit Kommandeuren gesprochen, und jeder sagt: Er nimmt einen Stein in die Hand, und der beginnt zu funkeln und explodiert wie eine Bombe.«

»Sie sagen das, weil sie Angst vor ihm haben?«

»Vielleicht. Die Kinder sind anfangs sicher völlig verwirrt. Heute bist du ein Achtjähriger in der Schule, und am nächsten Tag feuerst du eine Flugabwehrrakete ab. Aber sie alle sagen: Wenn man mit Kony zusammen ist, ist er so freundlich und so höflich.«

»Joshua... das ist derselbe Kony, der Kinder mit Waffengewalt kidnappt, der Leuten die Lippen abschneidet...«

»Das ist ja sein Geheimnis. Ich habe nie jemanden sagen hören, er sei ein schlechter Mensch.«

Diese Geschichte war zu gut, um wahr zu sein: Joseph Kony war nicht irgendein mieser kleiner Kriegsverbrecher, er war ein würdiger Gegner für die Bond-Girls im UNO-Hauptquartier.

»Es gibt da ein paar Familien in Gulu, mit denen Sie sprechen sollten. Fragen Sie dort nach dem ›Verband besorgter Eltern‹.«

»Was verbirgt sich dahinter?«

»Ihre Kinder wurden verschleppt«, sagte er, »aber sie verhalten sich nicht still wie die anderen.« Besorgt klang ziemlich untertrieben.

»Jemand hat mir gesagt, Kony sei tot.«

»Das ist typisch Kampala. Die Leute in der Hauptstadt haben keine Ahnung, was dort oben vor sich geht. Gehen Sie in den Norden, Sie werden es selbst sehen, Menschen leben dort unter Armeebewachung. Gehen Sie in die geschützten Dörfer.«

»Können Sie mir ein paar Namen von Leuten geben, die in solchen Dörfern wohnen?« Joshua rückte seinen Stuhl zurück und lachte kurz auf.

»In diesen Orten leben eins Komma sechs Millionen«, sagte er und fuhr fort: »Dies ist ein Land der Farmer. Sie bebauen fruchtbares Land. Uganda wird auch die Kornkammer Afrikas genannt. Aber diese Bauern sind nicht mehr auf ihren Höfen, sie sind seit Jahren in den sogenannten geschützten Dörfern. Niemand kümmert sich um die Bauernhöfe, und die Menschen leben von Nahrungsmittelhilfe.«

»Das heißt, es gibt hier so gutes Land und Bauern, die darauf arbeiten wollen, und vom Ausland werden Lebensmittel herangeschafft?«

»Genau.« Ich hatte den Eindruck, dass er mir noch etwas anderes mitteilen wollte, aber er hörte sofort auf zu sprechen, als ein paar Gäste an uns vorbeikamen. Ein Land mit künstlichem Hunger, wo Eltern die Kinder gestohlen wurden und sie das ruhig hinnahmen. Was für ein Ort war das? Schwarze Magie oder nicht, 1,6 Millionen Menschen auf der Flucht vor einem Mann, das war nicht zu verstehen.

Joshua lehnte sich nach vorn. »Ich glaube, dass sehr, sehr starke Kräfte Kony in Besitz nahmen, als er jung war, sie hegten ihn und seine Ideen.«

Dies war mehr als eine Zeitungsnachricht auf Seite 23. Ich war nun Feuer und Flamme. Ich wühlte in meiner Tasche nach dem Telefon und wollte Joshua möglichst viele Nummern entlocken.

»Wenn Konys Kinder Flugabwehrraketen haben, glauben Sie, dass sie John Garang abgeschossen haben könnten?«, fragte ich, um ein bisschen Zeit für die Suche zu gewinnen.

»Nun, immerhin haben sie 2002 einen Regierungshubschrauber abgeschossen«, sagte er. »Aber das können Sie nicht schreiben, sonst landen Sie wie der andere Journalist im Gefängnis.«

Ich hielt jäh inne.

»Welcher andere Journalist?«

29

Der tolle Frank

Zwei *Boda bodas* vor dem Sheraton drängten sich mir auf. Ich fuhr mit dem billigeren.

»Du wusstest nicht, wo die Zeitung ist, stimmt's?«, sagte ich zu dem jungen Fahrer, als wir eine Kehrtwendung in einer Gegend machten, die irritierenderweise wie die Wood Green Shopping City in Nord-London aussah.

»Stimmt!«, sagte er.

»Du hast gerade mit überzeugender Stimme wiederholt, was ich gesagt habe, stimmt's?«

»Stimmt!«, sagte er und strahlte.

Ich bezahlte das Doppelte.

Als wir dann endlich in einem Industriegebiet vor dem Bürogebäude der Tageszeitung *Monitor* ankamen, war ich überzeugt davon, dass mir jemand folgte.

»Frank Nyakairu bitte. Ich bin von der *Sunday Times*. Aus Großbritannien.« Niemand stellte mir Fragen.

Frank war ein bekannter Enthüllungsjournalist, groß und lebhaft mit einem feurigen Blick. Er schaute mich unverwandt an – seine Wimpern so dick wie die von Ashton Kutcher –, und nie zuvor hatte ich einen Mann mit weniger Zweifel in den Augen gesehen. Was machte Frank so sicher? Und wessen war er so sicher?

Er nahm eine Ausgabe des *Monitor*, und wir setzten uns draußen in ein Café, wo er mir eine Tasse Tee spendierte.

»Ich habe gelesen, dass Präsident Museveni sagt, Kony sei bis auf ein paar Truppenüberbleibsel erledigt«, sagte ich.

Frank lächelte und schrieb etwas auf seine Zeitung. Er schob sie mir rüber. Es war eine Telefonnummer: Betty Bigombe, Johns Freundin, die Friedensstifterin. »Ich war mit Betty im Buschland. Sie hat versucht mit den Rebellen zu verhandeln«, sagte Frank. »Ich sah dreißig von ihnen, was bedeutete, dass sich fünfzig mehr in der Nähe versteckt hielten. Letztes Jahr erklärte ein Mitglied des Parlaments, es gebe allein viertausend im Grenzgebiet des Sudans.« Frank sagte das fast beiläufig.

»Wie kam es, dass Sie im Gefängnis landeten?«, fragte ich.

»Ich war oben in Gulu und wollte die Stelle finden, wo 2002 der Hubschrauber abgestürzt ist. Die Polizei nahm mich fest. Als ich entlassen wurde, war mein Computer konfisziert, und die Zeitung durfte eine Woche nicht erscheinen.«

»Glauben Sie, dass Konys Kinder auch John Garang abgeschossen haben?«

»Ich weiß nicht. Von einem Freund hörte ich nur, dass man zu viele Arme und Beine fand. Die einen meinen, vielleicht ein Entführer, die anderen, vielleicht eine Hure«, sagte Frank. »Es war Musevenis Hubschrauber, er hat Garang seinen eigenen Piloten gegeben.«

»Es war angeblich ein Pilotenfehler«, sagte ich.

»Der Pilot hatte dreißig Jahre Berufserfahrung.«

»Aber wenn die Wetterbedingungen schlecht waren …«

»Dann wäre er nicht geflogen«, sagte Frank.

»Sind Sie sicher?«

»Ja. Er war mein Vater.« Aus ihm sprach die Gewissheit eines gezeichneten Mannes. Jeder Zweifel in Frank Nyakairu war nun verschwunden. Und sein Vater war gerade erst bei einem Hubschrauberabsturz mit einem Rebellenführer an Bord ums Leben gekommen ... *Nein, wag ja nicht, ihn zu fragen, ob er unverheiratet ist ...*

»Das tut mir sehr leid«, sagte ich und straffte meinen Rücken. »Werden Sie sofort in den Sudan fliegen?«

»Nein, ich muss dieses Wochenende umziehen«, sagte er.

»Umziehen. Du lieber Himmel. Was sagt Ihre Frau dazu?«

»Sie ist froh. Wir brauchen mehr Platz für die Kinder.«

Ich beendete das Interview gleich danach, und Frank begleitete mich hinaus. Zumindest hatte ich erfahren, dass sich der ugandische Präsident irrte, falls er wirklich glauben sollte, Kony sei so gut wie besiegt.

»Frank, das ist vielleicht eine dumme Frage, aber warum sollte die Regierung jemanden einsperren, der über den abgeschossenen Hubschrauber schrieb?«

»Weil Kony offiziell besiegt ist.«

Als wir die Tür erreichten, wandte sich Frank mir zu. »Als mein Vater noch lebte, sagte er oft: ›Ich mache mir Sorgen um dich, weil du die Regierung kritisierst.‹ Jetzt habe ich nichts mehr zu befürchten.« Frank lächelte fast.

*

Tagelang saß ich auf meinem Bett im Red Chili und wählte immer wieder Betty Bigombes Nummer. Ich fragte mich, ob Betty noch im Buschland war und mit Kony verhandelte. Ugandische Telefone hatten keine Voicemail, nach endlosem Klingeln sagte eine zuckersüße Stimme: »Die Nummer, die Sie gewählt haben, ist zurzeit nicht erreichbar. Bitte versuchen Sie es später wieder.« *Scheiße. Und was ist, wenn Betty tot ist? Ich kann diese Sonnenbrille nicht zurückgeben.*

Das Zimmer war eine Art Schlafsaal, und selbst wenn ich

dachte, ich hätte die Tür zugemacht, kamen spätabends die Kids lärmend herein, warfen ihre scheußlichen Folkloretaschen auf den Boden, begrapschten ihre scheußlichen blonden Haare und begannen ihr scheußliches Gerede.

»Kennst du den Typ, Ben?«

»Wen? Marcus?«

»Nein, er heißt Ben. Egal, meine Schwester war mit ihm in Frankreich ...«

Was kümmert mich dieses Gerede, aber in zehn Jahren wird sie Außenministerin sein, ihre Freundin wird die Marketingabteilung für die Sheraton Hotel Group leiten, und sie werden über ihr primitives Leben in Uganda lachen.

Ich rannte zur Bar. Nein, John Prendergast würde ich nicht anrufen. Ich war ja nun Auslandskorrespondentin. Ich hatte es nicht nötig, weinerliche Telefonanrufe zu machen.

»John am Apparat«, knurrte eine tiefe Bassstimme. Er entschuldigte sich überschwänglich, dass er Uganda so rasch verlassen musste. Es war allerdings nicht überschwänglich genug.

»Wo sind Sie jetzt?«, fragte ich mit dem stillen Vorwurf: *Wie konntest du mir das antun?*

»In Los Angeles«, sagte er.

Ach du meine Güte. »Ja? Was machen Sie denn dort?«

»Ich war bei ein paar Filmgesellschaften. Es hört sich so an, als wollten sie etwas über mich machen, na ja, eine Story über das, was ich so tue. Sie haben den Artikel in *Vanity Fair* gelesen und wollen nun sehen, ob uns was einfällt ...«

»Wow! Das ist fantastisch«, sagte ich. *Scarlett Johansson hat sein Hotel schon ausfindig gemacht. Sie ist bereits im Fahrstuhl und übt im Spiegel ihr sexy Gesicht, und ganz zufällig ist ihr BH-Träger zu sehen.* »Und schon irgendetwas Konkretes?«

»Nein. Johnny Depps Produzent war am interessiertesten.

Wir haben darüber gesprochen, ob sich ein Menschenrechts-ermittler und ein Darfur-Flüchtling anfreunden und zusam-men auf eine Reise gehen könnten ...«

»Wie sind die Chancen?« *Mach ja nicht die Tür auf. Es ist nicht der Zimmerservice.*

»In seinen Worten: Ich habe da so ein Szenario wie in *Brokeback Mountain* vor Augen. Das war ein witziger Typ. Ich muss noch mal zurück zu ein paar weiteren Meetings ...« *Sie wird ihn finden. Es ist nur eine Frage der Zeit.*

Es gab keinen Hinweis darauf, dass John bald wieder nach Uganda kommen würde. Wir verabschiedeten uns, und ich kratzte an dem brüllenden Löwen auf meiner Bierflasche he-rum. Nach den wenigen Nachforschungen, die ich bislang an-gestellt hatte, war klar, dass Der Schrecklichste und Brutalste Mann der Welt eine echte Story war, größer als ich zu hoffen gewagt hatte. Ich würde also in Kampala bleiben und sorg-fältig Fakten sammeln. Mein neues unabhängiges Leben als Auslandskorrespondentin.

Es wurde Abend, und die Einwohner von Kampala mach-ten sich auf den Weg nach Hause. In den orange- und rosa-farbenen Blasen in meinem Bier spiegelte sich ein äquatoria-ler Sonnenuntergang. Die Blasen platzten, und ich ging durch den Garten zum Schlafbereich der Jugendherberge. Zwei Nektarvögel flogen durch die glühenden Wolken zu ihrem Nest. Ich sah die Silhouette eines Paares, das Händchen hielt: Die Frau war King Trusty in seinem Sarong und mit Ratten-schwänzen, und der Mann, seine Freundin, trug seine scheuß-liche Pluderhose. Sie kamen in den Schlafsaal. Er riss sich den Sarong runter – keine Hose, schlenkernde Eier – und zog sich eine Jeans an. Was war *das*? Ein Internatsding? Bringen ihnen Lehrer dort dieses Verhalten bei, um sie für die Welt der testo-sterongesteuerten Machos abzuhärten?

Ich drehte mich weg und starrte auf die verschmierte Kacke. *Okay, das reicht. Ich muss weg von hier.* Da war doch was mit einer Schule. *Scheiße! Die* Mail on Sunday – *Reisejournalismus. Ich hatte ja einen Auftrag.*

Ich rief den Schulleiter an, ein armer Kerl, der wahrscheinlich seit dem Morgengrauen Hausaufgaben korrigierte, und murmelte etwas wie »Ich könnte, so wie es aussieht, bald da sein, um zu unterrichten« ins Telefon. Er klang ziemlich erfreut. Das war die Lösung. Ich würde die Kinder von Uganda unterrichten und sie dann vor dem Krieg retten.

30

Die zweitkomischste Sache

Die St. Luke's Primary and Secondary School ist eine Haupt-
und Realschule vierzig Kilometer von Queenstown entfernt, etwa drei Autostunden nordöstlich von Kampala in Richtung kenianischer Grenze. Die Schule schickte mir jemanden,
der mir helfen sollte, und zwar eine Blondine namens Ruth. Sie
strahlte die pragmatische Ruhe einer Ära der britischen Geschichte aus, die wahrscheinlich niemals existiert hat. Ruth mit
fliegenden Haaren durch Kampala fahren zu sehen, erweckte
die Vorstellung, dass sie eines Morgens in Devon aufgewacht
war, ein Schwein gemolken und dann entschieden hatte, in ein
Kriegsgebiet zu verschwinden, um für Waisenkinder gekochte
Eier und Toaststreifen zu machen. Unterwegs sah sie meine
Zeitung und ließ die Motorroller anhalten.

»*The New Vision*? Ein Mistblatt! Propaganda!«, sagte Ruth
und starrte wütend auf die Schlagzeile, als ob sie von ihr eine
Ohrfeige bekommen hätte. »Regierungszeitung. In Staatsbe-
sitz.* Der *Monitor* bringt das wirklich Wichtige.« Sie lief zu

---

* *The New Vision* vom 11. August 2005, Leserbriefseite: DANKE PRÄ-
SIDENT MUSEVENI. »Sehr geehrte Damen und Herren, ich danke
Präsident Museveni dafür, dass er uns eine erstklassige Asphaltstraße
gegeben hat …«

einem jungen Zeitungsverkäufer und gab ihm einen schmutzigen Geldschein für eine Zeitung, die genauso aussah wie die andere, mit unscharfen Fotos und blumigen Überschriften. Auf der Titelseite stand Franks Name. »Als Museveni die Verfassung änderte, um für eine dritte Amtszeit zu kandidieren, gab es Unruhen«, bemerkte Ruth.

»Ich habe gelesen, dass die Wahl ein großer Erfolg war, die erste demokratische Abstimmung«, sagte ich.

»Die Wahl war ein *Witz*. Die Stimmzettel zeigten nur einen Baum und ein Haus. Niemand wusste, was das bedeutete. Eine Freundin von mir ging zur Wahl, sie wurde gefragt, für wen sie stimmen wird, und als sie sagte, für die Regierung, gaben sie ihr sieben Wahlzettel.«

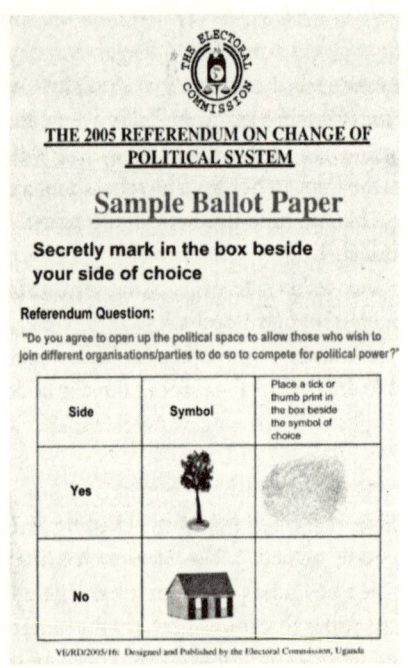

Irgendwie hatte ein offenkundig korruptes Land etwas Beruhigendes. Sprach man bei uns zu Hause über Regierungskomplotte, galt man als Spinner. Sie würden es doch schließlich nicht erfinden, dass es Massenvernichtungswaffen gibt, das wäre albern. Hier wurde es erwartet. Erwartet und angezweifelt. Ruth schaltete meine SIM-Karte frei, klemmte meinen Gucci-Koffer unter das Kinn des kleinen *Boda-boda*-Fahrers und sagte ihm, er solle mich zum Busparkplatz bringen. Als ich mich umschaute, winkte sie mir zum Abschied, wieder ganz wie die Frau eines Farmers.

Ich fuhr quer durch die schmutzige Stadt vorbei an einem Schild von Didis Freizeitpark. »Fünf Hektar wahres Vergnügen!« In der Nähe kündigte die Namirembe Parents School ein Theaterstück an: *Die hölzerne Nabelschnur von Mbele.* Ruckartig kam das *Boda boda* zum Stehen.

»Taxiparkplatz!«, verkündete der Zehnjährige. Wir sahen hinunter auf einen Platz mit Hunderten von weißen Minibussen. Von oben sahen sie wie ein Schwarm von Stahlbienen aus. Mit röhrendem Motor brachen die Busse in die verschiedenen Provinzen auf.

»MBALE! MBALE!«, schrie eine Stimme.

»TSCHOOM! TSCHOOM!«, rief eine andere. Ich wühlte in meiner Tasche nach Münzen, um den *Boda-boda*-Jungen zu bezahlen, dann schaute ich auf. Er hatte meinen Koffer gepackt und verschwand in der Menge. Das bekiffte kleine Arschloch wollte meinen Gucci-Koffer für Meth verkaufen. Ich stolperte ihm in meinen Stöckelschuhen nach, fragte nach dem Queenstown-Bus und war hoffnungslos verwirrt von all den Fahrzeugen mit großen gemalten Aufschriften wie ARSENAL! GOD IS GOOD! BISMILLAH! Ein netter Mann führte mich zu der abgefuckten Hülle eines Toyota, wo ich den *Boda-boda*-Jungen wiedersah. Er hatte meinen Koffer auf dem Dach festgezurrt und mir den besten Platz reserviert. Ich gab ihm natürlich ein Riesentrinkgeld. 3600 Shilling waren etwa ein Pfund wert. Dritte-Welt-Länder versuchen nämlich, ihre ärmsten Bürger bei Laune zu halten, indem sie dafür sorgen, dass jeder ein Stück von dem Kuchen bekommt, und seien es auch nur Pennybeträge.

Auf dem New Bus Park verkaufte jeder irgendetwas. Hosen. Mobiltelefone. Kugeln aus Erdnüssen und Sesamkörnern, zusammengehalten von Zucker. Somalierinnen mit ovalen Gesichtern falteten Bananenblätter zu Würfeln und füllten sie mit grünen Khatblättern. Sie machten gute Geschäfte trotz ihrer glasigen Augen. Man soll eigentlich nicht von seinem eigenen Vorrat high werden, es sei denn, man führt ein Zwei-Frauen-Khat-Unternehmen in einem Land, das so am Arsch ist, dass es nicht mal eine Regierung hat. In dem Fall ist es ratsam, sich noch bis zur Mitte der folgenden Woche vollzudröhnen, weil es sehr wahrscheinlich ist, dass man sie sowieso nicht erlebt. Ein Teenager hielt Kindermalstifte in seiner Hand, fächerförmig ausgebreitet wie eine schweinchenrosa Nagelbombe. Da war ein Mann, der Wasserflaschen mit einer gelben Flüssigkeit verkaufte. Ich wurde nervös. Verkaufte er seine eigene Pisse? War dies eine lang gehegte Geschäftsidee, oder wachte er eines Morgens auf und dachte sich: Was mache ich nur mit dieser rekordverdächtigen Sammlung von Pisse?

Der Bus war in einem alarmierenden Zustand. Er hatte nicht einmal mehr ein Armaturenbrett. Aber dafür kam aus einem riesigen Lautsprecher, der an einem Sicherungsdraht hing, ohrenbetäubender Reggae. Meine Füße fühlten sich trotz der Löcher im Boden angenehm warm an. Ich schaute nach unten und sah, dass meine Zehen im Gefieder eines lebenden Huhns steckten. Schlimm genug für das arme Tier, als Hausschuh zu dienen, aber es befand sich dazu auch noch in einem unwürdigen Zustand: Um es vom Picken abzuhalten, hatte man seinen Schnabel in seinen Hintern gesteckt und festgebunden. Diese Ugander sind sehr praktische Leute. Dem Huhn schien es allerdings nichts auszumachen. Ja, ich glaube, es furzte sogar. Als ich hinunterschaute, drehte es sich schnell weg und starrte in die Luft.

Während ich dasaß und versuchte Hühnerfürze von Menschenfürzen zu unterscheiden, lief eine Frau durch den Bus und verkaufte Drei-Gänge-Menüs auf Tellern, die in Frischhaltefolie eingewickelt waren – Omeletts mit Gurkenscheiben und Reis. Der Mann neben mir, ein sehr großer Mensch mit gnadenlos guter Laune, kaufte für uns beide Kekse mit dem Namen *Maximum Glucose!* Das Etikett zeigte das Bild eines Sumo-Ringers als Beweis, wie fett und stark die Kekse ihren Konsumenten machen würden. Ein Land, in dem Zucker einem noch Energie gab. Verkäufer drängten mir durch die Fenster irgendwelches Zeug auf. Ein Mann schob seinen Arm herein, an dem er bis zur Schulter Uhren trug.

»Uhren, Uhren, Uhren!«

»Äh … nein danke. Ich hab schon eine.«

Entsetzen packte ihn. »Nur eine?«

Ein anderer hielt einen roten großen Kamm durch das Minibusfenster. Zwischen den Zinken waren Halsketten geschlungen. Ein Junge präsentierte mir schweigend ein Tablett aus Pappkarton, auf dem haufenweise Krimskrams akribisch mit Nadeln befestigt war. Ich fragte ihn, wie teuer die runden Ohrringe waren.

»Eintausendfünfhundert«, sagte er.

»Eintausend?«, bot ich.

»Ich gebe keinen Rabatt«, sagte der Junge.

»Guter Mann«, sagte ich und bezahlte. Der Junge hatte ein sehr ugandisches Gesicht: dreieckig, die Augen ein wenig verdreht, was ihnen einen leicht gekränkten Ausdruck gab. *Scheiße. Ich hatte nicht nur mit einem ugandischen Kind gefeilscht, ich nahm auch noch das Wechselgeld von 40 Cent.*

Der Busfahrer sagte durch, dass wir in einer Minute abfahren würden. Der sehr große Mann neben mir fand das amüsant.

»Wir fahren, wenn der Bus voll ist«, sagte er. Mit dreizehn Leuten auf vierzehn Plätzen sah es schon ziemlich voll aus, zumindest für mich.

Zwei Stunden später standen wir immer noch da. Wir hatten dreiundzwanzig Fahrgäste auf vierzehn Plätzen, und der sehr große Mann saß nun auf meinem Schoß und schwitzte heftig. Er war ein schwitzender, netter, sehr großer Mann, aber das war nicht der Urlaub, den ich geplant hatte. Mir war schwarz vor Augen von der Hitze. Die Dame mit dem Drei-Gänge-Menü kam wieder vorbei, diesmal mit Nachtisch und Coca-Cola, und ich wusste schon, was ich sie fragen würde, egal, wie hart ich dagegen ankämpfte.

»Haben Sie auch Cola light?« Eine peinliche Pause.

Und schon hielt ich meine erste vollfette Cola in der Hand, seitdem ich nach Los Angeles gezogen war, und wagte nicht, sie aufzumachen. Der Busmotor sprang an. Die Essenslady geriet in Panik. »Sie will die Flasche zurück wegen dem Pfand«, sagte der Mann auf meinem Schoß. Und tatsächlich setzte sich der Bus endlich in Bewegung. Ich trank die ganze Flasche in einem Zug, gab sie zurück und spürte schon das Schwindelgefühl vom Zuckerrausch. Das war's. Ich wusste von mehreren maßgeblichen Diät-Blogs, dass ich soeben zwanzig Kilo zugenommen hatte.

Wir verließen Kampala in flottem Tempo. Nachdem er zwei Stunden gewartet hatte, schien der Fahrer nun darauf aus zu sein, seinen Tag mit einer Aufholjagd zu beleben. Wir

202

überquerten auf einem Staudamm einen riesigen Fluss. Rückblickend glaube ich, dass es der Nil war. Ich sollte wirklich Reiseführer lesen, bevor ich aufbreche. Ich schaute hinunter und sah einen Vogel auf einem Baumstamm treiben. Der Baumstamm öffnete sein Maul: ein Alligator! Oder ein Krokodil, eines von beiden. Ich schaute auf und sah einen anderen Bus geradewegs auf uns zusteuern. Ich klammerte mich an das Dach über mir.

»Hat es hier schon Busunfälle gegeben?«, fragte ich den Mann auf meinem Schoß.

Er ignorierte das Stichwort für ein beruhigendes Lachen und sagte: »Natürlich nicht, junge Frau.« Der Bus scherte aus und wäre beinahe in den Fluss gerast. »Ständig!«, rief er außer sich vor Glück. »Ich hab hier etwas sehr Komisches gesehen. Ein Bus stürzte vom Staudamm. Ha ha ha! Ein Mann auf einem Fahrrad sah den Unfall und war so in Schock, dass er vom Damm in den Fluss sprang. Huuuh! Ha ha ha! Und dann hat ein Dieb sein Fahrrad gestohlen. Ha ha!« Eine Pause. Er runzelte die Stirn. »Eigentlich war das nicht das Lustigste.«

»Was dann?«, fragte ich.

»Die Schlagzeile in der Zeitung: Militärcoup am Dienstag.«

Wenn man sich erst einmal an die ständigen Gefahren gewöhnt hatte, war Uganda ein schönes Land. Roterdige Pfade schnitten durch elektrischgrüne Felder unter königsblauen Bergen. Keine Igel auf den Straßen, aber viele Paviane. Irgendwo in den Bergen von Uganda gab es Gorillas, und ich stellte mir vor, Sigourney Weaver zu sein, oder wie auch immer die lesbische Affenlady hieß. Es war ein rührender Tagtraum, bis ich an die Zecken dachte, die von den Gorillas wegsprangen, und ob Gorillas furzen oder nicht und ob sie einen mit ihrem stummeligen Daumen am Hintern herumgrapschen.

Bei einem Halt erhob sich ein Mann, baute sich im Gang auf und fing an zu schwadronieren.

»Ich meine das ganz ernst! Wer sind die Leute, die euch helfen werden?«, sagte er. »Die Chinesen!« Er setzte sich eine Spiegelsonnenbrille auf und hielt eine kleine Flasche mit grüner Flüssigkeit hoch. »Dies ist das beste neue Medikament! Halsschmerzen? Sie können nicht schlafen? Magenkrämpfe?« Er verrieb etwas davon auf seinem Arm. Die weiblichen Fahrgäste brachen in johlendes Gelächter aus. »Ich meine es ernst!«, betonte er verärgert. Er ging durch den Gang und zeigte eine Aktentasche voll mit dem Zeug, aber niemand kaufte etwas, also setzte er sich beleidigt wieder hin.

Es gab nur eine Möglichkeit, eine Bushaltestelle zu erkennen: Jugendliche saßen auf einem Baumstamm und hielten Stöcke in die Luft. Wenn der Bus langsamer fuhr, stürzten sie auf uns zu und winkten mit ihren Stöcken. Es waren Fleischspieße. Dann brachte eine andere Gruppe Plastiktabletts mit Chapatis, gefolgt von ihren kleinen Brüdern, die schwere schwarze Plastiktüten, prallgefüllt mit grünen Orangen, trugen. Dritte-Welt-Praxis: Man lässt die Kleinen die schweren Sachen tragen, bevor sie alt genug sind, um sich zu wehren. Schließlich kamen die Mütter mit der Nachspeise, geröstete Bananen in Bechern. Für den Zuckerjunkie schleppten dünne Männer mit sehr starken Muskeln drei Meter lange Zuckerrohre heran, hackten sie mit der Machete genau auf die Weite des Mittelganges im Bus zu und schoben sie durch die Fenster. Ich gierte nach einem Stück Zuckerrohr, also kaufte ich eine Tüte grüne Orangen. Sie waren nicht bloß bitter. Ihre Wirkung war noch dazu verheerend.

*

Die Landschaft um Queenstown war unverdorbenes Uganda. Fruchtbar und schön erstreckte sie sich am Fuß des Mount Elgon. Wir fuhren an Kaffeeplantagen vorbei, Kinder arbeiteten auf den Feldern, und eine Frau saß allein am Straßenrand, die eine Brust entblößt und eine Hacke auf dem Kopf. Sie sah aus, als wäre sie für eine heimliche Fluppe aus dem Kopierraum gekommen, hätte sich ihre Bluse zerrissen und gedacht: Ach, Scheiß drauf.

Die Fahrt endete im Zentrum von Queenstown, ein kleiner staubiger Platz mit ein paar indischen Läden, vollgestopft mit chinesischen Koffern und Ständen, wo man Uhren kaufen und reparieren lassen konnte. So viele Uhren in Gang zu halten, war eine große Verantwortung. Wir hielten schließlich an einem trostlosen Ort. »Bitte lassen Sie die Fahrgäste zuerst aussteigen« galt hier nicht. Schmutzig und erschöpft verpasste ich die Chance, schnell rauszukommen. Die neuen Fahrgäste stießen mich zurück, als ob dies der letzte Bus vor der Apokalypse wäre. Für einen Moment dachte ich, ich würde dem Gedränge von Hintern und Händen nie entkommen, aber da packte mich jemand am Handgelenk, und ich schoss aus dem Bus wie eine Erbse aus einem Pusterohr. Es war die lokale Abordnung der Wohltätigkeitsorganisation: Roddy, ein immer lächelnder junger Mann, der den ganzen Sommer über die Elite amerikanischer Studenten, die als Freiwillige kamen, in Empfang genommen hatte.

»Herzlichen Dank, dass Sie mir die Möglichkeit geben zu unterrichten«, sagte ich. »Ich wollte immer schon pädagogisch tätig sein.«

»Wunderbar«, sagte Roddy. »Werden Sie das ganze Sommersemester bleiben?«

»Nein, ein Monat wäre gut«, sagte ich. »Kann ich eine Quittung bekommen? Sie wissen schon, wegen der Spesen.«

»Natürlich. Sie beginnen mit dem Unterricht am Montag, Sie haben also noch das Wochenende, um sich an das Dorfleben zu gewöhnen. Ich bringe Sie jetzt zu Ihrer neuen Familie.« Ich wollte nicht irritiert aussehen. »Wussten Sie nicht, dass Sie bei einer ugandischen Familie wohnen?«, fragte Roddy. Natürlich nicht, denn das hätte bedeutet, dass ich die Ausschreibung gelesen hatte. *Ich bin nur gekommen, um einen Monat zu faulenzen. Unterrichten wäre da übertrieben. Und ich werde auch nicht das Kind von irgendjemandem sein.* So war das nicht gedacht. Ich schmollte schweigend und stieg ins Auto.

31

Meine neuen Verwandten

Wir fuhren weg von dem Schmutz und Gedränge der Bus-station hinaus aufs Land, vorbei an Guinness- und Omo-Reklametafeln. Das Straßenschild hatte nur zwei Optionen: Queenstown und »Zuckerfabrik: Doppelt so süß wie normaler Zucker«. Wir passierten kleine Hütten und kamen dann durch ein Viertel mit schicken großen Häusern. Die meisten waren ein Stück von der Straße entfernt, eines war überladen mit weißen Billigstatuen. Schließlich hielten wir vor einem um-mauerten Haus an und hupten. Ein Dienstmädchen in einem blassblauen Kleid öffnete ein mit Eisenspitzen versehenes Tor, und Kinder rannten heraus – siebzehn an der Zahl.

»Das ist Ihr Vater, Wallace«, sagte Roddy.

Ich drehte mich um und sah einen älteren großen Mann mit einem schönen Lächeln und halbgeschlossenen Augen. Roddy stellte mich als die neue Tochter vor, eine Tochter, die bedeckt war vom Staub und Schweiß vieler Leute. Aber Wallace ließ sich davon nicht abhalten, mich mit einem drei-fachen Händedruck zu begrüßen. Ich kannte ihn gerade sechs Sekunden, und er umarmte mich. Schon war er der beste Ver-wandte, den ich je hatte.

»Seien Sie herzlich willkommen«, sagte Rebecca, seine Frau. Sie hatte nicht gleich mitbekommen, dass die Gäste eingetroffen waren, und begann sofort, Popcorn zu machen. Wir gingen hinein. Das Haus hatte kein Dach, und man hörte alles, was im Nebenzimmer geschah. Aber es war vornehm eingerichtet mit mehr Sofas als in Graceland. Schulabschlussfotos schauten von den Wänden herab. Rebecca und Wallace hatten sieben Kinder – der Landesdurchschnitt –, trotz der fehlenden Zimmerdecken. Rebeccas siebzehn Enkelkinder stellten sich nacheinander vor mir auf und lächelten. Keine Spur von ihren Eltern, aber jedes Kind nannte Rebecca Mama. Draußen meckerten und gackerten Hühner, Ziegen und Truthähne, die mir bis zur Hüfte reichten – keine Haustiere, die man nicht auch essen konnte. Ich hörte ganz in der Nähe so etwas wie Hundegebell, aber dann sah ich hinter mir auf dem Sofa eine alte Mutterhenne sitzen. Rebecca scheuchte sie raus und brachte Passionsfruchtsaft. Ich versank in der Couch und lauschte den Stimmen im Haus. Sie sprachen einen weichen Singsang-Dialekt, der wie Taubengurren auf dem Dach klang.

*

In den folgenden Tagen vergaß ich meine Kony-Mission völlig. Bettys Telefon blieb weiterhin stumm. Ich redete mir einfach ein, dass das hier Hintergrundrecherche und Einstimmung für den Artikel in der *Sunday Times* sei. Und außerdem war das Essen großartig.

Das Leben in dem Dorf war langsam und voller Freundlichkeit, vor nichts musste man Angst haben außer dem Tod. Nach einer Weile wurde mir klar, warum ich mich hier so wohlfühlte: Überall, wo ich hinkam, freuten sich die Menschen, mich zu sehen. In Hollywood ist niemand über deine Anwesenheit erfreut, es sei denn, du bist beim Casting für *Ocean's 14*. Ugander können sich nicht entspannen, solange der

Gast es sich nicht bequem gemacht hat, und ich hatte immer noch das Gefühl, zufällig auf einem Treffen mit unerwartet netten Personen zu sein. Ich weiß, dass die Liberalen immer sagen, Einheimische seien nett, »arm, aber freundlich«, »traurig, aber stolz« usw., aber ich bin viel gereist und habe andere Erfahrungen gemacht. Rumänien: mürrisch. Marokko: arrogant. Sumatra: Jahrhunderte des Kannibalismus, was einfach unfreundlich ist. In Uganda dagegen war die Nettigkeit außer Kontrolle. Ich stand blinzelnd da, während Leute mich unaufhörlich umarmten. Sie brachten mir Schalen mit warmen Erdnüssen. Chöre sangen mir Ständchen. Ich fühlte mich wie Prinz Andrew in den achtziger Jahren minus des Pornostars und der Matrosen.

Nacheinander lernte ich meine neue Familie kennen. Ein Mädchen von etwa 14 Jahren kam zuerst herein, schlank und selbstbewusst, ein Tuch um den Hals gebunden wie Audrey Hepburn.

»Dies ist deine Schwester, Lucy«, sagte Rebecca. Lucy machte einen Knicks und kniete dann vor mir nieder. Diese Menschen waren offensichtlich sehr höflich. Sie hielt meine alte Evian-Flasche in der Hand.

»Wir haben Ihre Wasserflasche gefunden – im Müll!«

»Oh, sie muss … runtergefallen sein«, sagte ich. Ich hatte ein schlechtes Gewissen. Doch am Flughafen Heathrow hatte ich drei Pfund dafür bezahlt, sie war also offensichtlich etwas Kostbares.

»Haben Sie Brüder und Schwestern?«, fragte Wallace.

»Zwei Brüder und eine Schwester, Kate«, sagte ich.

»Wo ist sie?«

Ich schaute auf meine Uhr. »Wahrscheinlich auf einer Party bei Elton John«, sagte ich. »Haben Sie Geschwister?«

»Einen Bruder«, antwortete Wallace.

»Wo ist er?«, sagte ich freundlich. Diese Art Konversation fällt mir leicht.

»Er wurde von Idi Amins Soldaten verschleppt. Sie haben ihm die Füße abgehackt und haben ihn dann umgebracht. Lucy, es ist gut, du kannst jetzt aufstehen«, sagte Wallace. Lucy rappelte sich hoch. Es wäre offensichtlich meine Aufgabe gewesen, sie aus ihrer Position zu erlösen.

»Gut«, sagte ich. »Könnte ich denn ein Bad nehmen?«

»Jetzt?«, sagte Rebecca. Zu spät bemerkte ich, was diese Frage eigentlich bedeutete.

»Sybil!«, rief Rebecca. Das Dienstmädchen verließ ihre Arbeit bei den Ziegen und schlurfte ins Zimmer. »Das ist kein Problem. Wenn Sie baden möchten, wird Sybil etwas Feuerholz hacken – die Bäume sind ganz in der Nähe, wie Sie sehen können –, und sie kann leicht ein Feuer machen. Wir haben einen Wasserhahn im Hof, dort kann sie Wasser holen und es kochen, und wenn sie genug hat, um damit eine Kanne zu füllen, wird sie es für Sie in das Badezimmer tragen«, sagte Rebecca. »Wollen Sie sich jetzt waschen?« Sybil suchte meinen Blick.

Eine Stunde später wusste ich, dass man, um in einem afrikanischen Dorf zu baden, seine eigene Schüssel und einen Krug braucht wie in einem Roman von Jane Austen – nur mit dem Unterschied, dass man damals, wenn man all den Verfilmungen glauben darf, die Kleider anbehielt. Jane Austen starb wahrscheinlich an Blasenentzündung.

Nach ugandischen Maßstäben hatte ich eine Menge zu lernen. Alle Mädchen trugen lange Röcke und bequeme Schuhe und begrüßten mich mit den Worten: »You are most welcome.« Förmliches Englisch, ein Relikt aus Kolonialzeiten. Uganda war bis 1962 britische Kolonie, und die Briten behielten ihre Hände im Spiel. MI6 half dabei, einen Staatsstreich durchzuführen und den damaligen Armeechef an die Macht zu bringen, ein intelligenter junger Kerl mit Namen Idi Amin.

Wallace und Rebecca bemerkten, dass ihr neues Kind die Toilette nicht benutzen wollte. Aber unvermeidlich kam der Moment, vor dem ich mich gefürchtet hatte. Ein Klo in der Dritten Welt bedeutet normalerweise eine Latrine: Ugander nennen es »kurz mal verschwinden«. Ich würde es ein Loch im Boden eines Schuppens nennen. Ich fand das sehr verwirrend. Man könnte meinen: »Es ist ein Loch im Boden, in das man pisst, was ist daran verwirrend?« Nun, die Öffnung ist so groß wie ein Schlüsselloch. Ich versuchte es jedes Mal mit einer anderen Position, aber jedes Mal schaffte ich es, mir auf die Füße zu pinkeln. Dann stellte sich noch die Frage, ob ich die Tür offen lassen oder schließen sollte. Wenn man hineinging, schwärmten schwarze Fliegen aus dem Loch. Schloss man die Tür, befand man sich in völliger Dunkelheit mit den Fliegen, also ließ ich sie einen Spalt weit offen. Doch gerade, als ich meine Hose runterließ, liefen, *gack, gack, gack*, Küken herein, direkt auf das Loch zu. Ich tappte, die Hose um die Knöchel, im Dunkeln herum und scheuchte das ahnungslose Junggeflügel raus. Schließlich gab ich es auf und pinkelte im Bad, das heißt, in den Abfluss im Badezimmerboden. *Piss nur in eine Toilette:* Als ich herauskam, sah ich ein Rinnsal über den Hof laufen, wo eine alte Frau mit gekreuzten Beinen mitten in einer Pfütze aus Urin saß. Sie rührte sich nicht. Vermutlich dachte sie, die neue Tochter wird diese schlechte Angewohnheit schon irgendwann ablegen.

Ich beschloss, Lucy unter meine Fittiche zu nehmen. Und es wurde ein voller Erfolg, da sie die Anti-Kate war. Sie wusch meine Wäsche, lachte über meine Witze und akzeptierte, dass ich älter und weiser war und deshalb bedient werden musste. Lucy war so wohlerzogen, dass es schwierig war, ihr beizubringen, wie man Leute verarschte und wie man fluchte. Wir saßen oft zusammen und hörten Radio und kicherten über den unfähigen Sprecher. An Lucys Zögern konnte ich erkennen, dass sie sich wahrscheinlich noch nie über jemanden lustig gemacht hatte.

»Zehntausende sind aus Burundi geflohen, wo Angriffe der Nationalen Befreiungsfront... die Burundische Befreiungsfront... ich bitte um Entschuldigung... die... weiterhin«, meldete der Nachrichtensprecher. »Das Landwirtschaftsministerium fördert den Anbau von gelben Süßkartoffeln, und eine starke neue Art von Cholera« – PAPIERRASCHELN – »hat bisher achtzig Menschen getötet. Das waren die Nachrichten.« Diese jüngste Cholera wurde Super Cholera genannt, Lucy und ich tauften sie »Smashing« (»Umwerfend«).

Bei unserem ersten Abendessen hätte ich mir beinahe die Gabel ins Gesicht gestoßen, als ich Rebecca sagen hörte: »Danke, Gott, für diese Gabe. Möge sie uns stärken.« Ich war neugierig auf die Grundnahrung in Uganda – Posho, ein wässriger Maisbrei –, und ich erinnerte mich daran, dass 39 Prozent der ugandischen Kinder wegen Nahrungsmangel in ihrem Wachstum gehemmt waren. Das brachte mich auf einen schönen Gedanken: Ich könnte also in einem Monat zehn Pfund verlieren. An dem Abend bekam ich gebratenes Hähnchen.

»War es gut?«, wollte Rebecca wissen.

»Ja, danke, es war köstlich«, sagte ich. Von da an bekam ich jeden Abend gebratenes Hähnchen. Ich versuchte, dem ein Ende zu setzen, ich versuchte es wirklich, aber Ugander können sich nicht entspannen, solange der Gast sich nicht wohlfühlt, und ich hatte nun einmal gesagt, dass Brathähnchen mich glücklich machen. Beim Frühstück versuchte ich wie die Kinder Bananen und Posho zu bekommen, aber Rebecca hatte ein Vermögen für Weißbrot und Margarine ausgegeben, weil es vornehm und amerikanisch war. Ich wollte die Kekse, die sie für mich gekauft hatte, dem Dienstmädchen schenken, aber Sybil trieb die Bescheidenheit auf eine afrikanische Spitze: Sie nahm keinen Keks direkt aus der Packung, sondern ich musste ihr jeden Tag einen in die Hand geben. Am liebsten hätte ich sie alle auf einmal gegessen, so verrückt machte mich schon die bloße Berührung des zuckrigen Gebäcks. So hatte ich nach einer Woche vier Pfund zugenommen, und draußen liefen weniger Hühner herum.

Abends stellte Wallace seinen alten mit Chromleisten verzierten Schwarzweißfernseher an, und das Ugandische Fernsehen rauschte, während die Mutterhenne heftig an meinen Schienbeinen pickte. Es gab nur einen Kanal, der unbekümmert sendete, wenn auch oft der Ton ausfiel. Mein Lieblingsprogramm war eine Sendung mit telefonischer Publikumsbeteiligung zum Thema Tuberkulose. Als Moderator agierte ein etwa fünfzigjähriger Intellektueller, der sich anscheinend selbst sehr gefiel. Der im Studio anwesende Experte war ein dicklicher Arzt mit einem strengen Schnurrbart, der, während er seine Ratschläge zum Besten gab, direkt in die Kamera schaute.

»Wenn Sie Leute mit TB kennen, sagen Sie ihnen, sie sollen sofort ins Krankenhaus gehen«, sagte er eindringlich. Währenddessen glaubte der Moderator, er sei nicht mehr im Bild, und begann mit einem Kuli in seinem Ohr herumzuwühlen, aber der Kameramann folgte seinen eigenen Regeln und schwenkte und zoomte hin und her, so dass wir dem Moderator eine Zeitlang dabei zusehen konnten, wie er sich Schmalz aus den Ohren pulte.

Ein heiserer alter Mann rief an und fragte, ob er Leute mit rosa Lippen meiden solle.

»Ich glaube, er ist bereits ein Opfer«, sagte Wallace traurig.

»Nein, das trifft nicht zu«, sagte der Arzt und betrachtete den Klumpen Ohrenschmalz am Ende des Kugelschreibers des Moderators nachdenklich. »Man kann sich nur bei jemandem anstecken, der schon krank ist. Aber neunzig Prozent der Ugander sind von TB-Bakterien infiziert.« *Neunzig Prozent? Scheiße, ich war bereits tot.* »Die Lage ist besonders schlimm in Gegenden, wo Menschen dicht zusammen leben…« *O nein. Er wird jetzt sagen: die geschützten Dörfer. Warum habe ich mich in der Schule nicht impfen lassen? Warum habe ich mich damals nur im Schrank versteckt? Es wäre nur eine kleine Delle in meinem Arm gewesen und kein Sittlichkeitsverbrechen.*

»…und besonders schlimm ist es in den geschützten Dörfern im Norden.« Na, großartig. Wenn Kony mich nicht erwischte, würde ich sterben wie D. H. Lawrence, der in Briefumschläge hustete und sie überall im Haus herumliegen ließ, um seiner Frau eine Lektion über das Heiraten romantischer Schriftsteller zu erteilen.

Manchmal ging der Fernseher nicht, und ohne Internet kehrte ich zurück zur einfachen Nachricht auf Papier, zu dem, was man früher Zeitung nannte. Die Boulevardblätter wurden immer besser: Ich war begeistert von der Kolumne eines zornigen spanischen Missionars mit Namen Pater Carlos Rodriguez, der darüber schimpfte, dass einem Freund, den er in einem der Regierung gehörenden Hotel untergebracht hatte, Kinderprostituierte angeboten wurden. Die Regenbogenpresse war voll von Porträtfotos, die bekannte westliche Wohltätigkeitsorganisationen bezahlt hatten, mit Warnungen wie »Öffentliche Bekanntmachung: Der Mann, der sich Rupert nennt, ist nicht mehr beim Internationalen Roten Kreuz beschäftigt.« Auf den Unterhaltungsseiten war zu erfahren, dass Popstar Chameleon sich mit den Künstlerkollegen Bebe Cool und Bobi Wine geprügelt hatte. Chameleon stellte sich später der Polizei, begleitet von seinem Bruder Weasel und seinem Anwalt Paul.

Morgens ging ich joggen, vorbei an Frauen, die Maiskolben schälten, vorbei an der alten Dame mit der großen Yootha-Joyce-Brille, die vor ihrer Hütte saß und jeden Tag die Bibel las, vorbei an dickbäuchigen Kindern an der Wasserpumpe. Beim ersten Mal hörte ich eine Stimme kreischen: »*Mzungu!*«, was auf Suaheli »weiße Person« bedeutet. Ich drehte mich um und sah die Kinder auf mich zustürzen. Sie hielten mein Jogging für irrsinnig komisch. Nie zuvor hatten sie einen Erwachsenen freiwillig rennen sehen.

»Na los, kommt schon«, sagte ich. Sie johlten und versuchten mich einzuholen. Ich schaffte es als Erste zum Tor, hüpfte auf und ab und boxte vor Freude in die Luft. *Na Klasse, du bejubelst dich, weil du gerade einen Haufen barfüßiger hungernder Kinder besiegt hast. Kommt doch und versucht es, wenn ihr glaubt, stark genug zu sein, AIDS-Babys! Ich nehm's mit euch allen auf!* Ich schüttelte den Kindern die Hand, gewissermaßen als Entschuldigung, und sie rannten dreimal so schnell zurück zu ihren Müttern. Die kleinen Scheißer waren zu höflich gewesen, mich zu besiegen.

32

Eine Heldin namens Jane

Ich saß draußen vor dem Haus und starrte mit einer Henne um die Wette in die Luft, als Rebecca die schlechte Nachricht brachte.

»Morgen gehst du zur Schule«, sagte sie. Ich wollte nicht unterrichten. Rebecca gab mir frische Wäsche, darunter meine weiße Hemdbluse und das blaue Button-Down-Kleid meiner Freundin Pauline. *Meine Güte, nicht das, ich werde ja wie eine Nonne aussehen...* »Ich habe deine Kleider gestärkt!«, sagte Rebecca. »Für die Schule!« Wallace kam auch nach draußen.

»Was hast du für den Unterricht vorbereitet?«, wollte er wissen. Sie ließen von dieser Schulsache nicht ab.

»Bereiten sich Lehrer... normalerweise vor?«, fragte ich vorsichtig. Meine afrikanischen Eltern tauschten Blicke. Aber wie schwer konnte der Unterricht in einer großen Klasse von ländlichen Grundschulkindern mit Englisch als Zweitsprache sein?

Am nächsten Morgen um halb acht ging ich mit Lucy zur Schule. Meine Kleidung war gestärkt, mein Victoria's-Secret-Schlüpfer fühlte sich steif wie Pappkarton an. Ich weiß nicht, ob die Sachen knarrten, Lucy sagte jedenfalls nichts.

»Ich kann unterrichten. Ich meine, ich bin ja auch mal zur

Schule gegangen«, sprach ich zu ihr. »Ich darf nur nicht wie einer dieser Lehrer mit Schweißflecken und offenem Hosenschlitz dastehen.« Lucy stimmte zu, dass das für den Anfang nicht schlecht war. Meine Zuversicht wuchs. Am Abend zuvor hatte Rebecca mir eine gute Geschichte über eine Ratte erzählt, die einen Laib Brot stahl. Um doch etwas für die Schule vorzubereiten, hatte ich dieses Bild einer Ratte gezeichnet.

Auf dem Weg zur Schule sah ich einige Kinder in Schuluniform. Sie waren vielleicht fünfzehn, sechzehn Jahre alt. Die Ratte würde sie nicht beeindrucken. Scheiße, ich hatte nichts. Dann kam mir ein Einfall: Drehbücher schreiben. Großartig! Ich werde afrikanischen Dorfkindern beibringen, wie man mit einem unerwarteten Hindernis am Anfang von Akt zwei fertigwird.

Als ich mich dem Schulgebäude näherte, kamen die ersten Kinder auf mich zugelaufen und begrüßten mich erfreut.

»Hallo! Hallo! Hallo!«

Ich rief »Hallo!« zurück.

»Hallo! Hallo! Es ist die Lehrerin!«

Das war ein fantastischer Empfang. Ich wurde hier gebraucht. Alle sahen in mir die Lehrerin. Dann rief eines der

Kinder: »Andrea! Du bist ja wieder da!« Alle Kinder rannten zur Schule und jubelten: »Andrea ist zurückgekommen!«

*

Ich war schon eingeschnappt, bevor ich das Büro des Schulleiters erreichte. Der Schulhof, umringt von niedrigen Klassenräumen aus Beton, war groß. An den Wänden hingen die Namenslisten der Schüler, die ich unterrichten sollte. Sehr lange Listen. Nirgendwo war der Rektor zu sehen, nicht einmal ein Lehrer. Ein Schuljunge saß mit untergeschlagenen Beinen allein in einer Ecke und wartete scheinbar auf eine Bestrafung.

»Wo ist der Schulleiter?«, fragte ich ihn schließlich.

»Er ist dort, Andrea«, sagte das Schulkind und zeigte auf ein Fenster. Ein Mann rannte vorbei und jagte Kinder vom Schulhof. Einige Zeit später kam er in sein Büro und stützte sich keuchend auf seine Knie.

»Sie haben ihr Schulgeld nicht bezahlt, deshalb lasse ich sie auch nicht zu den Prüfungen zu!«, schnaufte der Rektor. »Ersetzen Sie Andrea?«

»Vielleicht«, sagte ich bedrückt.

»Andrea war hier sehr beliebt«, sagte er noch bedrückter. »Sie gründete einen Umweltclub. Sie legte einen Garten mit Biogemüse an. Sie beschaffte kostenlosen Samen für uns... Sehen Sie, das dort ist ihr Mangobaum. Sehr gesund.« Er schaute wehmütig aus dem Fenster. Das Schulkind sehnte sich nach der guten alten Zeit. Dann reckte er den Kopf.

»Miss Ochana! Kommen Sie doch mal her!«, rief er. »Diese junge Dame wird Andrea ersetzen!«

»Oh, das ist wunderbar«, sagte die unsensible Lehrkraft. »Andrea war wirklich toll. Sie unterrichtete Mathematik und Biologie, sehr kompetent.« Eine andere Lehrerin kam ins Büro und reichte mir gedankenlos ein Foto, das ein junges, saube-

218

res, klug dreinschauendes Miststück zeigte. Dies war Andrea, die ehrenamtliche Lehrerin vor mir. Eine Amerikanerin natürlich, etwa zweiundzwanzig, die Art von Erfolgsmensch, die sich nicht mit vierzig völlig verausgabt hat, sondern dann Senatorin wird und nebenbei eine Wohltätigkeitsorganisation repräsentiert.

»Andrea holte auch Leute von der Familienplanung hierher, und sie zeigten einen Film …«

Ich wechselte das Thema. »Wie viele Lehrer arbeiten hier?«, fragte ich mit bemerkenswerter Selbstbeherrschung.

»Zwölf«, sagte der Rektor, überrascht von meiner stummen Aggression.

»Und wie viele Schüler?« Er wusste genau, worauf ich hinauswollte.

»Wir haben neunhundert Schüler«, sagte er.

»Die Klassen müssen riesig sein.« Er kann doch nicht erwarten, dass ich neunhundert, geteilt durch zwölf, unterrichte.

»Nur in den jüngeren Klassen. P1 hat zweihundert Schüler. Aber S2 ist viel, viel kleiner. Sie werden also Andreas Klasse übernehmen?«

»Vielleicht«, sagte ich und machte dabei ein mürrisches Gesicht.

»Das ist gut. Die Kinder liebten Andreas Theaterunterricht. Und ihren Fußballklub für Mädchen. Sie war für eine Woche sogar Schulleiterin, und wir hatten nie Ärger. Im Gegenteil, die Schule war sauberer.« Vielleicht war sie das. Aber konnte Andrea etwas darüber sagen, wie man in einem Filmdrehbuch durch ein unerwartetes Ereignis Spannung aufbaut?

Der Rektor begleitete mich hinaus auf den Schulhof. Ich beruhigte mich. *Denk dran, Jane. Für Andrea konnten die Kinder nichts. Frauen wie sie überfallen die Dritte Welt ohne Warnung. Schau nur auf Geri Halliwell.*

»Das hier ist Jane«, sagte der Rektor zu den wartenden Kindern. »Wisst ihr, woher sie kommt? Erinnert ihr euch noch daran, was ich euch über den Zweiten Weltkrieg erzählt habe? Wie hießen die Länder der Alliierten?«

Schweigen. Ich konnte nicht klar denken, da die grelle Sonne mich blendete und ein Meer von 900 Kindern mich anstarrte und sie bestimmt dachten: »Was zum Teufel ist das?«, während ich dachte: »Sonnenschaden! Sonnenschaden!«

Eine Glocke ertönte, und alle Kinder fingen an zu rennen. Da sah ich, dass die meisten von ihnen nicht einmal Gummisandalen hatten. Ein kleines Mädchen stolperte und ließ ihr Beutelchen fallen. Eine Handvoll Erbsen rollte in den Staub. Sie brüllte vor Schmerz über das verlorene Mittagessen. Es war geradezu biblisch.

*

Im Klassenzimmer ging das Anstarren weiter. Ich sagte mir, es wird schon alles gut werden. Du musst nur eine Beziehung zu ihnen aufbauen.

»Hallo, mein Name ist Jane. Wisst ihr, wer die reichste Frau der Welt ist?«

Ausdruckslose Mienen. Ich warf einen Blick über die Klasse. Bitte, irgendjemand soll sagen: »J. K. Rowling, Miss. Ach, erzählen Sie uns doch die Geschichte, wie sie arm war, als sie das erste Harry-Potter-Buch in einem Café schrieb und wie sie es dank der alten Kunst des Geschichtenerzählens geschafft hat, reicher als die Königin zu werden.« Völliges Schweigen. Scheiße.

»Hand hoch. Wer mag Harry Potter?«

Ausdruckslose Mienen. Lassen wir das mit Harry Potter, die Hälfte dieser Kinder stirbt sowieso vor dem Erwachsenenalter. Ich holte tief Luft.

»Okay. Ich werde euch beibringen, wie man Geschichten erzählt, die bis ins antike Griechenland... äh... Nun gut, da war dieser junge Mann. Nicht in Griechenland, in Amerika, und er war arm. Nicht so arm wie...« *Sie denken, die ist blöd verglichen mit Andrea.* »Äh, also wie dieser junge Mann seine große Chance bekam, das war wie folgt, er nahm immer wieder an den Führungen durch die Universal Studios teil. Das ist wie... äh... Eines Tages machte er wieder eine Führung mit und entfernte sich dann heimlich von den anderen Touristen, er fand ein leeres Büro und hängte seinen Namen an die Bürotür – ich vergaß zu sagen, dass er schon vorher ein Schild gemacht hatte, auf dem sein Name stand und dass er Filmregisseur war –, und dann lud er Leute ein, die in den Studios arbeiteten, um sich mit ihnen zu treffen. Aber insgeheim versuchte er von ihnen zu erfahren, was sie machten.« *Okay, jetzt denken sie, ich bin geistesgestört. Mist, es ist zu spät, die Geschichte hat keine Moral.* »Aber die Moral der Geschichte ist, jeder kann ein Geschichtenerzähler sein, wenn er die Grundsätze lernt, denn wisst ihr, wer der junge Mann war? *Ich wünsche, ich wäre tot, ich wünsche, ich wäre tot.* »Steven ... Spielberg.«* Die Kinder starrten mich verwirrt an.

Ich hatte eine Mattscheibe. *Denk dir eine Geschichte aus, irgendeine Geschichte.* Alles, was mir durch den Kopf ging, war, dass diese netten Kinder ein paar Pennys zusammengekratzt hatten, um heute zur Schule zu kommen, und mir fiel nicht eine einzige Sache ein, die ich ihnen beibringen konnte. *Finde den Ausgang.* Die Tür war offen, weil keine da war. *Lauf einfach weg, sie werden dich nicht finden... Irgendeine beschissene verdammte Story, na los...* Das perfekte Beispiel der Suche

---

* Diese Geschichte muss nicht wahr sein.

eines Helden tauchte vor meinem inneren Auge auf. *Wie wäre es mit…? O ja, das wird ihnen gefallen. Vielleicht finden sie mich doch großartig.*

»Okay, jetzt erzähl ich euch eine ›Überleg dir gut, was du dir wünschst‹-Geschichte. Es gibt da einen Helden, sein Name ist Rick, und er ist Polizist. Er hat ein einschneidendes Erlebnis. Das ist so ein Moment, wo er erkennt, dass sein Leben Mist ist. Er muss vier entflohene Kriminelle fangen. Die sind aus dem Gefängnis geflohen…« Ich begann, hektisch Strichmännchen an die Tafel zu zeichnen. »… und dann trifft er dieses Mädchen, und dann wird ihm befohlen, dass er sie umbringen soll, und…« *Warum zeichne ich die Handlung von* Blade Runner *an eine Tafel in Uganda?* Aber ich konnte einfach nicht mehr aufhören. Andreas Bild beobachtete mich. Ich konnte es spüren.

»Ende von Akt zwei, seine Partnerin kommt in einem fliegenden Fahrzeug…« *Mist.* »So etwas wie ein Luftkissenboot…« *Scheiße.* »Das ist wie ein Auto im Weltraum…« *Blöder* Blade Runner! »… und am Ende erfahren wir, dass ihr Geist wichtiger ist als die Tatsache, dass sie ein…« *Schwachsinn!* »… Replikant ist. Das ist so etwas wie ein Roboter. Egal. Schreibt einfach: Es gibt da einen Helden, und er hat ein Problem. Kann sich jemand von euch einen Namen für diesen Helden ausdenken?«

Ein Mädchen in der ersten Reihe hatte Mitleid mit mir. Sie sagte langsam: »Sein Name. Ist Jane.«

»Danke schön. Wie heißt du? Melanie? Danke, Melanie.« Ich zeichnete ein Strichmännchen und nannte es Jane. »Das ist also unser Held. Sein Name ist Jane.«

Ich fühlte die Schweißflecken. Ich setzte mich hin, und die Wäschestärke ließ Paulines Kleid hinten aufplatzen. Sie konnten meinen Schlüpfer sehen.

»Ich komme gleich wieder und sammle eure Hefte ein...«,
sagte ich und rannte hinaus.

*

Einige Minuten später brachte mir ein Junge einen Stapel grüner Aufgabenhefte. Und was hatten die Kinder geschrieben?

»Es gibt da eine Heldin. Ihr Name ist Jane... *Ach, das ist aber nett.* »... und sie hat ein Problem. Sie hat AIDS.«

»Es gibt da eine Heldin. Ihr Name ist Jane. Sie hat ein Problem. Sie leidet an Armut, schlechter Ernährung und AIDS.«

»Es gibt da eine Heldin. Ihr Name ist Jane. Sie hat ein Problem. Ein Mann folgt ihr von der Schule nach Hause, und jetzt hat sie AIDS.«

Diese Kinder hatten alle voneinander abgeschrieben!

Sie brachten mir eine Leidensgeschichte nach der anderen. Um Himmels willen, was hatte ich getan? Als ich schließlich die letzte Arbeit las, war die Heldin »wegen der großen Schande« aus ihrem Dorf verstoßen worden und starb als Prostituierte in einem Slum in Kampala. Auf der Rückseite der Hausaufgabe eines Mädchens fand ich einen Brief an mich. »Sehr verehrte Frau«, schrieb sie, »ich bin eine Vollwaisin. Können Sie mir helfen, da ich mein Schulgeld nicht bezahlen kann. Meine Mutter und mein Vater sind tot, beide starben an...« Na klasse, es war 9 Uhr 20, und ich hatte sechzig AIDS-Waisen klargemacht, dass sie alle verloren waren.

»Ihr könnt, äh, diese Übung aus euren Heften reißen und sie mir geben«, sagte ich beiläufig. Wenn jemand vom Erziehungsministerium davon erfuhr, war ich erledigt.

Herr Kikuubo, ihr richtiger Lehrer, kam herein. Er war ein Lehrer in jeder Hinsicht, sein ganzer Körper war vom Unterrichten geformt. Er lief mit geschwellter Brust herum, die

Hände hinter dem Rücken verschränkt, als ob er einen Stock hielte, sein Gürtel hing tief, obwohl er keinen Bauch hatte.

»Wie läuft's? Macht es Ihnen Spaß, in Afrika zu unterrichten?«

»Ich glaube, ich hab es vermasselt. Ich wollte ihnen etwas über das Geschichtenerzählen beibringen, aber, äh... sehen Sie mal.« Ich zeigte ihm all die Blätter mit den wahren Tragödien.

»Die Lektion, die Sie lehren, ist was? Lebensfertigkeiten!«, sagte er. Gott sei Dank, was auch immer Lebensfertigkeiten waren. Herr Kibuuko nahm ein Textbuch und blätterte darin. Diese Standardausgabe enthielt die Zeilen: »Denk über die Folgen jeder deiner Entscheidungen nach, und treffe Entscheidungen, die gute Folgen haben. Schlechte Entscheidungen werden dein zukünftiges Leben beeinflussen. Während deiner freien Zeit bleib zu Hause und spiel dort, dann werden dich diejenigen, die dich zu Drogen und Alkohol verführen wollen, nicht finden.« Eine Freundin von mir bezahlte mehrere tausend Dollar, um sich das in einer Klinik in Malibu sagen zu lassen, und sie musste dazu noch an Sitzungen mit Gruppenumarmungen teilnehmen, bei denen auch das Kind aus *Terminator* dabei war.

Herr Kikuubo blätterte weiter in dem Lehrbuch. Ich betete, dass er nicht bei Sexualkunde hängenblieb, aber Gott war nicht da, er ruhte sich irgendwo aus und bohrte in seiner Nase, und Herr Kibuuko schlug triumphierend das Buch auf einer Seite auf, die das Schaubild eines riesigen Penis zeigte. Selbst Lehrbuch-Penisse waren in Uganda größer.

»Also, hier haben Sie die Lektion, die jetzt dran ist...«

*

Und so kam ich dazu, mein afrikanisches ABC zu lernen: »Abstinence, Be faithful, Condoms« (Enthaltsamkeit, Treue und Kondome), gefolgt von dem praktischen Rat: »Wie du dich an der Sicherheitsnadel deiner Mutter nicht mit AIDS infizierst.« Als ich das an die Tafel schrieb, entschlossen, den Tag doch noch zu wenden, bemerkte ich, wie Melanie mich anschaute, und ich erkannte den vorwurfsvollen Blick: Verrat. Ich war gekleidet in eine weiße Hemdbluse mit einem blauen Rock, und ich war nach Afrika geflogen, um Teenager über Enthaltsamkeit zu belehren. Wie kam es dazu? Vergiss Andrea. Ich war Julie Blödfrau Andrews.

»Also gut, soviel zu diesem Thema. Vielen Dank.« Ich griff nach meiner Tasche und lief hinaus. Pause. Die Kinder saßen da und schauten sich an. Ich stand draußen, sah auf meine Uhr und ging dann möglichst lässig wieder zurück in die Klasse.

»Okay, wir haben noch vierzig Minuten…« Da kam wie aus dem Nichts ein Einfall. »Wer möchte mit einer Digitalkamera spielen?« Sofort scharten sie sich um mich. Ich war plötzlich der beliebteste Lehrer seit Jahren. Andrea war nur noch ein Name auf dem Papier.

Als ich die Schule verließ, sah ich einen einzelnen Priester durch die Straße laufen und griff instinktiv nach Melanies Hand. Die Kinder sahen nun, dass es okay war, mich zu berühren, und begleiteten mich nach Hause. Beim Abschied versuchten alle auf einmal, mich zu umarmen. Das war dann doch ein bisschen viel, und ehrlich gesagt, diese Kinder wären als Guerillakämpfer nutzlos.

*

An jenem Abend führte mich Rebecca durch ihren Garten zum Haus ihres Sohnes, damit ich mit eigenen Augen die wundersame Genesung von Faith sah, die Tochter einer Freundin der Familie. Faith war auf dem Weg zur Schule plötzlich zusammengebrochen. Sie war gelähmt, im Krankenhaus stellte man eine mysteriöse Infektion des Rückenmarks fest. Aber nun konnte Faith wieder gehen, und Rebecca ließ sie sich im Haus ihres Sohnes erholen, weil Faiths Mutter ihr ganzes Geld für die Krankenhausrechnungen ausgegeben hatte.

Um nicht noch mehr Kosten für Rebecca zu verursachen, saßen Faith und ihre Mutter im Dunkeln. »Mensch, ist das dunkel hier«, sagte ich beim Eintreten. Ich kannte ja die Vorgeschichte nicht. Auf dem Weg zurück durch den Garten kamen wir an Figuren vorbei, die aussahen wie Statuen.

»Oh, die sind schön, Rebecca. Was bedeuten sie?«, fragte ich und erwartete wahrscheinlich die Antwort: »Stammesgottheiten, die Faith von ihrem Leiden geheilt haben.«

»Das ist das Grab meiner Tochter und daneben das meiner anderen Tochter, Lucys Mutter«, sagte Rebecca.

Endlich verstand ich, warum alle Kinder im Haus Rebecca Mama nannten und warum sie darüber nicht allzu glücklich war. Wegen AIDS waren Rebeccas Ruhestandspläne hinfällig geworden. Ich konnte mich irren, aber ich hatte gelesen, dass der Mann, dem George Bush die Verantwortung für die Auslandshilfe übertrug, die Möglichkeit hatte, AIDS-Mittel in Afrika erschwinglich zu machen. Andrew Natsios mit seinem unglücklichen Namen vertrat allerdings die Meinung, dass das unverantwortlich gewesen wäre, da diese Tabletten jeden Tag zur gleichen Zeit eingenommen werden mussten. Er glaubte tatsächlich, dass Afrikaner die Uhr nicht kennen.[*] Was für

---

[*] »Wenn man etwa sagt: ›Ein Uhr nachmittags‹, wissen sie nicht, wovon man spricht ... Sie richten sich nach der Sonne.« USAID-Chef Andrew Natsios.

eine Ironie! Afrikaner haben mehr Scheißuhren als Leute auf irgendeinem anderen Kontinent.

*

Das Leben im Dorf war wunderbar. Ich hatte nette Eltern. Dem Priester jagte ich Angst mit meiner Wäscheleine ein, die mit Topshop-Paillettenhosen geschmückt war, und jeden Morgen ging ich mit sieben Kindern joggen. Auslandskorrespondentin zu sein, war einfach klasse. *Ich könnte noch monatelang hierbleiben. Wirklich versuchen, diesen Kindern zu helfen…*

Dann hat John angerufen.

»Könnten Sie…« *Jaja, klar kann ich.* »…nach Gulu kommen?« John kehrte nach Uganda zurück, um mit Betty Bigombe an dem Friedensabkommen zu arbeiten. Sie würden in Gulu sein, am Rande des Kriegsgebiets. Ich könne mich ihnen anschließen und über die Ereignisse berichten.

*

Nun, Sie betrachten das Ganze ja von außen. Mir ist bewusst, dass es für Sie so aussehen mag, als hätte ich die Kinder im Stich gelassen, aber fragen Sie sich selbst: Hätte ein schlechter Mensch sechzig AIDS-Waisen gezeigt, wie man auf Urlaubsfotos die Rotfärbung der Augen reduziert?

Ich rief ein Hotel in Gulu an, das ich im Internet gefunden hatte, und reservierte ein Zimmer. Erst später fiel mir ein, Rebecca zu fragen, ob es dort gefährlich sei.

»Kann John Prendergast nicht hierherkommen?«, war alles, was sie sagte. Ich malte mir aus, dass John im Garten mit den Enkelkindern Kricket spielte. Es war ein schönes Bild. Er war großartig im Umgang mit Kindern und ließ sie immer gewinnen. Wie reizend von ihm. Aber dann, als das Kricketspiel zu Ende war, ging er weg, um in den Klassenzimmern der Schule

227

Türen anzubringen. Es war jetzt 22 Uhr, und er war immer noch nicht wieder da. Ich konnte ihm keine Vorwürfe machen, selbst wenn es mein Tagtraum war.

Ich verabschiedete mich von meiner ugandischen Familie und sechzig AIDS-Waisen und machte mich auf die Reise nach Gulu, an den Rand des Kriegsgebiets.

33

Wenn es Nacht wird in Gulu

Im Bus drehte sich ein Mann zu mir. Ein Mitreisender und freundliches Mitglied der allgemeinen Öffentlichkeit.

»Sind Sie Journalistin?«, fragte er. Ganz schön frech.

»Nein, ich bin Auslandskorrespondentin.«

»Seien Sie vorsichtig. Man wird Sie beobachten.« Eine weitere Warnung, diesmal ganz direkt, da ich offensichtlich die vorherigen Zeichen, Omen und Ohrfeigen nicht richtig verstanden hatte. Ich hätte mir eigentlich Sorgen machen müssen. Stattdessen dachte ich: »Unter Beobachtung. Wie cool.«

Um nach Gulu zu kommen, hatten Rebecca und Wallace mir dringend geraten, möglichst früh einen Bus zu nehmen und anzukommen, bevor es dunkel wird. Einige von Konys Rebellen waren nachts auf der Straße nach Gulu aktiv, und das merkte man erst dann, wenn plötzlich Kinder mit Gewehren aus dem hohen Gras stürzten. Aber das war kein Problem, es war schließlich noch nicht einmal Mittagszeit. Dann hatte der Bus allerdings eine Panne.

Es war inzwischen später Nachmittag, als der Bus zum hundertsten Mal stehen blieb. Der Fahrer zog etwas aus dem Motor, das wie ein toter Tintenfisch aussah, sagte, er kenne jemanden in der Nähe, der ihm helfen könne, und lief davon. Instinktiv stiegen alle Fahrgäste aus, um einen anderen Bus anzuhalten, aber unser Schaffner ließ uns nicht weggehen. Ein Bischof legte sich mit ihm an. Ich kaufte eine Coca-Cola und schaute zu. Eine beeindruckende Szene, zumindest für die ersten fünfzehn Minuten, dann begann ich nervös zu werden. Es würde bald dunkel sein.

»Wir werden es schaffen«, sagte Helen, ein schlankes Mädchen in modischen engen Jeans. »So Gott will«, fügte sie hinzu und sang mit mitreißender Stimme jedermanns Lieblingslied auf Beerdigungen: »I will always love you.« Sie liebten hier Country-Musik, wahrscheinlich, um sich mit dem Tod anzufreunden.

Es war noch keine 18 Uhr, als die Dunkelheit hereinbrach, und wir warteten immer noch. Dann kam der Fahrer tatsächlich mit einem neuen Tintenfisch zurück, und die Fahrt wurde fortgesetzt.

Spätabends kamen wir in Gulu an. Ich konnte Gräben ausmachen, die bis zum Rand gefüllt waren mit Bananenschalen, Plastikflaschen und leeren Beuteln, die, wie ich später erfuhr, billigen Gin enthielten. Man spürte, dass hier etwas nicht stimmte.

Ich ging zum Hotel Roma, wo ich gebucht hatte. Es sah freundlich aus. Ich kümmerte mich nicht weiter um die beiden irritierenden weißen Missionare auf der Veranda. Ich war erst einmal in Sicherheit.

Aber das Hotel Roma wusste leider nichts von meinem Anruf wegen eines Zimmers. Ich bekam ein mulmiges Gefühl. Eine fette Motte verbrannte an einer Lampe. Die Dame am Empfang vertiefte sich in das Reservierungsbuch.

»Ihr Name steht leider nicht auf der Reservierungsliste«, sagte sie. »Sind Sie sicher, dass Sie angerufen haben?« Ich sagte ihr, dass ich jedes Zimmer, Raucher oder Nichtraucher, nehme. Sie waren ausgebucht. Ich schaute mich um. Die Missionare hatten sich nach drinnen zurückgezogen. Dies war kein Ort, an dem man einfach so ankam.

Ich ging zum nächsten Hotel. Der Mann am Empfang schüttelte den Kopf. Ich war nun auf der Straße die einzige weiße Person, und Leute starrten mich an.

Das dritte Hotel: kein Zimmer frei. Ich schleppte meinen Koffer zum Busparkplatz zurück in der Hoffnung, einen Nachtbus zu kriegen und irgendwo aufzuwachen, wo es weniger unheimlich war. Aber dort sagte man mir, ich hätte den letzten Bus stadtauswärts verpasst.

Inzwischen war es Nacht, und ich war allein. Plötzlich sah Gulu wie eine Cartoon-Hölle aus. Flammen schossen aus der offenen Kanalisation, wo der Müll verbrannt wurde. Schatten, die die Straße überquerten, schienen zu humpeln. Warum kamen all diese Amputierten nachts heraus?

Ich stand da mit meinem Koffer und dachte: »Oh, Scheiße«, als aus dem Nichts eine Frau vor mir auftauchte. Eine sehr große Frau in einem Geschäftsanzug.

»Kommen Sie, ich helfe Ihnen, ein Hotel zu finden«, sagte sie. »Ich bin Cleo. Ich bin Betty Bigombes Nichte.« Johns Kollegin. Gerettet. Bevor ich etwas sagen konnte, hatte sie sich schon meinen schweren Koffer geschnappt, als wäre er voll Cornflakes, und marschierte los. Ich trottete hinter ihr her. Ich hatte nur einen Gedanken: »Ich bin so froh, dich zu sehen, Cleo, auch wenn du ein riesiger Freak bist.«

Cleo brachte mich zu einem Hotel mit dem Namen Sunset, das gruselig, dunkel und voller Polizisten war. Da gab es keine touristischen Nettigkeiten, keine abgerundeten Kanten, nur grau gestrichene Türen, offene Duschen und Plastikstühle um einen Fernseher in einem Raum, der aussah wie die Kantine in einer Militärkaserne. An den Wänden hingen nicht einmal Rosenbilder, wie sie massenhaft an Motels und Krebsstationen auf der ganzen Welt verteilt werden. Aber es war immer noch besser als eine Nacht in einem brennenden Abflusskanal, und Cleo lächelte und schloss das Zimmer auf.

»Das ist sehr freundlich von Ihnen«, sagte ich.

»Aber mit dem größten Vergnügen.« Wieder ein Lächeln. Cleo war froh, dass jemand von der internationalen Presse gekommen war, um über den Krieg zu berichten, und ich lobte Bettys Bemühungen, Kony aus dem Buschland zu locken. Wahrscheinlich hoffte ich, dass diese große Frau ihrer Tante von dem wirklich netten Mädchen erzählen würde, das sie unbedingt mit John zum Abendessen einladen sollten. Wir tauschten unsere Telefonnummern aus, und Cleo ging.

Ich saß auf dem harten Bett und spähte durch die Vorhänge. Auf der gegenüberliegenden Straße trank eine Gruppe von Polizisten. Ich sagte mir: »Nicht paranoid werden, dies hier ist ein Kriegsgebiet.« Doch für alle Fälle sicherte ich meine ganze Festplatte auf einer CD und etikettierte sie mit dem Namen der Band »COLDPLAY«, so dass sie bestimmt niemand interessieren würde.

34

Sie glaubte, er sei noch Single

Am nächsten Morgen weckte mich der Ruf eines Muezzins. Das Hotel Sunset befand sich in der Nähe einer Moschee. Der Islam ist wirklich die stimmungsvollste Religion.

Mir war gesagt worden, ich sollte für mein Interview im Acholi Inn warten, das vornehmste Hotel in Norduganda. Ich machte mich auf den Weg. Mitten auf der Straße vor meiner Unterkunft schlief eine Kuh mit riesigen Hörnern.

Im Tageslicht sah ich: Gulu war am Ende. Ich weiß nicht, wie viel Amputierte pro Kopf es im Durchschnitt gab, aber Gulu hatte eindeutig zu viele. Was ich sah und was ich wusste, passte nicht zusammen. Ich hatte gelesen, dass Gulu Ugandas Stadt mit dem größten Wachstum sein sollte, aber überall waren Trümmer und Ruinen. Schneider saßen zwischen Baumwollstoffen an Nähmaschinen und warteten vergeblich auf Kundschaft. Stände verkauften selbstgemachte Blechbüchsen und Öllampen, die aus Motoröldosen hergestellt waren. Und die Müllmänner von Gulu hatten offensichtlich 1979 ihre Solidarität mit den streikenden Müllmännern in London erklärt und seitdem ihre Arbeit aus Prinzip nicht wiederaufgenommen. Ich war perplex. Wenn dies das prosperierende Uganda der Nachkriegszeit war, warum verkauften Menschen auf den Straßen leere Flaschen als Behälter?

Ich lief durch einen Straßenmarkt, wo Marble-Wash-Jeans verkauft wurden, und kam zu einem Kreisel mit einer riesigen Wand voller Schilder, fast alle von Wohltätigkeitsorganisationen: War Child Holland, American Refugee Commitee, Norwegian Refugee Council, die guten Samariter jeder Nation und dazu zahllose NGOs. Überall waren Weiße zu sehen: zielstrebige Weiße in Khaki, die zielstrebige weiße Toyota Land Cruiser fuhren, das Standardfahrzeug für Nützliche Leute. Ich war schwer beeindruckt, wie die Nützlichen Leute es geschafft hatten, in einem Land, von dem ich so gut wie nichts wusste, zu landen und ihre Arbeit aufzunehmen. Macht Platz und lasst uns das machen, wir bringen alles in Ordnung.

Auf dem Weg zum Acholi Inn holte ich mir am Straßenrand etwas zu essen, zuerst einen Doughnut und dann ein Chapati Rolex. Chapati und »Curry-Houses« brachten die Inder nach Uganda. 1972 warf Idi Amin zwar alle Asiaten aus dem Land, aber ihre Küche durfte bleiben. Er mochte verrückt sein, aber blöd war er nicht. Rolex war die Luxusversion mit Spiegelei und Tomaten als Füllung.

Es gibt diejenigen, die sagen, man soll bei Straßenessen vorsichtig sein. Ja, stimmt, aber diese Leute haben nie gelernt, wie man seinen eigenen intravenösen Tropf setzt, nachdem man auf einer Vampirparty in einem transsylvanischen Schloss eine Käsekugel in der Form von Draculas Kopf gegessen hat. Und das nächste Mal, wenn ich und genau diese Leute an unserem eigenen intravenösen Tropf hängen, werde ich ein Profi sein und sie nicht. Das sind solche Leute, die noch nie in ihrem Leben in einem Zigeunerdorf am Andamanischen Meer mit zahlreichen unerklärlichen Blutergüssen aufgewacht sind, nachdem sie einen Drink für sich entdeckt hatten, von dem Einheimische behaupteten, er wäre »schlimmer als Red Bull«. Und in Uganda würden sie sich angeekelt abwenden, wenn sie ein Huhn im Doughnutteig herumspringen sähen. Diese Leute hätten sich woanders etwas zu essen gekauft, wenn der Verkäufer am Straßenrand es weggescheucht und den Doughnut frittiert hätte, mit Hühnerdreck und allem Drum und Dran.

Das Acholi Inn, das angeblich vornehmste Hotel in Norduganda, sah aus wie ein englisches Urlaubshotel mit einem bewaffneten Wächter. Die Bar war voll mit Leuten aus dem Westen, die gekommen waren, um die Kinder zu retten: Dokumentarfilmer, Wohltätigkeitsarbeiter und Diplomaten. Alle kauften Drinks von einem gelangweilten und zugleich aggressiven Barmann – ein Verhalten, das so lange dauern würde, wie die Westler kamen, um ugandische Kinder zu retten. Es plagte das Acholi Inn sehr, Kunden zu haben, die immer wieder kamen und für minimalen Service eine Menge Geld liegen ließen. Das ganze Personal im Acholi Inn ertrug diese Kundschaft mit stillem Missvergnügen und versuchte ihre Anwesenheit zu ignorieren in der Hoffnung, dass sie wieder verschwinden würde. Ich schien die Einzige zu sein, der die zerbrochenen Linoleumfliesen auffielen. Auf der Damentoilette fehlten die Türen, und ein Spülkasten war halb zertrümmert. Lautsprecher, die in den Bäumen hingen, spielten so laut Reggae, dass der Ton verzerrt war, aber niemand bat darum, sie leiser zu stellen. Ich fragte den Barmann, ein Mann mit ausdruckslosem Gesicht und dem Namen Roger, ob er den Lautstärkeregler ein wenig herunterdrehen könne. Er ging einfach weg und kam nicht wieder. Den Nützlichen Leuten schien es nichts auszumachen. *Ich wette, wenn der Koch eines Tages keinen Bock mehr hätte, zur Arbeit zu kommen, würde UNICEF Lebensmittel über Uganda abwerfen.* Ich musste lernen, ähnlich wie sie zu denken und auf nichts, nicht einmal Klopapier, Wert zu legen, wenn ich mit John und Betty unterwegs war.

*

Ich wartete auf John in einem Plastikstuhl am Swimmingpool des Acholi Inns, das überhaupt nicht dazu passte. Inzwischen war ich so aufgeregt, dass ich mich verhielt, als ob zentimeterlange Ameisen aus meinem Haar fielen. Ich versuchte, nicht über unsere Silberhochzeit hinaus zu planen. Wir würden bei Sonnenuntergang in einer Safari-Lodge sein, kein Zelt diesmal, eher ein grandioses Kolonialhaus in Botswana mit Blick auf Elefantenherden, wenn es die dort gab. John und ich wären alt, hätten aber nur Krähenfüße, keine Buckel und Klauen. Wir würden Gin Fizz zusammen mit seinen coolen Freunden trinken, ehemalige Diplomaten – nein, Archäologen. Der Pygmäe wäre auch alt, aber immer noch treu. Händchen haltend mit seiner Pygmäenfrau. Nein, das ist widerlich. Jedenfalls sind wir gerade von einem Tag an der Front zurückgekehrt, wo wir versuchten … äh … mit Rebellen oder so zu sprechen … Ich war auf dem Korbsofa eingeschlafen, hatte aber nicht geschnarcht, und er war hereingekommen … Mensch, wo zum Teufel ist er? Ich bin seit Stunden hier.

Roger, der Barmann, brachte mir die Rechnung.

»Wow! Das ist nicht billig!«, sagte ich.

»Ja, aber die anderen Hotels sind nicht sicher«, sagte er. »Wohnen Sie hier?«

»Nein, anscheinend muss man für eine Wohltätigkeitsorganisation arbeiten, um sich das leisten zu können …«

»Jane?«

Ich drehte mich um. Es war nicht John Prendergast. Es war eine kleine schwarze Frau in einem hellroten und weißen Trainingsanzug und mit einer Baseballkappe. Sie sagte, John

236

sei nicht in Gulu. Plötzlich spürte ich die Ameisen am ganzen Körper. John war in Washington. Er musste anscheinend dort bleiben und als Lobbyist tätig sein, weil die internationale Staatengemeinschaft sich weigerte, in Darfur zu intervenieren.

»Sie scherzen«, sagte ich.

»Ich weiß, die internationale Gemeinschaft hat bis jetzt sehr langsam reagiert«, sagte sie. Ich wandte mich Roger zu, dem Barmann.

»Verdammter Völkermord. Es ist meinetwegen, nicht wahr?«

»Glaub ich nicht. Es ist der Völkermord«, sagte Roger.

»Ich bin der Grund. John will mich nicht sehen.« Beim Aufstehen schwankte ich ein wenig. Die Reggae-Musik tat mir in den Ohren weh. »Na gut, es ist erst neun Uhr. Ich denke, ich gehe wieder ins Bett. Können Sie mir noch ein paar Flaschen Bier mitgeben?«

In diesem Moment stieg die kleine Frau auf ihren Stuhl und riss das Kabel aus dem Lautsprecher. Das war Betty Bigombe, die härteste Friedensunterhändlerin der Welt.

Kaum zu glauben: Wo alle anderen offiziellen Vertreter versagt hatten, da war diese kleine Frau allein in den Urwald gegangen, um mit Joseph Kony, dem bösesten Mann der Welt, zu verhandeln. Die frühere Regierungsministerin Betty Bigombe spielte im ugandischen Friedensprozess eine weitaus wichtigere Rolle als John, daher beschloss ich, sie zu interviewen, um sie über John auszufragen. Zwanzig Minuten später hatte ich herausgefunden, dass sie glaubte, er sei Single.

Bettys Lebensgeschichte war noch unglaublicher. Als eines von elf Geschwistern, die mit einer Mahlzeit am Tag auskommen mussten, wuchs die nunmehr alleinerziehende fünfzigjährige Mutter in einem Dorf dieser Region auf.

»Oh, ich habe in einem Dorf unterrichtet«, sagte ich. »Wo gingen Sie zur Schule?«

»Harvard«, sagte Betty. Sie wurde Regierungsministerin und bekam den Auftrag, den Krieg mit Kony zu beenden, verlor 1994 ihren Posten und begann ein neues Leben in Washington, nicht zu reden von den Harvard-Auszeichnungen. Dann gab sie das alles auf und kehrte nach Uganda zurück, um in einem letzten Alleingang Kony doch noch zur Aufgabe zu bewegen. Ich wusste schon, welche Frage die ganzen Magazine von mir erwarteten: Findet Sie es schwer, Männer kennenzulernen?

Damit beide Seiten ihr vertrauten, arbeitete Betty unabhängig. »Ich bezahlte die Rechnungen für das Satellitentelefon selber, und die Rebellen erwarten von dir, dass du sie jeden Morgen und jeden Abend anrufst. Ich gab tausend Dollar in einer Woche aus. Ich konnte eines meiner Kinder nicht wieder in die Schule schicken, weil alle meine finanziellen Möglichkeiten erschöpft waren. Ich dachte oft daran, nach Amerika zurückzufliegen«, sagte sie. Aber sie hielt durch.

Kein Weißer ist lebend zurückgekehrt ... Betty umgab sich mit Dorfältesten und einigen Leuten der »Acholi Religious Leaders Peace Initiative«, eine interreligiöse Gruppe von Leuten, die zusammenkamen, um mit Konys Rebellen Friedensgespräche aufzunehmen.

»Natürlich gibt es immer wieder beängstigende Augenblicke«, erzählte Betty. »Du gehst in den Urwald. Weit und breit kein Leben. Häuser, die seit Jahren verlassen sind. Und du weißt, dass die Rebellen dich beobachten. Ich habe einen der Ältesten gesehen, der sich vor Angst in die Hose pinkelte und nicht weitergehen konnte.«

»Würde Kony Sie töten?«, fragte ich Betty. Sie schaute nach oben in den Baum.

»Ich fragte das Kony und seine Nummer zwei, Vincent Otti, und sie sagten: ›Nein, Kony möchte dir überhaupt nichts tun.'« Aber dann erwähnten sie, dass absolut nichts zu machen sei, falls Konys Berater etwas anderes entschieden. Kony hatte mehrere Berater, darunter einen sehr alten Veteranen aus dem Ersten Weltkrieg namens Lakwena, einen Chinesen namens Ing Chu, der behauptete, er könne Geisterjeeps herbeizaubern, um den ugandischen Soldaten Angst einzujagen, und zwei Amerikaner: King Bruce, der angeblich Felsen in Bomben verwandelte, und einen Schlägertyp namens Jim Brickley alias »Who Are You« (kurz für: Wer bist du für Gott?). Sie alle waren furchterregend, unberechenbar und Konys Hirngespinste.

Mir drehte sich der Kopf. Wer war dieser Mann?

»Es begann, als er noch ein Teenager war«, erzählte Betty. »Er bekam Fieber mit Halluzinationen, wo Leute anfangen, mit sich selbst zu sprechen. Dann verschwand er. Eines Tages kam er zurück und sprach tagelang nicht. Schließlich ließ er einige Mädchen zu sich kommen und bat sie, ihm zu sagen, was mit ihm geschehen wird, und zwei Mädchen sagten unabhängig voneinander, dass er ein Anführer sein und Menschen heilen wird. Ich denke, Kony hatte zerebrale Malaria.« Zerebrale Malaria bringt das Hirn durcheinander und wäre eine prosaische Erklärung für Konys Verrücktheit und wahrscheinlich auch für die ausgedachten Gestalten. Aber wie Konys übernatürliche Kräfte sich im realen Leben zeigten, verblüffte jeden. »Ob Sie es glauben oder nicht, die Rebellen machen kleine Modelle von Armeehubschraubern, dann zünden sie sie an, und aus der Art und Weise, wie die Hubschrauber verbrennen, kann Kony vorhersagen, wie die nächste Schlacht ausgeht. Und er hat immer recht, sagen seine Kommandanten.«

Lakwena war das wirkliche Problem. Der italienische Kriegsveteran war der Geist, der den Krieg 1986 begann, als

Alice Auma, eine einfache Bäuerin, ihren Nachbarn verkündete, dass sie ihr gehorchen sollten, weil sie von dem Geist eines italienischen Militäroffiziers besessen sei. Alice versprach ihren Anhängern, dass Kugeln ihnen nichts anhaben konnten, wenn sie sich mit Sheabutter einrieben. Und trotz zahlreicher Hinweise auf das Gegenteil folgten ihr die Leute. Die Menschen im Norden Ugandas waren ihre Armut so leid, dass sie all ihre politische Hoffnung auf eine total Verrückte, beschmiert mit Nussbutter, setzten. Alices »Holy Spirit Movement« (»Bewegung des Heiligen Geistes«) gewann sogar Auseinandersetzungen mit der Armee, bevor eine Konfrontation mit Musevenis Artillerie in einem vernichtenden Kugelhagel endete. Der Geist verließ Alice, fuhr in ihren brutalen Vater, Severino, und nahm schließlich Zuflucht bei einem ihrer Anhänger, nämlich Kony. Alice tauchte später in einem Flüchtlingslager in Kenia auf, von wo aus sie Betty Bigombe mit Telefonanrufen belästigte.

»Sie ist eine Nervensäge. Sie will einfach nur Geld.« Betty runzelte nachdenklich die Stirn. »Sie sagt immer wieder, dass sie zurückkommen will, dass sie den stärkeren Geist in sich hat und Kony seine Geister austreiben kann.«

Oberflächlich betrachtet erschien das alles wie völliger Schwachsinn, aber ein Schwachsinn von Leuten mit Macheten. Ich hatte keine Ahnung, wie John und Betty mit einem solchen Mann Friedensgespräche führen wollten. Dann erzählte Betty mir etwas, was meine geplante Story über den Haufen warf.

Kony, der Kinderentführer, wollte angeblich mit dem Kidnappen aufhören. Er forderte Friedensverhandlungen und das schon seit zehn Jahren.

Mein Kopf schmerzte: Kony hört mit den Entführungen auf? Das war eine schlimme Nachricht. Wenn John versuchte, einen Mann zu stoppen, der sich genau das wünschte, dann hatte ich keine Story mehr. Jeder Promi-Journalist weiß, dass sich ohne einen bestimmten Aufhänger eine Story nicht verkaufen lässt, und ich hatte John bereits erzählt, dass mein Artikel in Arbeit war. Der Person, die man interviewen will, zu sagen, dass die Story nicht erscheint, ist so ziemlich das Letzte. Es ist eine Sache, wenn es sich, sagen wir, um Tom Cruise handelt, aber John Prendergast … das würde seinen Glauben an mich als Profi endgültig erschüttern. Ich müsste den ganzen schönen Traum aufgeben und nach Hause fahren.

Ich fragte Betty: »Sind Sie sicher, dass Kony wirklich Friedensgespräche will? Was ist, wenn er der böseste Mensch der Welt und ein *Lügner* ist?«

Betty antwortete, dass die Rebellen seit Jahren Friedensangebote machten. Noch in der letzten Woche hätten sie davon gesprochen, obwohl die Armee sie angegriffen, Konys Frau gefangen genommen und ein Satellitentelefon erbeutet hatte. *Frieden?* Ich war am Boden zerstört.

Dann erzählte Betty mir noch etwas anderes, vielleicht aus Gefälligkeit: »Es sieht allmählich wie ein Muster aus. Jedes Mal, wenn ich die Regierung informiere, dass ich die Rebellen treffen werde, greift die Armee kurze Zeit später an. Die Gegend, wo sich die Rebellen aufhalten, ist wegen der Netzabdeckung leicht zu identifizieren.«

Tief in meinem von NutraSweet verstopften, sonnenverbrannten Hirn begannen Rädchen zu arbeiten. Die Armee verfolgt Bettys Anrufe und geht unmittelbar danach zum Angriff über. Attackiert was? Konys Truppen bestehen zum größten Teil aus Kindern. Die ugandische Regierung ist unser Freund. Wir geben ihr schließlich eine Menge Geld. Und sie sabotiert Friedensverhandlungen und bombardiert Kinder? Das war doch eine Riesenstory. Ich musste sie schreiben, und wenn er sie gelesen hat, wird sich John Prendergast vielleicht in mich verlieben.

Jäh kehrte ich in die Wirklichkeit zurück, weil um mich herum alles erstarrte. Ein brandneuer grüner Range Rover hielt vor dem Hotel. Das Nummernschild hatte keine Zahlen, nur vier goldene Sterne, und ein Mann stieg aus: ein riesiges Barbecue-Steak von Mann in Kampfkleidung und Schirmmütze. Mit einer unglaublich tiefen Stimme blaffte er die Frau am Empfang an. Sein Blick flog hin und her, als ob er nach jemandem Ausschau hielte, der ihn verarscht hatte. Ich vermutete, dass er immer so schaute. Aber was mir am stärksten an dem Mann auffiel, war sein merkwürdiger Gang: ein Schritt vorwärts, einen halben zurück, als hätte er ein Pendel im Leib.

Mein Gott. Sein Mordsding ist so groß, dass er nicht mehr richtig gehen kann.

Das war Oberstleutnant Charles Otema, Boss der guten Jungs im Kriegsgebiet. Chef des militärischen Abwehrdienstes der ugandischen Armee. Als Auslandskorrespondentin wusste ich, dass es meine Pflicht war, diesen Mann bei der ersten Gelegenheit zu interviewen, aber aus irgendeinem Grund, vielleicht ein Doughnut mit Hühnerdreck, musste ich ganz dringend aufs Klo. Als ich zurückkam, nicht länger als eine Stunde später, war der Oberst schon wieder weg.

Ich sah Betty davongehen und lief ihr nach.

»Betty, diese religiösen Führer, wo kann ich die erreichen?«

»Ihr Büro liegt direkt der Radiostation Mega FM gegenüber«, sagte sie.

»Ausgezeichnet. Ich danke Ihnen. Ach, und sagen Sie auch Ihrer Nichte nochmals vielen Dank.«

Betty runzelte die Stirn.

»Sagen Sie Cleo danke«, sagte ich, »Danke dafür, dass sie mir das Hotel besorgt hat.«

»Ich habe keine Nichte mit dem Namen Cleo«, sagte Betty und ging zu ihrer nächsten Verabredung.

35

Zwei großartige Priester

Na gut. Betty hat zehn Brüder und Schwestern mit je sieben Kindern. Das macht siebzig Neffen und Nichten. Darunter wird es eine geben, von der sie nichts weiß. Mein Großonkel Hermann gab meinem Bruder und mir zu Weihnachten die gleichen Kleider, und wir waren nur zwei... *Jane, Betty studierte in Harvard. Natürlich könnte sie sich an eine Nichte mit diesem Namen erinnern.* Scheiße. Und wenn Cleo irgendeine Verrückte ist, wie hätte sie dich finden können, und warum kannte sie einen der beiden einzigen Namen, die mich ihr vertrauen ließen? *Und du hast Cleo alles über Johns und Bettys vermutlich geheime Verbindung zu Kony erzählt.* Wenn Bettys Telefon abgehört wird, dann ist es die Geheimpolizei, der militärische Nachrichtendienst... Oberst Otema, der Riese. Scheiße.

Ich mochte keine Priester, und bestimmt gab es welche bei der »Acholi Religious Leaders Peace Initiative«. Doch Bettys Beschreibung eines Ältesten, der sich vor Angst angepinkelt hatte, war mir im Gedächtnis geblieben. Vielleicht konnte ich einen von ihnen überreden, es noch einmal vor der Kamera zu machen. Im Büro der interreligiösen Gruppe saß nur eine Sekretärin, und sie gab mir eine Telefonnummer, bei der ich sofort anrufen sollte. Es war die Nummer von Pater Carlos

Rodriguez, Verfasser der wütenden Zeitungskolumnen, die ich im Haus meiner afrikanischen Eltern in Queenstown gelesen hatte. Er schien sehr erpicht darauf zu sein, mit mir zu sprechen, und sagte, er werde am nächsten Morgen kommen.

Um 7 Uhr 30 roch es im Hotel Roma nach frisch gerösstetem Kaffee und frisch gegrillter Ziege. Ich war vom Hotel Sunset herübergekommen, um hier auf den Missionar zu warten. Ich saß auf der Veranda und hielt Ausschau nach einem Mann, der aussah wie Richard Chamberlain in dem Film *Die Dornenvögel*. So fiel mir der weiße Pick-up nicht auf, der am Straßenrand hielt, auch nicht der Mann, der in einem T-Shirt und Khakihose vorsichtig ausstieg. Pater Carlos hätte ein deutscher Tourist sein können, außer dass er nett war. Ein Mann Anfang vierzig, aber mit jugendlichen Augen, die hinter einer Brille mit Drahtgestell blinzelten.

Der Missionar erzählte mir, dass er vor siebzehn Jahren von Madrid nach Uganda gekommen war und auch weiterhin bleiben wollte. Die Menschen seien einfach so freundlich, und da sei selbst das, was Ende August 2002 und danach geschah, zu ertragen.

Es begann mit einem Brief, der aus dem Buschland eintraf.

»Ein anderer Priester, ein älterer Mann namens Pater Tarcisio, und ich hatten eine Beziehung zu einem von Joseph Konys Topleuten aufgebaut, einem Kommandanten mit dem Namen Charles Tabuley«, sagte er.

Der Brief war von den Rebellen und enthielt ein Angebot. Pater Carlos und Pater Tarcisio, bewaffnet mit nichts als einer Bibel, trafen sich mit Konys Männern im Buschland. Die Rebellen brachten siebzehn Kinder mit und übergaben sie den beiden Priestern.

»So kamen sie frei«, sagte Pater Carlos und zeigte auf seinen Pick-up. Kein einziger Schuss fiel. Die Kinder kehrten zu ihren Familien zurück, sagte er, und wenn ich einige der früheren Kindersoldaten kennenlernen wolle, gebe es da eine Wohltätigkeitsorganisation in Gulu, die ich besuchen könne.

Die beiden erhielten von der Regierung und dem militärischen Geheimdienst die Erlaubnis, die Rebellen nochmals zu treffen. Doch als die Priester zurückkamen, um mehr Kinder zu holen – und wie oft kann man das in einem positiven Kontext sagen? –, wurde plötzlich auf sie geschossen. Pater Carlos warf sich auf den Boden: Offensichtlich war er in eine Falle getappt.

»Etwa eine halbe Stunde lang gab es ein Trommelfeuer der Artillerie«, erzählte er. Der Missionar kroch in eine Hütte, als es ihm einfiel – das Grasdach. Er rannte hinaus, und kurze Zeit später ging die Hütte in Flammen auf.

Aber es waren nicht Tabuleys oder Konys Leute, die auf die unbewaffneten Missionare feuerten. Es war die Regierungsarmee. Sie nahm die Priester fest, verprügelte sie und sperrte sie ein paar Tage ein. Und der Vorfall wiederholte sich 2002, als Pater Tarcisio und ein Distriktvorsteher während eines Friedensgesprächs von einer Armeeeinheit angegriffen wurden. Und im folgenden Jahr wurde die Verbindung der Priester zu den Rebellen erneut sabotiert. Sagte Pater Carlos die Wahrheit? Von seinen Zeitungskolumnen wusste ich, dass er kein Freund der Regierung war. Meine Zweifel ahnend rollte er sein ausgeleiertes T-Shirt hoch. Sein Ellbogen war verbrannt und bedeckt mit fleischfarbenen Narben. Katholische religiöse Führer neigen nicht dazu, sich um öffentlicher Anerkennung willen selbst zu opfern. Dieses Vorrecht haben bereits die Buddhisten für sich in Anspruch genommen. Ich versuchte mir die Armee vorzustellen, die eine solche Entscheidung traf. Ich mag keine Priester, aber ich habe noch nie einen angezündet.

Für mich war die Sache klar: Die Priester hatten bewiesen, dass es möglich war, die Kinder unverletzt rauszuholen, aber es gab Leute, die das nicht wollten. Und nun hatte ich den lebenden Beweis in Gestalt eines Missionars und seines verbrannten Arms. Ich machte ein Foto von Pater Carlos und ging zurück zum Hotel Sunset.

36

Mösenwasser

Ich tat, was jeder getan hätte, um diese Information zu ver-
dauen: Ich ging joggen. Ich wusste jetzt schon, dass dies kein
800-Wörter-Artikel für das Magazin *Glamour* über Nicole
Richie und ihren armen Rettungshund Foxxy Cleopatra werden würde.

Sie ist zwar ein nettes Mädchen, aber Foxxy ist kein armer Hund, sondern eine Ratte, die Glück hatte.

Vieles sprach dafür, dass so etwas wie eine Vertuschung im Gange war, möglicherweise von der britischen Regierung, mit Hilfe meiner Schlüpfersteuer bezahlt. Oder was noch beängstigender wäre: Niemand machte sich die Mühe, etwas zu vertuschen – und trotzdem berichtete niemand darüber. Dies war eine schockierende Einsicht, ja mehr als das, es war ein Desaster. Es bedeutete schließlich, dass ich in Gulu bleiben und weiterrecherchieren musste. Mit John hätte ich jetzt beim Abendessen mit Sonnenuntergang in einer Safari-Lodge die Fakten überprüft. Aber was ich allein herausgefunden hatte, würde ihn bestimmt beeindrucken.

Dann begann die Sache merkwürdig zu werden. Als ich vom Joggen zurückkam, stellte ich fest, dass mein Zimmer nicht zugesperrt war. Jemand hatte meine Kamera mitgenommen. Nicht das Geld, nur die Kamera. Ich schaute mich um, aber der Hof war leer. Ich ging zur Rezeption und hatte mit der Dame folgende Unterhaltung.

»Hi, meine Kamera ist gestohlen worden ...«

»Das glaub ich nicht«, sagte sie aggressiv lächelnd.

»Sie lag in meinem Zimmer, und nun ist sie nicht mehr da«, sagte ich.

»Vielleicht haben Sie sie irgendwo liegen lassen. Wo waren Sie denn heute?«

»Hören Sie, jemand war in meinem Zimmer! Es wimmelt hier von Polizisten, aber der Schlüssel steckt in der Tür, und meine Kamera ist weg!«

Sie lächelte mich wieder an. »Sind Sie sicher, dass Sie eine Kamera hatten?«

Verwicklungen sind ein Luxus für Frauen mit großen starken Freunden. Ich erwartete keinen Kundenservice wie in

Los Angeles, wo die Empfangsdame mir den Rücken massiert hätte, um mich davon abzuhalten, sie wegen »Verletzung des Glücksanspruchs« anzuzeigen.[*] Ich zog aus und nahm ein Zimmer im Hotel St Jude.

Das Hotel St Jude war auf schräge Weise angenehm. Blumen blühten in Kanistern, die eigentlich dafür gedacht waren, Sojaöl-Rationen für die Hungernden aufzubewahren. Die Zimmer waren mutigerweise mit englischen Toiletten ausgestattet, die allerdings mit afrikanischen Wasserleitungen nicht fertig wurden und infolgedessen mit stinkenden gelben WC-Tabletten vollgepackt waren. Ich fasste den Entschluss, nicht mehr zu pinkeln. In dem zum Hotel gehörigen Straßencafé kämpfte sich ein niederländischer Student durch Materialien zu Konfliktlösungen in Afrika – keine sechs Monate Studium der Kunstgeschichte in der Toskana für diese stämmige Rasse –, und ein Paar mit derartig vorstehenden Zähnen, dass ich etwas verwirrt war, schlurfte wie Vogelbeobachter in Sandalen herum. Mir taten sie leid, dass sie sich unglücklicherweise für einen Urlaub in Gulu entschieden hatten, bis ich beim Frühstück hörte, worüber sie sich aufregten. Irgendein unglaublicher moralischer Verfall empörte sie.

»Es ist so schwer, heutzutage gut gemachte Bibeln zu bekommen«, schnaubte sie. Ich stand auf und verschwand.

*

Ich vermutete, dass die religiöse Gruppe mich auf eine Spur bringen würde. Da ich nie ein Junge mit rosa Popo war, hatte

---

[*] Das ist noch gar nichts. Ein Immobilienmakler in L.A., den ich interviewte, wurde von einem Klienten verklagt, nachdem ein anderer Käufer das Haus, das er wollte, bekommen hatte. Der Rechtsstreit? »Vorsätzliche Enttäuschung einer Hoffnung.«

ich auch keine Schläge von Priestern bekommen, aber ich erinnerte mich vage aus dem Geschichtsunterricht, dass viele von ihnen hingerichtet worden waren. Sie mussten also bestimmten Leuten in die Quere gekommen sein.

Da ich mehrfach in dem Büro der »Friedensinitiative« auftauchte, sprach es sich unter den religiösen Führern schnell herum, dass da eine britische Journalistin in der Stadt war, die mit ihnen sprechen wollte.

Der erste war ein Priester aus der Frontstadt Kitgum. Bei einer Tasse Tee redete er wie ein Schulklassenstreber, der der Mogelei beschuldigt wurde: aufgeregt und entrüstet. »Ich werde beobachtet. Sie haben im Hotel Bomah mein Auto verwanzt!«, behauptete er. Er hatte seiner Gemeinde eine von Pater Carlos' Kolumnen vorgelesen, und kurz danach standen siebzig Soldaten vor seinem Haus. Man beschuldigte ihn, mit den Rebellen zu kollaborieren, infolgedessen er eingesperrt und dann ohne Anklage wieder freigelassen wurde.

Ein hohes Tier erklärte sich bereit, mit mir zu sprechen: ein altgedienter Bischof. Ich fuhr gleich mit einem Motorradtaxi zur Mission. Der Bischof war ein weißhaariger Mann in einem purpurroten Hemd. Er saß in seinem Büro vor einer himmelblauen Wand, ein Bild wie aus einem Designer-Magazin. Er begrüßte mich mit der in Uganda traditionellen Thermosflasche voll kochend heißem Tee und schüttete, ohne zu fragen, Zucker in meine Tasse. Soviel Zucker hatte ich seit der Großen Männerdürre 1991–97 nicht mehr zu mir genommen.

»Ich habe gehört, dass Leute, die Friedensgespräche mit Joseph Kony organisieren, gewaltsam daran gehindert werden«, begann ich und stellte meine Tasse Teesirup hin, um Notizen zu machen. Aber der Bischof antwortete nicht darauf, er hatte etwas auf dem Herzen.

»In einem Lager ist etwas passiert. Eine Frau hat etwas ganz, ganz Schlimmes getan. Eine schlimme Sache in einem der Lager«, sagte er. Was immer es war, es ließ dem Bischof keine Ruhe. »Sie hat etwas sehr Schmutziges getan. Eine wirklich schmutzige Sache. Wenn ich Ihnen erzähle, was sie getan hat, Sie würden es nicht glauben. Wollen Sie es hören?«

»Natürlich«, log ich und legte meinen Kuli wieder hin.

»Der Mann hat jetzt nur noch einen Arm«, sagte er warnend.

»Wirklich?«, sagte ich, beachtete aber die Warnung nicht.

»Die Leute glauben, dass das so ist, weil er verhext wurde.«

»Wie?«

»Sie wusch ihre Genitalien und gab dem Mann das Wasser zu trinken!«, rief er aus.

»Okay.«

»Ich sagte zu meiner Frau: ›Wenn sie es wie andere in einem Swimmingpool getan, sich dort gewaschen hätte, das wäre in Ordnung, das würde mich nicht so anwidern.‹«

»Nein, das wäre wirklich etwas anderes gewesen«, stimmte ich zu. Er grübelte noch eine Weile über das Mösenwasser nach, bis sich sein Gesicht entspannte. Ich nahm meinen Kuli wieder in die Hand.

Dann runzelte der Bischof die Stirn. »Aber wenn sie zuvor Sex hatte und sich dann die Genitalien waschen und mir das Wasser zu trinken geben würde, das würde mir überhaupt nicht gefallen.«

»Nein«, sagte ich. Ich würde Pater Carlos' Geschichte nie bestätigt bekommen.

Doch dann hatte ich unerwartet Glück. Der Bischof hatte noch etwas anderes auf dem Herzen. Vor einiger Zeit war er in etwas verwickelt, was schlimm ausgegangen war. Seitdem lebte er in Angst.

Seine Kollegen hatten sich mit einigen Kommandanten Konys getroffen, erzählte er. »Sie wurden angegriffen. Das Gleiche wiederholte sich bei einem Treffen mit Mitgliedern aus dem Umkreis des Präsidenten. Auch sie wurden bei einem solchen Treffen attackiert.« Und nun sei er in einer heiklen Lage. »Die Rebellen betrachten die Kirchenleute inzwischen mit Misstrauen. Verstehen Sie, in welcher Lage wir uns befinden? Eine sehr gefährliche Lage. Wir sitzen in der Falle.«

Die Friedensgespräche von 2003, die Pater Carlos erwähnt hatte, waren eine größere Sache, als ich gedacht hatte. Zumindest verstand ich, was es bedeutete, wenn man in einem Land, das einen Guerillakrieg führte, eine der beiden Seiten verärgerte. In der nahegelegenen Provinz Pader griffen sich Konys Männer siebenundzwanzig Menschen heraus, von denen sie behaupteten, sie hätten Verbindung zu einem »Kollaborateur«. Einige von ihnen wurden ermordet. Ich war froh, dass dieser gastfreundliche alte Mann sich für eine Weile mit einem einfachen Fall von Schwarzer Magie ablenken konnte.

Ich überließ ihn seinen Gedanken über Genitalwaschung und dem überzuckerten Tee und fuhr wieder zu dem Missionar.

Pater Carlos' Büro ähnelte eher einer Anwaltskanzlei als einer religiösen Institution. Dort gab es mehr Aktenschränke als Bücherregale.

Pater Carlos lud von seinem Laptop eine Datei auf einen USB-Stick und gab ihn mir. Es war sein Tagebuch. Hier sind zwei Auszüge daraus:

6. März 2003
Als Salim Saleh [Präsident Musevenis Bruder und hochrangiger Armeeoffizier] eintraf, teilte er uns mit, dass der Präsident

sich vielleicht ein wenig verspäten wird… In der Zwischenzeit riefen uns Pater Tarcisio und Rwot Oywak an, um uns zu sagen, dass das für die Friedensgespräche vorgeschlagene Gebiet voll von schwer bewaffneten UPDF [Ugandan People's Defence Force]-Einheiten war.

Mit anderen Worten, die Armee hatte den Verhandlungsort infiltriert, bevor die Gespräche beginnen konnten. Im Tagebuch hieß es weiter:

Um die Verwirrung noch zu vergrößern, rief mich ein Major der UPDF an (seine Nummer ist in meinem Telefonbuch) und gab sich als Rebellenkommandant aus. Ich beschloss, das Spiel mitzumachen. Was Salim Saleh mir sagte, ist wahr. Es gibt zweifellos Leute beim militärischen Geheimdienst, die versuchen, diese Friedensbemühungen zu vereiteln, aus Gründen, die sie selbst am besten kennen… Wir brachten die Rebellen dazu, sich für Friedensgespräche in einem bestimmten Gebiet zu versammeln, und dann ließ die Regierung sie angreifen. Es ärgert und bestürzt uns ungemein, dass man uns als Köder benutzt…

Selbst ich verstand das: Sogar der Bruder des Präsidenten war nicht in der Lage, die Sabotage der Friedensgespräche durch das Militär zu verhindern. Und dem Geheimdienst schien es nichts auszumachen, dass Pater Carlos Telefonnummern seiner Leute speicherte. Hieß das, dass der Präsident keine Ahnung hatte von dem, was vor sich ging, und dass seine Armeechefs verrücktspielten wie einst Idi Amin, oder bedeutete das, dass Präsident Museveni sehr genau wusste, was gespielt wurde, und sich nur zurückhielt, um die Friedensgespräche zu verhindern und gleichzeitig als der Gute dazustehen?

Pater Carlos schien recht zu haben mit seiner Feststellung, dass sie nur als Köder benutzt wurden: Wenn ich Kony wäre, würde ich die Priester nicht einmal mehr die Toiletten sauber machen lassen.

37

Die Fanta-Gang

Etwas war im Gange in Uganda. Ein teuflischer Rattenfänger zog Kinder aus ihren Häusern, und das seit Jahren, doch die Armee attackierte diejenigen, die etwas dagegen unternahmen. Ich war nun sehr erpicht darauf, den Oberst zu treffen. Also ging ich dorthin, wo er sich gern aufhielt – im Garten des Acholi Inns –, kaufte ein Glas Ameisen in Bier und wartete.

Schließlich hielt ein Lastwagen mit quietschenden Bremsen vor dem Hotel, die Tür ging auf und der Oberst quälte sich heraus. Sofort erschrak ich wieder. Er war wirklich ein Angst einjagender Mann, und mir war noch nicht klar, ob er dumm war, was ihn noch gefährlicher machen würde. Beim Gehen schwenkte er die Arme, vielleicht um das Gleichgewicht zu halten. Wenn er sich plötzlich mit dem, was in seiner Hose herumschlenkerte, umdrehte, konnte es ihn bestimmt wie ein Lasso einfangen.

»Oberst, es ist mir ein Vergnügen. Ich bin von der *Sunday Times* und …«

»Heute habe ich zu viel zu tun. Ein Armeesprecher wird sich Ihrer annehmen. Zeigen Sie ihm Ihre Arbeitserlaubnis«, sagte er. Er gab mir noch den Namen des Mannes, der mir alles, was ich über ihn wissen wollte, erzählen würde, vermutlich auch, dass er immer noch größer und besser als Christina Aguilera ist, und ging weiter.

Ich setzte mich wieder hin und teilte mit den Ameisen das Bier. Das Acholi Inn wurde immer unerfreulicher: Der ganze Ort hatte die Ehrlichkeit einer Supermarkttoilette, die nur widerwillig installiert worden war, damit die Kunden nicht auf den Boden pinkelten. Die einzigen Leute, die einen Drink in weniger als zwanzig Minuten bekamen, waren die paar hohen Tiere unter dem Mangobaum. Die Kellner brachten ihnen übereifrig Flaschen mit orangefarbener und gelber Fanta, und die Teller, die sie bekamen, waren vollgepackt mit Reis. Die Bosse kamen gern in das Acholi Inn, da es einen Swimming-pool hatte. Natürlich war niemand drin. Überall auf der Welt ziehen Hotelpools Leute an, die Wasser als Hintergrund mö-gen, um nonchalant auszusehen, während sie aber vollständig angezogen sind. Hollywood ist die Ausnahme, da alle bei je-der Gelegenheit ihre ordentlich erledigte Hausaufgabe – ihren Körper – vorführen wollen. Auf der letzten Party in Malibu, zu der ich ging,* wimmelte es von Frauen, die sich in ihren Bikinis am Büfett rumtrieben. Mich schert es einen Dreck, wie viele Pilates-Übungen sie machen, ich will nur nicht ihre kaum verhüllten Schamberge über meinem Guacamole. Das ist einfach unpassend.

Ich konnte den Sprecher des Obersts auf keinen Fall kon-taktieren: Das Letzte, was ich brauchen konnte, war ein Presse-mensch. Ich musste mit dem Boss sprechen. Arbeitserlaub-nis? Ich wusste nicht mal, dass man so etwas als Journalist in Uganda benötigte. Das konnte ein Problem werden, da der offizielle Brief von der *Sunday Times*, der besagte, dass ich für

---

* Ich glaube, es war die von Snoop Doggs Manager, aber ich habe keine Fakten, die das belegen können.

sie arbeitete, zerknittert in meiner Reisetasche lag und inzwischen aussah, als hätte ich ihn selbst in einem Kopierladen hergestellt.

Der Barmann kam zu mir herüber. »Warten Sie auf jemanden?«

Aber ja. Er ist in den Vereinigten Staaten. Ach, leider ist die Zeit der Reisegefährten und Diener für Ladys vorbei, als man einfach jemanden anheuern konnte, der einen um die Welt begleitete, damit sich niemand fragen musste, was mit einem nicht stimmte. In Los Angeles stellt eine unverheiratete Schauspielerin normalerweise ihre Schwester ein und nennt die Glückliche ihre Produzentin. Schauspieler, die Single sind, lassen sich von einem befreundeten Kiffer begleiten und nennen ihn ihren Berater.

Während der Barmann das Besteck vom Tisch nahm, wurde mir bewusst, dass ein Begleiter nicht nur dazu diente, dem Hotelpersonal das Gefühl zu geben, dass man normal war, sondern auch einem selbst.

Das Gefährliche am Alleinsein ist der Zweifel. Mach ich dies oder das? Geh ich dorthin? Vertraue ich dieser Person? Ich weiß nicht. In L.A. beschreiben Leute ihre »Lebenspartner« als einen Ort der Sicherheit, was widerlich, aber zutreffend ist. Ohne ihn dreht man sich in endlosem Zweifel. Was machte ich eigentlich in *Uganda*?

Und was *ist* das für ein Lärm? Jemand wählte einen Klingelton aus dem weltweit gleichen Angebot erbärmlicher Pieptöne. Futuristisch? Er kam von der Fanta-Gang unter dem Mangobaum. Das brachte mich auf eine Idee. Wenn du kein Date mit dem Chef kriegen kannst, dann mach dich an seine Freunde ran und richte dich auf ein langes Spiel ein. Einer von ihnen war bestimmt mit dem Oberst befreundet. Scheiß auf die Zweifel! Ich tippte eine falsche Nummer in mein Telefon, nahm einen Kuli aus der Tasche und ging hinüber zur Fanta-Gang.

*

Sie waren zu sechst. Am einen Ende saß ein kleiner Mann mit den Zügen eines gealterten Kindes, am anderen ein schlanker hartgesichtiger Mann, der nicht mitredete, nur etwas von Geschwüren murmelte und sich den Bauch rieb. In der Mitte saß ein riesiger kegelförmiger Mensch, der vom Himmel direkt auf den Stuhl gefallen zu sein schien. Er sah aus wie eine Kreuzung zwischen dem Wrestler Giant Haystacks und Elvis. Hier mitten in Gulu war ein Mann mit großen schwarzen Elvis-Koteletten, einer Tolle und einer Elvis-Jacke mit passendem Hemd und einer Hose aus wild gemustertem Stoff. Er war unverkennbar ein wichtiger Mann. Ich war mir nur noch nicht sicher, ob er die Elvis-Imitation bewusst kultivierte oder ob es noch niemand gewagt hatte, ihm die Wahrheit zu sagen.

»Hier, schau mal! Ich mache ein Foto«, sagte der Riesen-Elvis, nahm ein Handy und fotografierte seinen Freund. »Nun bring ich sein Bild mit seiner Nummer zusammen, schau, und du rufst mich jetzt an… Nicht du, er… nein! Ich sagte du, nicht er!« Schließlich klingelte sein Telefon. »Und seht her! Er ist es jetzt, der mich anruft!«

Ich steuerte auf den Riesen-Elvis zu.

»Entschuldigen Sie, ich versuche immer wieder, in Kampala anzurufen, aber es funktioniert nicht.«

»Geben Sie mal her! Ah, sehen Sie, Sie müssen zuerst die Null drücken.« Das Großartige der Fortschritte in der Technik ist, dass sie Frauen die Möglichkeit geben, so zu tun, als ob sie dumm wären, gerade dann, wenn es mit den alten Tricks zu offensichtlich geworden ist.

»Arbeiten Sie für eine NGO?«, fragte er.

»Nein, ich bin Schriftstellerin – Jane, hallo. Ich schreibe eine Geschichte über den Krieg. Es ist toll, dass der Krieg jetzt vorbei zu sein scheint – Entschuldigung…« Ich ließ meinen Kuli zu Boden fallen und hob ihn wieder auf, wobei ich mich weit nach vorn beugte in einem Kleid, das besser zugeknöpft hätte sein können.

»Nehmen Sie Platz. Ich bin Walter«, sagte der Riesen-Elvis. »Sie würden das Gulu von damals nicht wiedererkennen.«

»Wie sah es denn hier aus?«

»Überall liefen Rebellen herum…« Es stellte sich schnell heraus, dass Walter der Vorsitzende von Gulu – also der Bürgermeister – und ein netter Kerl war. Die anderen stellten sich als höhere Offiziere und Bosse von Wohltätigkeitsorganisationen vor.

»Können Sie mir erklären, wie Kony es all die Jahre geschafft hat, ungestraft davonzukommen?«

»Der Sudan«, sagte Walter. »Kony versteckte sich im Sudan.«

»Warum haben Sie ihn nicht einfach von dort geholt?«

»Die rote Linie«, sagte das gealterte Kind. »Die Armee darf nicht die rote Linie überschreiten.«

»Welche rote Linie? Und wer bestimmt das?«

»Bashir.« Die rote Linie, erfuhr ich, markierte die Grenze eines gesetzlosen Landstreifens im Süden des Sudans, wo sich Konys Versteck befand. Im Jahr 2002 erlaubte Bashir der ugandischen Regierung in den Sudan zu kommen, um Kony zu jagen. Nördlich der roten Linie jedoch war es ihnen nicht erlaubt, nach ihm zu suchen. Wohin also zog sich Kony zurück? Nördlich der roten Linie. Als die Gefahr vorüber war, ging er wieder zurück nach Uganda.

Jetzt war er irgendwo in der Republik Kongo. Also gleich nebenan. Warum haben sie ihn dort nicht gefasst? Mangel an

Ausrüstung, antworteten sie, aber nun hätten sie hochmoderne Hubschrauber, um nahe an das Ziel heranzukommen: Der Bombenangriff, von dem Betty gesprochen hatte – in der vergangenen Woche, als die Armee Konys Satellitentelefon und seine Frau kriegte –, sei ein voller Erfolg gewesen. Konys Hauptbrigade sei zerstört. *Aber der Heiße Frank sagte mir, es gebe achtzig in einer Gruppe allein ...*

Wann? Vor Monaten? Die Armee habe alles unter Kontrolle, war sich die Fanta-Gang einig. Oberst Otema habe auf diese Weise Tausende von Kindern gerettet.

Aber die Priester hätten es ohne Blutvergießen geschafft, wandte ich ein.

»Ja, eine Handvoll Kinder«, kam die Antwort.

»Aber wenn es eine Chance gibt, dass Betty Kony dazu bringt aufzuhören, ohne dass massenhaft Soldaten und Kinder getötet werden ...«

Fast alle Mitglieder der Fanta-Gang nannten Betty eine Optimistin – was niemals als Lob gemeint ist. General Joseph Kony führe eine Armee an, die bis zum Tod kämpfen werde, Oberst Charles Otema sei ein Mann des Militärs, dies sei eine Angelegenheit zwischen Soldaten.

Ich fragte, ob sie John Prendergast kannten, und der schlanke hartgesichtige Mann sagte schließlich: »Ah ja, der Friedensmann«, und strich lachend mit den Händen über sein nicht vorhandenes langes Haar.

Okay, das reicht. Ich murmelte, dass ich mir eine neue Kamera kaufen müsse, stand auf und prallte mit einem Mann zusammen, der in dem Moment an den Tisch trat: ein knuddeliger Großvatertyp mit meliertem Haar und einer sanften Stimme. Er stellte sich als Brigadier Kenneth Banya vor und fragte sofort, als er von meiner gestohlenen Kamera hörte, ob er mir irgendwie behilflich sein könne. Er lächelte mich mit einem seligen Ausdruck an. *Na toll, ich werde von einem alten Sack angemacht.*

Es stellte sich schnell heraus, dass Banya der Leiter eines Rehabilitationszentrums für Kindersoldaten war. Auf der Labora Farm versuchte man Kindern zu helfen, die den Rebellen entkommen waren. Großartig: Ich hatte selbst die Fanta-Gang falsch eingeschätzt. Und Banya erzählte mir noch etwas, was ich nicht wusste. Kony entführte auch Erwachsene. Banya war genau die richtige Person, um den Kindern zu helfen, weil er wusste, was sie durchgemacht hatten. Er war selbst in Konys Armee gewesen, bis Männer des Obersts ihn befreit hatten.

»Im Busch gibt es Schlangen, Löwen, Leoparden, Büffel und Elefanten«, sagte er.

Es kam noch schlimmer. Als ich Banya fragte, warum niemand Kony bisher gefasst hatte, sagte dieser nüchterne alte Mann, selbst er könne die Geister nicht einfach und pauschal abtun.

»Es ist komisch«, sinnierte Banya, »alle Kinder sagen: ›Seine Geister können hören, was ich denke. Er hört mich selbst jetzt.‹«

Was wusste ich schon? Nord-London war nicht berüchtigt als Ort dämonischer Besessenheit, mal abgesehen von Amy Winehouse, und ihre Dämonen flüsterten ihr nicht zu, in den Südsudan einzudringen, sondern forderten sie auf, mehr Drogen zu kaufen.

Banya lud mich ein, die Labora Farm zu besuchen und mit den Kindern zu sprechen. Walter sagte, er werde mir sehr gerne bei meiner Story helfen und ich sei jederzeit auf seiner Fischfarm willkommen. Ich glaube nicht, dass es ein Euphemismus war.

Ich ging zurück zu meinem Hotel und schmollte wie ein richtiger Reporter. Vielleicht gab es doch keine Verschwörung,

Kony entkommen zu lassen. Vielleicht wollte der Oberst nicht, dass sich die Priester einmischten, weil dies eine Sache zwischen ihm und Kony war, zwei Männern des Militärs. Vielleicht wollte der Oberst den Krieg auf seine Weise beenden, mit einer Bombe, um dann auch wirklich sicher zu sein, dass Kony tot war. Fazit: Die Mitglieder der Fanta-Gang waren wie Kony afrikanische Soldaten, die Jahrzehnte kämpfend im Buschland verbracht hatten. Ich war nur ein Mädchen aus der Mittelschicht aus Muswell Hill-Highgate, das nicht mehr wusste, was es denken sollte.

38

Aus einem Roman von Stephen King

Draußen wurde es dunkel, und diesmal saß ich nicht mit einer Schüssel heißem Posho auf dem Bett, sondern ich war auf der Straße. Plötzlich geriet ich in eine Szene aus einem Roman von Stephen King. Wie aus dem Nichts tauchten von allen Seiten Kinder auf. Tausende von ihnen, eine Menschenwoge aus Kindern jeden Alters. Sie strömten aus jeder Straße und jedem Feldweg in die Stadt. Manche trugen Schulbücher, andere Decken, einige hatten sich weiße Säcke der UN-Lebensmittelhilfe übergezogen. Das Ganze hatte etwas Außerirdisches – ein kleines Mädchen in einem steifen rosa Ballkleid schien zu schweben. Sie wussten genau, wohin sie gingen, und einige sangen. Das Singen von Kindern finde ich immer unheimlich, und hier machte es die Szene noch bedrückender. Eine Gruppe trennte sich und lief über ein Feld. Ich hatte Mühe, mit ihnen Schritt zu halten. Neben mir ging ein kleiner Junge.

»Wo sind deine Eltern?«

»Im Dorf.«

»Wohin geht ihr?«

»Zu den Schutzhütten.«

»Warum geht ihr dorthin?«

Da rannte er weg und schlüpfte durch ein Tor, hinter dem

so etwas wie ein großer Schuppen war. An dem Tor stand ein Wachmann mit einem Gewehr. Die Kinder kämen jeden Abend zum Schlafen hierher, sagte er, wegen der Rebellen. Morgens gingen sie dann wieder in die Schule und kehrten zurück, bevor es dunkel wurde. Innendrin schienen keine Schlafräume zu sein oder auch nur Betten. Alles, was ich sehen konnte, waren hässliche Betonhütten. Ich versuchte, einen besseren Blick auf alles zu bekommen, aber der Wächter stützte sich schwer auf sein Gewehr und ließ mich nicht hinein.

Immer mehr Kinder kamen aus der Umgebung, und nun bemerkte ich, dass überall auf dem Gelände Schlafplätze waren. Eine ganze Stadt aus Kindern wurde von bewaffneten Männern bewacht, damit das Schreckgespenst Kony, das nicht aufzuhalten war, sie nicht in der Nacht aus ihren Betten wegzaubern konnte.

Die Welle versiegte allmählich, und nach und nach fielen die Tore zu. Alle Kinder waren aus der Stadt verschwunden. Ein Hund bellte. Ich stand allein in einer pechschwarzen Nacht. Nichts. Nur Dunkelheit.

39

Unter Kindersoldaten

Kony war nicht tot. Sonst hätten Eltern ihre Kinder nicht jeden Abend kilometerweit an einen sicheren Ort geschickt. Ich rief Banya an, um ihn wegen seiner Einladung beim Wort zu nehmen, und machte mich dann auf den Weg zur Labora Farm. Vielleicht entführte Kony immer noch Menschen, weil er das einfach am besten konnte. Es gab einen Weg, um herauszufinden, ob er seinen Job gut machte: Man fragte die Leute, die für ihn arbeiteten. Niemand kennt die Geheimnisse eines Chefs besser als seine Angestellten.

Ich nahm das *Boda*, dessen Fahrer am breitesten lächelte, und schon nach kurzer Zeit fuhren wir durch einsame Sonnenblumenfelder. Die Hitze lastete wie ein Gewicht auf unseren Schultern. Ich hatte so etwas wie ein erlebnispädagogisches Zentrum erwartet, mit Kindern, die Selbstbildnisse machten, indem sie Makkaroni auf Pappkarton klebten. Stattdessen war die Labora Farm nur ein Bauernhof, auf dem Kinder arbeiteten. Teenager saßen auf einer Plane und pulten die Körner aus Zuckermaiskolben.

Von Banya keine Spur, aber schließlich hüpfte ein Mann auf einem Bein heran, Achama Jackson, ein früherer Gefangener, der nun als Farmverwalter arbeitete. Er sagte mir, Banya sei irgendwo aufgehalten worden. Auch Achama war nicht mehr der Jüngste, und wie Banya schien er an Geister zu glauben. Er erzählte mir, dass er von einem Jungen gehört habe, der darauf vorbereitet worden sei, als Gefäß für Konys Geist zu dienen, falls er sterben würde.

Ich fragte die Kinder nach Kony, aber sie waren verschlossen, starrten auf die Plane und flüsterten kaum verständlich ihre Namen. Ich hatte keine Ahnung, ob sie Angst vor Konys Geistern hatten, trotzdem versuchte ich mich als eine Person mit einem stärkeren Geist auszugeben. Offensichtlich funktionierte es nicht.

Ich bedankte mich bei Achama und ging zurück zu dem *Boda*-Fahrer, der sein breites Lächeln verlor, als er mich mit den Kindern sprechen sah. Auf der Rückfahrt übers Land brannte die Sonne noch heißer. Ich sah unterwegs ein Mädchen, das auf einem Seil balancierte, in der Hand eine Sandale, mit der es redete. Alles schien die verschwommenen Ränder eines Traums zu haben. Hatte Betty recht? Hatte John recht? Hatten die Männer unter dem Mangobaum recht? War überhaupt irgendetwas von all dem geschehen? Ich hatte nicht bemerkt, dass der Fahrer auf mich einredete. Er war böse.

»Warum hassen Sie Jesus?«, fragte er mich unvermittelt. Das machte mich hellwach. Wann endlich werde ich lernen, einen freundlichen Menschen von einem Verrückten zu unterscheiden? Großartig, es war mir nicht nur misslungen, die Kinder davon zu überzeugen, dass ich einen Geist in mir hatte, geschweige denn einen mächtigen, nun war ich auch noch in einen Streit über Religion verwickelt. Wer sagt, dass schwarze Taxis teuer sind?

Irgendwie schafften wir es bis Gulu. Ich war reif fürs Bett, ließ mich jedoch von dem Verrückten an der »Charity« absetzen, die Pater Carlos erwähnt hatte, eine kleine lokale Hilfsorganisation für Kindersoldaten. Es klang ein bisschen nach frommer westlicher Nächstenliebe, aber ich dachte, einen Versuch wäre es wert.

*

Ich hatte mich geirrt: Es war keine Einrichtung *für* Kindersoldaten, sondern *von* Kindersoldaten. Sie alle waren vor Jahren entführt worden und konnten irgendwann fliehen. Als sie erwachsen waren, schlossen sie sich zusammen und gründeten ihre eigene bescheidene Version von Oxfam. Jetzt ging es richtig los, denn im Gegensatz zu den Kindern der Labora Farm konnten die früheren Kindersoldaten nicht aufhören zu reden, und sie waren irrsinnig komisch. Als ich erwähnte, dass ich vielleicht auch meine Nachforschungen auf den Sudan ausdehnen müsse, aber kein Visum für das Land hätte, dachten sie sich als alte Soldaten sogleich ein paar hilfreiche Operationen aus. Wenn ich es richtig verstand, sollte ich um sieben Uhr morgens viele hundert Kilometer von Gulu entfernt auf einen Mann warten, und zwar im Hinterzimmer eines Ladens, versteckt hinter einem Stapel Margarinebecher, und von dort aus beobachten, welcher der Lieferanten mit den sudanesischen Grenzbeamten gemeinsame Sache machte.

»Nicht der, Jane ... nicht der ... *der da*! Er hat einen Bruder. Aber sag niemandem, dass er weiß, wo man ein Visum bekommt. Du triffst ihn morgen früh um sieben hinter der Grenze.« Ich bin fest davon überzeugt, wenn ich es getan hätte, hätte ich das Visum bekommen.

Später wurde ich Zeugin eines bühnenreifen Streits zwischen dem Friedenskoordinator und dem Vorsitzenden des Eingliederungsprogramms.

Entschuldigung, ich sollte ja schreiben, dass die Kindersoldaten ihre Leiden mit stoischer Würde ertragen. Da das impliziert, dass Leute in der Dritten Welt den ganzen Tag herumsitzen, gekidnappt werden und auf irgendeinen TV-Star warten, der mit ihnen während einer Wohltätigkeitswoche Fußball spielt, werde ich das nicht tun.

Die Kindersoldatengruppe hatte sechs Mitglieder, und während ich dort war, kamen immer wieder andere junge Leute herein, um mit mir zu reden. Oft trugen sie Babys auf den Rücken. Beaufsichtigt wurden sie von Stella und Jessica, zwei ehemalige Sexsklavinnen, die jetzt für die Gesundheitserziehung verantwortlich waren. Die Gruppe besuchte regelmäßig die Flüchtlingslager, kümmerte sich um Entflohene, so dass sie und ihre Kinder, die sie aus dem Busch mitgebracht hatten, das Notwendigste verdienten. Es waren keine glamourösen Jobs. »Einige arbeiten für tausend Shilling [dreißig Cent] pro Tag. Sie schmieren Kuhdung an Wände«, erklärten sie mir. Diese Gruppe bekam keine Unterstützung von großen Wohltätigkeitsorganisationen; und das einzige Büro, das sie sich leisten konnten, befand sich neben einer Schreinerei. Ihre Gespräche über Frieden fanden Tür an Tür mit dem Schreinereilärm statt.

Wohltätigkeitsvereine lieben Titel, und auch hier hatten sich alle sechs zu Vorstandsmitgliedern ernannt. Steven war unter Kony einer seiner Geheimdienstexperten gewesen. Er war als Spion ausgebildet und konnte sich das Verhalten nicht abgewöhnen. Er nannte die Leute nie beim Namen, sondern nur »dieser Mann« oder »diese Frau«, abgesehen von Kony, der stets nur »der Mann« war. Wann immer Steven mit mir sprechen wollte, schaute er über die Schulter und sagte: »Nicht hier«, und wir bewegten uns ein paar Schritte nach rechts. »Okay, Jane. Dieser Mann sagt – Oh. Nicht hier.« Und wir gingen wieder ein paar Schritte nach links.

Der Vorsitzende Alan hatte Sinn für Wall-Street-Kleidung und war der fröhlichste Mensch, den ich seit Jahren getroffen hatte. Wenn man solchen Leuten in L.A. begegnet, sind sie gewöhnlich im Stimmungshoch eines Serotonin-Wiederaufnahmehemmers, kurz bevor sie durchdrehen und ein Postamt überfallen.

Vergnügt erzählte Alan, wie er entführt und einem fetten Schlägertyp namens Ochen übergeben worden war: »Ein kleiner Mann, braun und sehr grob. Er schlug gerne seine Frauen.« Einer seiner Brüder war vor seinen Augen getötet worden, ein anderer wurde im Busch krank und starb. »Ich kann nichts tun, um sie wieder zurückzubringen. Deshalb habe ich diese Gruppe gegründet.«

Wir verstanden uns gut, und ich bat die Männer, mir von ihrem früheren Boss zu erzählen. Sie kannten das Militär, ich nicht, deshalb wollte ich von ihnen wissen, was Kony zu einem so fähigen Soldaten machte, dass der Oberst ihn nicht fassen konnte.

Zu meiner Überraschung erfuhr ich, dass Joseph Kony überhaupt kein Soldat war. Der Mann, der den Panzern und Hubschraubern und dem Zehn-Tonnen-Penis des Obersts standhalten konnte, hatte keinerlei militärische Ausbildung. Joseph Kony schwang Reden, und das war's. Er ähnelte einem TV-Moderator mit Zugang zu Feuerwaffen. Ein Mann mit Charisma und, seltsam genug, mit einer Vorliebe für grelle Hosenanzüge. »Er zog sich immer schick an«, so Alan. Er mochte Stiefel. »Wie die Beatles.«

»Na, jetzt hören Sie aber auf«, sagte ich. »Er lebte doch im Busch, wo kriegte er da Anzüge her?« Alle sechs zeigten auf einen kleinen Mann mit ovalem Gesicht, der draußen auf dem Bürgersteig saß. Er hatte uns zugehört, nun wandte er sich um und sagte:

»Ich habe für ihn einreihige Anzüge genäht, grüne, aus verschiedenen Stoffen.« Kony, der Mann, der als vogelfreier

Bandit galt, hielt sich im afrikanischen Busch persönliche Schneider. Benjamin war einer von ihnen, und nun arbeitete er auf Gulus Hauptstraße an seiner Nähmaschine.

»War Kony schwer zufriedenzustellen? Musste jede Naht perfekt sein?«

»Jede Naht«, sagte Benjamin.

»Könnten Sie ein Hemd nachmachen?« Ich gab dem Schneider des Kriegsverbrechers einen Auftrag. Dies war der Beginn einer fruchtbaren Beziehung.

Kony schien wirklich kein ernsthafter Gegner für eine Armee zu sein. Den Berichten zufolge machte er eher den Eindruck eines Lifestyle-Gurus, ein Rundumratgeber für Beziehungen und häusliches Leben.

»Zu uns sagte er immer, ihr müsst eure Küchengeräte sauberhalten, und er kontrollierte alles im Haus«, erzählte Stella. Neben dieser Routine steckte er seine Nase in die Beziehungen seiner Soldaten. So zum Beispiel sollte ein Mann mit einer Frau erst sieben Tage nach ihrer Periode Sex haben. Alles andere sei nicht produktiv.

»Ist es anders bei den Tieren? Bei den Vögeln«, pflegte er zu sagen. Es gab großes Gelächter unter den Mädchen, als ich fragte, ob Kony abends von einer Frau zur nächsten ging. Sie erklärten, dass mitten auf dem Gelände ein Haus stand, um das herum die Frauen wohnten. Die Sex-Regel war, dass alle drei Tage eine andere Frau ins Zentralhaus ging, bis »der Ehemann« den ganzen Kreis durchlaufen hatte. Alan sagte: »Als ich noch dort war, hatte Kony neunundachtzig Kinder und fünfzig Frauen.« Kony hatte so viele Frauen, dass er nicht einmal ihre Namen kannte. Er benannte sie nach ihrer Heimatregion.

Ich kam ins Gespräch mit einer Gruppe ehemaliger Sexsklavinnen. Warum wir auch über mein Leben sprachen, weiß ich nicht.

»Wie wurdet ihr von den Rebellen entführt?«, fragte ich.

»Sie überfielen unseren Schullastwagen aus dem Hinterhalt und erschossen alle, aber ich überlebte, weil ich wie tot unter den Leichen lag. Haben Sie Kinder?«

»Ich? Nein. Wurden alle deine Schulfreunde getötet?«

»Warum haben Sie keine Kinder?«

»Ich mag keine Babys. Also wie kriegten sie ...«

»Wo leben Sie?«

»Ich? In Los Angeles, einige Pogosticks-Jungs...ähm... Ich wohne in einer Wohnung mit ein paar ...«

»Sie haben kein Haus?«

»Äh ... es ist sehr teuer, heutzutage ein Haus zu kaufen ...«

»Ach ja«, sagten die früheren Sexsklavinnen, und mittlerweile tat ich ihnen wirklich leid. »Kann denn Ihr Ehemann nicht ein Haus kaufen?« *Oh, fangt bitte nicht damit an. Ich habe mir gerade eingeredet, dass ich froh bin, Single zu sein.*

»Ich bin nicht verheiratet.«

Das war zuviel für sie. Eines der Mädchen sah aus, als würde es gleich in Tränen ausbrechen.

Konys großer Durchbruch als prominenter Warlord kam 1994: Er erhielt einen Anruf vom Präsidenten des Sudans, Omar al-Bashir. Und nun erfuhr ich von der Gruppe der Kindersoldaten Einzelheiten, die diesen Tag völlig surreal machten. Kony zog nicht mit einer traurigen Truppe in den Sudan oder errichtete ein schäbiges Rebellenlager aus Ästen und Stoffresten, wie ich es mir vorgestellt hatte. Nein, Omar al-Bashir persönlich, reich geworden durch Ölverkäufe, lud Kony ein, sein Geschäft im Sudan weiterzubetreiben. Er bekam ein gutausgestattetes Dorf, und als Gegenleistung stellte er Bashir eine private Kinderarmee zur Verfügung. Sie wurde ausgebildet, um Bashirs Feind Dr. John Garang (»der selbstsüchtige Mistkerl« aus Kapitel 29), zu bekämpfen.

So kam Joseph Kony, der Grundschulabbrecher, Bauer, Zauberer, der von Malaria hirngeschädigte Irre, der zum Zweck strategischer Entscheidungen Spielzeughubschrauber abbrannte, in den Besitz einer Ministadt im Sudan, inklusive eines eigenen Waffenlagers, von anderen Luxusgegenständen ganz zu schweigen.

»Die sudanesische Regierung gab jedem Kommandanten große Flächen Land zum Bebauen, manchmal pflanzten sie auch Opium an«, sagte Steven. »Und in dem Haus des Gro-ßen Mannes war die Latrine sehr schön.« Kony, der seinen Anhängern befahl, jedem, den sie mit einem Fahrrad erwischten, die Beine abzunagen, hatte mehrere Motorräder und einen Jeep.

»Hat er irgendwelche Hobbys?«, wollte ich wissen.

»Der Mann hört ständig BBC-Nachrichten«, bestätigten alle aus der Gruppe.

»Warum?« Eine dumme Frage.

»Um zu sehen, ob man über ihn spricht!« Natürlich. Er war schließlich ein Prominenter. Ich war nur an zwei Abenden mal privat mit Stars zusammen. Beide Male verbrachten sie die ganze Zeit damit, sich selbst zu googeln. Ich sollte das eigentlich besser nicht sagen, nicht zuletzt deswegen, weil es auch darauf schließen lässt, dass ich langweiliger bin als eine Suchmaschine.

Kony mochte nicht nur die Nachrichten.

»Er schaut sich auch Filme an«, sagte Alan.

»Was für Filme?«

»Er mag sehr diesen Mann …«

»Welchen Mann?«

»Der gegen die Vietnamesen kämpft …« Kurze Pause. Dann fiel ihnen der Name wieder ein.

»*Rambo!*«

»Und *Missing in Action 2* mit Chuck Norris.«

»Eddie Murphy – *Der Prinz aus Zamunda*.«

»Er rief dann immer alle Offiziere zu sich und sagte zu ihnen: Schaut euch das an, wir müssen das üben so wie in dem Film, ihr müsst es genauso machen«, erzählte Steven.

»Oder man musste lernen, wie man eine RPG-7 benutzt, wenn plötzlich eine Mamba auftaucht…« In meinem Kopf drehte sich alles. Kony verschleppte Tausende von Kindern in die sudanesische Wildnis und ließ sie *Rambo* nachahmen.

»Wie viele Kinder waren denn damals in seiner Armee?«

»Ich denke, so etwa zehntausend«, sagte Steven. (Ich habe von Schätzungen zwischen 6000 bis 12000 Kindern gehört, die dort ständig lebten.)

»Weihnachten hatten wir immer eine große Party und haben Bullen geschlachtet«, sagte Alan.

Dies war reine Science Fiction. Kony bildete in der Wüste eine Armee von Kindern aus. Er überfiel Uganda, um Kinder zu rauben und sie in den Sudan zu bringen. Dort wurden sie mit selbst erfundenen religiösen Ritualen einer Gehirnwäsche unterzogen und wie Alice mit Sheabutter eingeschmiert. Er ließ sie Eier tragen und drohte jedem mit dem Tod, falls eins zu Bruch gehen sollte. Während Kony von den Arabern durchgefüttert wurde, ernährten sich die Kinder oft nur von Blättern. Dann übergab er sie Befehlshabern wie Ochen, dem kleinen, fetten Schläger, die alle auf die gleiche Weise vorgingen: Zuerst bringen sie einen Verwandten um, damit die Kinder spuren, und dann machen sie sich an die Arbeit und schwängern die Mädchen. Die Kinderarmee wuchs also ständig. Es musste ein separates Lager für die schwangeren Mädchen und ihre Babys gebaut werden. Tausende von Kindern lebten so jahrelang, und Kony passierte nichts.

Ich verstand das einfach nicht. All das ließ Kony als jemanden erscheinen, der sich gut in Humanpsychologie auskannte, als einen Verrückten, der Glück hatte. Mit Hitler, Stalin oder Karl Rove konnte man ihn nicht vergleichen. Er war ein so unscheinbarer Mann, dass Bashir bei dem ersten Treffen mit Anführern der »Lord's Resistance Army« aus Versehen zuerst Vincent Otti, Konys Stellvertreter, begrüßt hatte, da Otti der große charismatische Typ war. Kony war noch nicht einmal Soldat.

»Was passierte mit dem Ort in der Wüste?«

Die Araber hätten plötzlich ihre Besuche eingestellt, erzählte Alan. »Sie kamen nicht mehr, als die sudanesische Regierung ugandische Truppen willkommen hieß.« Mit anderen Worten, es war eine Art Friedensabkommen zwischen beiden Ländern getroffen worden, die UDPF marschierte ein, und für die Rebellen war es Zeit zu verschwinden.

Kony zog sich in die Republik Kongo zurück, wo der Oberst ihn jedoch genauso wenig fassen konnte. Mein Gefühl sagte mir, dass ich mit meiner Vermutung recht hatte: Das momentane Chaos war die Schuld des Obersts. Irgendetwas stimmte nicht. Dann nahm das Gespräch erneut eine merkwürdige Wendung.

Ich fragte die Gruppe, ob Kony magische Kräfte habe. Sie alle äußerten die Überzeugung, dass es etwas Besonderes gab, was ihn unzerstörbar machte.

»Er hat viele Angriffe überlebt«, sagte Steven. »Er nannte uns im Voraus die Anzahl der Regierungstruppen und wann und mit welchen Waffen sie kommen würden, und es stellte sich immer als richtig heraus.«

»Er hat einen scharfen Verstand«, sagte Alan. »Er wusste im Voraus, wenn Soldaten versuchten uns zu umzingeln, und flüchtete rechtzeitig. Wir merkten nie was. Sein Kopf ist immer wach.«

Aber als ich sie fragte, warum niemand Kony gestoppt hatte, verstummten sie. Nur der frühere Spion sagte dann: »Das ist streng geheim, Jane.«

Ich bohrte weiter, aber das Einzige, was sie sagten, war: »Schau dich um.«

*

Steven ging mit mir zum Acholi Inn, um zu sehen, ob der Oberst besser gelaunt zurückgekommen war. Unterwegs sah ich ein wirklich cooles Gebäude aus den sechziger Jahren und wollte es fotografieren.

Sobald ich auf das Gebäude zeigte, rückte Steven ein paar Schritte von mir weg. Er wollte nicht, dass ich ein Foto machte. Um genau zu sein, er wollte, dass wir auf der Stelle verdufteten. Aber was Steven nicht kapierte, war, dass man für ein solches Haus leicht eine Million Pfund bekommen konnte. Meine Schwester und ich müssten es ganz einfach nur für fünf Riesen kaufen, nach West Hollywood verschiffen und einem

Schwulen verkaufen. Und dann war da an der Fassade ein interessantes Schild.

Sollten Sie es nicht lesen können, dann sind das die ersten Anzeichen eines sehr ernsthaften Augenleidens. Dort steht deutlich sichtbar: »LINT MARKETING BOARD«. Keine Frage, Mull braucht einen Publicity-Manager. Aber als ich das Foto machte, kam ein Mann auf uns zugerannt und schrie: »Sie! Gehen Sie sofort weg!«

Er meinte es ernst. Wir hauten schnell ab. Steven erzählte mir, dass die Einheimischen behaupteten, dass dies ein Gebäude der ugandischen Armee sei, aber nicht irgendeines.

»Dort verhört der Oberst Leute.« Was bedeutete, dass ich zufällig die Folterkammer des Obersts fotografiert hatte ... Moment mal ... Die vermarkten keinen Mull! Die vermarkten überhaupt gar keinen Mull!

Zurück im Hotel brannte ich meine Fotos sofort auf eine CD. Dabei fiel mir ein, was mir schon vor meiner Reise über das Fotografieren von Regierungsgebäuden in Uganda gesagt worden war. Ich hatte Glück, dass ich nicht bereits in einer Gefängniszelle saß oder gar mit dem Oberst über das öffentliche Image von Baumwollabfall diskutieren musste.

Aber es gab eine gute Nachricht. In einer E-Mail teilte mir John mit, dass er die Idee eines Hollywood-Films über sich aufgegeben habe. Ich rief ihn an.

»Ich dachte, die Treffen mit den Produzenten verliefen gut.«

»Es war einfach ein unangenehmes Gefühl, im Mittelpunkt der Story zu stehen. Zu egomanisch, selbst für mich«, sagte er.

»O nein! Es würde Ihnen in L.A. gefallen!« *Danke, lieber Gott. John wird in Washington bleiben, und dort wird Scarlett Johansson ihn niemals finden.*

40

Und ich werde Haferbrei kochen

Ich ging zum Markt, kaufte einen schönen blauen Gingham-Stoff und ließ mir von Benjamin, dem Schneider, ein Kleid für das Treffen mit John machen. Es sollte ein Wickelkleid sein, so wie ich es bei Gap gesehen hatte. Benjamin schien von der Idee nicht begeistert zu sein. Er hätte mich lieber in einem traditionellen ugandischen Gewand – Tuch bis zu den Knöcheln und bauschige Ärmel weit über den Schultern – gesehen, aber der Schneider des Kriegsverbrechers arbeitete dann doch perfekt, und mein Kleid erregte viel Aufmerksamkeit. Irgendwann sagte mir jemand, ich hätte mir den Stoff ausgesucht, der auch für die örtlichen Schuluniformen verwendet wurde. Benjamin war ein sehr taktvoller Schneider.

Ich brauchte etwas Schickes und Geschäftstaugliches, denn ich hatte vor, mit ein paar Leuten zu reden, die sehr misstrauisch und scheu waren. Auf Joshuas Rat hin nahm ich Verbindung mit der »Vereinigung der besorgten Eltern« auf. Dort gab man mir die Adresse einer Frau, deren Tochter Opfer eines der berüchtigtsten Schulverbrechen der Geschichte geworden war. Es wurde vor allem wegen einer Frau, die sich heldenhaft verhielt, rund um die Welt bekannt und rührte jeden, von Oprah Winfrey bis hin zum Papst. Els De Temmerman, eine richtige Journalistin, schrieb ein ausgezeichnetes Buch darüber: *Aboke Girls.*

Mir bereitete es allerdings ein Problem, denn die betroffenen Eltern waren zu oft befragt worden und hüllten sich nun in Schweigen. Hinzu kam, dass vor kurzem eine Sonntagszeitung besonders den Müttern Vorwürfe gemacht hatte. So war ich nicht überrascht, als die Frau mit mir zuerst nicht sprechen wollte. Aber ich muss unprofessionell genug geklungen haben, um harmlos zu erscheinen, vielleicht war es auch das Kleid, das an die Schuluniform erinnerte, jedenfalls willigte Laura schließlich ein, mir zu erzählen, was damals geschah. Ihr Büro lag in der Nähe des Marktes, und als wir uns draußen unter einen Baum setzten, stellten sich alle Kinder, die mit ihren Müttern einkaufen gingen, in einer Reihe vor uns auf und beobachteten uns.

Laura war eine attraktive Frau mit einem aufrichtigen Gesicht. Sie unterbrach sich von Zeit zu Zeit selbst, um abzuschätzen, was sie alles preisgeben sollte. Zuerst erklärte sie mir, dass es sich beim St. Mary's College Aboke um ein Internat handelte, das sehr teuer war. Aber es war damals auch die beste Schule in Uganda, und deshalb entschied sie, ihre Tochter dorthin zu schicken. Zuvor hatte es in ihrer Familie eine Reihe tragischer Todesfälle gegeben. »Ich dachte mir, ›Ich schulde Marilyn eine gute Ausbildung‹, also habe ich sie auf das Aboke St. Mary's College geschickt«, sagte Laura.

Sie hatte den schlimmsten Ort im Land gewählt. Am 9. Oktober 1996 näherten sich heimlich 150 von Konys Rebellen der Schule, um die Mädchen zu entführen. Doch Einheimische hatten die Männer entdeckt und die stellvertretende Schulleiterin, eine italienische Nonne, Schwester Rachele Fassera, gewarnt. Noch war genug Zeit, und die Nonne eilte sofort zur Kaserne im Ort, um sicherzugehen, dass die Armee kommen

279

und sie beschützen würde. Als dann am 10. Oktober um zwei Uhr morgens Konys Männer auftauchten, sahen sie Soldaten vor der Schule, gaben ihr Vorhaben auf, und die Mädchen waren gerettet.

Aber nein, genau das geschah *nicht*. Die Armee ließ sich nicht blicken, obwohl die Schulleiterin darum gebettelt hatte. Konys Männer schlugen die Scheiben des Schlafsaals ein und entführten 139 Mädchen.

Vielleicht dachten die verantwortlichen Offiziere, es sei falscher Alarm. Aber Moment mal, die Schule war schon einige Jahre zuvor, und zwar 1991, angegriffen worden. Damals hatte Museveni sich bei den Lehrern entschuldigt und dauerhafte Sicherheit versprochen. Warum? Weil es bereits davor schon mal passiert war, 1989, dass die Rebellen zehn Mädchen verschleppten, unter ihnen Susan, vierzehn Jahre alt, die nie wieder gesehen wurde.

Schwester Rachele war sich sicher, dass die Männer ihre Schülerinnen vergewaltigen würden. Einer von ihnen hatte schließlich schon eine Schülerin vergewaltigt, noch bevor er mit der Entführung fertig war.

Da von den Soldaten 1996 keine Hilfe zu erwarten war, beschloss Schwester Rachele, selbst in den Busch zu gehen, um die Kinder zurückzuholen. Zusammen mit dem jungen Geographielehrer John Bosco Ocen folgte sie einer Spur aus Bonbonpapier. Die Rebellen hatten nämlich auch den Schulladen geplündert. In ihrer Nonnentracht watete sie durch Sümpfe und Unterholz und fand schließlich den Trupp auf einem Hügel – 139 Schulmädchen waren mit Seilen in einer Reihe zusammengebunden, zusammen mit 150 Rebellen und weiteren 60 Kindern, die sie unterwegs geschnappt hatten.

Laura erzählte: »Als Konys Männer die weißgekleidete Frau sahen, riefen sie ihr zu: Ihre Mädchen sind hier. Schwester Rachele sagte, sie wolle sie zurückhaben. Und sie sagten: Ja. Aber ruhen Sie sich erst mal aus. Sie sind müde. Sie wollte aber gleich wieder mit den Mädchen zurückgehen. Doch sie musste zuerst ein Bad nehmen, und man kochte für sie. Sie wurde behandelt wie ein Gast, aber alles unter Zwang. Wie beängstigend!« Und zu Recht hatte Schwester Rachele ein schlechtes Gefühl dabei. Tatsächlich wollten Konys Männer nur Zeit gewinnen, um sich die 139 Mädchen genauer anzuschauen. »Sie gaben ihr einhundertneun Mädchen zurück und behielten diejenigen, die ihnen gefielen.« Schwester Rachele hatte keine Wahl, sie musste dreißig Mädchen zurücklassen. Sie bat Judith, die Schulsprecherin, sich um ihre Mitschülerinnen zu kümmern, und gab ihr zum Abschied einen Rosenkranz. Schwester Rachele erfuhr später, dass Judith zu Tode gefoltert wurde.

Die Nachricht von der Entführung verbreitete sich rasch, und die Eltern eilten zur Schule. Dort las ihnen eine Nonne die Liste mit den Namen der entführten Mädchen vor.

»An erster Stelle stand der Name meiner Tochter Marilyn«, sagte Laura. »Sie war damals vierzehn. Ich konnte nur noch weinen, so wie die anderen Eltern auch.«

Laura wusste lange nicht, ob Marilyn noch am Leben war. »Immer wenn es wieder Kinder gab, die den Rebellen entkamen, bin ich zu dem Auffanglager gelaufen und habe jeden nach meiner Tochter gefragt. Es dauerte fast drei Jahre, bis ich von einem Mädchen erfuhr, dass Marilyn einem der Kommandanten gegeben worden war.«

»Was geschah mit Marilyn?«, fragte ich.

»Die Mädchen wurden in den Sudan gebracht. Sie war schwanger. Als das Baby zur Welt kam, hatten sie dort nichts zu essen, und dazu kamen die Angriffe der ugandischen Armee, so dass die Mädchen nirgendwohin gehen konnten, um sich etwas Essbares zu besorgen. Marilyn hatte auch keine Muttermilch. Dann starb das Kind. Sie wurde noch zweimal schwanger. Man brachte sie in ein – wie heißt das? – Lazarett.«

Dann gab es Hoffnung, weil Präsident Museveni sich zu einem Treffen mit den Eltern der Entführten bereit erklärte.

»Hat er Ihnen denn Hilfe angeboten?«, fragte ich.

»Nein«, sagte Laura. »Er sagte nur: Wenn ihr nach euren Kindern sucht, werde ich meine Soldaten anweisen, nicht auf euch zu schießen.«

Schließlich half der Präsident dabei, dass Schwester Rachele und ein Elternteil in den Sudan fliegen konnten, aber sie erreichten nichts.

Sogar die damalige First Lady der Vereinigten Staaten, Hillary Clinton, lud Vertreter der »Vereinigung der besorgten Eltern« ins Weiße Haus ein. Sie sagte, die Mädchen seien zu einem »Leben in unsagbarem Grauen« verdammt. So unsagbar, dass sie nichts tun konnte, um sie zu retten. Aber es war schon in Ordnung, denn Schwester Rachele und die Eltern trafen auch den Papst, Kofi Annan, Nelson Mandela, Oberst Gaddafi und Omar al-Bashir. Keiner von ihnen brachte die Mädchen zurück. Aber Schwester Rachele und die Eltern gaben keine Ruhe. Sie reisten um die ganze Welt. Der Papst verlas eine Botschaft im Radio. In der Zwischenzeit richtete sich Kony in der Stadt in der Wüste ein und brachte seine Beute, die gebildeten Mädchen von St Mary's, dorthin. Sie wurden vergewaltigt, geschwängert, bekamen Syphilis und mussten mitansehen, wie Babys an Bäumen zerschmettert wurden. Warum hatte Seine Heiligkeit, Johannes Paul II., nicht die Macht des Vatikans dazu benutzt, etwas für die Mädchen zu tun? Ich wette, wenn an Kony eine 20-Cent-Münze geklebt hätte, hätte der Papst ihn längst gefunden. Was also taten die Mächtigen letzten Endes für die Mädchen von St Mary's? Sie überließen ihre Rettung im Grunde der ugandischen Armee.

Eines Tages bekam Laura von einer anderen Mutter einen Anruf.

»Sie sagte: Kennst du Gott? Ich sagte ja. Kennst du Jesus? Ich sagte ja. Ja, denn er ist mein Retter. Dann preise ihn, denn Marilyn ist wieder da!« Ich wollte mein Telefon vor Freude in die Luft werfen. Ich habe geschrien. Meine Nachbarn müssen gedacht haben, ich sei verrückt geworden«, sagte Laura, immer noch außer sich vor Freude. Inzwischen umringten uns Mädchen und Jungen, die nun nicht mehr neugierig starrten. »Marilyn war so viele Jahre weggewesen. Sie hatte drei weitere Kinder zur Welt gebracht, und dann kam sie nach Hause und hat zu mir gesagt: Mama, ich möchte wieder in die Schule gehen. Ich habe ihr dann gesagt: Ich werde mich um das Baby kümmern, du gehst zur Schule. Dein Kind wird nicht sterben, es ist jetzt bei mir.«

Tränen strömten über Lauras Wangen, als sie alle Lebensmittel aufzählte, die sie für ihren Enkel kaufen wollte. »Porridge und Erdnüsse und Gemüse ...«

»Und all die Jahre kam nie irgendjemand zu Ihnen und sagte: Wir werden mit Ihnen gehen und Ihnen helfen, Ihre Kinder zu finden?«, fragte ich.

»Nein«, antwortete Laura. Schwester Rachele war nach Rom zurückberufen worden. Sie war traumatisiert und musste immer wieder weinen. Bevor ich das alles verarbeiten konnte, murmelte Laura: »Und die anderen Mädchen sind immer noch irgendwo dort draußen ...«

Sie sagte noch etwas, aber es war zu leise, um es zu verstehen.

*

Laura rief mich ein paar Tage später an. Ich hatte erwähnt, dass ich einen Computer habe, und angeboten, Marilyn ein bisschen Microsoft Word beizubringen, wenn ihr das weiterhelfen würde. Weiß Gott, da war sonst nichts, was ich sagen konnte. Am nächsten Morgen wartete Marilyn in dem kleinen Hinterhofhaus ihrer Mutter auf mich. Sie hatte ein schönes Gesicht und ein zartes Lächeln. Ein Baby schlief in dem Tuch, das um ihren Rücken gewickelt war.

Ich habe mir schon so oft Gedanken über Heldinnen in der Literatur gemacht, die in Zeiten lebten, als Frauen nicht sonderlich viel geredet haben. Ihnen schreibt man die großartigste Persönlichkeit zu. Das klingt genauso optimistisch, wie wenn man mit denselben Adjektiven irgendein dümmliches Upperclass-Mitglied aus West London beschreibt, das sich bereit erklärt, in die Windsor-Familie einzuheiraten.

Marilyn sprach wenig, aber sie hatte eine starke Ausstrahlung.

»Ich werde Lehrerin«, sagte sie, fast flüsternd. »Ich gehe nach Kampala, während Mama sich um das Baby kümmert. Ich danke dem allmächtigen Gott, der mir diese Chance gegeben hat.«

Sie wollte die verlorene Zeit unbedingt aufholen. Ihre Augen bohrten sich geradezu in den Computerbildschirm, als ob sie hinter die Pixel sehen könnte. Soviel konzentrierte Aufmerksamkeit hatte ich bisher nur bei Madonnas Fitnesstrainerin gesehen, und meines Wissens verbrachte Tracy Anderson nicht neun Jahre mit Guerillas in der sudanesischen Wüste. Marilyn hatte das Schreibprogramm nach wenigen Stunden intus. Woher kam diese Fähigkeit zur Konzentration? Klug geboren, vermutete ich, und durch neun Jahre Balance auf einem Drahtseil über dem Tal des Todes. Erinnerungen von Kindersoldaten sind ja schön und gut, aber sie

sollten lieber Ratgeber schreiben, wie man in der Geschäfts-
welt vorankommt.

»Dieser Unterricht hat mir sehr geholfen«, sagte sie, bevor
ich ging. »Danke.«

*

Nicht lange danach brachte die Zeitung *New Vision* eine Story.
Kampfhubschrauber der Regierung hatten in den Nyono-Ber-
gen nahe Kitgum eine von Konys Krankenstationen entdeckt.
Geheimdienstkoordinator Oberst Charles Otema zufolge bombardierten sie sie und töteten sechs Rebellen.

41

Ein Pappkarton

Als ich durch Gulu lief, hing die St.-Mary-Story wie eine dunkle Wolke über meinem Kopf. Ich wurde das Gefühl nicht los, dass etwas an dieser Entführungsgeschichte faul war. 139 Internatsschülerinnen bei einem zufälligen Angriff aus ihrem Schlafsaal verschleppt, schrieben damals die Zeitungen. Nur, es war kein zufälliger Angriff. Ich wollte es genauer wissen.

Tatsächlich war nichts so, wie es schien. Niemand wagte es, sich direkt zu äußern, aber mit Hilfe einiger Leute traf ich im Hinterzimmer eines dunklen Restaurants, das nach gekochtem Trockenfleisch roch, einen alten Mann. Kurz danach wurde mir ein schäbiger Pappkarton ins Hotel gebracht. Er war vollgestopft mit gelblichem, dünnem Schreibmaschinenpapier, unscharfen Fotos, handgeschriebenen Berichten, Warnungen, Bitten und Drohungen. Folgendes war aus all dem zu erfahren:

Seit den späten achtziger Jahren war die Schule attackiert worden. Die Rebellen ließen keinen Zweifel daran, was sie wollten. Bei einem Überfall 1991 fragten sie die Nonnen: »Wo sind die Mädchen?« Damals hatten sie den Ort nur geplündert und gedroht: »Wir kommen wieder.« St Mary's College war die beste Schule des Landes, die Mädchen waren etwas ganz Besonderes, und Kony hatte sie für sich bestellt wie ein Porsche-Sondermodell. 1996 erhielt die Schule eine Art Bürgerwehr.

Aber zehn Tage vor jenem Angriff wurde sie ohne vorherige Warnung abgezogen, wodurch die Schule wieder jeden Schutz verlor. Ihr Schicksal war besiegelt: Die Mädchen wurden in eine Wildnis jenseits der sudanesischen Grenze verschleppt. Ihr Aufenthaltsort blieb den Eltern und den Behörden, die versuchten, sie zurückzuholen, unbekannt. Nur, er war es gar nicht.

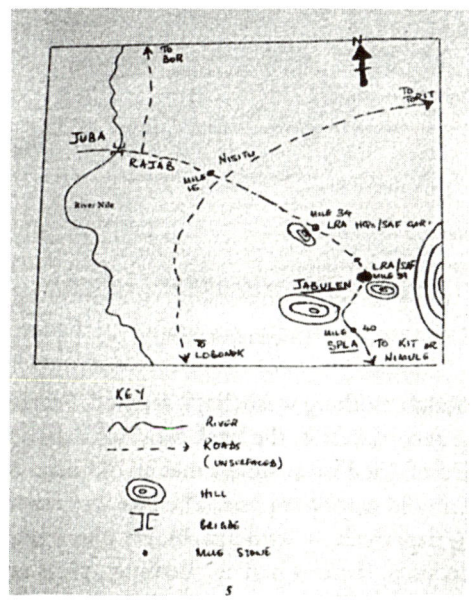

Diese Karte zeigt die drei Stützpunkte um Konys Stadt der Kinder in der sudanesischen Wüste, wo die Mädchen jahrelang »versteckt« wurden.

Aber ich bitte Sie, werden Sie sagen. Das sieht doch aus wie die Skizze für eine Schatzsuche. Johnny Depp macht die im Schlaf. Ich habe *Fluch der Karibik II* gesehen.

Aber was ist das?

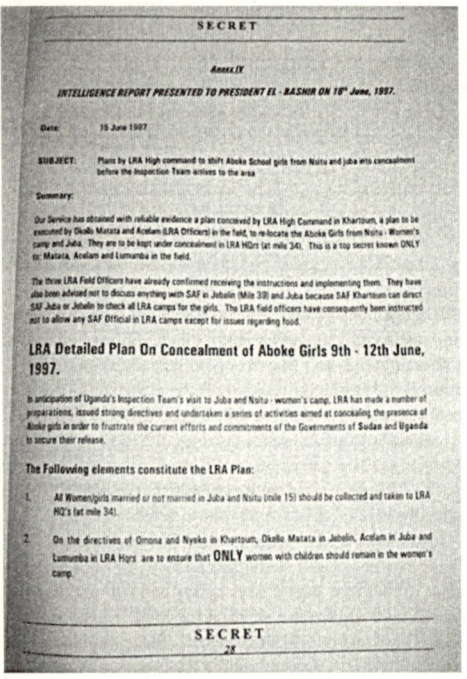

Ugandische Geheimdienste waren so gut informiert, dass sie dem mörderischen Fanatiker, Präsident Bashir, einen detaillierten Bericht liefern konnten. Er enthielt Informationen, die von zwei weiteren Berichten bestätigt wurden. Als Schwester Rachele im Sudan ankam, um die dreißig Mädchen ihrer Schule zurückzubekommen, warnte der Geheimdienst Kony, der infolgedessen das Lager räumen und die Mädchen verstecken konnte.

Zurück blieben nur einige junge Mütter, denen befohlen worden war, niemandem zu sagen, wo die Entführten waren. Und tatsächlich war das Lager verlassen, als Regierungsbeamte Schwester Rachele dort hinbrachten. Die jungen Mütter sagten nur, dies sei ein Flüchtlingslager und keiner von Konys Stützpunkten, und sie wüssten auch nicht, wo sich die Mädchen von St Mary's befänden. Die sudanesischen Begleiter fragten nicht weiter und verschwanden wieder. Schwester Rachele bestand darauf, am nächsten Tag zurückzukommen. Nun wimmelte das Lager von entführten Kindern, und in der Nähe parkte ein Lastwagen der Regionalverwaltung. Von einer Zwölfjährigen mit Namen Monica erfuhren sie, dass die Schulmädchen zu dem LRA-Stützpunkt Jabulen gebracht worden waren. Niemand wollte Schwester Rachele dorthin begleiten. Monica wurde getötet, weil sie geredet hatte.

»Wenn dein Kind dir gewaltsam weggenommen wurde, erwartete man von dir, dass du dich nicht beklagst, du hattest ganz einfach still zu sein«, hatte Laura mir gesagt. Aber die Eltern dieser Mädchen haben nicht geschwiegen – sie waren keine Bauern, die kilometerweit laufen mussten, um Wasser zu holen. Sie gehörten zur Mittelklasse, waren Ärzte und Lehrer, sie hatten Telefon, Faxgeräte und Internet, und sie benutzten diese Mittel auch. Sie machten sich laut bemerkbar trotz der Drohbriefe der LRA, auf denen ihre Namen standen.

Der St.-Mary's-Fall wurde weltweit bekannt, weil er einen Star hatte. Jeder vom Papst bis zu Nelson Mandela war von dem mutigen Alleingang der Nonne gerührt. Jeder konnte mit der kleinen zarten italienischen Schwester mitfühlen, die sich den Rebellen entgegenstellte, vor denen selbst ein SAS-Offizier Angst gehabt hätte, und die nicht in der Lage war, alle ihre Mädchen zu retten. Ein solch herzzerreißender Moment verfolgt einen für den Rest des Lebens. Aber als ich die Doku-mente in dem Pappkarton durchschaute, stieß ich auf einen Stoß Papiere mit persönlichen Aufzeichnungen. Es war nicht das erste Mal, dass Schwester Rachele ihren mutigen Versuch gewagt hatte: 1996 war *das dritte Mal.*

1987 fuhr sie mit dem Fahrrad mehrere Kilometer in den Busch, um Dina zu retten, eine Schülerin des St Mary's College. Sie war zufällig von einer bewaffneten Bande, nicht von der LRA, entführt worden, als sie mit Verdacht auf eine Blinddarmentzündung unterwegs ins Krankenhaus war. Schwester Rachele stand einem der Bewaffneten gegenüber, der ihr drohte: »Willst du, dass ich dich abschlachte?« Glücklicherweise kam noch eine andere Nonne hinzu, Schwester Fernanda. Einer der Kidnapper erkannte sie aus seiner Schulzeit und überließ ihnen das Mädchen, das gerade noch rechzeitig operiert werden konnte.

1989 fand der Überfall am helllichten Tag statt. Chaos brach aus: Hunderte von Mädchen rannten umher, sprangen über die Schulzäune und liefen 35 Kilometer zum nächsten Ort, um sich dort in der Kirche zu verstecken. 103 Menschen wurden damals entführt – aus dem College, aus dem örtlichen Priesterseminar und aus der Grundschule. Wieder verfolgte Schwester Rachele die Rebellen. Unterwegs musste sie feststellen, dass sie fünf Menschen ermordet und mehr als hundert Häuser niedergebrannt hatten. Sie konnte nicht weitergehen, da Regierungssoldaten die Rebellen entdeckt hatten und Schüsse fielen. Aber die Soldaten schossen nur in die Luft. Sechs Mädchen gelang in dem Durcheinander die Flucht. Susan nicht. Die Mädchen, stand in einem Bericht, waren alle vergewaltigt worden, selbst die kleinen aus der Grundschule. Nach diesem Vorfall fuhren die Nonnen jeden Tag auf Rädern oder Traktoren hinaus, um nach den Kindern zu suchen.

Aber seien wir mal nicht so streng mit der Armee! Wir sind

hier schließlich in Afrika: Fahrzeuge bleiben liegen, Ersatz-
teile sind auf die Schnelle nicht zu bekommen, und oft wird
der Treibstoff anderweitig verwendet. Aber 1989, laut einem
damaligen Bericht, hatten die Rebellen eine Hauptschule im
nahegelegenen Ort Ngai überfallen und die Nachricht hinter-
lassen, dass Aboke St Mary's als Nächste dran sei. Sobald
Schwester Alba, die Schulleiterin, davon gehört hatte, ging sie
zur Kaserne – zweimal – und hoffte auf Schutz durch die Soldaten. Zwei Wochen später wurde die Schule angegriffen. 1996
bat Schwester Rachele Tage zuvor um Hilfe und gab ihnen sogar Benzingeld.

Aber seien wir mal nicht so streng mit den Soldaten, denen Einheimische zeigten, wo die LRA am Abend des Angriffs
1991 campierte. Doch sie unternahmen nichts, weil »es schon
spät« war. Sagen wir einfach, sie hatten Lotterielose gekauft
und wollten rechtzeitig zur Ziehung zurück sein.

Seien wir noch ein bisschen weniger streng mit der Armee,
und halten wir fest, dass in der Nacht der Entführung im
Jahre 1996 Konys Rebellen die Kaserne in Iceme angegriffen und lahmgelegt hatten. Haben die Verantwortlichen den
Schwestern etwa gesagt: »Tut uns leid, wir können da nichts
machen – schicken Sie die Mädchen nach Hause«? Nein. Als
die Schwestern fragten, ob sie die Schule schließen sollten,
drängte der Informationsoffizier sie, dort zu bleiben. Warum?

Und seien wir auch nicht so streng mit den Nachrichten-
diensten der Armee und nehmen wir an, dass die Rebellen
teuflisch schlau waren. Aber nach den Angaben eines Mädchens aus Schlafsaal vier stahl einer der Rebellen ein Stethos-
kop aus der Schulapotheke, weil er dachte, es sei ein Walkman.
Später beklagte er sich, dass es nicht funktionierte, und warf
es wütend weg.

Seien wir auch nicht so streng mit den drei Offizieren, die

Rachele, als jene Nacht im Jahr 1996 näher rückte, unabhängig voneinander versprachen, sie würden Truppen schicken. Vermutlich hielten sie es nicht für angebracht, sich aufgrund eines Gerüchts hysterisch zu verhalten. Aber einer von ihnen gab später zu, er habe gewusst, dass die Schule ein Hauptziel war.

Ja, vergessen wir einfach das Ganze und sagen, die Armeeleute sind auch nur Menschen – sie hatten eben zuviel Angst vor der Konfrontation mit den Rebellen. Auch das ist cool. Aber dann erscheint es ein wenig unsportlich, sich als Armee zu bezeichnen. Man ist dann höchstens eine Gruppe gleich gekleideter junger Männer und sitzt in einem nahegelegenen Gebäude mit zufällig erworbenen Waffen und Munition, die man nicht benutzen möchte. So vermeidet man den Eindruck, dass die Außenwelt einen irrtümlich für jemanden halten könnte, der im Ernstfall Zivilisten verteidigt.

Ich fand in dem Karton auch das Schulfoto eines Mädchens. Auf der Rückseite stand ihr Name: Judith. Das war der Teil des Puzzles, der mich am meisten verstörte. Als Schulsprecherin von St. Mary's war Judith das große Los. Die Nonnen hatten ihr die Verantwortung für die nicht freigelassenen Mädchen übertragen, und die Rebellen respektierten Schwester Rachele immerhin so, dass sie ihr 109 Schülerinnen zurückgaben. Das von den Nonnen ausgewählte Mädchen zu töten war ein Schlag ins Gesicht, selbst nach den Moralvorstellungen der Rebellen. Judiths Schulfreundin brachte es nicht übers Herz, Schwester Rachele zu erzählen, wie sie starb. Stattdessen beschrieb sie Schwester Alba den Tag, an dem Judith mit Macheten, Fahrradketten und Stöcken zu Tode geprügelt wurde. Und ein grausames Detail: Judith hat am nächsten Morgen noch gelebt. Eine Woche später fanden Mädchen auf der Suche nach Feuerholz Judith an einen Baum gebunden. Trotz der großen Hitze zeigte die Leiche kaum Zeichen von Verwesung, was nur heißen konnte, dass sie erst vor kurzem gestorben war.

Hillary Clinton hatte recht, das neue Leben der Mädchen war »unsagbar«. Aber Kony war der Verbrecher des Tages, und zahllose Zeitungsartikel berichteten nur über diesen fotogenen, modebewussten Psychopathen, den niemand aufhalten konnte. Konys scheinbar machtloses Opfer, die ugandische Regierung, wurde weiterhin vom Westen bezahlt. Hillary warf noch Extrageld hinterher und übte Druck auf die Weltbank aus, dabei »zu helfen, dass die von Rebellenaktivitäten geplagten Menschen Jobs bekommen, damit sie ihre Gemeinschaften wieder aufbauen können«. Die Schülerinnen von St. Mary's, die aus der Gefangenschaft zurückkehrten, wurden nicht gerettet. Sie flüchteten oft unter Lebensgefahr während der Angriffe der ugandischen Armee.

Manche lebten jahrelang als Sexsklavinnen, bis ihre »Ehemänner« sich absetzten. Von 139 Mädchen rettete die Regierungsarmee nur Sylvia. Nonnen: 109, Armee: 1.

»Es gibt keine einfachen Antworten«, sagte Hillary Clinton. Ach, leck mich doch, im Matheunterricht würde ich mich nicht neben sie setzen.

42

Weil sie lesbisch sind!

Ich habe die nächsten Tage in meinem Zimmer im Hotel St Jude verbracht und bin nur rausgegangen, um Marilyn zu unterrichten. Ich hämmerte die Aussagen mehrerer rebellischer Priester und Berichte über Chuck-Norris-ähnliche Angriffe im Sudan in meinen Laptop. Ich fühlte mich nützlich. Ich hatte effektive Arbeit geleistet, und nichts davon hatte mit Chihuahuas zu tun. Zur Belohnung machte ich mich auf die Suche nach Frozen Yoghurt. Das war natürlich reine Zeitverschwendung, also rief ich Helen, die Dolly-Parton-Verehrerin, an und fragte sie, ob sie sich mit mir zum Essen treffen wollte.

»Gern!«, sagte Helen. »Ich ruf zurück!« Sie rief mich kurze Zeit später an und sagte, wir würden zu ihrer Freundin gehen und dort die neuen DVDs aus Nigeria anschauen. Ich habe gerade gesagt, dass Helen zurückgerufen hat, aber genaugenommen tat sie etwas, was in Afrika ungeheuer beliebt ist: Piepen.

Das heißt, man ruft jemanden mit seinem Mobiltelefon an und schaltet es aus, bevor der andere abhebt. Dabei spart man die zehn Cent für den Anruf. Ich rief zurück, da ich die zehn Cent ja hatte. Doch meistens hat die andere Person keine zehn Cent, also kommt sie zu dir nach Hause, um herauszufinden, worum es geht.

Dies ist die afrikanische Form der sofortigen Nachrichtenübermittlung. In der Vergangenheit gab man einen Brief einem Postläufer, einem Mann, der 317 Kilometer in sechzig Stunden schaffte. Manchmal erreichten sie ihr Ziel allerdings nicht, weil sie von wilden Tieren angegriffen wurden oder in einen Sumpf gefallen waren.

»Ich habe aber für Expressversand bezahlt!«

»Ja, laut Ihrer Auftragsnummer wurde er von einem Löwen gefressen.«

»Irgendwas passiert immer, nicht wahr?«

*

Ich wartete auf Helen vor dem Radiosender Mega FM und dachte mit Furcht an die nigerianischen DVDs. Mega FM war ein sandfarbenes großes Gebäude, das bis auf die bewaffnete Polizistin vor dem Eingang gut neben Kiss FM an der Hollywood Road gepasst hätte. Helen führte mich durch dunkle Seitengassen in das Gulu der Mittelschicht – kleine Häuser um Betonbecken gebaut, in denen Kinder Wäsche wuschen. Rose war wie ihre Freundin Helen, jung und flippig. Sie arbeitete für eine lokale Wohltätigkeitsorganisation. Wandteller, die mit religiösen Sprüchen bemalt waren, verzierten die Wohnung. Jeder hier liebte Jesus. Im Hotel hatte ich einmal beiläufig erwähnt, dass ich nicht in die Kirche gehe, und sie glauben bis heute, dass ich Spaß gemacht habe. Als wir hineingingen, hörten wir Rose zu dem Konzertfilm einer amerikanischen christlichen Stadionrockband singen. Die schmierige, schwangere Vorsängerin brüllte, »Jesus, You Are My Best Friend«, während hinter ihr nicht mehr ganz junge weiße Cheerleader mit Zopffrisur und in Plastikhosen ein Rad schlugen.

Zu essen gab es gebratenes Hähnchen. Während der paar Stunden, die ich da war, machte das Huhn die Stationen ›normaler Hühnertag‹ bis zu ›Arsch-in-der-Luft-auf-'nem-Teller‹ durch. Ein Freund, der sich als Freddie The Man vorstellte, schaute kurz vorbei – er hatte sich diesen Namen gegeben, damit man ihn leicht identifizieren konnte –, und er sagte mir, er kenne einen Mann, den ich unbedingt treffen müsse. Einen Mann namens Bill, einen Fotojournalisten mit einem Hang zum Abenteuer, der mir helfen konnte, falls ich weiter in den Norden wollte, dorthin, wo die Rebellen am aktivsten waren. Auf jeden Fall, rülpste ich.

Nach dem Essen holte Rose eine große Kiste mit DVDs hervor. Nollywood-Filme sind moralisierende Geschichten. Ihre Qualität erinnert mich an meine alte Digitalkamera, sie zeigen immer wieder dieselben Schauspieler, und die Handlung dreht sich um Zauberei im Alltag, Romanzen und prügelnde Ehemänner. Wir schauten uns eine Geschichte über ein junges Mädchen an, das aufs College ging und sich mit einer bösen Clique einließ – Frauen in engen Overalls mit magischen Dolchen, die Männer in ihre Häuser lockten, um ihnen ihr bestes Stück abzuschneiden und dann das Häufchen Männlichkeit zu verhöhnen.

»Rose, warum tun sie das?«, fragte ich.

»Weil sie lesbisch sind«, antwortete sie. Die Girls in den Overalls lösten sich am Ende auf wie Captain Kirk in Star-Trek. Also waren sie lesbisch. Ich war mir nicht sicher, ob der Film nun eine Warnung vor Homosexualität, zu frühem Sex oder höherer Schulbildung war.

Ich verließ Rose und Helen, die gemeinsam die christliche Powerballade »Our God Is An Awesome God« sangen, und schlenderte zurück zum Hotel. Zum ersten Mal fühlte ich mich wohl in Gulu. Ich war einer großen Story auf der Spur, ich hatte ein warmes Hähnchen gegessen, und ich wusste nun, wie man eine Lesbe erkennt. Aber als ich über den Innenhof des Hotels auf mein Zimmer zuging, sah ich, dass ich den Türknauf nicht zu drehen brauchte. Das Schloss war aufgebrochen worden. Mein Computer war weg. Das Hähnchen in meinem Magen wurde kalt.

43

Polizeiakademie Gulu

Es gab keinen Zweifel, ich stand unter Bewachung: Wer war an meinem brandneuen Laptop interessiert? Es war zehn Uhr abends. Ich ging zur Polizei. Das Wichtigste zuerst: Ich wollte einen Polizeibericht für die Versicherung.

Die Polizeiwache von Gulu war leer bis auf eine riesige Spinne, die mit orangefarbenen, haarigen Beinen über ihr Netz kletterte. Darunter war der Tresen, in den jemand ein Loch getreten hatte. Während ich wartete, las ich die Plakate an der Wand. Das erste erklärte, wie man eine Wahl abhält: »Achten Sie darauf, dass folgende Personen nicht im Wählerverzeichnis erscheinen! Ausländer. Minderjährige. Verstorbene.« Das zweite, ein Geschenk vom Roten Kreuz, listete die Ge- und Verbote für den bewaffneten Kampf auf, bebildert mit lustigen Cartoons von Soldaten, die Kriegsverbrechen begehen, Ziegen stehlen, Dörfer niederbrennen und so weiter. »KÄMPFER, DENKT DARAN! Keine Vergewaltigungen!« Oh, Scheiße, Sie machen Witze ... Gut, aber kann ich die jetzt schnell noch zu Ende bringen?

*

Der diensthabende Polizist kam herein, ein magerer Kerl in Gummistiefeln. Die Streifen an seiner Jacke waren mit Heft-

klammern befestigt. Wir hörten beide aus den Zellen schreckliche Schreie. Nur einer von uns drehte sich um.

»Machen Sie sich keine Gedanken, das sind die Verrückten«, sagte der diensthabende Polizist. »Wir geben ihnen später eine Spritze. Kann ich Ihnen helfen?«

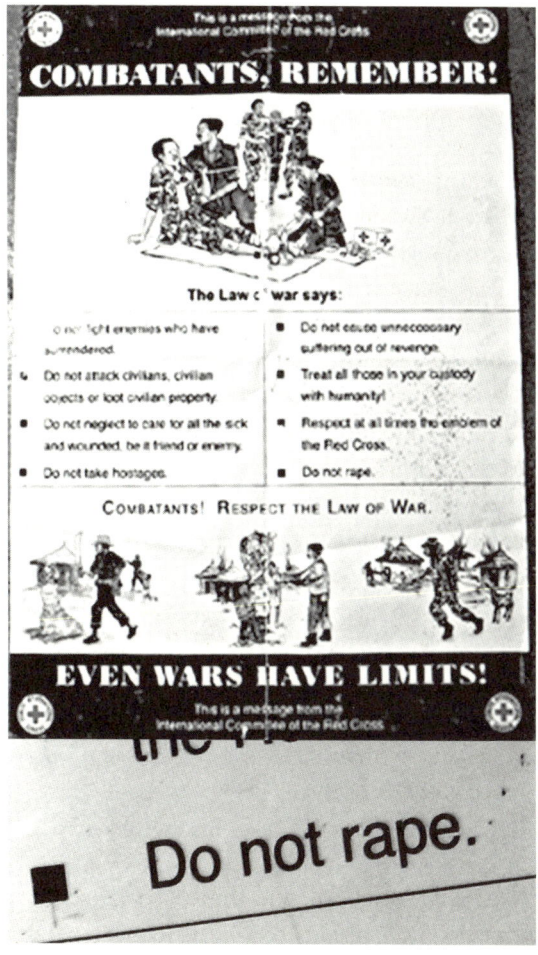

»Jemand hat meinen Computer gestohlen«, sagte ich.

»Wo ist er? Ich werde ihm den Kopf wegschießen!«

»Können Sie bitte nur den Polizeibericht aufsetzen?«

»Ach! Das macht mich so wütend!«, sagte er.

»Ja, aber ich möchte nicht, dass Sie ihn erschießen …«, sagte ich.

»Dann werde ich ihn auspeitschen und auspeitschen und auspeitschen …«

»Wie wäre es mit einem Polizeibericht?«, fragte ich vorsichtig.

»Haben Sie einen?«, fragte er zurück.

»Nein, ich hoffte, Sie haben vielleicht …«

»Madame«, sagte er, plötzlich ganz streng, »wir haben nur ein Exemplar, und das brauchen wir.« Er hatte Mitleid mit mir. »Warum kommen Sie nicht morgen wieder? Sie können es ja zur Post mitnehmen und dort eine Kopie machen lassen.«

»Ja aber … warum muss *ich* gehen?«

»Die Post ist zu Fuß nur zehn Minuten von hier«, sagte er. Dann beruhigte er sich und stützte die Ellbogen auf die Holzplatte. »Ich möchte so gerne zur Uni gehen.« Er seufzte. »Madame, würden Sie meine Studiengebühren bezahlen?«

Ich wog noch das Für und Wider ab, als ich bemerkte, dass ein Mitglied des öffentlichen Lebens hereingekommen war und neben mir stand. Er war nackt von der Hüfte abwärts. Für einen Verrückten hatte er einen ziemlich großen Penis.

Ein anderer Bulle kam herein. Er musterte mich von oben bis unten. Dann fragte er: »Madame, haben Sie Kinder?«

»Nein«, sagte ich.

»Möchten Sie Kinder?« Es war ein freundliches Angebot, aber ich hatte einen anstrengenden Abend hinter mir und wollte nur zurück ins Hotel. Ich schüttelte den Kopf.

»Können Sie keine Kinder bekommen?«

»Ich weiß nicht, ich hab es noch nie versucht.«

Er nahm ein altes Formular, drückte auf einen Kuli, notierte die Nummer seines Mobiltelefons und gab mir das Blatt mit einem verführerischen Blick. Als ich es umdrehte, stand dort: »Zeigt das Hymen Spuren von Rissen?«

Ich kämpfte gegen eine unkontrollierbare Geilheit an, als noch ein Polizist hereinmarschierte. Die ersten beiden begannen sogleich ein Brüllduell mit ihm auf Acholi. Er schien es gewonnen zu haben und scheuchte die beiden hinaus. Dann bemerkte er mich.

»Gibt es ein Problem?«

»Ob es ein Problem gibt? Ja. Ich habe die lange Reise von Los Angeles bis hierher gemacht, und IRGENDJEMAND HAT MEINE KAMERA UND MEINEN COMPUTER GESTOHLEN!«

Eine Pause. Der Bulle dachte nach, analysierte den Fall und erwog die Fakten. Ich entspannte mich. Er war zu einer Schlussfolgerung gekommen.

»Los Angeles?«, sagte er. »Können Sie mir dabei helfen, einen Agenten zu finden? Ich habe einen Roman geschrieben…«

Der Mann verschwand und kam mit einem handgebundenen Manuskript in einem blauen Plastikcover zurück. Auf der Vorderseite war eine Illustration, die wie ein Scheißhaufen aussah. Auf der Rückseite stand eine Liste von Leuten, denen er danken wollte. Zwei Namen waren durchgestrichen.

Der Roman des Polizisten trug den rätselhaften Titel *Across My Lips: the Burgles of Mortal Dignity*. Ich versprach ihm, mein Bestes zu tun, damit es in die Hände eines Hollywood-Agenten kommt, und las aufs Geratewohl einen Absatz. Ich drucke ihn hier ab, auch auf die Gefahr hin, das Copyright zu verletzen.

»Der muskulöse Frauenschänder trug ein Fell. Er sah aus wie ein mächtiger Schimpanse mit starken aggressiven steifen Genitalien.«

»Wenn es Ihnen gefällt«, sagte der Polizist, »Ich habe noch ein zweites.«

Als ich die Polizeistation von Gulu verließ, schaltete sich mein sechster Sinn ein – so etwas wie journalistische Intuition –, und sie sagte mir, dass diese Herren in Uniform meinen Laptop mit großer Wahrscheinlichkeit nie finden werden.

44

Ich wette, das Einzige, was sie tun,
ist Menschen retten und...

Ich versuchte auch ohne Computer eine Auslandskorrespondentin zu sein, und arbeitete in nahegelegenen Internet-Cafés, wo Ameisen aus der Tastatur krabbelten. Manchmal lief ich abends durch tropischen Regen, um noch vor Ladenschluss ein wenig zu recherchieren. Auf kleineren Nachrichten-Websites fand ich bestätigt, was die Gruppe der Kindersoldaten und Laura mir erzählt hatten. Die Stadt der Kinder in der Wüste. Bashirs Leugnen, dass er die LRA unterstützte, während er gleichzeitig die ihm bereitgestellte Kinderarmee inspizierte.

Endlose Reden von Clinton u. a. über das unerträgliche Leiden der Schülerinnen, ohne das eine eklatante Faktum zu erwähnen: Die Nonnen wussten, dass die Rebellen kamen, aber Soldaten ließen sich nicht blicken.

2002 schlug die Armee mit der Operation »Eiserne Faust« zu, und die LRA antwortete entsprechend: Kinder wurden noch schneller entführt und immer grauenhaftere Verstümmelungen, wie abgeschnittene Brüste und zugenähte Vaginas, standen auf der Tagesordnung. Die Kinder bekamen die eiserne Faust am stärksten zu spüren: »Als die Hubschrauber mit dem Bombardieren anfingen«, erzählten mir einige Mütter, »war es den ganz kleinen Kindern nicht klar, dass sie hätten weglaufen sollen.« Aber Kony passierte nichts. Wie eine Spinne sah er den Schlag kommen und floh. Und der Oberst konnte ihn wieder nicht erwischen.

»Madame, wir schließen, bitte, wir sind müde!«

»Lassen Sie mich noch meine Stichpunkte aufschreiben. Sehr wichtig. Nein, nicht Stiche, Stichpunkte!«

Eine Stunde später. Die Leute wollten jetzt endlich gehen. Ich tippte immer noch.

Klack: Und Gulu ist dunkel. In der ganzen Stadt gehen die Lichter aus, die Musik hört auf, und mein Computerbildschirm ist schwarz. Stromausfall. Jeder klappt sein Telefon auf, um es als Taschenlampe zu benutzen. Der Besitzer des Internet-Cafés schaut mich mit langem Gesicht an.

»Wir haben einen Generator im Hinterhof. Aber Sie haben Ihre E-Mails schon gespeichert, oder?« Eine lange Pause. »Ich gehe und mache den Generator an.«

Am nächsten Abend brauchte ich dann einen großen Teller gebratener Butter mit etwas Reis als Garnierung, und zwar pronto. Ich ging ins Restaurant des Acholi Inn. Trotz seines trostlosen Flairs einer Supermarkttoilette war das Hotel der Partymittelpunkt der Stadt, und wie alle anderen aus dem Westen schaufelte ich mir Obstsalat auf den Teller. Meine große Enthüllungsstory: Die Kinder würden gerettet sein und John würde sich ohne Zweifel in mich verlieben. Das Problem war nur, dass sie aus alten Notizbüchern ohne Fotos zusammengestückelt werden musste, was für einen Redakteur natürlich eine lausige Aussicht war. Und was ist nun, wenn es keine Diebe waren? Hatte das Verschwinden des Laptops etwas mit der Cleo-Begegnung zu tun? Dann fiel mir ein, dass der Adapter für meine billige Zweitkamera mit dem Kabel für den Laptop verwickelt war. Das bedeutete, die Kamera gab in wenigen Tagen ihren Geist auf. Und am nächsten Morgen sollte ich auch Marilyn wieder unterrichten. Ich setzte mich hin, um mich vor Frust vollzustopfen.

Es war jetzt ganz dunkel, und der Garten des Acholi Inn sah wirklich romantisch aus. Aber wieder, wie es so oft geschieht, wenn ich mir einrede, dass schon ein Teller mit in Butter triefender Pampe einen Abend allein großartig macht, fand ich mich umgeben von Pärchen. Schlimmer noch, dies hier waren nützliche Pärchen, die gerade von einem harten Arbeitstag im Kampf für Gerechtigkeit zurückgekommen waren. *Ärzte ohne Grenzen. Mistkerle. Ich wette, das Einzige, was sie tun, ist Menschen retten und vögeln.* Ich schaute auf mein Telefon und fragte mich, wie spät es wohl in Washington war.

John antwortete.

»John, erinnern Sie sich noch daran, als Sie der Regierung auf den Schlips getreten sind und aus dem Sudan geworfen wurden ...?«, sagte ich im Ton eines Kindes, das noch nicht will, dass das Schlafzimmerlicht ausgemacht wird. »Ist das eigentlich üblich in Afrika?«

»Das ist mir nicht nur im Sudan passiert«, sagte John im Ton eines Vaters, der dem Kind versichert, dass morgen früh der Fertig-Haferbrei wie immer auf dem Tisch stehen wird. »Man hat mich aus Simbabwe rausgeschmissen.« Ich schaute mich um und fühlte mich immer paranoider, als John gut gelaunt von seinem Erlebnis an einem Flughafen erzählte. »Ich gehe also zu dem Eincheckschalter, der Typ schaut auf meinen Pass, sieht mich an und läuft weg. Die Leute hinter mir haben Witze gerissen. So in der Art: Hat er zu Hause etwa das Gas angelassen? Dann kam er mit ein paar Sicherheitsbullen zurück, und die haben mich dann in eine Art Wartezelle gezerrt.« Ich schaute mich um. Niemand, den ich wiedererkannte. »Dann kam einer von diesen Typen rein und schlug ein paar Mal zu.«

»Schläge?«

»Faustschläge, aber ...«

»Tat das weh?«

»O ja!« *Mein Gott, das ist so geil.* »Aber nur auf den Körper, so ging das ein paar Stunden ... Sie wollten die Namen der Leute, die mir dabei geholfen hatten, herauszufinden, wie Robert Mugabe die Wahl manipuliert hat.«

»Haben Sie Namen genannt?«

»Was? Nein, nein, nein. Letztendlich haben sie mich dann in ein Flugzeug nach Südafrika gesetzt, einfach abgeschoben. Und stellen Sie sich vor, was dann passiert ist – die afrikanischen Passagiere haben mich erkannt.« John lachte. »Ich vermute von CNN und der BBC. Sie gaben mir buchstäblich Standing Ovations. Es ist eine Schande, was die Regierung dort den Leuten antut.«

Nun sah ich vor mir die letzten Bilder einer Richard-Attenborough-Breitwandverfilmung dieser Geschichte: Ein weinender Tom Wilkinson stand aus seinem Sitz in der Club Class auf und wusste, dass seine Frau, Helen Hunt, nicht umsonst gestorben war.

John entschuldigte sich, dass er noch in Washington bleiben musste, aber er war immer noch mit der Lage im Sudan beschäftigt. Ich wünschte ihm viel Glück dabei, die schreckliche Krise in den Griff zu bekommen.

Verdammtes Darfur. Zum Teufel. Ich wette, dass die rothaarige Lindsay ganz zufällig abends länger arbeitet ... Bestimmt klopft sie schon an seine Bürotür mit einem Teller voll Hähnchenflügel. Miststück! Sie mag Hähnchenflügel nicht mal, sie hatte vorher schon einen Salat ... Lass sie nicht rein, du Idiot ...!

Ich wette, Lindsay hatte einen Uni-Abschluss und aß auch nur, wenn sie Hunger hatte. Ich wette, sie wohnte auch in keiner WG. Vielleicht hatte ich mir doch ein zu hohes Ziel gesteckt.

Ich ging hinüber zur Fanta-Gang unterm Mangobaum. Mit Typen von der Armee herumzuhängen, die meinten, dass der Oberst seine Sache großartig mache, war immer noch besser, als Gutmenschen beim Füßeln zu beobachten.

Banya war da, und er zeigte sich so reizend besorgt wegen meiner verschwundenen Sachen, dass ich mich beinahe auf seine Knie gesetzt hätte. Vielleicht war ein Rentner die Antwort: jede denkbare Art von Bestätigung gegen die endlosen Selbstzweifel, *und* Abende auf dem Sofa, an denen man gemeinsam *Inspector Morse*-DVDs anschaut. Klar, er mag ja irgendwann mal auseinanderfallen, aber der Vorteil wäre, dass er vergessen hatte, wie ein weiblicher Hintern aussehen sollte. Du könntest dich um ihn kümmern ... Ja, und dann kommst du heim mit einer Broschüre über Prostatadrüsen und findest ihn auf einer Frau liegen, die ganz so aussieht wie Catherine Zeta-Jones in einem Treppenlift von Stannah. Quatsch. Ich war die schlechteste Journalistin aller Zeiten. Bevor ich mich zu Tode trinken konnte, kam mir jemand zu Hilfe, ein freundlicher großer Typ mit Namen David Okidi. Er war der Manager des Radiosenders Mega FM.

»Kommen Sie doch einfach ins Studio! Wir senden eine kurze Meldung raus wegen Ihres Computers. Vielleicht gibt ihn jemand ab«, sagte David.

»Sie würden das für einen Laptop machen?«

»Warum nicht? Jemand hat sogar mal eine Kuh vorbeigebracht.« Ich stellte mir eine dieser Kühe mit riesigen Hörnern vor, wie sie durch das Gebäude von Radio One in Hollywood tappte. Am Ende hätte sie bestimmt einen Job als Nachrichtensprecherin bekommen.

45

Was du mit dem Radio machst, ist ziemlich klasse

Bei Mega FM begann gerade die Show *Come Home*, präsentiert von John Lachambel, ein lokaler Star. Was immer »seine Qualitäten« sein mochten, Lachambel konnte verschwenderisch damit umgehen. Er trug ein lindgrünes Karohemd, eine gelbe Hose und Golfschuhe, eine Kreuzung zwischen Cliff Barnes aus *Dallas* und Rupert dem Bär. Ich konnte hören, dass er auf Sendung war und seine Begrüßung machte, aber von ihm war im Studio weit und breit nichts zu sehen. Ich vermutete, dass die Sendung vorher aufgezeichnet worden war. Ich wollte eigentlich hineingehen und auf ihn warten, aber ich hatte meine Lektion bei Radio One gelernt, als einer von uns Trotteln unter ähnlichen Umständen in das Studio eines alternden DJs gegangen war.

»Ja, was soll denn das?«, schimpfte der DJ. »Ich arbeite gerade an einem Gag!«

Plötzlich bemerkte ich, dass Lachambel doch im Studio war. Er befand sich unter dem Schreibtisch. Er tauchte wieder auf mit einer Kiste Ingwerbier, öffnete eins, knackte mit seinem Hals wie ein Boxer, streckte die Hände zum Gebet aus, sagte Amen und setzte sich hin, um seine Vorstellung in aller Ruhe zu beenden.

Lachambel konnte sich das leisten. Er hatte nämlich die

höchsten Einschaltquoten. Außerdem hörten die Rebellenkinder im Busch jeden Abend *Come Home*.

»Sie rufen an und wünschen sich bestimmte Titel«, sagte Lachambel vergnügt. »Und sie hören uns auch, weil ich ihre Freunde oft in der Sendung habe – Kinder, die entkommen sind. So erfahren sie, dass ihre Freunde es sicher nach Hause geschafft haben. Einmal rief mich Kony an und sagte tatsächlich: »Was du mit dem Radio machst, ist ziemlich klasse. Wir wollen den Allmächtigen darum bitten, dass er mich erhält, bis wir uns persönlich treffen.«

Ich wollte gerade weggehen, als Freddie The Man aus einem Schrank herauskam. Wie ich später erfuhr, versteckte er in dem Schrank die einzig gute Internetverbindung in Uganda.

»Ah!«, sagte Freddie. »Sie sind also da. Ich werde mal schauen, wo Bill ist.« Er dachte nämlich, ich sei gekommen, um seinen unerschrockenen Kollegen, den Fotojournalisten, zu treffen und das Abenteuer an der Front zu beginnen, statt übers Mikrofon den Verlust meiner Geräte zu bejammern. Ich hielt ihn nicht zurück, als er abdampfte, um Bill zu holen.

*

Bill war ein richtiger Reporter. Er machte für eine ugandische Zeitung Jagd auf richtige Nachrichten. Er war sehr klein und jünger, als ich erwartet hatte, vielleicht einundzwanzig, hatte aber die Haltung und Umgangsformen eines viel älteren Mannes. Anfangs irritierte mich seine Art, sich zu unterhalten. Erst nach einer Weile fiel mir auf, woher das kam: Er dachte, bevor er sprach, etwas, was man in Los Angeles nie tut, es könnte ja den Strom der Lügen unterbrechen.

Bill fragte mich, an welcher Story ich gerade arbeitete. Soweit ich mich noch erinnere, antwortete ich ihm Folgendes:

»Ich hab einen Artikel über John geschrieben – diesen Frie-

densstifter John Prendergast –, der den Kampf mit Kony aufgenommen hat und dem bösesten Mann der Welt eine Falle
stellen wollte. Wie dem auch sei, John ist zurzeit nicht hier –
nicht meinetwegen, er ist… Aber nun hat die Geschichte eine
andere Wendung genommen, weil ich nämlich glaube, dass eh
niemand Kony fassen will. Und dann spreche ich mit einigen
Priestern, und meine Kamera wird gestohlen, dann mein Laptop – dies ist in einem anderen Hotel passiert –, und dann war
da diese Frau, die sagte, sie sei Bettys Nichte, und Betty hat
gar keine Nichte mit dem Vornamen Cleo – ja, so nannte sie
sich – und… Hören Sie, ich weiß, dass ich paranoid bin, aber
ist es möglich, dass man mich abhört?«

Bill überlegte einen Moment und sagte dann: »Kommen
Sie, wir sprechen woanders.«

46

Der Beistandspakt

Das Café »Green Light« war leer bis auf ein paar Männer, die im Schein einer Lampe Ziege aßen. Eine sehr freundliche Kellnerin schlurfte heran und stützte sich auf unseren Tisch, wobei ihre Arme ein Quadrat aus Busen einrahmten.

»Nur eine Tasse Tee mit Milch bitte«, sagte ich und klappte die Speisekarte zu. »Diät.«

»Gut«, sagte die sehr freundliche Kellnerin und schrieb »Tee mit Milch«.

»Haben Sie Milch?«, fragte Bill.

»Nicht wirklich«, sagte die Kellnerin.

Sie ging, und Bill zog seinen Stuhl näher heran.

»Ich denke, es ist sehr gut, dass Sie diese Story schreiben wollen«, sagte er. Er bestätigte meinen Eindruck, dass vieles in Gulu nicht so war, wie es schien. Er klang wie ein Spion. Er sagte mir, in Gulu wimmle es von Spionen, wirklichen oder eingebildeten Regierungsagenten und Rebellenkollaborateuren. Ich erzählte Bill, wie frustriert ich war, kein Interview mit dem Oberst zu bekommen. Aber das müsse doch in Hollywood die ganze Zeit so sein, wandte er ein, und ich gab ihm recht, aber wenn man in Hollywood kein Interview bekommt, gibt man vor, die Person getroffen zu haben, und holt sich Zitate von Leuten aus ihrem Umkreis: Stylisten, Friseure

311

und die bekifften Freunde, die sich ihre Berater nennen. Wir beschlossen, mit den Leuten zu sprechen, die zum Kreis des Obersts gehörten. Es war schließlich sein Job, entführte Kinder zurückzuholen, und ich erinnerte mich, dass Betty eine junge Frau erwähnt hatte, die gerade erst befreit worden war. Bill wusste, wo sie sich aufhielt. Wenn wir mit ihr sprechen könnten, wäre das ein echter Coup: Jenny war nämlich Konys Frau.

Diese Partnerschaft mit Bill konnte äußerst nützlich sein: Ich führte die Gespräche, und er machte währenddessen Fotos.

»Sie sind also Fotojournalist«, sagte ich.

»Ja.«

»Was für eine Kamera haben Sie?«

»Ich habe keine Kamera«, sagte er, »aber ich hoffe, bald eine zu bekommen.«

Egal. Ich hatte immerhin einen Partner, und wir konnten den Skandal jederzeit auffliegen lassen. Bill war beeindruckt, als er erfuhr, dass ich einen Auftrag von der *Sunday Times* hatte. Daher sagte ich ihm lieber nicht, dass der Höhepunkt meiner Detektiv-Karriere eine Bemerkung gegenüber Rachel Hunter war: »Ich muss Sie jetzt fragen, ob Sie eine Affäre mit Robbie Williams haben«, und ich auf die Antwort hoffte: »Nein, müssen Sie nicht.« Bill hatte auch etwas, was mir fehlte: Integrität. Er wollte eigentlich Rechtsanwalt werden, aber konnte die Studiengebühren nicht bezahlen, also wurde er stattdessen Reporter, der das Gesetz hütet. Er hatte alle wichtigen Telefonnummern, und ich war so dankbar, dass ich meinen Teil zu der Partnerschaft beitrug, indem ich ihm Tipps gab, wie man sich im westlichen Journalismus einen Namen macht. Ich fühlte einen gewissen Stolz, als ich ihm die Kunst der freien Erfindung erklärte.

»Und wenn du ein Telefoninterview machst, frag immer,

was sie gerade tragen, sonst klingt es so, als ob du sie nie getroffen hättest«, klärte ich Bill auf.

»Aber du hast sie doch nicht getroffen«, sagte er. Ich ahnte,
dass er mir das Gefühl geben würde, sehr, sehr alt zu sein,
aber wir waren ein Detektiv- und Reporterteam. Erst einmal besorgte er mir ein neues Hotel als unseren Stützpunkt.
Alle Zimmer dort waren nach britischen Fußballstadien benannt. Eines hatte ein Loch in der Decke. Bill brachte mich
für fünf Pfund im »Upton Park« unter und versprach, dass wir
gleich morgen früh loslegen würden. In der Zwischenzeit ließ
er mich nach Arbeitsschluss einen Computer in seinem Büro
benutzen. Ja, wir waren so etwas wie die Billigversion des
Detektiv-Duos Crockett und Tubbs aus »Miami Vice«, aber es
funktionierte.

»Sagen Sie niemandem, dass Sie hier sind. Das Nachrich-
tenteam braucht das Büro ab sieben Uhr morgens«, sagte er.
Später entdeckte mich der Nachtwächter.

Ich geriet in Panik. »Ich bin eine Weiße, nicht wahr?«,
stammelte ich.

»Oh, Entschuldigung«, sagte er. Na gut, das hab ich zwar
nicht gesagt, aber ich glaube, so hat es sich angehört.

47

Ein kleines Geschäft mit Trockenfisch

Bald waren wir perfekt ausgerüstet, und zwar mit einem bunten Schulheft mit dem schiefen Turm von Pisa drauf und einer alten Instamatic-Kamera, die wir uns von einem armen Amputierten aus der Gruppe der Kindersoldaten geborgt hatten. *Darf nicht vergessen, sie ihm zurückzugeben.*

Wir machten uns dann in Richtung der Straße auf, wo Jenny sich aufhielt, ein großes Gelände der Gusco (Gulu Support the Children Organization), ein Rehabilitationszentrum für Kindersoldaten. Zwei ungute Gedanken gingen mir durch den Kopf, als ich an die bevorstehende Begegnung mit dem Flüchtlingsmädchen dachte, das von allen Seiten belagert wurde: erstens, ob ich ihr ein offizielles Statement entlocken konnte, in dem sie erzählt, dass der Oberst gar nicht daran interessiert war, Kony zu kriegen – so wie ich damals Christina Aguilera überrumpelt hatte, der Leserschaft mitzuteilen, dass sie schwanger war (man muss es immer auf die indirekte Tour machen: ICH: Nun, Christina, haben Sie irgendwelche Vorsätze für das neue Jahr gefasst? CHRISTINA: Da werde ich ja Mama werden, also – PRESSEAGENTIN: Jane!). Zweitens, dass Jenny hoffentlich ein Bombenlächeln hatte, denn sonst würde sich niemand einen Dreck um ihre Geschichte scheren.

Von außen sah Gusco wie ein Hochsicherheitsgefängnis

aus, die verkleideten Zäune waren mit Stacheldraht gespickt. »Gut«, dachte ich. »Zumindest wird sich Kony diese Kinder nicht wieder zurückholen können.« Ein schmales Gesicht starrte mich böse über den Zaun an. Der Junge musste sich auf einen Tisch gestellt haben, um etwas von der Außenwelt zu sehen. Erst in dem Moment kam mir in den Sinn, dass der Zaun mich auch vor ihm schützte.

Der Pressesprecher war höflich, aber frustrierend. Dies war ein staatliches Reha-Zentrum, und ich hatte von der Armee keine Erlaubnis, über irgendetwas nachzuforschen. Wichtiger noch, die Experten des militärischen Geheimdienstes hatten Jenny bereits in die Mangel genommen. Sie war gleich nach ihrer Flucht mehrere Tage lang befragt worden, und nun war sie erschöpft. Kurzum, ein Interview mit ihr werde es nicht geben, teilte der Offizier mir mit. Ich setzte ihm mit den üblichen Hollywood-Lügen zu – es gebe eine Deadline, ich müsse morgen wieder weg, ich sei eine große Bewunderin seiner Arbeit –, alles half nichts. Ich stand auf, um zu gehen, und fast unbewusst versuchte ich es mit einem alten Trick, dem Alles-oder-Nichts-Zauberspruch, den ich nur etwa einmal im Jahr anwende, damit sich seine Macht nicht abnutzt.

»Das ist schon in Ordnung, ich verstehe vollkommen«, sagte ich. Dann als beiläufige Bemerkung beim Abgang: »Wissen Sie, ob es ein anderes Reha-Zentrum für Kindersoldaten gibt, dem die Publicity in der britischen Presse zugutekommen könnte? Eine ganze Seite in der *Sunday Times* ... Fotos ... Entschuldigung, ich weiß, dass Sie viel zu tun haben ...«

Er schaute mich an und sagte dann, er werde so bald wie möglich ein Treffen mit Jenny arrangieren. In der Zwischenzeit könne ich mit einem Mädchen namens Angela sprechen, der Frau eines Kommandanten. Aber ich erhielt strikte Anweisungen: »Sie dürfen keine Fotos machen. Sie dürfen keinesfalls ihren richtigen Namen nennen. Und Sie dürfen auch nicht das Wort ›Ehefrau‹ benutzen.«

»Warum nicht?«, fragte ich patzig.

Er zuckte die Achseln. »Weil die meisten dieser Mädchen noch nicht einmal zehn Jahre waren, als sie entführt und einem Kommandanten übergeben wurden, der fünfzig war und sie jahrelang mit vorgehaltenem Messer vergewaltigte.«

»Verlobte?« Okay, das habe ich nicht gesagt, aber Pressefreiheit ist ein kostbares Gut, nicht wahr?

*

Der Offizier führte mich in einen Innenhof, wo eine einzelne Krücke im Staub lag. Die Bewohner waren meist apathische Teenager mit Kleinkindern. Er ging einen Dolmetscher suchen, da Angela nur Acholi sprach. Ich wartete auf einem alten Stuhl. Ein ganz kleines Mädchen krabbelte auf mich zu, legte seine Hände auf meine Knie und versuchte sich auf die Füße zu stellen. Ich lächelte es an. Es knurrte wie ein Hund. Ich lächelte. Sie bellte.

Angela wurde zusammen mit ihrem Vater von einer unbeteiligt wirkenden Sozialarbeiterin hereingeführt. Er saß schweigend da, zum erstenmal nach zehn Jahren sah er seine Tochter wieder. Er sah benommen aus und lächelte ins Leere.

Angela vermied jeden Blickkontakt, sie spielte nur mit den Füßen ihres Babys. Sie war ein großes, kräftiges Mädchen von zwanzig mit einem sechseckigen Gesicht und einer blauschwarzen Haut. Ihr Kind war das unheimlichste Baby, das ich je gesehen habe, selbst ein »Hundebaby« war nichts dagegen. Es hatte eine hellbraune Haut und den Gesichtsausdruck eines alten Mannes, der gerade von einem Bus angefahren worden war und auf den Busfahrer mit seinem Krückstock einschlagen wollte.

Die Sozialarbeiterin teilte mir mit, dass der Vater des Kindes ein Kommandant namens Ochen war.

Ochen. Die Story nahm Gestalt an. Ochen war der fette, kleine, hellhäutige Dreckskerl, der Alans Bruder vor seinen Augen getötet hatte, sozusagen als Warnung, damit er wusste, was es bedeutete, wenn ein Bruder vor den eigenen Augen umgebracht wird. Und tatsächlich beschrieb Angela ihren fetten, kleinen, hellhäutigen Ehemann.

»Er erzählte uns, er sei dreißig, aber ich denke, er sah viel älter aus«, sagte sie.

Zufällig ging Ochen einer Tätigkeit nach, die fetten, kleinen Lügnern nicht nur eine dralle Teenagerbraut verschaffte, sondern neun. Und wenn ihn eine beleidigte, schlug er alle neun, bis sie nicht mehr gehen konnten.

»Hast du jemals Konys magische Kräfte gesehen?«, fragte ich. Sie berichtete mir von einem Tag, als Kony sie alle aufforderte, sich zu versammeln und zu beten.

»Er befahl uns, uns in Richtung Osten aufzustellen und unsere Köpfe zu beugen. Dann erschien etwas, eine Art Regenbogen, ein orangenes Licht in der Luft etwa zehn Meter von uns entfernt. Einige bekamen Angst und wollten weglaufen, aber er sagte, wir müssten uns nicht fürchten, es sei ein Engel. Ein Engel, der gekommen ist, um mit uns zu beten. Wir beteten, und er verschwand.«

Was war das? Hatte Angela das wirklich gesehen? Keine Ahnung. Sie wich immer noch meinem Blick aus. Ich fragte die Sozialarbeiterin, wie es mit Angela weiterging, wenn sie aus dem Zentrum entlassen wurde.

»Das Wichtigste ist, dass sie sich um ihr Kind kümmert«, sagte die Sozialarbeiterin. »Sie hofft, ein kleines Geschäft mit Trockenfisch eröffnen zu können, aber sie hat kein Kapital.« Von Angela erfuhr ich, dass sie mit zwölf Jahren gekidnappt und erst vor kurzem befreit worden war. Immer wieder mussten sie und die anderen vor dem Bombardement der Regierungstruppen fliehen. Ziemlich unfair, nicht wahr, wenn man bedenkt, dass ebendiese Truppen nicht fähig gewesen waren, ihre Entführung zu verhindern. Angelas Blick war nicht ruhig und stoisch, sondern sagte trotzig: »So ist es nun mal.« Diese Fügsamkeit machte mich wütend. Nach acht Jahren auf der Flucht musste sie nun zusehen, wie sie mit dem Verkauf von Trockenfisch das Baby eines fetten kleinen Verbrechers ernährte. Das war absolut nicht so, wie es sein sollte. Es war vielmehr die Folge einer Reihe von Entscheidungen, die Leute getroffen hatten, die das junge Mädchen, und nicht nur sie, hätten retten können. Aber offensichtlich hatten sie sich immer wieder gesagt: Nicht heute. Keiner von den hochbezahlten Verantwortlichen hatte in den acht Jahren, während denen sie geschlagen und vergewaltigt wurde, auch nur versucht, Angela aus der Hölle rauszuholen. Ich wechselte das Thema, um die Stimmung, zumindest meine, ein wenig zu heben. Ich fragte sie, ob sie glücklich sei, nach all den Jahren wieder nach Hause zu kommen. Zum ersten Mal schaute Angela mir direkt in die Augen und sagte: »Nein. Denn der Mann wird mich finden.«

Auf dem Weg nach draußen schnappte ich mir noch mal den Armeesprecher. Er meinte, Angela sei in Sicherheit, ich müsse mir keine Sorgen machen, sie spreche so, weil sie traumatisiert sei, und wenn sie Essen für ihr Baby brauche, nun, könnten die Mädchen jederzeit zurückkommen und es hier kostenlos kriegen.

»Aber sie kennt die Rebellen ziemlich gut«, sagte ich. »Und wenn sie glaubt, dass die sie finden können ...«

»Es wird ihr nichts passieren«, sagte er. Ja, viele Kinder würden erneut entführt, aber Angela werde in ein von der Armee geschütztes Dorf gehen.

Als wir das Gelände verließen, kam ich an einer Reihe von Mädchen vorbei, die auf ihre kostenlosen Lebensmittel warteten. Die Sozialarbeiterin erwähnte beiläufig, dass die Nahrungslieferung zwei Wochen zu spät eingetroffen war. 7837 Kinder und Jugendliche hatten bisher das Auffangzentrum durchlaufen.

Das unheimliche Kind vom Zaun kam mit erhobenen Fäusten auf mich zu, ich wich ihm aus, und die Wächter schlossen hinter uns das hohe Tor.

*

Bill und ich sahen eine Zeitungsschlagzeile, die uns aufmunterte: VERBRECHENSRATE IN GULU GESUNKEN. Und darunter ein kleinerer Artikel mit der Überschrift: GULU – JOURNALISTIN WURDE LAPTOP GESTOHLEN.

*

Was würde mit Angela passieren, falls Konys Männer sie fänden? Ich wusste nicht, was ein sogenanntes geschütztes Dorf wirklich bedeutete, hatte aber meine Zweifel, dass es auch nur entfernt einem geschäftigen Ort ähnelte und Angela dort wie Marilyn unter einigermaßen erträglichen Verhältnissen leben würde. Ich wusste nicht, was Angelas Vater machte, aber wohlhabend sah er nicht aus. Am nächsten Morgen bezog ich wieder meinen Beobachtungsposten im Acholi Inn, und ich nutzte die Zeit, um mich über die geschützten Dörfer zu informieren. Der Sprecher der UPDF, Major Shaban Bantariza, hatte 2003 erklärt: »Die Lager sind Teil einer Strategie der ugandischen Armee und dienen dazu, den Rebellen Menschenpotential und andere Ressourcen zu entziehen.« Während ich dem Oberst nicht einmal den Schutz meines Essens vor Tauben anvertrauen würde, waren die Dörfer anscheinend doch nicht so schlecht, denn inzwischen waren die großen internationalen Hilfsorganisationen eingeschritten – nach dem Motto: Macht Platz und überlasst das uns!

UNICEF kümmerte sich um Kinder, kanadische Ärzte impften kostenlos und statteten ein Gesundheitszentrum mit Sonnenkollektoren aus, während ActionAid so viel für die geschützten Dörfer tat, dass die Liste ihrer Leistungen eine halbe Zeitungsseite umfasste. Die Dörfer waren eigentlich eine Notmaßnahme, aber wenigstens erhielten die Menschen dort kostenlos Nahrung und medizinische Versorgung. Das Welternährungsprogramm der Vereinten Nationen gab laut einem Bericht pro Jahr Millionen von Dollar aus, um die Bewohner in den Dörfern zu ernähren. Angela würde also nicht wie Betty leben, die mit einer Mahlzeit am Tag aufwuchs. Und das International Rescue Committee (IRC) schickte Krankenpfleger und anderes Personal, also würde es Angela auch nicht wie Faith ergehen, die abends im Dunkeln sitzen musste, da das ganze Geld der Familie für Krankenhausrechnungen draufgegangen war. Ich hatte selbst gesehen, wie Kinder von ihrem Schulleiter aus der Schule gejagt wurden, weil sie zu arm waren – in den Lagern verteilte das IRC Lehrmaterial an Hunderte von Kindern, bot kostenlos Berufslehrgänge an und startete an einigen Plätzen sogar Spar- und Darlehensprojekte. Vielleicht konnte Angela ein Geschäft eröffnen und ihr unheimliches Kind in einer Schule oder Erziehungsanstalt unterbringen.

Ich fühlte mich wohler. Verglichen mit dem, was ich bisher in Gulu gesehen hatte, erschienen die geschützten Dörfer wie Urlaubsressorts. Und ungeachtet dessen, ob Oberst Otema seine Arbeit tat oder nicht, die Dörfer waren als Sicherheitszonen gedacht, um Angriffen standzuhalten, und waren strategisch zwischen den verschiedenen Armeeabteilungen platziert. Konys Teenagerrebellen mussten also gegen professionell ausgebildete Soldaten kämpfen, um an Angela heranzukommen.

Der Oberst antwortete auf meine Anrufe nicht, aber dafür hatte ich Erfolg bei Gusco. Nach hartnäckigem Drängen erlaubte man mir schließlich, Konys Frau zu treffen.

Jenny war ein kräftiges Mädchen, und sie schien ihren Elan wiedergefunden zu haben. Sie wusste aus erster Hand, wer Kony war. 70 Frauen, sagte sie, 104 Kinder. Kony werde bis zum Tod kämpfen. Er wolle keinen Frieden. Aber ihre Antworten waren so roboterhaft, dass ich nicht zu sagen vermochte, ob sie sie zu oft wiederholt hatte oder ob ihr eine offizielle Version eingebläut worden war. Ich beschloss, Kinder zu finden, die man nicht ganz so eingehend befragt hatte. Ein letztes Wort zum Thema Baby: Ungefähr zu dieser Zeit wurde Kony erneut Vater, er nannte seinen Sohn George Bush.

*

Immer noch kein Foto – Bill und ich brauchten unbedingt ein Foto einer früheren Sexsklavin mit einem strahlenden Lächeln, aber meine alte Digitalkamera wurde mit jeder Stunde schwächer. Ohne mehr Zeit zu verschwenden, versuchte ich mein Glück in dem mit Gusco rivalisierenden Rehabilitationszentrum von World Vision. World Vision ist eine große christliche Hilfsorganisation, die von kleinen alten Damen von Wisconsin bis West Ruislip finanziert wird. Das Gulu-Hauptquartier befand sich am Ende einer unbefestigten Straße.

Während die Sozialarbeiterin ein Mädchen mit Namen Anna holen ging, wartete ich in einer Hütte, die bis auf zwei Stühle und einen Tisch leer war. Ich starrte auf den Tisch und überlegte, wie ich auf taktvolle Weise die Aufforderung »Großes Lächeln, bitte!« sagen konnte, gab es bald auf und las die

Zeitung. »Weitere enttäuschende Fotos von der Tochter des Ministers.« Die Presse war von der Tochter des Ministers enttäuscht, weil man sie dabei fotografiert hatte, wie sie zusammen mit einigen betrunkenen Mädchen in einem Minirock ohne Slip auf dem Boden saß. Das Blatt hatte ihre Muschi gepixelt und ihr damit ein geheimnisvolles Aussehen verliehen, als ob die Pixel etwas verbargen, zum Beispiel eine Eidechse oder einen winzigen Kobold.

*

Anna war eine sehr hübsche Fünfzehnjährige mit kurzen Dreadlocks. Ihr rotes Kleid war an einigen Stellen eingerissen. Sie war so nervös, dass sie unaufhörlich lächelte – ein Riesenlächeln wie Paris Hilton, aber ein sympathisches. Wir plauderten freundlich miteinander.

»Was möchtest du werden, wenn du erwachsen bist?«, fragte ich mit der Keckheit, die ich gewöhnlich für Schauspielerinnen aufhebe, wenn ich wissen will, wie großartig sie ihrer Meinung nach auf einer Skala von eins bis zehn aussehen.

»Ich will Ärztin werden.«

»Fantastisch. Es gibt ja ein großes Krankenhaus in Kampala ...«

»Ich habe einen Jungen getötet. Er hieß David«, platzte es aus ihr heraus, ihr Lächeln so breit, dass es schmerzhaft aussah.

»Darf ich fragen ... warum?«

»Weil er mein Freund war«, sagte sie. »Sie erwischten ihn, als er weglaufen wollte. Weil er mein Freund war, gaben sie mir die Machete. Sie befahlen mir, seinen Hinterkopf abzuschlagen, dann den oberen Teil seines Kopfes, dann sein Bein, und dann musste ich ihn töten. Es war höchst bedauerlich.«

Britischer Kolonialismus. Wir gaben ihnen Waffen und ein

paar nette Redewendungen. Annas Lächeln wich nicht. Sie machte einen Knicks und ging.

*

Ich eilte zurück zum Gusco-Zentrum, kam aber zu spät. Angela war bereits nach Kitgum Matidi, ihr geschütztes Dorf, heimgeschickt worden. Ich ging ins Hotel. In der Nacht konnte ich nicht schlafen. Was würde mit Angela geschehen, wenn Konys Männer sie fänden? Es war die Aufgabe des Obersts, diese Kinder zu beschützen, aber tat er es? Ich konnte nicht schlafen. Ich versuchte es mit Lesen. Aus *Across My Lips: the Burgles of Mortal Dignity*, S. 45: »Er streichelte das freie Fleisch über seiner linken Schulter ... Es zitterte plötzlich, als er sich das schimmernde Zimmer vorstellte, und ein Schauer durchrieselte ihn. Jemand schlug ihre Pflaume.«

Es half nicht, also beschloss ich, am nächsten Tag zusammen mit Bill Angela in ihrem geschützten Dorf zu besuchen und mit eigenen Augen zu sehen, wie der Oberst sie beschützte.

48

Love Me Tender

Ich darf nicht nach Kitgum ohne Begleitung«, sagte der Mann von UNICEF, und mit Begleitung meinte er nicht das Model Sophie Anderton und einen Kanister voll Wichse. Er meinte sieben bewaffnete Soldaten auf einem Pick-up.

Kitgum war ganz im Norden, und dort liefen Konys Rebellen frei herum. Bill und ich klapperten die Hilfsorganisationen ab. Vielleicht fanden wir Leute, die das Terrain kannten und uns mitnahmen.

»Kitgum? Sie kommen zu spät«, sagte der Typ von der UNO. »Dort herrscht Ausgangssperre.«

Was bedeutete das? Es bedeutete, dass die Armee, wenn die Rebellen zwischen halb fünf nachmittags und neun Uhr morgens auftauchten, einem nicht helfen würde, weil die Soldaten nach Hause gegangen waren.

»Können wir einen Bus nehmen?«, fragte Bill. Der UN-Typ nahm ein Stück Papier von einer Pinnwand.

»Schauen wir mal, was im Sicherheitsbericht steht«, sagte er und las von dem Blatt ab: »›Mittwoch, neun Uhr: Schüsse auf einen Linien-Bus.‹ Nehmen Sie ein AP-Fahrzeug.«

»AP? Ich bin bei der Associated Press«, log ich, als ob ich es geübt hätte. »Ich habe meine Pressekarte nicht dabei, aber ...«

»Nein, ich meine einen gepanzerten Wagen.«

»Aber das Mädchen ist in einem geschützten Dorf. Warum kann ich denn nicht ein normales Auto nehmen?«

»Weil niemand Ihren Schutz garantieren kann.« Ich wette, er war von der Logistikabteilung.

Er schlug vor, dass wir fliegen: »Das kostet nur neunzig Dollar.«

*

Die Frau im Reisebüro schüttelte den Kopf, als sie meine Kreditkarten sah. Ich war mir nicht sicher, ob sie grundsätzlich keine Kreditkarten akzeptierte oder nur *meine* nicht, was sie cleverer gemacht hätte, als ich dachte.

Wir saßen schweigend im Travellers Inn. Ich trank ein Bier, Bill aß eine Banane. Er war wirklich schon fast lächerlich großmütig.

»Du fliegst. Ich kann den Bus nehmen«, sagte Bill.

»Auf keinen Fall. Ausgeschlossen, Bill.«

»Der Bus ist nicht so schlecht«, sagte Bill.

»Du hast doch den fetten Mistkerl von der UNO gehört – du könntest dabei draufgehen!«

»Nun ja, der Tod«, sagte Bill und schälte seine Banane, »wenn man gehen muss, muss man gehen.«

Bill ging in sein Büro, um einen Nachrichtenbeitrag fertigzustellen, und ich blieb im Travellers Inn und versuchte etwas über Konys Aktivitäten in Kitgum herauszufinden. Fünfzig Pfund. Soviel Geld hatte ich nicht mehr. Ich hörte im Kopf die Stimme meiner Mutter: »Jane, es sind nur fünfzig Pfund! Ich geb sie dir!« Ich rief Banya an, vielleicht konnte er uns eine Mitfahrgelegenheit verschaffen – er war schließlich der einzige nette Leiter einer Hilfsorganisation, den ich kennengelernt hatte –, aber er war nicht in der Stadt.

»Entschuldigen Sie. Ich kann Sie nach Kitgum bringen. Ich

fliege nämlich für Ärzte ohne Grenzen«, sagte ein Fremder und trat auf mich zu. Ich war misstrauisch, dann fühlte ich mich schuldig wegen dieses Misstrauens – die übliche Reaktion von Weißen in Ländern der Dritten Welt. In seinem eigenen Land kann man so misstrauisch sein, wie man will.

»Sie scheinen misstrauisch zu sein«, sagte der Fremde. »Gut, das bedeutet nämlich, dass Sie länger leben werden.« Er hieß Daniel, arbeitete wirklich für Ärzte ohne Grenzen, und er war in der Tat ein Pilot. Ich war gerettet.

»Ich habe noch Platz in dem Flug morgen früh. Aber wenn Sie später aufbrechen wollen …«

»Nein, nein, das ist perfekt. Danke schön. Sie haben ja keine Ahnung.«

»Das Flugzeug ist leicht zu finden. Wenn Sie mich …« Plötzlich packte mich ein sarggroßer, stämmiger Mann in einem weißen Vegas-Anzug. Es war Walter, der Bürgermeister von Gulu persönlich – der Riesen-Elvis. Er zog mich in den abgedunkelten Club. Dann befand ich mich schon auf der Tanzfläche, fest an seine wabbelnde Brust gepresst. Ich war in einem See aus schwarzer Haut, das einzige Licht kam von den fluoreszierenden Mustern auf den Kleidern. Ich war immer noch zu benommen, um zu verstehen, was vor sich ging, und fragte mich, ob ich eine Überlebenschance hätte, wenn ich durch einen Strohhalm zwischen Walters Männerbrüsten atmete, so wie James Bond. Die Platte endete, und Walter führte mich hinaus. Er nickte dem Piloten zu.

»Passen Sie auf, mit wem Sie sprechen«, sagte Walter. »Mein Fahrer wird Sie nach Hause bringen.«

»Ist schon okay. Der Mann ist von Ärzte ohne Grenzen«, sagte ich und spürte ein flaues Gefühl im Magen.

»Er hat früher für Ärzte ohne Grenzen gearbeitet. Wahrscheinlich hat er seinen Ausweis behalten. Er taugt überhaupt nichts.« Ich erinnerte mich plötzlich an all die Kleinanzeigen mit Porträtfotos auf den letzten Seiten von *New Vision* und dem *Monitor*, die von ein paar großen westlichen Wohltätigkeitsorganisationen aufgegeben worden waren. Eine davon lautete bestimmt: »ÖFFENTLICHE BEKANNTMACHUNG: DER MANN, DER SICH DANIEL NENNT, IST NICHT MEHR BEI ÄRZTE OHNE GRENZEN BESCHÄFTIGT.« Ich bin mir nicht sicher, was passiert wäre, wenn ich Daniel am nächsten Morgen an einem Flugplatz getroffen hätte, aber wahrscheinlich wäre es nicht zu einem Flug über den Dschungel mit einem tollen Neurochirurgen gekommen. Mein Magen rumorte. Einer aus Walters Clique zeigte mir den Weg zum Klo, der durch einen Korridor mit verhängten Zimmern führte.

»Ist dieser Ort …?«, fragte ich.

»Walter ist Vorsitzender von Gulu!«, sagte er.

»Ich weiß …« Zwei kräftige junge Frauen, bekleidet wie Nachtclubtänzerinnen, kamen hinter einem der Vorhänge hervor. »Aber sind diese Mädchen …?«

»Walter ist ein sehr großer Mann!«

»Bestimmt. Aber dieser Ort …? Ist das hier ein …?«

»Oh, ja. Aber wenn man es schließen würde, wo würden Sie dann etwas zu trinken bekommen, äh, stimmt's?«

»Stimmt.«

»Und Sie müssen zugeben, die Musik ist ausgezeichnet.« Ein dröhnendes Gehämmer brach los. Wirklich klasse. Die Menge auf der Tanzfläche flippte total aus.

49

Der da, der wurde aus dem Hinterhalt
überfallen

Es gab keine andere Möglichkeit, Bill und ich mussten den Bus nehmen, und wenn der sich nicht mehr als vier Stunden verspätete, würden wir noch vor Beginn der Sperrstunde ankommen, nicht erschossen werden und Angela finden.

Am nächsten Morgen machten sich Bill und ich in aller Frühe zum Busparkplatz auf, kauften viele Flaschen Wasser, bestiegen den Bus nach Kitgum und warteten.

Und warteten. Ich sah die glänzenden Land Cruiser der Hilfsorganisationen davonrasen. Fast alle waren mit halbmetergroßen Initialen bemalt: UN, UNHCR, ICRC. Die internationalen Abkürzungen für »Nicht schießen!«. Aber die Kinder, die vielleicht auf sie schossen, waren aus der Schule entführt und von einem Mann ausgebildet worden, der den großen Philosophen Chuck Norris studiert hatte.

Und warteten. Ein Bus nach dem anderen fuhr ab.

»Madame, ich sagte Ihnen bereits, wir sind der einzige Bus, der heute nach Kitgum fährt«, sagte unser Schaffner und schlug wütend die Tür zu. Ein weiterer Bus verließ den Platz, der Schaffner brüllte: »Kitgum!« Ich verlor meine liberale Fassade. Ich wusste, unser Fahrer brauchte das Geld, aber er würde es sowieso bekommen: Jeder einzelne Bus war am Ende vollgestopft mit warmem Fleisch.

»Sehen Sie, ich fahre nicht zum Einkaufen. Ich versuche, dorthin zu kommen, um jemanden zu finden. Bitte sagen Sie mir, werden wir in den nächsten zwei Stunden aufbrechen?«

»Ich hab Ihnen doch gesagt: Wir fahren in zwanzig Minuten los!«

»Ja! Das haben Sie mir bereits vor einer Stunde gesagt!«

Der Schaffner wandte sich ab. Er hatte keine Lust, mir zu erklären, wie unrecht ich hatte. Er musste noch vier Stunden rumkriegen. Okay, lassen Sie es mich anders ausdrücken: Wieviel würde es Sie zusätzlich kosten, mir die Wahrheit zu sagen? Ich habe bemerkt, wenn man Business Class fliegt, glauben die Stewardessen, sie können einem durchaus mitteilen, wenn es Probleme bei der Gepäckabwicklung, der Ankunftszeit oder sonst was gibt, weil man reich und daher wahrscheinlich weniger geneigt ist, einen Aufstand zu machen. Ist man arm, kann man mit der Wahrheit nicht umgehen. Wenn man Upper Class fliegt, werden sie einem sagen, wo genau am Terminal 5 das ganze Gepäck landet. Im Cockpit kennen sie das Geheimnis des ewigen Lebens, aber um daran teilhaben zu können, braucht man eine Menge Flugmeilen.

*

Am späten Vormittag, als die Sonne den Minibus allmählich in ein Backblech voll mit menschlichen Yorkshire-Puddings verwandelt hatte, verließ der Bus nach Kitgum endlich den Parkplatz, fuhr aus der Stadt hinaus und brach zusammen.

Ich rief Pater Carlos an und erklärte ihm die Situation. Er gab mir eine Telefonnummer.

»Ich habe einen Freund in Kitgum, Pater Benedict. Falls Sie in Schwierigkeiten geraten. Ein sehr guter Mann.« Ich wusste ja inzwischen, wie es läuft. Unfallstation, welchen Service brauchen Sie? Einen Priester, bitte, ich warte am Auto.

»Bill, ich befürchte, wir werden es nicht schaffen.«

»Sie kennen diese Busse nicht«, sagte Bill. Tatsächlich, der Busfahrer knallte mehrmals die Motorhaube zu, und es ging weiter.

Bald rasten wir Richtung Norden, nahmen Kurven mit neunzig Sachen, Hühner, Holzkohle und alte Zeitungen flogen durch den Bus. Die Fahrgäste klammerten sich aneinander, der Mann hinter mir krallte sich in meine Schulter wie ein Papagei mit Mundgeruch. Warum rücken einem Leute mit Mundgeruch immer näher, je mehr man sich abwendet? Sie wissen nicht, was sie tun. Dann fuhren wir durch eine Tuberkulosekontrollzone. Was machte Tuberkulose außerhalb der Kontrollzone? Der Bus bretterte durch ein großes Schlagloch. Bill erwischte mich dabei, wie ich versuchte, den Tachometer zu lesen. Er zeigte auf einen ausgebrannten Lastwagen am Straßenrand.

»Der da wurde aus dem Hinterhalt überfallen«, sagte Bill. »Wenn man Äste auf der Straße sieht, dann ist das meist eine Falle.« *Missing in Action 2* oder *Der Prinz aus Zamunda*? Ich wusste von der Gruppe der Kindersoldaten, dass die kleinen Killer den Fahrer immer zuerst erschießen. *Vor uns – auf der Straße – Äste – schräg über – au weia – sieht sie denn niemand...?* Mein Herz raste. Zwei Worte schossen mir durch den Kopf: »Oh, Scheiße.« Aber es war nur ein umgestürzter Baum. Dann tauchte aus dem hohen Gras ein Kind auf, das einen Gewehrriemen über der Brust trug. Ich stürzte mich zurück in meinen Sitz. Es war eine Schultasche. Ich schaute mich nach dem Kind um. Es war vielleicht sechs.

Unser Fahrer war offensichtlich ein netterer Mensch als der Schaffner, denn sein Grundsatz war entweder a) er würde seine Fahrgäste eher in einem Zusammenstoß bei hoher Geschwindigkeit töten als sie einem Leben als Sexsklaven zu überlassen, oder b) träfen ihn bei neunzig Stundenkilometern die Kugeln, würde er noch im Sterben den Bus weit genug fahren, um den Fahrgästen einen Vorsprung zu geben. Oder vielleicht war er auch nur ein grottenschlechter Fahrer.

50

Carmina Burana

Ein Sturm braute sich zusammen, als wir nach Kitgum hineinfuhren. Diese schäbige Stadt hatte etwas Bedrohliches. Die Bewohner waren aufgeregt, jeder beeilte sich, rechtzeitig nach Hause zu kommen. Wir benötigten auf der Stelle ein *Boda boda*, wenn wir es noch bis zu Angelas Dorf Kitgum Matidi schaffen wollten. Bill ging ein Motorradtaxi nach dem anderen ab, aber die Strecke war zu weit, und selbst ein guter Verdienst bot zu dieser Stunde keinen Anreiz mehr. Kony hatte gesagt, Zweiräder seien eine Sünde.

Ich rief Pater Benedict an, schuldbewusst, aber verdammt noch mal, er war ja letztendlich ein Missionar. Schließlich waren sie den ganzen Weg von Europa hierhergekommen, um Leuten zu helfen. Ich rettete vielleicht sogar seinen Tag. Pater Benedict sagte mir, wir sollten zur Kirche kommen, und zwar sofort.

Um halb fünf, genau zu Beginn der Sperrstunde, erreichten unsere Motorräder eine Lichtung. Ein Gewittersturm drückte auf allen Seiten die Gräser platt. In der Mitte stand eine große, bemalte, zerbröckelnde katholische Kirche, ganz so, als wäre der Vatikan vom Himmel in den afrikanischen Busch gefallen. Als der Sturm immer heftiger wurde, konnte ich in meinem Kopf Bruchstücke aus *Carmina Burana* hören. Ich versuchte nicht darauf zu achten, aber der stampfende Rhythmus war hartnäckig. Ich hielt Ausschau nach jemandem, der Pater Benedict sein konnte, sah aber niemanden. Ich hatte nicht vor, hier draußen im Freien herumzustehen. In den Feldern um uns herum rannten Menschen in Sicherheit. Bill rief ihnen hinterher, aber sie blieben nicht stehen. Ich bat die *Boda*-Fahrer zu warten. Sie fuhren weg. Das war nicht gerade ideal. Dann sah ich aus dem Augenwinkel einen weißen kleinen Mann auf ein Seitengebäude zueilen. Wir erreichten ihn gerade noch an der Tür.

In der schlichten Unterkunft der Missionare war die Atmosphäre noch bedrückender. Der Sturm peitschte die roten Vorhänge in den Raum. Wir befanden uns in einer Zeitkapsel: Die Wände waren mit Missionszeitschriften tapeziert, von denen eine den Titel *Negro* trug. Ich weiß nicht, ob Pater Benedict diese Zeitschrift seit 1953 aufbewahrt hatte oder es irgendwo einen jovialen Verleger gab, der die Klassiker der fünfziger Jahre wie *Negro* und Männermagazine wie *Salty Whores* immer noch produzierte. Pater Benedict rannte geschäftig hin und her und kam schließlich mit einer Packung Kekse zurück, die er wahrscheinlich schon seit dem Tag hatte öffnen wollen, als Königin Elizabeth ihn bei ihrem Uganda-Besuch versetzte.

»Ich bin Pater Benedict«, verkündete er. Sein französischer Akzent war unüberhörbar.

Ich hielt es für eine gute Idee, unsere Unterhaltung mit einer optimistischen Bemerkung zu beginnen. »In Gulu sagen die Leute, der Krieg ist zu Ende.«

Der kleine Mann schwoll vor Wut im Gesicht rot an. »Unsinn! Ich kann nur immer wieder sagen, Unsinn. Entschuldigen Sie, aber es ist zum Lachen. Die Rebellen haben völlige Freiheit zu tun, was ihnen gefällt. Soldaten stehen nur am

Straßenrand, und sobald es Probleme gibt, sieht es so aus, als würden sie ganz schnell verschwinden.«

Pater Benedict war gerade von einem Besuch aus dem Krankenhaus zurückgekommen. »Anita wurde mehrmals mit einer Machete an Kopf und Schultern getroffen«, sagte er. »Dieser Ort hat eine sehr große Kaserne. Da frage ich mich doch, wo waren die Soldaten?«

Pater Benedict las meine Gedanken.

»Ich gebe Ihnen ein anderes Beispiel, das Dorf Kitgum Matidi«, sagte er. Bill schaute mich an. »Am siebenundzwanzigsten Mai dieses Jahres gingen die jungen Männer und Frauen dort wie gewöhnlich ihren Geschäften nach. Acht von ihnen wurden zu Tode gehackt«, sagte er. »Dieses Gerede in den Zeitungen, dass es hier friedlich zugeht, tut mir leid, das ist Unsinn, das ist eine glatte Lüge.«

Pater Benedict bearbeitete eine Fanta mit einem Flaschenöffner. Ich äußerte mich vorsichtig zu den Friedensgesprächen. Schließlich hatte mein alternder Verehrer Banya gesagt, der Glaube der Leute an Geister werde sie immer lähmen.

»Banya meint...«, sagte ich. Pater Benedict ließ beinahe seine Fanta fallen.

»Das ist eine Lüge! Banya ist der größte Lügner weit und breit. Die Kirche hat immer wieder versucht, Friedensgespräche zu führen. Wir trafen uns dreimal mit den Rebellen, und es ging ziemlich gut. Und dreimal tauchte die Armee auf und schoss. Dreimal hätten sie unsere Männer beinahe umgebracht.«

Aber... warum sollte Banya lügen? Er war doch auch entführt worden.

»Banya wird von der Regierung überall hingeschickt und bekommt Geld, damit er sagt, wie toll sie ist«, sagte Pater Benedict. Banya war also kein gewöhnliches Opfer so wie die

Leute von der Kindersoldatengruppe. Noch nicht einmal ein gewöhnlicher Kommandant. Er war Konys Nummer drei, sein Militärstratege, der von den Russen ausgebildet worden war. In meinem Kopf drehte sich alles. Es kam noch schlimmer: Banya war nicht etwa von Kony weggelaufen, er wurde gefangengenommen. Das hieß, wenn es nach ihm gegangen wäre, wäre er immer noch im Busch und würde Kinder entführen.

Okay, ich habe offensichtlich eine schlechte Menschenkenntnis. Das liegt aber in der Familie. Wie ich ja schon erzählt habe, wurden meine Urgroßeltern nach Auschwitz gebracht. *Dieses Hotel ist schrecklich! Und hast du die Duschen gesehen?* Mein Großvater war Übersetzer bei den Nürnberger Prozessen, doch danach hatte Simon Wiesenthal immer noch jede Menge zu tun. Auch ich täusche mich ständig in Leuten, aber dieses Erbe hätte nicht dazu führen dürfen, dass ich mit einem Kriegsverbrecher flirtete.

Banya folgte nicht nur einfach Befehlen. Dieser knuddlige Großvatertyp ist laut einem von der UNO in Auftrag gegebenen Bericht »ein Mann mit einem Vorstrafenregister von Vergewaltigung und Folter … er soll für zahllose sadistische Vergewaltigungen von entführten minderjährigen Mädchen in LRA-Gefangenschaft verantwortlich sein.«[*]

»Er ist ein richtiger Mörder«, sagte Pater Benedict. »Die Menschen haben sofort Angst, wenn sie eine Gruppe sehen, die zusammen mit Banya kommt, man muss immer befürchten, dass es blutig endet. Die Regierung hat ihn einmal in eine Gegend hier in der Nähe gebracht, wo er sprechen sollte, und ein Lehrer stand auf und sagte: Du hältst jetzt den Mund, du

---

[*] Aus einem von der UNICEF, OCHA und OHCHR zusammengestellten Bericht vom 1. Dezember 2005.

bist ein Mörder, du hast unsere Kinder getötet. Ich weiß, wenn ich so offen spreche, dass ich vielleicht nicht überlebe, aber ich habe einfach keine Lust zu schweigen.«

Tausende von Kilometern entfernt von den gelben Ziegelsteinen der Metro-Goldwyn-Mayer-Studios war ich zufällig auf den Zauberer von Oz gestoßen. Wenn Kony der Wunderbare Zauberer war, den Hexer wie Banya beschützten, war der kleine Pater Benedict der Hund Toto, und ich war die zuckersüchtige, Schuhe anbetende Judy Garland als Dorothy. Ich war auf Banyas Lügen hereingefallen, auf einen Regierungskumpanen, der dafür bezahlt wurde, Leute wie mich zu finden, um ihnen Geschichten von Schlangen und Leoparden und Geistern zu spinnen, so dass sie heimfahren und Zeitungslesern – einschließlich Politikern, die die *Sunday Times* lesen – von dem unglaublichen Monster namens Kony berichten, dem Rätselwesen, das nicht einmal eine gut ausgerüstete Armee fassen kann.

Dann fiel mir noch etwas anderes ein. Banya leitete die Labora Farm. Ein Wohn- und Arbeitsprojekt für ehemalige Entführte. Das muss man erst einmal begreifen: Da gibt es das Riesenproblem, dass Kinder entführt werden, und zu dessen Lösung heuert man einen Kidnapper als Babysitter an. Kein Wunder, dass die Jugendlichen auf der Farm bedrückt aussahen. Und was ihr Schweigen anging, weil Kony sie mittels seiner Geister hören konnte, war Banya ja schließlich direkt neben ihnen, um mit eigenen Ohren zu hören, was sie sagten. Und nun kommt das Merkwürdigste. Bevor er für Kony arbeitete, stand Banya in Diensten von Yoweri Museveni. Er war sein Leibwächter, als der spätere Präsident noch im Verteidigungsministerium war. »Er ist ein sehr netter Mann«, sagte Banya nach seiner Festnahme.

Ich dachte an Pater Carlos' Tagebuch und jenen Offizier der

UPDF, der ihn angerufen und sich als Rebell ausgegeben hatte. Ich fragte mich, ob Konys oft bewunderte Fähigkeit, das Auftauchen von Armeehubschraubern vorherzusagen, vom Geist eines italienischen Soldaten oder von der ausgezeichneten Qualität der Mobiltelefone herrührte.

Selbst Bill war schockiert. Ich konnte das sehen an der Art, wie er seinen Kopf ein wenig nach hinten neigte. Und nun machte ich mir wirklich Sorgen um Angela. Pater Benedict ging hinaus und suchte einen Fahrer, der bereit war, uns in die Stadt zurückzubringen und eine Unterkunft für die Nacht zu besorgen. Gleich am nächsten Morgen wollten wir Angela finden.

*

Als wir in einen Pick-up stiegen, drehte ich mich noch einmal zu Pater Benedict um. Der kleine Mann stand in der Lichtung, hinter ihm die verfallende Kirche und umgeben von einem Ödland brutalen Verhaltens.

»Warum bleiben Sie hier?«, fragte ich.

»Wir Missionare laufen nicht weg«, sagte er lachend und winkte zum Abschied.

Es gab keine Möglichkeit, nach Gulu zurückzufahren, also kaufte ich für Bill und mich zwei Zahnbürsten und checkte uns im Bomah ein, ein weiteres ekelhaftes Hotel, das sich mit dem Acholi Inn hätte verschwistern sollen. Die gute alte Zeit, als man hier eine Wanze auf seinem Auto finden konnte, war längst vorbei. Wir konnten von Glück sagen, etwas Suppe unter den Fliegen zu finden. Das Bomah hatte ebenfalls ein paar Lautsprecher, die in voller Lautstärke Reggae für eine nicht vorhandene Zuhörerschaft spielten, und Toiletten, die offensichtlich die Eingeweide der Gäste direkt mit der Kanalisation der Hölle verbanden. Das gesamte Personal war vernünftigerweise abgehauen, um auch nur den Verdacht der Zugehörigkeit zu vermeiden.

In Kitgum besuchte ich einen einheimischen Pfarrer, um mir Pater Benedicts Darstellung bestätigen zu lassen. Ja, sagte Pater Ernie, Rebellen seien überall in der Gegend, und Entführungen gehörten zum Alltag.

»Aber die Menschen sind doch in diese Dörfer gekommen, um Schutz zu finden«, sagte ich. »Sie könnten wieder heimgehen.«

»Genau das geschah nicht«, sagte er.

Erneut hörte ich hier an der Front eine andere Geschichte als in Gulu. Ja, als die Massaker begannen, wollten die Menschen Schutz vor Kony und seinen Männern. Nicht jeder wollte in ein Lager fliehen. Aber die Regierung verkündete über das Radio ein Ultimatum: Die Bevölkerung habe innerhalb von 48 Stunden ihre Häuser zu verlassen und in die Lager zu gehen, oder sie bekomme es mit der Armee zu tun. Das war eine Razzia, eine Säuberungsaktion – mobile Bodentruppen zogen von Dorf zu Dorf, um das Ultimatum auch unter den Bewohnern zu verbreiten, die es nicht im Radio gehört hatten. An manchen Orten wie in Kitgum wurden die Menschen zusammengepfercht und von Militärhubschraubern aus ihren Häusern abtransportiert.

»Diejenigen, die nicht in der vorgeschriebenen Zeit die geschützten Dörfer erreichten, wurden als Rebellenkollaborateure betrachtet«, sagte Pater Ernie. »Einige wurden getötet, ihre Hütten niedergebrannt.«

Keine Zeitung oder offizielle Quelle, auch kein Analyst hatte jemals erwähnt, dass die geschützten Dörfer keineswegs eine freiwillige Sache waren, aber mir wurde das bisher immer so dargestellt. Das warf auf die ganze Geschichte ein neues Licht: Wenn auch nur einige dieser 1,6 Millionen Menschen gegen ihren Willen festgehalten wurden, warum boten die Wohltätigkeitsorganisationen so bereitwillig ihre Hilfe an? Bill und ich mussten in die geschützten Dörfer gehen, um mit eigenen Augen zu sehen, was dort vor sich ging.

Ich legte mich ins Bett mit den Kissen über dem Kopf, um die laute Musik nicht zu hören. Wir wollten früh aufstehen und von irgendeinem der Helfer eine Mitfahrgelegenheit zu Angelas Dorf erbetteln.

*

Um acht Uhr warteten wir im Foyer des Hotels. Die Fahrzeuge der NGO würden nach neun Uhr, sobald die Ausgangssperre zu Ende war, zu den Flüchtlingslagern aufbrechen. Wir mussten also schnell und überzeugend verhandeln. Aber hier war kein einziger Mitarbeiter einer Hilfsorganisation. Der Service im Bomah vergrößerte den Stress noch mehr, besonders für Gäste mit einer Essstörung. Der Kellner brachte mir nicht, was ich bestellt hatte, sondern nur einen altbackenen Toast. Da tauchte ein Mann vom Roten Kreuz auf. Ich ließ das staubige Brot auf den Teller fallen und rannte zu ihm hinüber.

»Wir dürfen keine Journalisten ohne Erlaubnis der Armee mitnehmen«, sagte er. »Versuchen Sie es doch mal bei UNICEF.«

Er lächelte breit und schien von nichts eine Ahnung zu haben. Ich drehte mich um und sah, wie der Kellner meinen Toast in den schlimmsten Abfalleimer Afrikas warf. Fliegen schossen angewidert aus der Tonne.

Ein Typ von UNICEF kam herein. Erleichtert stellte ich fest, dass er Brite war. Er würde bestimmt eine gewisse Verbundenheit mit einer Landsmännin empfinden.

»Nein. Und Sie sollten dort nicht hinfahren«, sagte der UNICEF-Mann. *Ich weiß das, aber ich gehe trotzdem, weil nie-*

339

mand diese Geschichte erzählt und weil meine Schlüpfersteuer
einen pädophilen Vergewaltiger dafür bezahlt, dass er ein Reha-
Zentrum leitet, du Gutmensch.

Die Fahrzeuge der NGOs machten sich auf den Weg zu ihrem Einsatzgebiet. Bill eilte zum Busparkplatz. Vielleicht ließ sich ja ein Fahrer überreden. Ich bettelte in den Büros der wichtigsten Hilfsorganisationen um Hilfe.

Beim »Norwegischen Flüchtlingsrat« starrte ein Klotz von Frau mich so geistesabwesend an, als würden 400 Millionen Volt nötig sein, um bei ihr einen originellen Gedanken auszulösen oder gar einen Flüchtling zu retten.

»Sie sollten ein Flugzeug nehmen. Es kostet nur neunzig Dollar«, sagte sie. »Wenn Sie die Straße benutzen und Ihnen etwas passiert, wird man Ihnen die Schuld geben.« *Wenn mir irgendetwas passiert, wird die Schuldzuweisung das kleinste meiner Probleme sein, Brunhilda. Und zum letzten Mal, 90 Dollar sind im Moment für mich ein Vermögen, und ich bin David Beckham verglichen mit dem Pack, dem du eigentlich helfen solltest.*

Der Typ von der »Dänischen Internationalen Entwicklungshilfe« war nicht da. Das »Schwedische Institut für Leben und Frieden« war hier nicht tätig. Was machten all diese Skandinavier in Afrika? Handelte es sich um eine Art Schuld aus der Zeit der Wikinger? Therapieangebote für Vergewaltigungsopfer durchgeführt von den Leuten, deren Vorfahren es besonders schlimm trieben? Der Komfort einiger dieser Wohltätigkeitsorganisationen begann mich wirklich zu ärgern. So jedenfalls kamen sie mir vor: bequemes Leben, satt, zufrieden mit der Situation, und bloß keinen Staub aufwirbeln. Sie schienen nicht dort zu sein, um irgendetwas zu ändern. Bestenfalls waren sie *bloß* da, um einer Tragödie beizuwohnen. Schlimmstenfalls waren sie da, um sich gut zu fühlen. Sie alle lächelten fröhlich, als sie mir erzählten, sie könnten nicht helfen. Hass stieg in mir auf gegen die Nützlichen Leute. Ich konnte ihr Gutmenschengetue nicht länger ausstehen.

Dann kam ein junger Logistiker aus dem Gelände der UNICEF gelaufen und wedelte mit den Armen.

»Warten Sie! Ich kenne jemanden, der Ihnen helfen kann«, rief er und stimmte mich wieder versöhnlich mit der Idee der Wohltätigkeit.

*

Kurz danach sah ich mich selbst einen Lastwagen mit sieben bewaffneten Soldaten für 40 Dollar mieten. Der Fahrer war ein fröhlicher Irrer, ein unbändiger »B. A.« Baracus. Sein eigentlicher Job hatte was mit Bewässerung zu tun, den Lastwagen hatte er vom Roten Kreuz, und die Soldaten kamen von irgendwoher her.

»Sind sie … ausgebildet?«, fragte ich.

»Ich bin Nathan«, antwortete er und schüttelte mir die Hand. »Haben Sie eine kugelsichere Weste?«

»Nein«, dachte ich entrüstet, »das ist ein Victoria's-Secret-Wonderbra.« Er zuckte die Achseln. Er hatte wahrscheinlich auch keine kugelsichere Weste.

»Wohin fahren wir?«, fragte er.

Ich schaute unseren bewaffneten Lastwagen an. *Coffee Bean am Sunset Boulevard. Erschießt alle.*

*

Nathan war ein vergnügter Fahrer, und es war eine vergnügliche Fahrt auf der Suche nach einer früheren Sexsklavin. Auf dem Handschuhfach waren Sticker mit grinsenden Gesichtern, ein Duftspray mit dem Namen »Ruft Liebeserinnerungen wach« parfümierte das Fahrerhaus, und wir hörten im Radio Shania Twains »Man! I Feel Like a Woman«.

Ich fragte Nathan, ob sieben bewaffnete Begleiter vielleicht ein halbes Dutzend mehr waren als benötigt.

»Fühlen Sie mal meinen Arm«, sagte er. Ich berührte seinen Ellbogen. Da waren harte Klumpen.

»Sind das ....?«

»Ja! Auf mich wurde geschossen! Ich fuhr in einen Hinterhalt, dreizehn waren es, alles Kinder! Im Busch geboren, total wild! Sie hätten mir beinahe die Eier weggeblasen!« Sein mit Kugeln gefüllter Arm hielt das Steuerrad, als wir durch einen Schwarm von Libellen sausten.

»Werden wir Angela finden?«, fragte ich.

»Wir werden sie finden.« Ich glaubte ihm.

*

Wir fuhren am Nachtclub Blue Moon vorbei, dessen Schild auf dem Foto zu sehen ist.

51

Toll, wenn du jung bist, aber wenn du vier Kinder hast, sieht es schrecklich aus

Ein brauner Klumpen erschien in der Landschaft. Er wurde größer. Und größer. Er löste sich allmählich in braune Punkte auf, Tausende von runden Lehmhütten. Dies war also Angelinas geschütztes Dorf. Ich suchte nach den Zäunen und Absperrungen, die die Rebellen fernhalten sollten, aber da war nichts. Die Armeekasernen mit ausgebildeten Soldaten, die ich mir vorgestellt hatte, existierten nicht. Der Schutz bestand lediglich aus einem Armeekommando von wenigen Hütten. Hütten, die so tief in den Boden gegraben waren, dass gerade noch ihre Strohdächer sichtbar waren wie riesige chinesische Reishüte auf einem Feld. Ein Dutzend Soldaten lungerte herum. Sie sahen jung aus, und mit jung meine ich so jung, dass man sie als Mitschüler nicht zu einem Spirituosengeschäft geschickt hätte. Einer der Soldaten hockte an der Straße und beschäftigte sich mit etwas. Er schob ein Spielzeugauto hin und her.

Nathan, Bill und ich verließen unsere bewaffnete Eskorte und gingen ins Dorf hinein. Es war zu groß, um irgendjemanden schnell zu finden, also hielt ich Ausschau nach den Flaggen und hohen Mauern der Gelände der internationalen Hilfsorganisationen. Wir fanden einen Einheimischen in einem Schuppen. Er trug eine lebensbejahende rote Baseballkappe und stellte sich als der Lagerleiter vor.

»Siebzehntausendvierhundertvierundvierzig Menschen«, sagte der Lagerleiter. Bill notierte es. Er war in Topform und merkte sich jedes Detail. Ich hingegen musste mich immer wieder keuchend an eine der Türen lehnen, die aus alten Kanistern zusammengebaut worden waren, und wir waren erst wenige Minuten draußen in der afrikanischen Luft. Bill, offensichtlich bemüht mir zu zeigen, wie ein tatsächlicher Reporter vorging, fand die Sprecherin der Frauen und sagte ihr, dass wir nach Angela suchten.

»Können Sie dieses Mädchen beschreiben?«, fragte sie.

Ich sagte: »Sie ist etwa zwanzig, sie wurde entführt, sie war acht Jahre lang mit einem Kommandanten zusammen, und sie hat ein Baby.« Ich schwöre bei Gott, die Frau fragte mich dann wirklich, ob die Gesuchte irgendwelche besonderen Merkmale habe.

Sie ging mit uns weiter ins Dorf hinein. Ich sah eine alte Frau in einem Bottich mit brodelnder Flüssigkeit rühren. Sie braute gerade mehrere Liter puren Alkohol. Mir schien das eine vollkommen angemessene Antwort auf die Umgebung zu sein.

Und von nun an muss ich mit dem Unsinn aufhören, diesen Ort ein Dorf zu nennen. Ich bin in Dörfern gewesen, und sogar die ohne Moriskentänzer haben Pflanzen und Bäume. Das hier aber war eine riesige Ebene aus bloßem Lehm: die Böden, die Wände und die zahllosen Eingänge, alles war aus Lehm. Ich hatte den Eindruck, als ob etwas durch den Ort gefegt wäre und die Blumenbeete, die Tiere, alle Spuren von Leben weggewischt hätte. Nur die Menschen saßen noch da und wunderten sich, was zum Teufel mit ihnen geschehen war. Auch im Freien war es muffig. Das hier war kein Ort zum Leben, sondern um Menschen in Schach zu halten, kein Dorf, sondern ein Lager.

Ich sah Frauen mit geschwollenen Augen – sechzig Prozent der Frauen in diesem Lager waren häuslicher Gewalt oder sexuellem Missbrauch ausgeliefert, erfuhr ich. Was? Sechzig Prozent? *Dienstag, brachte den Müll raus, geschlagen oder vergewaltigt. Mittwoch, holte Milch, geschlagen oder vergewaltigt ... Ach nein, das war Montag.*

Die Sonne brütete über uns, als wir von Hütte zu Hütte gingen und nach Angela fragten. Gesichter spähten aus dem dunklen Inneren. Eine Stunde. Zwei Stunden. Bill hatte bereits einen Stoß Notizen. Ich hatte einen Sonnenstich. Ich beschloss, ihm das Saufen beizubringen, wenn wir hier je rauskämen. Leute erzählten uns, dass vor kurzem drei weitere Mädchen in Angelas Alter von Konys Männern gekidnappt worden waren. Eine Frau berichtete mit unterdrücktem Zorn: »Ein Mädchen, etwa neunzehn, wurde splitternackt gefunden.« Die Frauen wussten nicht, ob es Angela war. Wo war sie? Wieder in den Händen der Rebellen? Suchten sie schon eine ihrer Freundinnen aus, die die Machete hielt?

Vielleicht war Angela in der Klinik. Ich war froh, dass kanadische Ärzte irgendwo Sonnenkollektoren installiert hatten, aber einen kanadischen Arzt vor Ort »zu installieren«, wäre für den Anfang besser gewesen. Bestimmt 150 Patienten hielten sich dort auf, und ein junger Arzt lief zwischen ihnen umher. Dr. House hatte mehr Drogen in seinem Urin als dieser Mann in seinem Medizinschrank. Ich fragte ihn, was zu seinen Aufgaben gehörte.

»Malaria«, sagte er, was wohl doch ein bisschen viel verlangt war.

Dann kam Nathan angerannt. Sie hätten das Mädchen gefunden.

*

345

Ich folgte ihnen zu einer runden Hütte. Sie saß im Dunkeln mit dem Rücken zu mir und trug ein altes orangefarbenes T-Shirt. Ich berührte sie, und sie drehte sich um. Es war nicht Angela. Sie sagte Bill, ihr Name sei Victoria. Sie war im Jahr 2002 entführt und von Konys Männern geschwängert worden. Am 7. März 2005 war ihr die Flucht gelungen. Sie sei vor drei Wochen aus dem Gusco-Zentrum entlassen worden, sagte sie. Sie kehrte mit ihrem neuen Baby heim und erfuhr, dass ihre Eltern von den Rebellen getötet worden waren. Sie war siebzehn. »Sie sagt, sie hat Kopfschmerzen«, übersetzte Bill. Das konnte ich mir gut vorstellen.

Victorias Tante hörte, dass Fremde gekommen waren, und stolperte aus einer der Hütten, um uns zu begrüßen. Prompt fiel sie auf den Boden. Sie war eine alte Tante, die ihr restliches Leben so geplant hatte, fünf Jahre lang Nahrung zu sich zu nehmen, die man nicht kauen musste, und dann zu sterben, aber doch nicht, sich um einen missbrauchten Teenager und sein Baby kümmern zu müssen. Unsere Begleiterin sagte: »Das Mädchen hat keine Mittel, um mit Gusco in Verbindung zu treten. Sie hat keine Hilfe bekommen.«

Victorias Baby krabbelte von uns weg. Victoria stand unsicher auf, um es zurückzuholen, überlegte es sich dann anders und setzte sich wieder.

»Berühren Sie ihre Haut«, sagte Bill. Ihr Körper glühte vor Malariafieber. Wie war es möglich, dass von den Millionen Dollar, die die Welt an Hilfe gespendet hatte, für dieses Mädchen nicht mal ein Aspirin gekauft werden konnte? Wasser tropfte auf ihren Arm, und ich dachte, es habe wieder zu regnen begonnen. Sie weinte.

*

Vielleicht wurde das Geld von all den Spar- und Darlehens-
läden versteckt, die die Lagergassen säumten, aber ich konnte
die Millionenspenden an Lebensmitteln nicht sehen. Andere
Leute waren auch auf der Suche danach. Besonders eine Frau
bleibt mir in Erinnerung. Als ich Edie, die Streichholzwitwe,
traf, kam ich endlich von meinem Tourette-Syndrom los.

Edie hatte gehört, dass wir kommen. Sie hatte schon einige
Zeit auf uns gewartet. Ihr Mund war straff, aber ihre Augen
waren vom Alltagsstress weit aufgerissen.

»Sie wurde 1987 entführt und im Busch schwanger«, sagte
Nathan. »Es gab viele Schwierigkeiten, als sie 1999 zurückge-
schickt wurde.« Ich fragte Nathan, was passiert war. Edie zitterte am ganzen Körper, während sie sprach. Nathan übersetzte. »Ihr Ehemann kam ebenfalls 1999 aus dem Busch
zurück. Sie ließen sich wieder in ihrem Dorf nieder. Eines Tages fuhren sie Rad, als die LRA kam. Die Rebellen dachten, sie
sei reich, weil sie Streichhölzer verkaufte. Sie töteten den Ehemann vor ihren Augen. Sie sagt, sie hatten bereits vier Kinder,
und sie töteten ihn vor ihren Augen«, sagte Nathan.

»Wie töteten sie ihn?«, fragte ich.

Edie machte mit einer Drehung die universale Geste für
das Köpfen, schnipste ihre Finger am Hals und hinunter zum
Boden, um zu zeigen, wie der Kopf ihres Mannes abfiel und in
den Staub vor ihre Füße rollte. Sie überlebte und fuhr auf dem
Rad zurück zu ihren Kindern.

»Sie bittet darum, dass ihr wenigstens jemand hilft, die
Kinder zu ernähren«, sagte Nathan. »Sie ist wirklich verbittert, und deshalb zittert sie auch so«, erklärte er. Ich wühlte
in meiner Handtasche und gab ihr alles, was ich hatte: 23 000
Shilling, etwa 6 Euro 50. *Wie wurde ich so alt und alles, was ich
bei mir habe, sind nicht mehr als 6 Euro 50? Diese 6 Euro 50 bedeuten, in allem gescheitert zu sein.* Das Schlimmste war Edies

Scham. Es war ihr so peinlich, mein Geld zu nehmen, dass sie nicht sprechen konnte, nur weinen. Edie lief davon und versteckte sich in dem Lehmlabyrinth. Nichts mehr war komisch.

*

Dann hatten wir doch noch Glück. Ein fetter Mann auf einem Fahrrad, der eine goldene Zuhälterbrille, einen Safarihut und einen offenen Safarianzug trug, fuhr laut klingelnd an uns vorbei. An seinen Brustwarzen baumelten goldene Reißverschlussöffner. Ich schaute ihm nach. Bill schaute ihm nach. Ich traute meinen Augen nicht, aber er war immer noch da. Ein goldbehangener Zuhälter auf einem Fahrrad ist immer ein gutes Zeichen, also folgten wir ihm. Irgendwie führte er uns zu Angelas Sohn.

»Grrrr«, machte das unheimliche Kind und schüttelte seinen roten Kopf. Angelas Vater kam heraus und packte den Jungen. Er sagte mir, Angela sei Feuerholz holen gegangen. Ich setzte mich mit Lesley, ihrer Mutter, unter einen Sheanussbaum und wartete, um zu sehen, ob Angela lebend zurückkam.

Schließlich tauchte sie mit einem Stapel Feuerholz auf dem Kopf wieder auf. Lesley strahlte, als ob sie im Lotto gewonnen hätte.

»Haben Sie Angela nach zehn Jahren gleich wiedererkannt?«, fragte ich.

»Sie hat sich überhaupt nicht verändert. Ich freue mich sehr, dass sie mit einem Baby zurückgekommen ist«, sagte Lesley und herzte das unheimliche Kind, was beweist, dass die Liebe einer Großmutter keine Grenzen kennt. Angela setzte sich hin. Diesmal schaute sie auch mich an. Ich fragte sie, ob sie glaube, dass Kony seinen Krieg gewinnen könne.

»Kony ist immer noch stark, weil er so viele Leute um sich

hat«, sagte sie. »Vor allem hat er diesen Geist. Was er vorhersagt, wird wahr.« *Der Mann, der die Armee des Obersts kommen hört.* »Wenn ich ihn anschaue, sieht er ganz normal aus«, sagte sie. »Ein Mensch. Aber uns erzählte er etwas anderes als seinen Kommandanten.«

Es war derselbe Anflug von Zynismus, der mir schon in der Gruppe der Kindersoldaten aufgefallen war. Allmählich wurde mir klar, wer Angela war: ein selbstbeherrschtes Mädchen, das acht Jahre mit anderen Rebellen im Busch verbracht und ein Maschinengewehr getragen hatte.

Bill, Nathan und ich würden jemanden finden, der sich um die kranke Victoria kümmerte. Aber was Angela anging, fühlte ich mich äußerst unwohl: Ich ließ eine ehemalige Entführte zurück, die von ihren ehemaligen Entführern umgeben war. Ich sagte noch etwas über den Artikel für die *Sunday Times*, wobei ich versuchte, nicht auf das vierjährige Mädchen mit einem riesig aufgeblähten Bauch zu schauen, das so aussah, als ob es jeden Moment umfallen würde. Und dann sagte ich wie der letzte Dämlack, ich würde versuchen zu helfen.

»Ich werde versuchen zu helfen«, sagte ich. Was für eine zum Himmel schreiende Dummheit.

*

Es war Zeit zu gehen. Der Lagerleiter und die Anführerin der Frauen kamen wieder zu uns. Sie begannen zu erzählen, dass gerade von einem benachbarten Lager vier weitere Menschen entführt worden waren, aber mein Kopf war nicht fähig, noch mehr idiotische und vermeidbare Tragödien zu verarbeiten. Dieser ganze Ort war ein einziger Schwindel. *Wir dürfen keine Journalisten ohne Erlaubnis der Armee mitnehmen.* Ein Schwindel, der sich praktischerweise im Rebellenterritorium befand. Es gab gerade genug Angriffe, um den Ort in den Sicherheitsinstruktionen der UNO auftauchen zu lassen. Doch kurz vor unserem Aufbruch hatte ich ein Schlüssel-erlebnis.

»Beschützt Sie die Armee des Obersts nicht?«, fragte ich die Sprecherin der Frauen. Sie zuckte die Achseln.

»Das Problem ist, die Soldaten benutzen unsere Mädchen als Prostituierte und geben ihnen AIDS«, sagte sie. Nun, das konnte man, streng genommen, nicht Schutz nennen.

»Aber ... warum warnen ihre Eltern sie nicht?«

»Ihre Eltern verlangen das doch von ihnen«, sagte sie.

»Aber ... warum?« Hier war scharfsinniger Journalismus in Aktion.

»Das Welternährungsprogramm liefert nicht all die Lebens-mittel, die wir brauchen«, sagte der Lagerleiter. »Die Leute dür-fen erst nach neun Uhr weg, um ihre Felder zu bestellen, und sie können sich nicht weit vom Lager entfernen.« In Queens-town sah ich Bauern ihr Gemüse um halb sieben morgens ern-ten. »Daher haben die Familien jetzt Hunger, und sie schicken die Mädchen hinaus – Dreizehn-, Zwölf-, Elfjährige –, damit sie mit den Soldaten schlafen.«

»Und was kriegen sie dafür?«

»Etwas Posho.« Für Haferbrei also. Das war selbst nach den Kursen internationaler Kinderprostitution ziemlich günstig. Es kostet zwei Dollar in Phnom Penh (weiß ich, weil ich dort war). Ich hatte mich geirrt, diese Orte waren keine Lager, sie waren Diskountbordelle. Millionen Dollar wurden ins Land gepumpt, und am Ende lief die ganze Hilfe auf einen Hafer-breifick hinaus.

Als wir in den Lastwagen stiegen, bemerkte ich, dass Frauen auf ein altes Tattoo auf meinem Bein starrten. Sie zogen ihre T-Shirts hoch, um mir Stammesnarben auf dem Bauch zu zei-gen, und flüsterten miteinander.

»Bill, was sagen sie?«

»Sie sagen, solche Narben sehen toll aus, wenn man jung ist, aber wenn man vier Kinder hat, sehen sie schrecklich aus«, sagte Bill.

*

Wir fuhren mit dem Bus zurück nach Gulu. Zitate flogen in meinem Schädel hin und her. *»Meine Frage lautet, wo waren die Soldaten?«* Das alles ergab keinen Sinn. Die Armee des Obersts hatte 40 000 Soldaten, 200 bis 242 geschützte Dörfer, 165 bis 200 Soldaten pro Dorf. Ich hatte zwölf gesehen, und einer von ihnen spielte mit einem Auto. Was hatte der Oberst zu verbergen? *»Schauen Sie sich um.«* Während Mädchen wie Croissantkrümel weggefegt wurden, schien die Armee des Obersts nicht die leiseste Anstrengung zu unternehmen, Kony zu fassen. Die Entführungen der St.-Mary-Schülerinnen deuteten darauf hin. Aber was konnte das Motiv des Obersts sein, nicht alles in seiner Macht Stehende zu tun, um seinen Todfeind zu erledigen? Nicht die Prostitution, daran war nicht genug zu verdienen. *»Für etwas Posho.«* Und dann nicht mal viel Haferbrei, wenn man sich diese Mädchen anschaute. Wohin verschwanden all die Hilfsgelder?

Angela ging es vorerst »gut«. Aber ich hatte nichts so Deprimierendes mehr gesehen wie diese Lager, seitdem ich meinen Exfreund dabei erwischte, wie er weinte und gleichzeitig wichste.*

---

* Danny, von 1997 bis 1997. Ich wechselte die Schlösser.

52

Soziale Verpflichtungen

Ich war wieder zurück in Gulu und konnte die Sache mit dem Haferbreifick nicht aus dem Kopf bekommen. Also stattete ich einigen Leuten einige Besuche ab. Ich schaute bei dem lokalen Vertreter des Welternährungsprogramms (WEP) vorbei: Luis, netter Mann, klimatisiertes Büro. Ich sagte ihm, dass ich in einem vom WEP versorgten Lager Kindern begegnet war, die unterernährt aussahen.

»Man sollte sie in ein therapeutisches Ernährungszentrum bringen«, sagte er. »Wir haben ein sehr gutes Krankenhaus in Gulu.«

»Aber wenn dieses Kind die Fahrt dorthin nicht bezahlen kann?«, fragte ich. *Wie sollen sie ein Krankenhaus erreichen, wenn sie sich nicht einmal Haferbrei leisten können?*

»Wenn ich ein Kind mit seiner Mutter sehe und sie mitfahren möchten, dann biete ich ihnen natürlich einen Platz in einem WEP-Wagen an«, sagte er.

»Ich habe verdammt viele Kinder gesehen, die offensichtlich unterernährt sind«, sagte ich.

»Schlimme Fälle oder eher mittelschwere…?« Ich wollte ihm von dem spindeldürren Jungen erzählen, der einen einzigen Maiskolben grillte, wobei er eine Tonne der USAID als Grill und eine alte Büroablage als Pfanne benutzte. Ich wollte ihm erzählen, wie der Junge, als er mich sah, den Kolben packte und begeistert auf mich zurannte, um mir sein Essen zu verkaufen. Ich wollte sagen: »Schlimm, mäßig schlimm? Sie müssen es wissen. Sie sind der Mann der Hungerhilfe.«

»Ich spreche von der typischen Unterernährung bei Babys, wie man sie im Fernsehen sehen kann«, war das, was ich tatsächlich sagte.

»Vielleicht bringen die Mütter sie einfach nicht bei uns vorbei«, schlug er vor.

»Der Chef des Lagers berichtete mir jedenfalls, dass es einfach nicht genug Lebensmittel gibt.«

»Nein. Für zusätzliche Mahlzeiten gibt es nicht genug Essen? Nein. Vielleicht essen die Kinder ja nicht dreimal am Tag«, meinte Luis. Die Nahrung, die das Welternährungsprogramm zur Verfügung stelle, erklärte er, reicht aus, wenn dreimal am Tag gegessen werden würde und nicht wie eben üblich alles auf einmal.

»Aber um auch nur etwas zu kochen, brauchen sie Feuerholz, und wenn sie losgehen, um Holz zu sammeln ...«, *können sie von Macheten zerhackt werden. Und dreimal am Tag, tja, das konnte schwierig werden.*

»Wir haben damit angefangen, Bäume für Feuerholz zu pflanzen«, sagte er.

»Aber bis diese Bäume gewachsen sind, gibt es da eine Chance, dass das Welternährungsprogramm den Grundsatz mit den drei Mahlzeiten pro Tag überdenkt?«

Luis verschränkte seine Arme und dachte einen Moment nach.

»Wie ich bereits sagte, unsere Lebensmittel reichen für drei Mahlzeiten am Tag«, sagte er. Dann fügte er hinzu, vielleicht verkauften die Flüchtlinge die Lebensmittel ja wieder, um Medikamente für ihre Kinder zu kaufen, oder schlimmer noch:

»Kann durchaus sein, dass sie ihre Freunde bewirten müssen und deshalb ihre gesamte monatliche Essensration in einer Nacht verbrauchen als Teil ihrer sozialen Verpflichtung. Besonders wenn Verwandte gestorben sind, braucht man natürlich Essen für den Leichenschmaus.«

»Sie meinen also, einer der Gründe für Kinderarmut ist, dass die Flüchtlinge große Partys feiern?«

»Nein, nicht große Partys. Sie verwenden das Essen für andere Anlässe, das ist es, was ich meine. Und sie haben nun mal soziale Verpflichtungen wie etwa Beerdigungen von Verwandten.«

Wie bitte, könnten Sie das wiederholen? Meine Güte, das kann er nicht gesagt haben? Beerdigungen.

Ich erzählte ihm, dass die Mütter bei Gusco zwei Wochen auf ihre Lebensmittel warten mussten. Er antwortete, dass ihm jemand hätte Bescheid geben sollen. Ich fragte mich, was Luis dachte, wofür er bezahlt wird, aber bevor ich ging, zeigte er mir eine neue Sorte Mais, und mir wurde klar, was er für seinen eigentlichen Job hielt: nach Uganda fliegen und die ach so mangelhafte Kultur verbessern, die diese schwer feiernden, riesige Mahlzeiten essenden, Beerdigungen feiernden Flüchtlinge in Lagern landen ließ. Er war stolz wie Oskar auf seinen Maiskolben.

Ich machte meinen nächsten Besuch. Ich schaute bei einem UNICEF-Mitarbeiter vorbei: netter Mann, der mich zu einem Büfett mitnahm. Er bezahlte für mich, und ich hatte nichts dagegen. Zum Teufel, ich war schließlich pleite. Er sagte mir, dass sich die Lage seit einiger Zeit verbessern würde. »Was wirklich gut ist«, sagte er. »Ich kann mittlerweile ohne Schutz zu dreiundzwanzig Lagern fahren.« Ich hoffte entgegen aller Hoffnung, dass dieser Satz auf einen Witz hinauslaufen würde. Nach einer Weile bemerkte ich allerdings, dass die Pointe ausblieb. Wir beendeten unser üppiges Mahl, und er ging zurück zu seiner Arbeit. Was für ein netter Mensch.

Ich kramte den halbseitigen Artikel über ActionAid hervor. Dort stand: »ActionAid International Uganda wendet ›die Sprungbrett‹-Methode an, die Gemeinschaften befähigt, selbständig wichtige Themen zu bestimmen und im Kontext von HIV/AIDS an der Basis Antworten und Lösungen zu entwickeln.« Wenn ich diesen Artikel genauer gelesen hätte, bevor ich zu den Lagern aufbrach, hätte ich die Sprecherin der Frauen fragen können, ob sie glaubte, »irgendetwas selbständig bestimmen zu können«. Wenn ich ihn genauer gelesen hätte, hätte ich vielleicht bemerkt, dass es eine bezahlte Anzeige für die Wohltätigkeitsorganisation war.

Ich hätte ja etwas über hungernde Menschen schreiben können. Aber es wäre unprofessionell gewesen, das Welternährungsprogramm wie einen Witz aussehen zu lassen, wo Luis doch alles alleine so toll hinbekommen hat. Als sich meine Wut dann gelegt hatte, dachte ich ein wenig nach. Ich war wirklich naiv. Ich hatte kranke und hungrige Menschen gesehen, und ich wollte helfen. Ich bin schließlich Britin. Ich hätte alles gegeben, was ich hatte, damit es Edie, der Witwe mit den Streichhölzern, besser ging. Das Gleiche gilt für Amerikaner: Außerhalb von Hollywood gerät man in die Hände von Leuten, die es nicht unterlassen können, einem ihren Kürbisnachtisch aufzuzwingen. Man möge nur an den Tsunami denken – die britische und amerikanische Öffentlichkeit hat Millionen gespendet und das zu einer Zeit, als die Leute ihre Weihnachtsschulden hätten abbezahlen können. Aber in Uganda stimmte etwas mit diesem Bild nicht. Menschen hungerten in einem fruchtbaren Land, waren vermeidbar krank in einer Nation, die eine unverhältnismäßig hohe Summe für Verteidigung ausgab und dennoch einen Kony nicht zu fassen kriegte. Ja, Afrikaner lieben es, Beerdigungen zu feiern. Normalerweise hätten sie ja nicht so viele zu feiern. Aber warum sollte *Luis* mehr Lebensmittel ins Land bringen? Warum sollte ActionAid Ärzte einfliegen? Warum sollten für den UNICEF-Vertreter gerade jene Rebellen eine Gefahr sein, die seit zwanzig Jahren die Gegend kontrollierten?

Dann spielte mir jemand dieses Dokument zu.

Unterschrift absichtlich unleserlich gemacht

Es ist ein Brief der Armee mit der Anweisung, die Bevölkerung aus ihren Häusern zu vertreiben. Was die Priester mir in Kitgum gesagt hatten, stimmte: Die Lager waren also keine Option. Sie wurden von einer Regierung errichtet, die Amnesty International zufolge in einigen Fällen die Bevölkerung mit Waffengewalt und Schlägen dort hingetrieben hatte. Tausende kamen nach großen Massakern freiwillig, nur um dann weitere Metzeleien der LRA *innerhalb der Lager* zu erleben. 2004 starben im Lager Barlonyo 337, und Museveni, der von 84 Toten sprach, konnte die übrigen 253 auch nicht wieder lebendig machen.

Jahre später waren die Flüchtlinge immer noch dort und verrotteten. Anstatt Zivilisten wirksam zu verteidigen, so war in einem Bericht von Human Rights Watch zu lesen, komme es immer wieder vor, dass die Soldaten der ugandischen Armee die Lagerbewohner schlagen, vergewaltigen und sogar töten. Politische Aktivisten behaupteten, dass das mit Absicht geschehe: Die Bewohner des Nordens seien Musevenis alte Stammesfeinde, und man könne durchaus von Völkermord sprechen, aber ich bin nicht der Meinung, denn Völkermord setzt ein klares Programm voraus und bedeutet, ehrlich gesagt, harte Arbeit. Wenn es sich um einen Völkermord handelt, dann kommen mir die Täter doch ziemlich faul vor, aber vielleicht ist das die Deutsche in mir.

Möglicherweise bin ich einfach naiv, und die Regierung tat ja wirklich ihr Bestes, um die Bevölkerung zu schützen. Dann erfuhr ich von dem leitenden Mitarbeiter einer Hilfsorganisation, was passierte, als Spender und UNO-Agenturen sich zu einem Gespräch mit Moses Ali trafen, Ugandas Minister für Katastrophenprävention und früherer Kumpan von Idi Amin.

»Wir sagten ihm, dass wir sehr besorgt darüber sind, was diese Militäraktion – nämlich die Menschen aufzufordern, ihre Heimatgebiete zu verlassen – für die Bevölkerung für Auswirkungen haben könnte«, erzählte der Wohltätigkeitsveteran. »Wir haben gesagt: ›Wenn Sie das machen, sind Sie sich dann im Klaren darüber, dass die Fürsorge für diese Menschen in Ihren Händen liegt?‹ Er sah ehrlich überrascht aus und antwortete: ›Wir kämpfen gegen die LRA. Sie kümmern sich um die Lager.‹ Trotz dieser inoffiziell geäußerten Bedenken geschah dann eben genau das.«

Ich starrte auf den Kreis der Nützlichen Leute. Der Grundsatz der Hilfsagenturen ist, nicht zu intervenieren, aber eben das taten sie. Nach dem Zusatzprotokoll II der Genfer Konvention steht in dem bescheidenen Artikel 18, dass Agenturen »ausschließlich humanitäre und unparteiliche Hilfe für Zivilisten« anbieten dürfen. Der nüchterne Artikel 17 allerdings besagt, »Umsiedlung der Zivilbevölkerung darf nicht angeordnet werden ... es sei denn, (ihre) Sicherheit oder unabweisbare militärische Gründe erfordern das«, wobei »alle möglichen Maßnahmen« zur Sicherung von Unterkunft, Gesundheit, Sicherheit und Ernährung getroffen werden müssen. Interessanterweise entbindet die Genfer Konvention *niemals* einen Staat von der Verpflichtung, für seine vom Krieg betroffene Bevölkerung zu sorgen, selbst wenn andere Organisationen Hilfe liefern. Klar doch, all die internationalen »Charities« mögen es gut meinen, und in diesen Zeiten politischer Korrektheit betonen die meisten von ihnen, dass sie den Menschen Hilfe zur Selbsthilfe geben. Aber indem sie eine Menge neuer Jobs ins Land brachten, könnte man ihnen da etwa vorwerfen, dass sie die Regierung ermutigten, ihr Auschwitz weiter zu betreiben?

Und warum machten sich einige Hilfsorganisationen keine Gedanken darüber, wem sie große Summen an Bargeld gaben? Selbst das regierungstreue Blatt *The New Vision* berichtete, dass von den 32 Milliarden Shilling, die die Weltbank allein in Gulu für die Armenhilfe verteilte, nur 21 Milliarden nachgewiesen seien (*The New Vision* vom 15. September 2005). Insgesamt, las ich, verschwanden mindestens 1.562.000 Dollar und mehr als die Hälfte durch Unterschlagung. Buchstäblich frei verfügbares Geld. Während die Gruppe der Kindersoldaten keine angemessene Unterstützung für die AIDS-Programme in den Lagern bekommen konnte, gab der »Global Fund« für die Bekämpfung von AIDS, Tuberkulose und Malaria 367 Millionen Dollar an Uganda. Die Hilfe musste aber 2005 eingestellt werden, als eine Rechnungsprüfung ergab, dass Millionen nicht an, äh, Menschen mit AIDS gegangen waren, sondern an Schwindelorganisationen, die korrupte Regierungsmitglieder gegründet hatten. »Ein Haufen Müll«, lautete die nüchterne Reaktion des coolsten Richters der Welt James Ogoola auf die Erklärung des Gesundheitsministers. »Global Funds« finanzierte Trips nach Paris, Oslo und einen Urlaub mit Verwandten in New York. Der »Global Fund for AIDS« ist der Hauptnutznießer der Gelder von Bonos »Red Campaign«. Die Wohltätigkeitorganisationen halfen Menschen, um sich selbst zu helfen.

Dieser miserable Status quo machte keinen Sinn. Es musste eine Erklärung geben. Was sollten diese scheußlichen Lager? Es handelte sich nicht um Völkermord und sie beschützten die Menschen auch nicht, und doch waren sie nach zehn Jahren immer noch nicht aufgelöst worden. Dann fragte ich mich, ob dies nicht genau der Punkt war. 2007 besuchte ein Vertreter der britischen Regierung Uganda. Er wurde zu einem Lager gebracht, um die Wahrheit mit eigenen Augen zu sehen. Danach sagte er: »Heute habe ich ein Lager für Menschen besucht, die durch den Konflikt vertrieben wurden. Ich habe mit eigenen Augen gesehen, welche Herausforderungen noch gemeistert werden müssen, um sicherzustellen, dass die Menschen Zugang zu Wasser, sanitären Einrichtungen sowie genügend Essen haben.« Was hat er denn unternommen, als er zurück nach Westminster kam? Hat er eine gemeinsame Operation zwischen dem MI6 und dem ugandischen Geheimdienst vorgeschlagen, um Kony aufzuspüren und festzunehmen? Hat er vorgeschlagen, einen Bevollmächtigten zu entsenden, der die Friedensgespräche voranbrachte, egal wie? Hat er vorgeschlagen, Oberst Otema solle genug modernste Hubschrauber bekommen, um Kony endlich vom Angesicht der Erde hinwegzufegen? Lesen Sie folgende Pressemitteilung:

Abteilung für Internationale Entwicklung
24. November 2007

Douglas Alexander, Minister für Internationale Entwicklung, verkündete heute eine neue zehnjährige Partnerschaft mit Uganda, die mit einem Budget von mindestens 700 Millionen Pfund bei der Fortsetzung des Kampfes gegen die Armut helfen wird ... Douglas Alexander, der sich zurzeit in Gulu in Norduganda aufhält, sagte: »Es freut mich sehr, diese langfristige Verpflichtung von 700 Millionen Pfund zur Unterstützung Ugandas bekanntgeben zu können. Die Vereinbarung einer Entwicklungspartnerschaft ist ein Beweis für die starke Partnerschaft Großbritanniens mit Uganda und gründet sich auf unseren gemeinsamen Überzeugungen, Armut zu verringern, Korruption zu bekämpfen und die Menschenrechte zu respektieren.«

Ich bin mir sicher, dass Douglas Alexander ernsthaft helfen möchte, aber dennoch fließt ein fetter Batzen dieser Hilfsgelder direkt in die Taschen der Regierung, die unter der Anklage steht, die Menschen überhaupt erst in die Lager zu treiben und sie dort festzuhalten.[*]

Von Logik war weit und breit kaum mehr eine Spur. Vielleicht hatte sich im Silicon Valley ein Unfall ereignet, während ich weg war, und einige bekiffte Mathestudenten hatten einen Käfig offengelassen, und die Idee der Vernunft war entkommen. Jede Wohltätigkeitsorganisation, mit der ich sprach, war stolz auf ihren Beitrag zur Aufrechterhaltung der Lager, als wären die Lager eine Antwort auf eine Naturkatastrophe wie Zelte, die Flutopfern Schutz geben. Warum sahen sie nicht, dass die geschützten Dörfer ein Schwindel waren? Und niemand sonst in der übrigen Welt schien darüber Bescheid zu wissen.

Ich wollte mit jemandem darüber reden, also rief ich John an. Er war zurück aus Los Angeles, und Uganda stand wieder auf der Tagesordnung – das Datum stand noch nicht fest, aber die Rückkehr war geplant. Was sollte ich viel reden, John würde ja bald leibhaftig hier sein. Ich beschloss daher, mir die Arbeit der Wohltätigkeitsorganisationen näher anzuschauen.

*

Ich ging wieder zum Rehabilitationszentrum der World Vision. Als ich dort auf den Boss wartete, fühlte ich etwas an meinem Bein. Es war ein Baby. Ich weiß nicht, wie alt – wie gesagt, ich mag keine Babys –, aber es hatte die Größe eines

[*] 2007/2008 werden 35 Millionen £ von den zugesagten 70 Millionen £ als Budgetunterstützung für Armutsreduzierung bereitgestellt. Dieses Geld fließt direkt in den Staatshaushalt und soll für von der Regierung festgelegte Prioritäten bei der Reduzierung von Armut verwendet werden.

ausgewachsenen Kaninchens auf Hinterbeinen. Neben ihm krabbelte ein Kleinkind mit einer halbmondförmigen Vertiefung am Kopf. Ich wollte nicht wie eine verrückte Babydiebin aussehen, aber das Kind war so hartnäckig, dass ich es auf den Arm nahm. Da kam der Leiter von World Vision wie gerufen aus seinem Büro. Ein emotionaler Mensch. Er hob beide Kinder hoch.

»Das ist Moses, ein Kriegsbaby«, sagte er.

»Auf dem Schlachtfeld geboren?«

»Es wurde dort in einer Pfütze Blut gefunden, das von seiner Mutter stammte.« *O Gott, warum kann ich nicht mal die Klappe halten.* »Er versuchte, an ihrer Brust zu saugen, er wusste ja nicht, dass sie tot war.« *Okay, das reicht…* »Die Soldaten, die ihn zu uns brachten, sagten, dass sie ihn eigentlich erschießen wollten, weil sie glaubten, es sei eine Falle! Sie sagten, er habe großes Glück gehabt.« Ich hatte Angst zu fragen, wieviel Glück Moses' Freund hatte. Mit einem Gähnen lud mich der Chef zu einem Rundgang ein. »Ich musste gestern Abend die australischen Geldgeber zu einem traditionellen Fest mitnehmen«, sagte er. »Diese Mzungu-Tänze machen mich immer müde.« Für eine christliche Wohlfahrtsorganisation musste das hier ein gottverlassener Ort sein. In einer dunklen Hütte sah ich einen Jungen auf einem Bett liegen und fragte den Sozialarbeiter, warum er dort drinnen war, während all die anderen Jungen Unterricht hatten.

»Er hat einen Schuss durch die Hoden abbekommen«, sagte die Krankenschwester, die vor der Hütte saß und gerade ein großes Mittagessen verspeiste. »Als er aus dem Krankenhaus zurückkam, ging es ihm besser, und er konnte laufen. Jetzt kann er nicht mal mehr sitzen.« Ich fragte sie – mit einem stillen »Um Himmels willen« –, warum er nicht wieder ins Krankenhaus gebracht wurde, und sie sagte, es gebe im Moment eine Finanzierungslücke. Ich schaute auf das Bett. Der Junge lag regungslos da.

»Hat er Schmerzen?«, fragte ich.

»Große Schmerzen«, sagte sie und aß weiter. »Aber wir glauben, dass Gott ihn retten wird.«

*

Ich war im Acholi-Garten, als ein speckbäuchiger Mann in einem rosa Nadelstreifenhemd mit einem Glas in der Hand auf mich zukam. In meiner Erinnerung trank er Champagner aus einer Flöte, aber das kommt mir doch unwahrscheinlich vor – ich muss noch nachprüfen, ob sie dieses Getränk im Acholi Inn überhaupt anbieten. Der Nadelstreifenmann fragte mich, was ich im Lande mache, und ich erzählte es ihm.

Er sagte: »Sie wollen Frauen sehen, die verstümmelt sind? Keine Lippen? Nasen? Ja?«

»Vielleicht in ein paar Tagen«, sagte ich.

»Okay. Ich bringe sie ins Hotel. Wie viele wollen Sie?«

Ich starrte diesen Mann mit einem Blick an, von dem ich hoffte, dass er meine moralische Entrüstung ausdrückte, dann vereinbarte ich mit ihm ein Treffen. Zufrieden schaute er auf die relative Protzigkeit des Acholi Inns und nahm einen Schluck aus seinem Glas.

»Da ich für eine Wohltätigkeitsorganisation arbeite, sollte ich eigentlich nicht an diesem Ort sein, aber hier trifft man die Leute, die wichtig sind, nicht wahr?«, sagte der Nadelstreifenmann. »Hm, die Leute leiden hier wirklich.« Ich schwöre bei Gott, dass er genau das sagte und dabei trank. Wein oder Champagner, ich weiß es nicht.

Meine neue Einstellung gegen die ganzen Helfer machte mich unbeliebt in Gulu. Ich unterhielt mich in einem Billardzimmer mit einem bulligen Wasseringenieur aus Australien.

Sein Gesicht war nach einem Arbeitstag im Lager gerötet. Ich fragte ihn, ob dieser Krieg Museveni überhaupt etwas kostete bei so vielen Hilfsorganisationen. Er starrte mich wütend an, weil ich ihm die gute Laune versaut hatte, und marschierte eingeschnappt davon.

*

Natürlich stahlen die früheren Guerillas, die nun Regierungsminister waren, die Gelder aus dem Global Fund von den AIDS-Opfern. Das ist nun mal so, wenn ehemalige Guerillakämpfer Minister werden. Wenn sie glauben, dass in ihrem Hintern eine Münze steckt, würden sie mit ihrer Hand so lange darin herumwühlen, bis sie auf den Boden fällt – ein Doughnut der Gier. Mit Wohlfahrtsorganisationen dagegen verhält es sich anders. Ich sah genug Leute, die etwas Bargeld brauchten – sonst hätte ich nichts von meinem Buchvorschuss an Sexsklavinnen geben müssen –, und ich bin naiv, aber ich denke, dass jemand einen dicken fetten Blick darauf werfen sollte, wie sich einige der größten Hilfsorganisationen den Regierungen gegenüber verhalten, für deren Bevölkerung sie eigentlich da sein sollten.

Natürlich sind sie auf die Kooperation der Regierung des Landes angewiesen, in dem sie arbeiten. Und natürlich können sie nicht untätig herumsitzen, während Menschen sterben. Aber was ist, wenn sie durch ihre massive Hilfe und ihr kritikloses Dulden des Status quo dabei helfen, ein unverantwortliches Regime zu unterstützen? Wo zieht man die Grenze?

Als ich in Uganda ankam, schien der Status quo ein Verlustgeschäft für Geld- und Kreditgeber wie die amerikanische und britische Regierung und die Weltbank zu sein. Aber dann las ich noch einmal die Pressemitteilung der DFID [Britisches

Ministerium für internationale Entwicklung]. Uganda wird dort als eine Erfolgsgeschichte dargestellt, als ein Beweis für die kluge Investitionspolitik der Spender. *Wir reichen Uganda eine helfende Hand, während es das Monster Kony beseitigt, und er wird in ganz naher Zukunft nicht mehr da sein, ehrlich.* Wohlfahrtsorganisationen und beschissene Regierungen benötigen Erfolgsgeschichten, um im Geschäft zu bleiben, oder die Leute hören auf zu spenden.

Werfen wir einen Blick auf eine besondere Erfolgsgeschichte. In den Worten von Hillary Clinton waren die Mädchen des St. Mary College zu »einem Leben in unsagbarem Grauen« verdammt gewesen, so unsagbar, dass sie versprach, die Weltbank davon zu überzeugen, ihre Zahlungen an die Regierung zu erhöhen. Die Weltbank finanzierte die Labora Farm. Banyas Identität und Vorlieben waren in der Gegend wohlbekannt, und doch beschäftigte die Weltbank den Mann, der für den Horror mitverantwortlich war, und gab ihm seine Sklaven zurück. Es ließ sich nicht bestreiten, dass der Fall Banya eine Erfolgsgeschichte war, denn in den Worten von Hillary Clinton hatte die Weltbank zugestimmt, den Ugandern zu helfen, »ihre Gemeinden wiederaufzubauen«, und der frühere LRA-Führer und Sexsklavinnenhalter Banya tat genau das, in einer netteren Umgebung und mit einem Gehalt obendrein.

Das war nicht bloße Nachlässigkeit, sondern geschah aus einem bestimmten Grund: Dank der Weltbank machte der Posten auf der Farm Banya zu einem *guten* Menschen. Als der Internationale Strafgerichtshof schließlich Haftbefehle gegen Kony und seine Männer erließ, stand sein früherer Stellvertreter Banya, den die ugandische Armee als »das Herz und die Seele der LRA« beschrieben hatte, rätselhafterweise nicht auf der Liste. Heute ist Brigadegeneral Kenneth Banya kein steckbrieflich gesuchter Mann. Er lebt unauffällig in der Nähe von Gulu. Und die Mädchen des St. Mary College? Catherine überlebte mit einem einjährigen Baby einen Monat im Dschungel, nachdem ein von den USA unterstützter Bombenangriff ugandischer und kongolesischer Truppen auf Konys Stützpunkt im Kongo schiefging. Kony erfuhr von dem geplanten Angriff und hatte genug Zeit zu fliehen. Laut *New York Times* rächte er sich furchtbar: Seine Rebellen töteten mindestens 900 Zivilisten, entführten noch mehr Kinder und »versuchten sogar, Kleinkindern den Kopf abzureißen«. Übrigens soll das US-Militär der ugandischen Armee für das Unternehmen eine Million Dollar Benzingeld gegeben haben. Catherine schaffte es im Frühling 2009, nach dreizehn Jahren Gefangenschaft, lebend zurückzukommen. Das letzte der Mädchen von St. Mary's, Miriam, starb in Gefangenschaft, kurz vor Catherines Flucht. Ich werfe der ugandischen Armee nicht vor, dass sie die Schulmädchen einfach ihrem Schicksal überließ: ganz im Gegenteil. Im Februar 2004 entdeckte ein Kampfhubschrauber der Armee Jessica. Sie wurde nach dem Bericht des Mädchens, das zum Zeitpunkt des Angriffs auf Jessicas fünfjährigen Sohn aufpasste, von den Soldaten erschossen.

*

Ich recherchierte weiter. Stöckelschuhe waren nur noch eine absurde Erinnerung, und ich sah sogar wie eine richtige Reporterin aus – mit Hennafüßen vom roten Staub. Ich gewöhnte mich an Afrika, pinkelte zweimal am Tag statt der üblichen sechsmal, um die Toiletten zu meiden, obwohl das bedeutete, dass ich Salpetersäure pinkelte und wahrscheinlich meinen Namen in das Porzellanbecken hätte einbrennen können. Wenn irgendetwas in der Nacht über mich hinwegrannte, zerquetschte ich es, ohne hinzusehen. Gott hieß es entweder gut oder war angewidert, jedenfalls kamen die Dinge plötzlich in Bewegung: Ich sah in einer Zeitung eine Schlagzeile.

Es war ein Artikel über die Tochter des ugandischen Präsidenten Patience Rwabwogo – es ging um irgendeinen Geschäftsabschluss. Aber was mich neugierig machte, war die Ware, die ihre Firma mit dem Namen Corban verkaufte: ugandisches Getreide. Ich erinnerte mich an das Gespräch mit Luis vom Welternährungsprogramm. »Dreißig Millionen Dollar pro Jahr für Getreide von ugandischen Getreidefirmen.« Dies war zu offensichtlich.

Ich suchte die Nummer des Hauptquartiers des Welternährungsprogramms in Kampala heraus und rief an:

»Hallo, ich hätte gern eine Kopie Ihrer Lieferantenliste. Die *Sunday Times*. Aus Großbritannien. Danke schön.« Ich gab ihnen meine E-Mail. Eigentlich war es Kates E-Mail, weil ich keinen Drucker hatte. Ich sagte ihnen, dass *InStyle* ein Ableger der Auslandsredaktion der *Sunday Times* sei. Es war mir inzwischen scheißegal. Während ich damit rechnete, dass Kate aus-

flippen würde, überflog ich die Zeitungen. Eine meiner Lieb-
lingsgeschichten aus Uganda war:

Der Minister für Umwelt und Bewässerung, General-
major Kahinda Otafiire, fuhr sein Auto zu Schrott, richtete sein Gewehr auf einen zufällig anwesenden Journalisten und rief: »Nun wirst du Schwachkopf bestimmt
schreiben, ich war betrunken.«

Kate war wirklich sauer. Der große Anhang blockierte ihren
Posteingang und verdrängte zahllose elektronische Einladun-
gen von Elton John.

Die Leute beim Welternährungsprogramm leugneten, dass
sie Getreide von der Präsidententochter kauften. Ich erwähnte
die Lieferantenliste. Danach revidierten sie ihr Dementi. »Das
Welternährungsprogramm tätigte einen einzigen Kauf von
neunzig Tonnen Getreide bei der Firma Corban«, teilte man
mir mit und betonte, dass dies »nur siebenundzwanzigtausend
Dollar« waren, »was ein relativ kleiner Betrag ist, verglichen
mit den humanitären Operationen des WEP in Uganda«.

Nur ein Zyniker würde den Lohnindex der Kuhdung ver-
schmierenden Arbeiter zur Sprache bringen, also tue ich es
nicht. Das Welternährungsprogramm schrieb weiter, dass sie
keine moralische Unterscheidung treffen zwischen den mehr
oder weniger Hilfsbedürftigen – völlig zu Recht. Aber vielleicht wären die »humanitären Operationen« der WEP in
Uganda nicht über Jahre hinweg nötig, wenn nicht der Mann,
der für die Auflösung der Lager verantwortlich ist, der Minister für Katastrophenprävention, Moses Ali, ein starkes persönliches Interesse an deren Fortbestehen hätte.

Natürlich log das Welternährungsprogramm nicht. Wir
sind im 21. Jahrhundert – sie prüften einfach nicht nach, ob

sie die Wahrheit sagten. Vielleicht wussten sie nicht, dass die Tochter des Präsidenten die Chefin von Corban Ltd. war. Mag sein, dass der eine Anruf, um das herauszufinden, die zur Spitzenzeit zulässigen Minuten überschritten hätte.

Eins Komma sechs Millionen Menschen lebten in Freiluftbordellen, wo Patience Rwabwogo einen Teil der Verpflegung übernahm. Warum sollte ein Präsident einen Krieg beenden, wenn Mitglieder seiner Familie daran verdienten? »Die größte unbeachtete humanitäre Krise der Welt« ähnelte immer mehr einem riesengroßen Schwindel.

53

Ich habe keine Beziehung zu ihnen,
aber ich bin ihr Chef

Bill und ich aßen vor dem Café Green Light zu Abend. Die sehr freundliche Kellnerin kam heraus und lehnte sich auf unseren Tisch.

»Ich nehme nur etwas Kleines«, sagte ich und schlug die Speisekarte auf. »Was ist Französischer Reis?«

»Dieses Gericht wollen wir demnächst anbieten«, erklärte die Kellnerin.

»Warum ist es französisch?«

»Da sind wir uns noch nicht sicher«, sagte sie.

Bill nahm die Speisekarte. »Ich nehme Matoke«, sagte er. »Und Simsim.«

»Was ist das?«

»Eine Sauce aus Nüssen und Sesamkörnern.«

»O nein, auf keinen Fall«, sagte ich. Pause. Dann: »Zweimal bitte.«

*

Kurz darauf erhielt ich den mysteriösen Anruf. Es war eine männliche Stimme, die ich nicht wiedererkannte – deshalb war es ja ein mysteriöser Anruf.

Der Mann sprach zuerst auch nicht, er lachte nur. Als er damit aufhörte, sagte er: »Jane, erinnern Sie sich an mich? Ich saß in dem Bus hinter Ihnen. Für eine Journalistin sind Sie sehr fleißig.«

Abgesehen von der Tatsache, dass ich zugleich bedroht und herablassend behandelt wurde, war ich nervös. Aber wer auch immer glaubte, ich sei es wert, bedroht zu werden, tat mir leid. Für mich gab es keinen Weg, in die Liga der richtigen Journalistinnen aufzusteigen ... aber wenn ich mich weiterhin als eine solche ausgab, war es verständlich, dass das gewisse Leute verwirrte. Wie nur waren sie an meine Telefonnummer gekommen?

Wenn mich jemand beobachtete, was wollte er verhindern, was sollte ich nicht schreiben? In Hollywood war das ganz einfach: Frag Kevin Spacey nicht, was er um vier Uhr morgens in einem öffentlichen Park gemacht hat und wie er sich dort am Kopf verletzt hat. Er stolperte über einen ███████. Pardon, es war ein Terrier. Aber wie ich mit Oberst Charles Otema, Chef des militärischen Geheimdienstes, umgehen sollte, wusste ich immer weniger. Doch der größte Teil von mir war nun ernsthaft verärgert. Zweifellos verstand die ugandische Regierung die Grundsätze einer freien Presse nicht. Wenn man sich Gedanken darüber machte, was ich schreiben werde, sollte man nicht mysteriöse Telefonanrufe machen, meine Ausrüstung stehlen und fremde Frauen wie Cleo schicken, um mich auszuspionieren. Sie sollten mir lieber ein paar Pröbchen für meine Haare schenken. Für eine Dose Volumenmousse schrieb ich sogar, dass das Sundance-Filmfestival *Spaß* gemacht hat.

Bill schaute mich beunruhigt an. »Du hast dich bestechen lassen?«

»Nein, ich habe nur Geschenke und Geld genommen. Ich meine, nicht viel Geld. Zum Beispiel, wenn die Parkgebühren in ihrem Gebäude fünf Dollar betrugen und ich zwanzig bekam ... und manchmal nahm ich einen Gutschein für eine Gesichtsbehandlung ...« Ich legte den Mantel des Vergessens über die Alkoholgaben und Hotelzimmer und beschloss alles zu tun, um diese Dreckskerle dranzukriegen. Mein Gott, es war höchste Zeit, dass John Prendergast anfing, mich attraktiv zu finden.

Als ich ins Hotel zurückkam, sagte das Zimmermädchen zu mir: »Haben Sie den Mann gesehen, der Sie beim Frühstück beobachtet hat?«

Ich wollte mich nicht verrückt machen lassen. Ich weiß, dass ich ein Feigling bin. Ich habe ja schon Angst vor Britney Spears, und sie ist so bescheuert wie ein Haufen Eichhörnchenscheiße. Ich fragte die umgängliche niederländische Forschungsstudentin, ob ich mir Sorgen machen müsste.

»Vor einiger Zeit wohnte hier eine junge Frau. Sie recherchierte irgendwas. Ihre Zimmertür wurde aufgebrochen«, sagte die Holländerin ganz sachlich. »Alles wurde durchwühlt.«

»Wer war das?«

»Wahrscheinlich der Geheimdienst«, sagte sie. Kein Wunder, dass sie den ganzen Tag Gras rauchen konnten, ohne paranoid zu werden, nichts brachte die Bewohner des Flachlands aus der Fassung. Was ist, wenn der Geheimdienst – die Männer des Obersts – meinen Computer hatte? Was ist, wenn sie mein unmögliches Passwort – »jane« – geknackt und all die hektischen Interviews mit aufgeregten Bischöfen, brandverletzten Priestern und übergelaufenen Spionen gelesen hatten? Allen hatte ich Hilfe versprochen, und nun drohten ihnen vielleicht die Festnahme und Verhöre im »Lint Marketing Board«. Ich durfte keine Zeit verlieren. Ich stattete Präsident Musevenis Repräsentanten in Gulu, einem Mann namens Max Omeda, einen Besuch ab.

Ich wartete auf Max in einem Zimmer unter einer Sammlung stumm aggressiver Sicherheitsplakate. Ein Bild warnte mich davor, die Landmine in der schmutzigen Pfütze, aus der ich mein Trinkwasser holte, ja nicht zu stören. Unter diesen Bedingungen wäre eine Mine der schnellere Weg zum gleichen Ziel.

Max trat ein, mürrisch. Er war elegant, ein wenig grell gekleidet und hatte offensichtlich viel über sein Image nachgedacht. An diesem Tag trug er riesige Schulterpolster, von denen verschiedene Kleidungsstücke in Petersilien- und Limettengrün herabhingen. Stirnrunzelnd betrachtete er mein Outfit: das Gap-Hemd, das Benjamin, Konys persönlicher Schneider, in ein Kleid umgearbeitet hatte. Max hielt zweifellos nicht viel von dieser Arbeitskleidung, und er schien zu überlegen, ob ich das Interview überhaupt verdiente. Doch er ließ sich dazu herab.

»Mein Name ist Max Omeda. Manchmal nenne ich mich auch nur Max O«, vertraute er mir an. »Ich repräsentiere Seine Exzellenz, den Präsidenten.«

Max wusste nicht, dass ich mir bereits Informationen über ihn beschafft hatte. Laut der Aussagen einiger ehemals Entführter hatte Max seine Hand in der Kasse und zwar nicht in irgendeiner, sondern in einer ganz besonderen, in der Kasse für die Kindersoldaten.

Das hatte ich von Rick erfahren. Er war eines der früheren Entführungsopfer, das für die »Former Child Soldiers Development Association« arbeitete, eine Organisation ähnlich wie die Gruppe der Kindersoldaten. Aber im Gegensatz zu ihnen hatte Ricks Vereinigung von der ugandischen Regierung eine fette Zuwendung von 15 Millionen Shilling bekommen. Ich verabredete mich mit Rick in seiner Geschäftsstelle. Ich wollte wissen, was für ein Büro man sich mit 15 Millionen Shilling leisten konnte. Die »Vereinigung zur Förderung früherer Kindersoldaten« hatte nur einen Raum, und der war leer. Ich wählte ihre Telefonnummer, aber niemand antwortete, höchstwahrscheinlich weil das Telefon in einer Schublade weggeschlossen war. Ein Stück Papier an einer Wand zeigte eine Telefonliste des Vorstandskomitees. Alle Anschlüsse waren tot bis auf einen. Der Mann hieß David. Eine Frau meldete sich. Zuerst sagte sie, David sei nicht da, dann sagte sie, er wohne schon lange nicht mehr dort, und schließlich sagte sie: »Der Besitzer dieses Telefons ist gestorben«.

Rick tauchte irgendwann auf. Im Laufe unseres Gesprächs erfuhr ich, dass das Geld von der Regierung einfach verschwunden war. Weg. Warum hatten sich die Leute nicht beschwert? Rick schaute mich an wie jemand, der einen darum bittet, seine Autoschlüssel aus einem Minenfeld zu holen. Ein Regierungsvertreter hatte David beauftragt, sich um das Geld zu kümmern, und David war irgendwann mit dem größten Teil davon abgehauen. Zuvor, so Rick, hatten der Regierungsvertreter und Max O kleinere Beträge abgezweigt. In Max' Fall seien es nur 400 000 Shilling gewesen. Einen Nachweis, dass die Summe zurückgezahlt wurde, gab es nicht.

»Der Präsident hat den Rückkehrern auf so vielfältige Weise geholfen, ich kann mich nicht auf fünfzehn Millionen beschränken«, sagte Max. »Ich betrachte das nicht als eine besonders wichtige Sache.«

Ich wandte ein, dass das Geld für die Kindersoldaten ziemlich wichtig sei.

»Sie verstehen das falsch, das Geld ist nicht weg«, sagte er. »Diejenigen, die den Erhalt der Summe bestätigt haben, sind bekannt. Sie schieben die Rückzahlung nur hinaus, warum, weiß ich nicht. Sie halten sich irgendwo versteckt.«

»Das wäre dann eine Straftat, oder?«, bemerkte ich.

»Ja«, sagte Max. Er sah sauer aus. Das hatte er nicht erwartet: die Konfrontation mit einer Journalistin in offensichtlich selbstfabrizierten Kleidern.

»In welcher Beziehung stehen Sie zu diesen Leuten?«

»Ich habe keine Beziehung zu ihnen, aber ich bin ihr Chef«, sagte er. Ich nahm mir vor, diesen Spruch von nun an des Öfteren in Hollywood zu gebrauchen.

»Max, ich habe gehört, dass Gelder in Ihrem Namen entwendet wurden.«

»Es gibt da einen jungen Mann mit Namen Joseph, der das getan hat.«

»Was haben Sie unternommen, um das Geld zurückzubekommen?«

»Ich habe versucht, ihn telefonisch zu erreichen«, sagte Max und schwenkte ein Mobiltelefon.

Ich fragte ihn geradeheraus, ob der Präsident jemals ein Friedensgespräch sabotiert habe.

»Er hat keine Bomben werfen lassen«, antwortete Max entschieden. »Falls doch, so gab es meiner Meinung nach dafür einen Grund. Er ist ein sehr erfahrener Präsident, der schon mit einigen Aufständen fertiggeworden ist.«

*

Ich ließ Max unter seinen Sicherheitsplakaten stehen. Auf dem Rückweg ins Hotel bemerkte ich, dass mein Notizbuch nicht mehr da war. Nun hatte ich buchstäblich nichts mehr zu verlieren. Scheißegal, dass ich Max Omeda, dem Vertrauten des Präsidenten, direkt ins Gesicht gesagt hatte, dass er Geld gestohlen hatte, das für die Kinder vorgesehen war. Scheißegal, dass jeden Tag jemand in Gulu das alte Exemplar einer britischen Sonntagszeitung finden und meinen Namen unter Scarlett Johanssons weit aufgerissener Fresse lesen konnte.

Jetzt hatte ich ein ganzes Notizbuch voll mit Diagrammen von Kriegsverbrechen verloren, und die Pfeile darin wiesen alle auf Oberst Otema hin. Er las es gerade, blätterte die Seiten mit seinem Mordsding um, mit seiner Vorhaut wie ein Ameisenbär. Ich war erledigt.

54

Betteln um Schläge II

Dann kam John Prendergast zurück. Angeblich, um den Krieg zu beenden, aber in Wahrheit, um mich zu retten.

»Ich weiß, das ist eine ziemliche Zumutung«, sagte John, »aber könnten Sie mich in Kampala treffen? In einem Hotel? Im Sheraton. Es ist ein recht schöner Ort…«

Ich traute meinen Ohren nicht. Wo sollte ich in Gulu einen Lippenfüller finden? Ich klapperte alle Drogeriegeschäfte ab, wobei ich mich die ganze Zeit in meinem Kopf gegen Bill verteidigte. Ja, es stimmt, ich hatte die Story nicht beendet. Ich hatte weder die Kinder gerettet noch herausgefunden, warum Oberst Otema Kony nicht das Handwerk legte. Aber nun war es zu spät, ich war auf Mädchenlogik zurückgefallen. Statt die Nachforschungen weiterzuführen, würde ich ganz einfach alles John erzählen. John hatte sein großes Treffen mit Präsident Museveni am Vorabend unseres Rendezvous, Entschuldigung, Interviews. Museveni sollte endlich den Friedensvorschlag zur Kenntnis nehmen, den John zusammen mit Betty geschrieben hatte. Wenn Museveni es ernst mit dem Frieden meinte, könnte er vielleicht wissen wollen, was ich über den Oberst und seine Absichten dachte. John konnte es ihm mitteilen. Kurzum, ein Held kam, um einen jahrelangen Krieg zu beenden, und ich trug meinen Teil dazu bei, indem ich ihn bewunderte. Gott krempelte die Ärmel hoch.

*

Die Suche begann in einem Drogerieladen, der ehrlich gesagt mit lippenvergrößerndem Gel schlecht versorgt war. Ich weiß nicht, wie es dazu kam, und ich bin nicht stolz darauf, aber ich verbrachte einen ganzen Tag damit, afrikanische Drogisten zu fragen: »Verkaufen Sie dieses Zeug, das einem dicke Lippen macht?«

Es ging an jenem Abend weiter, in einem nach Kiefernspray stinkenden Badezimmer, wo ich mich auf mein großes Rendezvous – Interview – mit John vorbereitete. Ich entdeckte ein winziges Mundgeschwür. Warum ich glaubte, dass dieses Ding unser Rendezvous beeinträchtigen könnte, als würde er meinen Mund aufreißen wie ein Pferdehändler, weiß ich nicht. Aber ich beschloss, das winzige Geschwür auszukratzen. Mit einer Sicherheitsnadel.

In der Nacht vor meinem großen Rendezvous – Interview – mit John Prendergast bin ich um drei Uhr aus einem dieser Träume aufgewacht, die der Körper dazu benutzt, um einem mitzuteilen, dass etwas ernsthaft falsch läuft. Ich glaube, Ben Affleck tauchte sogar darin auf. Ich lief ins Badezimmer und schaute in den Spiegel. Meine Lippe war so geschwollen, dass sie aussah, als hätte man ein halbes Twix daruntergeschoben. Ich kannte ja solche Erzählungen, wie man sich im Urlaub einen Insektenstich einfängt, und sechs Monate später bahnt sich dann während eines Geschäftstreffens eine Kakerlake einen Weg durch die Fußsohle. Ich ging zurück ins Bett und flüsterte zu mir selber: »Beruhige dich, es ist nur ein Mundgeschwür.« Etwa zehn Sekunden später bin ich wieder aufgestanden und habe noch einmal in den Spiegel geschaut. Die ganze Innenseite meines Mundes einschließlich Zunge schälte sich ab und legte gelben Eiter frei. Es dauerte noch Stunden, bis es hell wurde.

*

Lacor-Hospital: der Stolz der Provinz. Um acht Uhr morgens saßen bereits 200 Menschen draußen auf Matten und warteten. Schlimmer noch, sie hatten Essen mitgebracht. Picknicks in einem Wartebereich sind kein gutes Omen. Heute war ich eine Weiße aus dem Westen und drängelte mich vor, wählte allerdings als mutigen und selbstlosen Akt die Ambulanz und nicht die Notaufnahme.

»Ich möchte mit einem Arzt sprechen«, lispelte ich.

»Warum?«, sagte die einzige Dame an der Anmeldung.

»Was zum T... Kann ich bitte einen Arzt sehen?«

Ein Kind ging vorbei und blieb jäh stehen. »Madame!«, rief es überrascht. »Sie sehen aus wie ein Pavian!«

»Ja. Danke.«

»Der Arzt kommt um neun«, sagte die Dame.

»Und wird er dann gleich Patienten untersuchen? Es sind ja schon ziemlich viele da.«

»Nein, erst muss er das Krankenhaus säubern.«

Ich rief die einzige Person an, die mir einfiel. Pater Carlos' Pick-up kreuzte zehn Minuten später auf.

»Warum gibt es hier keine Ärzte?«, fragte ich. Pater Carlos seufzte.

»Seit dem Ebola-Virus geht es mit diesem Krankenhaus bergab. Wollen Sie sehen, wo der Chefchirurg beerdigt wurde? Ein wunderbarer Mann. Er fing sich Ebola durch die Augen ein...«

Es war noch nicht einmal 8 Uhr 30.

Pater Carlos führte mich zur Rückseite des Krankenhauses zu einem geheimen Priesterflügel, wo sich geheime Priester aufhielten, wie ich es noch nie gesehen hatte. Einer von ihnen, Pater Amos, mit Hundehalsband und in Gummistiefeln, kam aus dem Gebäude herausgerannt und hatte seine Finger in einem Metallrahmen fixiert. Ich kann mich nicht mehr genau erinnern, aber ich glaube, ihm waren einige seiner Finger weggeschossen worden. So oder so, als Kinderzauberer war Pater Amos erledigt.

»In Pader hat es einen Überfall aus dem Hinterhalt gegeben! Sieben Tote! Wollen Sie sich das ansehen?«, rief er aufgebracht.

»In der Zeitung stand nichts darüber«, lispelte ich.

»Natürlich nicht«, sagte Pater Carlos. »Der Krieg ist doch offiziell vorbei!« Das ist das Äußerste an Sarkasmus, das ich von einem Missionar gehört habe.

Ein Priester gab mir einen Streifen mit riesigen Tabletten, die meinen Mund wieder in Ordnung bringen sollten. Pater Carlos fuhr mich heim.

»Das ist ein starkes Antibiotikum«, sagte er stolz. »Maximale Dosis. Nehmen Sie eine jetzt und …« Da sah er, dass ich bereits alle auf einmal runtergeschluckt hatte. »Oh. Na gut! Vielleicht sollten Sie etwas frische Luft schnappen.« Natürlich war es Penicillin, ein Medikament, gegen das ich allergisch bin. Bestimmt unterhält Kate Adie ihre Kollegen von der BBC oft mit der Geschichte, wie sie das Penicillin der Priester in eine ugandische Toilette erbrochen hat, indem sie sich das einzige sterile Objekt, das sich in ihrem Gepäck befand, in den Hals steckte: eine Spritze zum Absaugen von Schlangengift.

*

Ich ging joggen, um etwas frische Luft zu bekommen und für mein Rendezvous munter zu werden. Pardon, Interview. Ich rannte an ein paar Kindern vorbei. »MZUNGU!«, schrie eines von ihnen, wahrscheinlich aus Schreck über einen 165 cm großen joggenden Pavian. Und dann stolperte ich irgendwie über die allzu langen Beine meines Trainingsanzugs, schürfte mir die Haut an Händen und Knien auf und landete in einem offenen Gulli mit Scheiße.

Aber das Schlimmste, das Allerschlimmste, kam erst noch: Vor dem Treffen mit John hatte ich vereinbart, einige Frauen zu interviewen, denen Konys Kumpane die Lippen abgeschnitten hatten.

*

Der Geruch in jener Hütte war unbeschreiblich. Ich kenne den Geruch von Angst. In Hollywood rieche ich ihn oft genug. Wissen Sie, wie ein Kind mit Erkältung riecht? Haben Sie diesen widerlichen Geruch eines Körpers in der Nase, der Bazillen zu Schleim verklumpt und ihn dann auswirft? So roch es dort, und obendrein kam noch eine Ausdünstung hinzu, wie sie eine vollgepisste Hose absondert, die monatelang in einem Schrank lag. Der Geruch, der von der Frau in dem dunkelroten Kleid in jener Hütte ausströmte, rührte nicht von Angst her. Es war kein Körper- oder Mundgeruch. So roch ein Körper, dessen Stoffwechsel völlig zusammengebrochen war, jede Zelle schrie: »Nein, nein, nein! Das ist alles falsch!«

Ellen hatte eine Narbe an der Stirn, wo der Chirurg einen Teil der Haut entfernt hatte, um ihr eine neue Nase zu formen. Die Nase war rund und knopfförmig.

Die Rebellen hatten ihr erklärt, warum sie das taten. »Sie sagten: ›Du redest viel, du scheinst die Frau eines Soldaten zu sein. Wir werden dir die Finger, Nase, Mund, Brüste und

Ohren abschneiden‹, aber sie ließen mir meine Finger und Brüste. Es waren zwei Jungs im Alter von zwölf und ein älterer Kommandant von zwanzig.« Ellens Zähne waren entblößt wie ein Schädel, ihr standen noch einige Operationen bevor. Eines Tages, als sich Ellen im Rehabilitationszentrum von World Vision erholte, erkannte sie einen neuen Rückkehrer, der gerade aufgenommen worden war.

»Ich fühlte keinen Schmerz, als ich den Jungen sah, bis er mir dann sagte, ich hätte Glück gehabt, weil sie die Leute normalerweise töten«, sagte Ellen. »Und als ich den Kommandanten wiedersah, war ich sehr verbittert…«

Ich wandte mich dem Vertreter von World Vision zu. »Entschuldigen Sie, stimmt es, dass diejenigen, die der jungen Frau das angetan haben, hierhergebracht werden und mit ihr zusammenleben?«

»Ja«, sagte der Repräsentant.

»Aber das ist… Was…? Warum denn…?« Ich wandte mich wieder Ellen zu. »Was sagte denn der Kommandant zu dir?«

Der Vertreter antwortete für sie. »Der junge Mann glaubt nicht, dass er irgendetwas Falsches getan hat. Er macht uns viel Ärger. Wir haben ihn in das Aufnahmezentrum für Erwachsene verlegt und nicht dorthin, wo die Kinder und Mütter sind.«

Na toll!, hätte ich ausrufen sollen, aber ich tat es nicht.

Als der Mann mich hinausbegleitete, fragte ich ihn: »Hat sonst jemand mit Ellen gesprochen?«

»Nein«, sagte er. Die einzige Person, die versucht hatte, ihr zu helfen, war ein Schmierfink für Promi-Magazine, der die Fernsehserien *Dawson's Creek* und *OC California* nicht auseinanderhalten konnte. Und wieder einmal versprach ich, ich würde versuchen zu helfen.

Vor dem Hotel sah ich den Nadelstreifenmann, wie er von einem Fuß auf den anderen hüpfte. Seine ganze Erscheinung hatte etwas Falsches. Immer noch trug er ein Nadelstreifenhemd mit weißem Kragen und Manschetten, aber diesmal kam er nicht allein.

»Ich habe eine für Sie«, sagte er. Florence Akello saß im Schatten und war ganz in ein Tuch gehüllt. Die gleiche Geschichte, eine Warnung für Zivilisten, eine gewaltige PR-Kampagne zum Preis einer Rasierklinge. In Florences Fall noch nicht einmal eine Klinge von hoher Qualität.

»Als die Rasierklinge stumpf wurde, schnitt der Junge damit Ohren ab«, sagte sie und fügte hinzu: »Der Kommandant zwang ihn dazu. Nachdem er sieben Frauen verstümmelt hatte, sagte der Junge, dass er wirklich müde ist, aber der Kommandant befahl ihm weiterzumachen.« Sie beugte sich rasch vor und tupfte mit einem Papiertaschentuch ihren lippenlosen Mund ab, damit man sie nicht sabbern sah. Dann schaute sie auf, etwas beunruhigte sie. Florence war schließlich eine Uganderin.

»Was haben Sie mit Ihrer Lippe gemacht?«, fragte sie. »Geht es Ihnen gut?«

55

Das Rendezvous

Als ich in Kampala ankam, fand ich das Red Chili verlassen bis auf zwei Mädchen, die als Prinzessin Michael von Kent verkleidet waren. Sie wollten zum Royal Ascot Goat Race, wo sich die anderen Rich Kids bereits Ziegen in Aktion anschauten. Für diese beliebte jährliche Wohltätigkeitsveranstaltung hatten die »Kiddies« ihre billige Hippie-Verkleidung abgelegt. Beim Ziegenrennen gibt es allerdings ein Problem: Diese Tiere haben kein Renn-Gen, sie kauen lieber längs der Laufbahn an den Hosen der Zuschauer. Deshalb hatten die Organisatoren die Rennstrecke mit einem Brett auf Rädern ausgestattet, das so hoch war wie ein Ziegenhintern. Die Zuschauer schwitzten unter ihren Ascot-Hüten und schauten verblüfft zu, wie Ziegen von einem Rollwagen im Kreis herumgescheucht wurden. Nach allem, was zu hören war, muss es eine gelungene Abwechslung gewesen sein. Manchmal wünsche ich mir, ich wäre eine von diesen vornehm tuenden Kreaturen, die debile Nichte eines Perverslings: Mein Leben wäre genau festgelegt, und ich hätte immer ein sorgloses Lächeln.

Ich takelte mich auf, klebte neue Pflaster auf meine entzündeten Hände und Knie und fuhr zum Sheraton in dem Cocktailkleid, das der Schneider des Kriegsverbrechers für mich gemacht hatte. Ich bat den *Boda-boda*-Fahrer, irgendwo unterwegs anzuhalten, damit ich mir ein Paar Schuhe kaufen konnte.

»Neue Schuhe oder alte?«, fragte er. *Du lieber Himmel, er arbeitet für meine Mutter.* Längs der Straße fuhren wir an Männern vorbei, die Berge von Schuhen verkauften, und hielten dann an einem Einkaufszentrum, wo ich Schuhe fand, obwohl ich mir nicht sicher war, wie neu sie waren. Die klobigen roten Pumps sahen aus, als ob sie jemandem mit dem Namen Brenda aus der Buchhaltung gehört hätten, bis sie sie dann während einer Karaoke-Nacht verlor und ein Typ namens Geoff ihr sagte, sie solle sich keine Gedanken machen, denn er werde sie nach Hause fahren.

*

Ich werde nie vergessen, wie ich die Lobby des Sheraton betrat: gedämpftes Licht und dunkles Holz. Kühle Luft aus einer Klimaanlage umwehte meine Beine. Ich höre immer noch Brendas schreckliche Schuhe mit den Pfennigabsätzen auf den Fliesen klappern.

»Wir treffen uns im Sheraton …«, hatte John am Telefon gesagt. Ich hatte mir in meiner Fantasie eine dieser Hotelsuiten vorgestellt, über die ich gelegentlich für die *Mail on Sunday* Kritiken schrieb. Wahllos verstreute Orchideen, eine Flasche gekühlter Champagner und ein Balkon mit Sicht auf die Lichter einer exotischen Großstadt. Ich weiß nicht, wie viele fantastische Urlaubsziele ich schon als romantisch beschrieben habe und wie oft ich mir schon gesagt habe, dass es genauso viel wert ist, diese Idee von romantischer Liebe ganz einfach zu erleben.

»… im Rhino Pub«, fügte er noch hinzu.

Das große Cartoon-Nashorn, das wie der Schauspieler Jack Black aussah, machte mir schöne Augen. Aber ich war schließlich eine Auslandskorrespondentin, und das hier war der exotische Schauplatz für diesen einen gefährlichen sexy Drink mit einem gefährlichen sexy Mann in einem obskuren Land.

Ich versuchte mich auf meine Mission zu konzentrieren – *berichte ihm, was du erfahren hast, er kann es dem Präsidenten weitersagen… John wird stocknüchtern sein. Das ist allerdings ein Riesenproblem, er wird nicht auch nur einen bedauerlichen schwachen Moment haben…* Konzentriere dich auf das Thema mit den bombardierten Kindern, verwende ein Zitat… *Ich glaube, ich geh noch mal schnell aufs Klo und steck mir die Haare hoch. Bestimmt mag er Frauen mit hochgestecktem Haar.* Hör mal, du hast absolut keine Vorstellung, welche Art von Frauen er mag. *Also gut, ich werde überhaupt nichts sagen. Das wirkt immer bei Männern; dann werden sie nämlich paranoid.* Aber wie willst du ihn dann interviewen, du Vollidiotin? KONZENTRATION! Sag ihm, die Einheimischen merken, dass die militärische Lösung nicht funktioniert… *Siehst du? Ich kenne mich inzwischen politisch aus. Wir werden einander verstehen. Und morgen um diese Zeit hat sich mein ganzes Leben verändert.*[*]

Ich sagte mir, es spielt sowieso keine Rolle. Ich hatte ihn seit Wochen nicht mehr gesehen. Wahrscheinlich würde er mir gar nicht mehr gefallen, zum Teu…

Da erschien John. Er sah so unglaublich toll aus, dass sich der Raum um mich herum in Luft auflöste. Er hatte wieder die ganze Nacht durchgearbeitet, und als er aus dem heißen, schmutzigen afrikanischen Abend in die kalte saubere Hotelluft trat, machte er den Eindruck eines Mannes, der sich an

---

[*] Anmerkung: So etwas auch nur zu denken ist in keiner Situation ratsam, geschweige denn vor dem Rendezvous mit jemandem, der nicht weiß, dass man scharf auf ihn ist.

seinen gesunden Verstand klammerte. Scheinbar aus dem Nichts tauchten Freunde auf, ließen ihre Begleiter stehen, um ihm die Hand zu schütteln. Er gab sein Telefon und Ladegerät dem Personal hinter der Bar, und ein hitziger Disput brach unter ihnen aus, wer es für ihn anschließen durfte. Ich dachte schon, sie würden sich prügeln.

Als er zur Bar kam, wartete ich bereits in Brendas Stilettos, Heftpflaster auf meinen Händen und Knien, in einem Kleid aus einem Schuluniformstoff und mit einer dicken Lippe. John war zu höflich, mich darauf anzusprechen, und küsste mich auf die Wange. Er sei die ganze Zeit durch Kampala gezogen und habe mit Diplomaten, Hilfsorganisationen und Zivilgesellschaftsgruppen über die ugandische Armee gesprochen, sagte er. Er habe gefordert, dass die Menschen in den Lagern wirklich geschützt werden. In den letzten zwei Tagen hatte er rund um die Uhr gearbeitet, um den Vertragsentwurf für die Zusammenkunft mit dem Präsidenten fertigzustellen. Rückblickend wäre es bestimmt okay gewesen, ihn zu umarmen. Ich reichte ihm einen Orangensaft.

»Haben Sie den Friedensvorschlag fertig?«, lispelte ich.

»Ja. Ich treffe Präsident Museveni in einer Stunde«, sagte er.

»Ein heißes Treffen. Fantastisch. Wie fühlen Sie sich?«

»Ach. Man ist da nie optimistisch. Es ist nur eine kleine Chance ...« Er sah ein klein bisschen glücklich aus.

»Was glauben Sie ... wird der Krieg je aufhören?«

»Ja. Präsident Museveni ist gewillt, einen Deal einzugehen.«

»Falls?«

»Falls er der Ansicht ist, dass das Abkommen etwas wert ist. Wenn es aber auch nur den geringsten Druck gibt ...« Ach ja, der Rest der Welt. Die Geldgeber. »Aber da ist nichts.«

Und er erklärte es mir. »Ich sage Ihnen, von allen Konflikten auf dem Kontinent halte ich diesen für den einfachsten«, sagte er. »Es ist eigentlich ein Kinderspiel, ein einfach lösbares Problem. Die LRA hat schon vor langer Zeit jede Hoffnung aufgegeben, sie könnte diese Regierung besiegen. Sie ist nur noch eine Söldnerbande, die auf das richtige Angebot wartet. Also sollte man es ihnen einfach geben, sie loswerden durch Bestechung...«

Es war das wunderbarste Gespräch meines Lebens. Wir schwebten über sudanesische Wüsten und Verstecke in den Regenwäldern des Kongo. Und glücklicherweise nahm ich es auf Band auf, denn je komplexer die politischen Themen wurden, die er auf Lager hatte, desto weniger hörte ich zu. Wir waren auch nicht mehr in einer zwielichtigen Hotelbar, sondern saßen auf der Veranda einer Safarihütte. Sonnenuntergang mit zirpenden Zikaden, oder welches tropische Insekt auch immer cool klingt und nicht sticht oder beißt. Unter uns trotteten Elefanten heimwärts, und wir wollten gerade hineingehen und sehen, ob die Stereoanlage der Hütte funktionierte.

Bis Johns Telefon klingelte. Das Barpersonal schaute auf das Display und geriet in Panik. Als er zurückkam, wusste ich, was passiert war.

56

Das Schärfste, was ich je gesehen habe

John saß mir wieder gegenüber, aber er konnte mich nicht mehr sehen. Er hatte sich ganz in eine Welt der Erinnerungen zurückgezogen, die er besser nicht hätte.

»Er hat Sie versetzt, nicht wahr?«, sagte ich, aber er konnte mich nicht hören. Der Mann, der das Ende eines Krieges in seinem Aktenkoffer hatte, wurde vor Wut zum Tier.

»Wenn ich noch im Weißen Haus wäre, könnte ich diesen VERDAMMTEN Krieg in dreißig Minuten beenden«, sagte er. »Geh mit der Weltbank in Musevenis Büro, sag ihm, es gibt KEIN Geld mehr, bis Sie das Problem gelöst haben.« Er schaute sich um. Ich dachte schon, er würde irgendjemanden schlagen. »Nun wird dieser Krieg weitere zwanzig Jahre dauern.«

Ich starrte. *Das ist das Schärfste, was ich je in meinem Leben gesehen habe.* Hör auf damit, Jane! Dieser Mann war im Begriff, heute Abend einen Krieg zu beenden, und nun konnte er nicht ... *Gut, dann wird er später Zeit haben.* Lass den Unsinn!

Ich erinnerte mich, dass Kony beim gescheiterten Friedensabkommen Betty gewarnt hatte, dass er seinem Missfallen eventuell Ausdruck verleihen würde: Ein Massaker forderte damals dreihundert Opfer, als Rebellen die Menschenmenge auf einem Marktplatz angriffen.

John saß mit gesenktem Kopf da und sagte nichts. Ich wusste nicht, was er dachte, aber ich vermute, dass er sich nichts sehnlicher wünschte, als dass das Denken hier und jetzt einfach aufhörte, und ich wette, dass das einer der seltenen Momente im Leben eines starken Mannes war, an dem er jemanden in sein Inneres ließ.

»Ich habe mich völlig verausgabt«, sagte er leise. »Wenn das hier alles vorbei ist, muss ich mir zwei Wochen freinehmen.« Eine Safari. Ich hätte meine Hand auf seine Schulter legen sollen. Dann schaute er zu mir auf, und als ich seine müden Augen sah, die mehr Grauen gesehen haben, als sich ein Mensch vorstellen kann, da wusste ich plötzlich, mit wem er ein Rendezvous haben sollte. Nicht mit Angelina. Und auch nicht mit mir. Sein Vater hatte Corn Dogs aus dem Kofferraum seines Wagens verkauft. »Wir blieben nie länger als drei Jahre an einem Ort und zogen dann weiter, um Leute zu finden, die Corn Dogs noch nicht satthatten.« Er hatte ein Mitgefühl für Fremde, weil er selbst ein Fremder gewesen war. Er gehörte zu den Menschen, über die er nicht sprechen konnte. Er gehörte zu Edie, der Witwe mit den Streichhölzern. Er war der Mann, mit dem sie sich treffen sollte. Ich streckte meine Hand aus, aber sie berührte nur sein Glas, und so reichte ich ihm das, was noch vom Orangensaft übrig war.

»Könnten die Zivilgesellschaftsgruppen oder die Diplomaten Kony aufhalten, falls er irgendwas versucht?«, fragte ich, wieder nur eine Journalistin, die er kurz traf.

»Jemand muss dafür sorgen, dass alle Beteiligten zusammenkommen und eine Strategie entwickeln, um diese Menschen zu schützen«, sagte er und nahm den Orangensaft. »Es passiert wieder«, dachte ich, obwohl ich mich nicht erinnern konnte, dass es jemals schlimmer war als diesmal. Ich glaube allerdings, dass ich munterer klang.

»Dann ist es besser, wenn Sie morgen früh aufstehen.«

»Ja, es ist schon spät. Danke, dass Sie dageblieben sind. Ich hoffe, es hat sich gelohnt«, sagte er. Mir fiel nichts Passendes ein, also stand ich auf und schüttelte ihm die Hand.

»Was machen Sie jetzt?«, fragte er.

»Irgendwas. Passen Sie gut auf sich auf, ja?«

Er küsste mich, lächelte sein Clooney-Lächeln und verließ das Sheraton. Ich schaute ihm nach. Die Tür der Bar schwang zurück, und das Nashorn, das aussah wie Jack Black, machte mir wieder schöne Augen.

57

Ich war's nicht II

Ich hatte 108 Dollar, eine dicke Lippe und nur noch eine Kontaktlinse. Ich sah aus wie Marty Feldman. Aber dies war meine letzte Chance, eine Nützliche Person zu sein, also nahm ich in Begleitung von Briefsäcken den Postbus zurück nach Gulu und ging geradewegs zum Hauptquartier der Vereinten Nationen. Aus irgendeinem Grund hatte ich ein erstaunliches Maß an aufgestauter Energie in mir.

»Hallo, ich möchte bitte den neuesten Sicherheitsbericht«, sagte ich zu dem Typ von der UNO.

»Tut mir leid, aber den kann ich Ihnen nicht geben«, antwortete er. »Wir händigen keine Kopien aus.«

Leg dich nicht mit mir an, Freundchen. Ich habe gerade etwas Großmütiges getan, und ich bin nicht glücklich darüber.

»Ich brauche aber eine Kopie. Ich muss einen Artikel über die Sicherheitslage schreiben«, sagte ich. Ich brauchte ihn wirklich. Schließlich arbeitete ich für die Medien, und mir war klar, dass Äußerungen von armen Leuten und einem ziemlich emotionalen Missionar nicht ausreichten, um zu beweisen, dass dieser Krieg ein Schwindel war.

»Tut mir leid, das ist nun mal die Regel«, sagte der UN-Typ. Ich marschierte hinaus zum Tor, machte den Wachmann an und bat ihn, hineinzugehen und die Kopie für mich zu holen.

Mir war es scheißegal, dass der UN-Typ es sah. Ich war schließlich von weither gekommen, um mich selbst bei einem Rendezvous versetzen zu lassen. Der Wachmann ging in die Rezeption, nahm vor den Augen seines Chefs den Bericht von der Wand und brachte ihn mir. Laut dem UN-Sicherheitsbericht für jene Woche im September entführten Konys Rebellen drei Mädchen und einen Neunzehnjährigen, die ugandische Armee tötete drei Rebellen, und ein Soldat, der Lohngelder stahl, wurde von seinen eigenen Leuten getötet. Kony–Armee, 4:3. Die Armee erschoss einen Armeesoldaten, ein Eigentor. Museveni behauptete, er gewinne den Krieg. Nun hatte ich ein UN-Dokument, das schwarz auf weiß belegte, dass Kony Zivilisten schneller entführte, als der Oberst sie erschießen konnte. Der Krieg ist zu Ende? Tut mir leid, das ist zum Lachen.

*

Nun konzentrierte ich mich auf die Ausreden der Gutmenschen, warum sie Kony nicht stoppen konnten. Aber sehen Sie, sagte der Armeesprecher, wir haben ihre Topkommandanten gefangen genommen. Das ist eine merkwürdige Wortwahl: Banyas Trinkkumpan in der Fanta-Gang war der hagere, hartgesichtige Mann unter dem Mangobaum. Er hatte Geschwüre, weil die Rebellen im Busch Geschwüre bekommen. Er war immerhin Brigadegeneral, aber nicht in der Armee des Obersts: Es war Brigadegeneral Sam Kolo, Konys Sprecher, der Karl Rove der Lord's Resistance Army. Sam Kolo hielt sich frei und unbehelligt im Acholi Inn auf, seine Fanta-Rechnungen wurden von der ugandischen Regierung bezahlt. Und von mir, der britischen Schlüpferkäuferin. Ich fragte den Vater eines entführten Kindes, was er darüber dachte. Er kämpfte mit den Tränen, als er mir sagte: »Wir vergeben ja. Wir wollten nur, dass die Kommandanten, die noch im Busch sind, sehen, dass es ein anderes Leben gibt.« Die Autoritäten hatten darin versagt, dieser Hoffnung mit einer einfachen Handlung gerecht zu werden: die Kommandanten, die noch im Busch leben, vor die Wahl zu stellen – ein anderes Leben oder der Sarg. Warum die Verantwortlichen scheiterten, verblüffte mich. Unterdessen aß die Fanta-Gang mit dem Vertreter einer großen internationalen Hilfsorganisation zu Mittag.

Ich bat Sam Kolo um ein Interview.

»Das spar ich mir für einen Buchvertrag auf«, sagte er.

»Aber wir würden gerne Ihre Geschichte hören«, sagte ich.

»Seien Sie vorsichtig!« Kolo lachte. »Ich habe ein Messer. Ich werde Ihnen die Lippen abschneiden!« Kichernd ging er weg.

58

Sie sind nicht gekommen, um sich mit ihm anzulegen, oder?

Dass ich auf Banyas Gerede über Geister hereingefallen war, ärgerte mich ganz besonders. Als Erstes wollte ich den Mythos zerstören, dass Kony Zugang zu mystischen Kräften hatte, die kein Mensch aus dem Westen verstehen konnte. Ich hörte mir noch einmal Bettys Interview an, in dem sie über die Holy-Spirit-Bewegung sprach, den ursprünglichen Glauben an Geisterbesessenheit, mit dem der ganze Wahnsinn angefangen hatte. Betty erwähnte die Gründerin, die Medizinfrau und militärische Anführerin Alice Lakwena. Kony kopierte vieles von Alice, die Verwandlung von Steinen in Bomben eingeschlossen.

»Alice ist eine Nervensäge«, hatte Betty gesagt. »Sie will nur Geld.« Doch Alice vermochte Steine in Bomben zu verwandeln, da konnte sie doch bestimmt auch zwanzig Pfund auftreiben, wenn sie knapp bei Kasse war?

Die Holy Spirit Movement hatte Konys Krieg begonnen. Zugegeben, sie hatten trotz ihrer geringen Anzahl und ihres seltsamen Glaubens einige Kämpfe gewonnen, und erst Musevenis Artillerie war es gelungen, sie an jenem Tag im Regenwald zu besiegen.

Was also war genau Lakwenas Macht, jener italienische Geist, der listig genug war, Alice zum rechten Zeitpunkt zu verlassen und in Kony zu fahren, so wie Denise Richards Charlie Sheen verließ, bevor sie Richie Sambora fand? Lakwena hatte sogar Alices Vater besessen, um zu sehen, wie das passen würde. Und Lakwena/Kony kontrollierte immer noch Hunderte, möglicherweise Tausende von Kindersoldaten, ob sie an seine Macht nun glaubten oder nicht.

*

Steven, der ehemalige Spion, erzählte mir, ich könne selbst in einem Stadtviertel von Gulu die Holy-Spirit-Bewegung in Aktion sehen. Es gebe da eine sehr kleine Kirche, wo einer der Hauptverantwortlichen dieses zwanzigjährigen Krieges wirke: ein Mann namens Pater Severino, Anhänger der »Heilig-Geist-Bewegung«, ehemaliger Krieger und der Vater von Alice. Sein Spitzname war Otong-tong, einer, der seine Opfer in Stücke zerhackt. Jedenfalls steckte ich einige antiseptische Reinigungstücher in die Brusttasche, falls er meine Hände berühren sollte.

Steven führte Bill und mich in die Slums. Wir sprangen über offene Abwässergräben, liefen durch Seitengassen und auf schlammigen Wegen, wo Kinder barfuß auf der feuchten Erde herumschlitterten. Steven war ganz in konspirativer Stimmung: »Nicht hier. Wir müssen weiter ... Nicht hier. Wir müssen weiter ...« Wir bewegten uns im Kreis und landeten schließlich hinter dem Markt für Marble-Wash-Jeans. Dort befand sich eine sehr kleine Kirche. Ohne die Hilfe eines ehemaligen Spions hätte ich sie nie gefunden.

Im Inneren roch es stark nach Weihrauch. Die blaugrüne Stirnwand war mit seltsamen religiösen Symbolen bemalt, und darunter schwenkte ein magerer grauhaariger alter Mann in einer weißen Robe seine dünnen Arme im Gebet. Die Gemeinde bestand aus ein paar murmelnden Frauen im Hintergrund, einigen gelangweilten Kindern an der Tür und einer frommen Anhängerin, ein umwerfend schönes Mädchen, so tief im Gebet versunken, dass es wie bekifft aussah. Ich fragte mich, ob das »die Verzückung« war. Falls ja, dann war sie ununterscheidbar von den Gesichtern der schwulen Leute in meiner Spinning-Klasse, die wirklichen Schwulen, die immer »YEAAAAH!« schrien, wenn wir zur Musik von Mary J-Blige imaginäre Hügel erklommen.

Pater Severinos junger, unglaublich streng riechender Hilfspriester kam auf mich zu. »Sie sind nicht gekommen, um sich mit ihm anzulegen, oder?«, sagte er. »Erst letzte Woche hatten wir eine Frau aus Deutschland hier, die Streit suchte.« Die Frauen tuschelten spöttisch.

»Nein, keineswegs, ich möchte nur über Lakwena sprechen«, sagte ich strahlend, und genau aufs Stichwort drehte sich Pater Severino um, um mich zu begrüßen. Er lächelte und entblößte ein Durcheinander von Zähnen, als hätte jemand gesagt: »Öffne deinen Mund, die Zähne kommen!«, und zwölf Stück hätten sich willkürlich in seinem Zahnfleisch niedergelassen.

»Wo der Geist ist? Er ist hier! In mir! Er spricht in diesem Moment zu Ihnen«, legte er gleich los. Der Geist, der den ganzen Wahnsinn ausgelöst hatte, sprach nun zu mir. Ich sah keinen italienischen Militärsanitäter. Ich sah einen dürren Schwarzen mit wirrem Haar in einer weißen langen Robe, der vor einer Gruppe gelangweilter Kinder herumfuchtelte.

Ich sagte diesem Möchtegern-Michael Jackson, dass Kony hartnäckig darauf bestehe, Lakwena sei nun in ihm. Pater Severino/Lakwena machte ein böses Gesicht, und die Frauen tuschelten wieder.

»Warum dieser Messias behauptet, er habe den Geist? Hören Sie mir nicht zu?«

»Aber wenn Kony keinen Geist hat, der ihn beschützt, warum hat man ihn dann noch nicht gefasst?«, fragte ich Pater Severino/Lakwena.

»Fragen Sie das nicht mich, fragen Sie die Geister. Hören Sie mir nicht zu? Johannesevangelium, Kapitel 8, Vers 42 bis 48. Schreiben Sie es auf! Er nahm diesen Körper in Besitz«, erklärte er und zeigte auf sich. »Er wurde zehn Monate lang geschlagen, es war wie in einem heißen Feuer zweiundneunzig Tage! Habe ich nicht recht? Habe ich nicht recht?«

»Ja, das ist wahr«, sagten die Frauen und starrten mich an. Ich hatte nicht vor, darauf hinzuweisen, dass zehn Monate nicht zweiundneunzig Tage sind. Ich spürte, dass ich mich bereits in einer ausreichend unangenehmen Situation befand.

»Die Menschen sollten nicht gegeneinander kämpfen, sie sollten sich lieben«, fuhr er fort.

Ich fragte ihn, wie er es sich erklärte, dass so viele Menschen von Alice massakriert wurden.

»Weil sie es akzeptieren, im Namen Jesu zu sterben. Weil sie zurückkommen werden. Haben Sie nicht zugehört?« Pater Severino/Lakwena schüttelte verblüfft den Kopf. »Das ist passiert, um die Menschen zu reinigen! Du bist ein Flussarm, ich bin ein ganzer Fluss. Das ist Kain und Abel ...« Und er begann wieder wie einer dieser Verrückten außerhalb der U-Bahnstation Kilburn Park zu reden.

Ich dachte daran, wie öde diese endlos langen Belehrungen in der Wüste des Sudans für Konys Kindersoldaten gewesen sein müssen.

Dann nahm Pater Severino/Lakwenas Redefluss eine plötzliche Wendung.

»Meine Frau steinigte mich am elften November 1984 zu Tode.«

»Wie bitte?« Als Beweis für diesen Akt häuslicher Gewalt

zeigte er mir seine Zähne, die tatsächlich aus seinem Mund herausgesprungen zu sein schienen, möglicherweise aufgrund der Steinigung, und dann wieder wahllos zurückgefallen waren. »Ihre Frau tötete Sie? Aber Sie sind doch noch …«

»Dann bin ich von den Toten auferstanden«, erklärte er. Ich war wohl die dümmste Frau, zu der er je hatte predigen müssen.

So schwadronierte er ununterbrochen eine Stunde lang. Bill saß unterdessen da und las Zeitung. »Der da braucht auch Jesus«, murmelte Pater Severino/Lakwena und schaute missbilligend zu Bill hinüber. Dann sammelte er einige Steinchen vom Boden auf und machte daraus einen Haufen, der die Menschen in den Lagern darstellen sollte, oder was weiß ich.

War es das? War dies das satanische Gesicht Afrikas, an das sich westliche Diplomaten nicht heranwagten? Dieser bekloppte alte Trottel, der in seinem Nachtgewand Kieselsteine herumschob? Ich ließ meinen Blick durch den kleinen Kirchenraum wandern. Vielleicht hatte ich etwas übersehen. Vielleicht half die spirituelle Reinigung des Holy Spirit Movements hier an diesem Ort. Das schöne Mädchen war immer noch betend vornübergebeugt und saugte alles auf, was Pater Severino sagte. Ich will Afrikaner nicht als Deppen hinstellen – ich lebe in Los Angeles, ich habe mich schließlich über alle möglichen Führer und ihre Läuterungen lustig gemacht, von Robert Atkins (Atkins-Diät: 120 Kilo Gewicht beim Tod, »verursacht von Wasseransammlung im Gewebe«) über Judy Mazel (Beverly-Hills-Ananasdiät, tot im Alter von dreiundsechzig aufgrund einer Gefäßerkrankung, Scheiß auf Antioxidantien) bis zu S. Daniel Abraham (Slim-Fast-Diät). Aber hier in Uganda waren die einzigen Leute, von denen ich hörte, dass sie so etwas wie Reinigung wollten, Konys entführte Kinder. Und streng genommen war es nicht die Erbsünde, von der sie reingewaschen werden wollten, sondern die Sünden, die sie im Namen von Konys Holy Spirit Movement bzw. der Lord's Resistance Army selbst begangen hatten.

Der unglaublich streng riechende Hilfspriester öffnete eine Tür in der Wand, zauberte einen Teelöffel voll Lehm hervor und ging damit auf Bill und mich zu. Ich wich zurück und stieß gegen das schöne Mädchen, das zu mir aufblickte, und da bemerkte ich, dass sie geistig behindert war. Jetzt reichte es: Die Holy Spirit Movement war nichts als absoluter Schwachsinn.

59

Hurobics

Wenn es nicht mächtige Schwarze Magie war, die Kony antrieb, was war es dann? Ein Freund informierte mich, dass mich jemand treffen wolle. Diesmal war es streng vertraulich. Er brachte Bill und mich ins Traveller's Inn, das Bordell mit Disco. In einem Hinterzimmer führten junge Frauen ein Tanz-Workout vor. Niemand schaute zu. An einem Nebentisch wartete ein Mann auf mich, der angeblich Joseph Konys Cousin war.

Mein Freund stellte ihn als Philip vor. Vor uns stand ein stämmiger Mann in einem roten Oberteil und machte einen mürrischen, lustlosen Eindruck. Ich suchte in seinem Gesicht nach irgendeiner Familienähnlichkeit. Philip hatte hohe Wangenknochen wie Kony, aber nichts von seinem Rick-James-Flair. Wenn Kony der verlorene Sohn war, war Philip der langweilige spießige Verwandte. Mir war es egal, solange ich nur von ihm erfuhr, was seinen Cousin antrieb.

Aber Philip schmollte. Nach einer Weile stellte sich heraus, dass die Regierung ihm Geld versprochen hatte, das nicht eingetroffen war. Vielleicht hat derjenige, der das Geld übergeben sollte, es ja gestohlen, meinte er. Wie auch immer, er hatte kein Geld bekommen und auch kein eigenes Haus. Warum sollte Philip Geld oder gar ein Haus von der Regierung bekommen?

Ganz einfach, weil Kony es erwartete: Es wäre für ihn ein Beweis, dass auch er Geld und ein Haus bekäme, wenn er sich ergeben würde.

In Hollywoods Drehbuchklassen bringen sie einem bei, wie wichtig der Subtext in Dialogen ist – die subtilen Versprecher, die unscheinbaren Andeutungen, die die geheimen Ambitionen einer Figur verraten. Schauen Sie doch mal, ob Sie Philips unterschwellig mitgeteilte Botschaft entdecken, als ich ihn fragte, was einem Friedensabkommen denn im Weg stehe. Unser Freund dolmetschte so gut es ging.

»Die Familie von Kony haben kein Geld. Sie haben auch kein Haus. Kony verliert Hoffnung: Wie wird Familie behandelt? Kony sagt: ›Jetzt ich komme heim, aber ich habe meine Familie zur Regierung geschickt. Nix passiert. Regierung wird nicht für mich sorgen.‹ Museveni ist ein guter Mensch. Er schickte Konys Familie früher Geld. Aber die Leute, die das Geld bringen sollten, sind damit einfach verschwunden. Der Präsident hat mich einmal umarmt und Betty Akech [eine regionale Abgeordnete] gebeten, mir etwas Geld zu geben. ›Bringen Sie Mr. Philip zur Kaserne. Ich möchte ihn dort treffen, und ich habe ein wenig Geld, um ihn zu unterstützen.‹ Aber Betty hat sich geweigert ... Kony ruft mich dann an, und ich sage ihm, wir haben nichts hier, sie geben uns ein paar Bohnen und so was. Also wird Kony sauer: ›Wenn ich zurückkomme, kann man nicht so mit mir umgehen.‹«

Wo ist unser Geld?

Die Aerobicübungen der Huren wurden lauter. Ich fragte Philip, ob er denn wüsste, was die Girls dort trieben.

»Nein«, sagte er und wandte sich ihnen zu. »GEBT MAL RUHE!«

Aber was war mit der Magie, den Geistern? Konys Cousin zuckte mit den Achseln. »Eines Tages bekam Kony Wasser auf einem kleinen Teller, und es trocknete völlig weg«, sagte er und wehte mit der Hand über den Tisch, um ein weiteres Wunder zu demonstrieren. Gelangweilt schaute er auf die Huren, die nun so etwas wie eine trostlose Spice-Girls-Nummer vollführten.

»Während wir hier sprechen, weiß Kony, was in unserem Gespräch passiert«, fügte er hinzu. Konys Cousin posierte noch für ein paar Fotos und brummelte, dass die Friedensgespräche in einem anderen Land sein sollten, zum Beispiel Amerika, und dass er eingeladen werden sollte. »Ich hätte in dem Komitee sein müssen, aber sie warfen mich einfach raus«, sagte er gekränkt über diese Ungerechtigkeit.

*

Geld also, um zu verschwinden. Nicht die Übernahme der Regierung, nicht die Wiedereinsetzung der Zehn Gebote in Uganda. Nur Geld, um zu verschwinden. Museveni, Konys Todfeind, war »ein guter Mensch«, als er »der Familie von Kony« Geld schickte. Wenn das stimmte, dann waren die Kinder nicht nur Soldaten, sondern Geiseln, und jetzt wollte Kony sein Lösegeld. Der schrecklichste und brutalste Mann der Welt war ein Schwindler. Ein Kenneth Lay des Dschungels, der Kinder als seine Einnahmequelle benutzte. Ein Chuck-Norris-Fan, der seine Vorgehensweise irgendwelchen Blockbuster-Filmen abgeschaut hat. Schwarze Magie, mystische Kräfte, ein unvorstellbar teuflischer Gegner – alles ein Schwindel, und ich war darauf reingefallen. Nichts Mystisches hatte auch Konys Schwanz, als er sechs Dutzend Mädchen der Reihe nach immer wieder vergewaltigte.

Wenn Kony also ein Normalsterblicher war, warum hatte der Oberst ihn dann nach so viel Jahren immer noch nicht gefasst? Was war mir da entgangen? Ich glaubte nicht, dass es einem Mann mit dem Ego des Obersts genügte, die Tochter des Präsidenten und ihre marginalen Profite aus dem Getreideverkauf zu verteidigen.

Ich machte einen weiteren sinnlosen Trip zum Acholi Inn. Inzwischen hatte ich herausgefunden, warum der Oberst mich so besonders ärgerte: Es waren meine fünfzig Pfund Schlüpfersteuer. Er war das Pferd, auf das die Regierung in Großbritannien setzte. Meine Schlüpfersteuer sollte dazu beitragen, dass er Kony das Handwerk legte. Wenn ich schon Geld aus dem Fenster werfe, dann erwarte ich, dass es zumindest Wodkabrennereien unterstützt und nicht Überfälle von Kampfhubschraubern auf Kinder. Ja, einmal habe ich einer Junkiefreundin fünfzig Pfund geliehen, die mir sagte, sie brauche es für die Miete. Da jedoch Rauschgiftsüchtige miserable Kampfhubschrauberpiloten abgeben, bin ich mir ziemlich sicher, dass sie das Geld nur für Heroin ausgegeben hat.

*

Meine Zeit wurde knapp. Ich stand am Schalter der Gulu-Bank und starrte auf meine acht Kreditkarten, die fächerförmig vor mir ausgebreitet waren. Auch die äußerst muntere Kassiererin begutachtete sie. Ich konnte damit kein Geld bekommen, ich war machtlos, den Oberst dazu zu bringen, mit mir zu sprechen, und unfähig, das Geheimnis von Konys Erfolg zu knacken. *Ich bin in einem Dritte-Welt-Land, und ich kann nicht einmal zu Wucherzinsen Geld leihen oder ein Interview mit einem gefährlichen Militäroffizier bekommen. Ich bin ein Pädophiler, der auf einem Kinderkostümfest in einem Sessel sitzt und verbittert eine Ballongiraffe drückt, weil er keinen hochkriegt. Ich bin absolut nutzlos.*

»Gute Nachricht! Diese hier funktioniert noch«, sagte die äußerst muntere Kassiererin.

404

»Oh! Kann ich zweihundert ...«

»Nein. Ich bedaure. Wir können Ihnen kein Geld geben. Vielleicht die Barclays Bank in Kampala. Mit dem Bus braucht man nicht mehr als acht Stunden«, sagte die äußerst muntere Kassiererin.

Wir können Ihnen kein Geld geben. Warum eine Bank eröffnen, wenn sie einem kein Geld geben kann? Oh! Sie wollen Geld. Das Geld ist weg. Wir haben Wachsmalstifte, Einzahlungsscheine und eine gönnerhafte Broschüre über Hypotheken für indische Familien. Möchten Sie eine Kreditkarte beantragen? Nein, ich hätte gern etwas von meinem Geld, falls es Ihnen recht ist. Und warum brauchte die Kassiererin zwanzig Minuten, um die Person vor mir zu bedienen? Versucht sie tatsächlich, durch Langsamkeit Zinsen einzunehmen? Liest sie einen Einzahlungsschein oder Harry Potter? Sitzt sie auf einem Stuhl oder auf dem Klo?

Ich machte mich also auf eine achtstündige Busreise, um mit meiner einzigen Kreditkarte, die noch nicht gesperrt war, Geld abzuheben. Ich hätte den Bus gar nicht erst besteigen sollen. Überall auf dem Busparkplatz wimmelte es von schlechten Omen. Ein Bus trug die Aufschrift *Ich war das nicht*, und nicht nur das, dort stand *Ich war das nicht II*. Inzwischen war das ein Zeichen selbst für jemanden mit einem dritten Auge, das so kurzsichtig war wie meins.

Auf der Rückfahrt waren sechsundzwanzig Personen in dem Minibus, der Plätze für vierzehn hatte, und ich saß zwischen den beiden einzigen fetten Menschen in Uganda. Ich fühlte mich wie ein Tanga. Die Sitze waren aus Plastik, damit sie nicht vollgepinkelt werden konnten, aber es roch trotzdem nach Pisse. Wie kann es sein, dass Plastiksitze nach Pisse riechen? Hatte jemand sie zuerst vollgepisst und dann mit Plastik versiegelt? Dachte der Besitzer, »Das ist mal gute Pisse, ich werde sie behalten«? Dem Durchfall, den ich nach dem Verzehr des Chapati Rolex aus Hühnerdreckteig hatte, folgte starkes Fieber. Ich saß auf dem Plastiksitz in einer Pfütze aus Schweiß, so dass mein Auslandskorrespondentinnenkleid bei jeder Bewegung furzte. Alle schauten mich an.

Die Fahrt schien kein Ende zu nehmen. Wir hielten, weil eine Frau an einem Fleischstand einkaufen wollte. Ein Mann zerhackte mit einer Machete einen von Fliegen übersäten Kadaver.

»Zweitausend Shilling, das ist zu billig«, sagte ein Fahrgast tadelnd, als die Frau zurückkam. »Das ist bestimmt vergammelt.«

»Is mir egal!«, sagte sie. Das sei gutes Rindfleisch und sie behalte es. Ich hätte ein Stück von ihr kaufen und es roh essen sollen, um etwas gegen den Magen-Darm-Infekt zu tun – Feuer muss man mit Feuer bekämpfen. Von mir wird nichts übrig bleiben – nur noch ein Poloch mit einem Augapfel auf einem Stiel, der sich umschaute.

Als wir auf 90 Kilometer beschleunigten, kroch eine Kakerlake durch das Fenster herein und landete auf meinem Schoß. Wie das? Kakerlaken sind das SEK der Insekten.

Der Mann zu meiner Linken wandte sich der Frau rechts von mir zu und fragte: »Sind Sie auch gerettet worden?«

»O ja, wie wundervoll! Auch ich bin gerettet worden!«, rief sie begeistert. Ich fühlte mich wie ein Fleischspieß zwischen wiedergeborenen Christen. Beide wandten sich mir zu: »Und Sie? Sind Sie auch gerettet worden?« *Nein, aber mein inneres Kind war in Schutzhaft genommen worden.*

Aber was war mit Angela? Was mit Victoria? Wie stand es mit all jenen Mädchen, die allein in dem Lager waren? Ich hatte tatsächlich die Möglichkeit gehabt, etwas für sie zu tun. Und ich habe versagt. Ich rief John an. Er konnte nicht mit mir sprechen, weil er auf dem Weg zu einem Abendessen war. Mit Angelina Jolie.

Und dann brach der Bus mitten im Nirgendwo zusammen, und wir mussten alle aussteigen und den gottverdammten Haufen Bärenpisse schieben. Ich rief meine Schwester an.

»Kate, tut mir leid, meine Telefonkarte reicht nur noch wenige Minuten. Kannst du für mich British Airways anrufen? Ich möchte zurück nach Hause.«

Kate rief BA an.

»British Airways sagt, sie können den Flug nicht ohne deine Buchungsnummer ändern«, sagte sie.

Ich hörte auf, den Bus zu schieben, und wühlte in meiner Tasche herum. *Mein Gott, ich bin so lange von zu Hause weg, meine Tasche riecht. Wie das? Ich hab sie doch nicht ▮▮▮▮▮▮▮ geliehen.* Ich fand ein schmutziges Stück Papier mit Flugdaten und gab sie Kate durch.

»British Airways sagte, das ist keine Buchungsnummer, das ist eine E-Ticket-Nummer«, sagte Kate. Erneutes Wühlen. Ich fand ein anderes, von Fieberschweiß durchtränktes Blatt mit einer Zahlenreihe.

»British Airways sagte, das ist keine Buchungsnummer, das ist ein Bestätigungscode.«

»Warum sagst du British Airways nicht, ich weiß, dass sie auf dem Computer meine Buchungsnummer sehen und dass sie sie mir verdammt noch mal mitteilen sollen?«

»Sie sagten, sie dürfen das nicht, persönlicher Datenschutz.«

»Sag British Airways, ich werde mich das nächste Mal an dieses Recht auf Privatsphäre erinnern, wenn ich durch die Sicherheitskontrolle gehe und so ein lesbisches Mannweib vor allen Leuten meine Titten betatscht...«

Da sah ich, dass der Bus ins Rollen kam. Die wiedergeborenen Christen sprangen auf und ließen mich am Straßenrand mit einem verkrüppelten Pavian und einer großen Menge Kinder zurück. Die Kinder zeigten besorgt auf mein Auslandskorrespondentinnenkleid.

»Madame, Ihr Kleid ist nass!«

»Ja, ich weiß. Ich bin krank …«

Es traf mich wie ein Schlag, ich war plötzlich allein mitten in Afrika und redete immer noch wie eine Schwachsinnige in ein BlackBerry. Ich war verlassen worden – von Jesus und seinen Nachfolgern –, und ein Haufen hungernder afrikanischer Kinder meinte, ich hätte mir ins Kleid gemacht.

Kate meldete sich wieder.

»British Airways hat für morgen früh noch einen Platz. Willst du den? Beeil dich, ich bin bei Jimmy Choo. Sommerschlussverkauf. Hier herrscht Krieg«, sagte sie.

Ich starrte die endlose Straße hinunter. Wenn ich nach L.A. zurückginge, gäbe es dort einen Job für mich. Ich wusste, nach welchem Exklusivinterview alle gierten: Ich konnte Whitney Houston fragen, ob sie versucht, ein Baby zu bekommen. Aber das ging auch nicht mehr, seitdem sie herausgefunden hatte, dass »Crack-Babys« nicht aus Crack gemacht sind, aber das ist eine andere Geschichte. Ich stand vor einer klaren Entscheidung: in Uganda bleiben und der Welt mitteilen, dass Kinder mit unserem Geld bombardiert werden, oder zurückfliegen und der Welt mitteilen: »Whitney ist wieder da und stärker denn je.«

Zum ersten Mal in meinem Leben lief ich nicht weg. Was soll's, ich würde John Prendergast sowieso nie heiraten. Ich sagte meiner Schwester, ich bliebe in Uganda.

Wie durch ein Wunder hielt in dem Moment der Bus und wartete auf mich.

Ich machte rasch noch einen Anruf. Wie durch ein zweites Wunder antwortete diesmal der Oberst.

»HÖREN SIE AUF, MICH ZU NERVEN!«, brüllte er. »SIE WOLLEN MICH INTERVIEWEN? OK! WIR FAHREN NACH PADER. KOMMEN SIE MORGEN FRÜH INS ACHOLI INN!«

Der Oberst wollte mich nach Pader mitnehmen. Pader war am Ende der Welt. Kein Mobiltelefonempfang, kein Strom, kein fließendes Wasser. Niemand fuhr nach Pader, denn dort konnte man schnell erschossen werden. Mit anderen Worten: Dies war ein Knüller! Kate Adie wäre so stolz auf mich, wenn sie nur die leiseste Ahnung hätte, wer ich bin! Ich hob meine stinkende Tasche auf und rannte zum Bus.

60

Eine schöne bunte Ziege

Am Abend vor meinem Treffen mit dem Oberst feierte ich im Acholi Inn und spendierte jedem, der mir in Gulu geholfen hatte, Drinks. Dies war die dritte und letzte Verabredung: Ashton, John und nun Oberst Charles Otema, Leiter des militärischen Geheimdienstes der Verteidigungskräfte des ugandischen Volkes. Aber jeder riet mir, nicht zu ihm zu gehen.

»Der Oberst ist ein sehr schlechter Mensch«, sagte ein Journalist.

»Wissen Sie, ein Mann wie der Oberst kann jederzeit die Beherrschung verlieren«, warnte mich ein Sozialarbeiter.

Um das Thema zu wechseln, wandte ich mich an der Bar einem Freund von Bill zu und schüttelte ihm die Hand.

»Ich heiße Jane. Was machen Sie beruflich?«

»Ich bin Rechtsanwalt«, sagte er.

»Ach ja? Woran arbeiten Sie gerade?«, fragte ich unbesonnen.

»Wir untersuchen Vorwürfe gegen die UPDF, Ugandas Armee«, sagte er mit einem strahlenden Lächeln. Ich seufzte.

»Was haben Sie herausgefunden?«

»Zehn Morde, sechzehn Fälle von Folter und zwanzig Vergewaltigungen. In sechs Wochen«, antwortete er.

»Hochbetrieb also?«, sagte ich.

Sam Kolo ging an uns vorbei.

»Wieder dieses Mädchen«, sagte er. »Klein, aber gefährlich.« Ich glaube nicht, dass ich jemals wieder von einem Mann ein so großes Lob hören werde, und dabei bin ich mir nicht sicher, ob es *mehr* oder *weniger* schmeichelhaft ist, wenn es von einem Vergewaltiger und Kriegsverbrecher kommt.

Ein weiterer Freund von Bill erschien, ein sehr kluger Kerl mit Namen Anthony, der einzige Ugander, den ich in Gulu traf, der einen Drink zu schätzen wusste. Es stellte sich heraus, dass Anthony in einem der Nachtquartiere für die Schutzsuchenden arbeitete, und was mir sehr peinlich war, ich musste zugeben, dass ich in all den Wochen die Kinder jeden Abend in diese Unterkünfte strömen sah, jedoch nie eine betreten hatte. Also gingen wir am letzten Abend vor meinem Tod los, um die kleinen Nachtpendler vor dem Schlafengehen zu besuchen.

*

Als Anthony und ich zu seinem Quartier aufbrachen, regnete es in Strömen. Die Unterkunft befand sich hinter einem schlammigen Platz, und Hunderte von Kindern und ich rutschten durch den Matsch. Diesmal ließen mich die bewaffneten Wächter aufs Gelände.

Es gab eine Schutzhütte für Jungen und eine für Mädchen und ein Büro, in dem Kartons mit Malariamedikamenten und zu meiner Überraschung Dutzende von hyperrealistischen Tieren aus Ton standen.

Anthony schob einen Jungen mit Namen Michael durch die Tür – er war derjenige, der all diese Tiere gemacht hatte. Ich gab ihm sofort einen Auftrag.

»Ich bemale die Ziege mit jeder Farbe, die Sie möchten«, sagte er. »Welche gefallen Ihnen?«

»Nimm die Nationalfarben von Uganda«, sagte ich. Eine schöne bunte Ziege, rot, schwarz und gelb bemalt.

Ich ging zu der Hütte der Mädchen, und ein ganz kleines Mädchen in einem malvenfarbenen und weißen Partykleid mit Rüschen krabbelte auf meine Knie und klammerte sich an mich, um sich etwas zu wärmen. Sie war patschnass von dem langen Weg durch den Regen zum Nachtquartier. Ich fragte Anthony, warum es dort kein Essen und keine Betten für die Kinder gab.

»Solche Dinge nennt man Anziehungsfaktoren«, sagte er. »Wir dürfen nichts anbieten, was diesen Ort hier besser macht als ihr eigenes Zuhause.«

Trotzdem kamen die Kinder gerne dorthin. Für sie war es ein großer Club, wo sie Lieder sangen, Spiele spielten und Sport trieben. Ich fragte, ob sie in letzter Zeit Rebellen gesehen hätten.

»Ja!«, rief ein Junge namens Francis. »Sie haben struppige Haare und sie stinken und sie laufen mit Knüppeln rum. Ihre Augen sind rot wie bei einem Mörder.« Zehn der Jungen waren von Rebellen gejagt worden. Ich fragte schnell durch die Runde von Kindern. Von den einundfünfzig Jungen hatten einundvierzig kein Abendessen gehabt, sechsunddreißig kein Mittagessen, und Christopher und ein Junge mit Namen Theo, die ausgestreckt auf dem Bauch lagen, hatten den ganzen Tag überhaupt nichts zu essen bekommen. Ich fragte die Kinder, was ihr größtes Problem sei, und erwartete ein paar gut zitierbare Sätze darüber, dass es in ihrer notleidenden Region keinen dauerhaften Frieden gab oder so ähnlich. Stattdessen sprang ein kleiner Junge auf und hielt eine Hand hoch. Er hatte ein Loch in seinen Shorts und keine Hose darunter. Er sagte: »Ich brauche was zum Anziehen.«

Nach meinem Entschluss, das Richtige zu tun und die Verabredung mit dem Oberst einzuhalten, hätte ich wirklich nicht in das Internet-Café gehen sollen. Wie bekommen Auslandskorrespondenten ihre Informationen? Kate Adie muss eine geheime Datenbank haben.

Frauen! Wie weiß man, ob er der Richtige ist? Googelt seinen Namen + Menschenrechtsverletzungen!

[Doc] 10/3/2005

Dateiformat: Microsoft Word – Ansehen als HTML

Ich möchte mit aller Dringlichkeit Ihre Aufmerksamkeit auf die um sich greifenden **Verletzungen** der **Menschenrechte** durch einige Abteilungen der UPDF lenken. Ich mache insbesondere aufmerksam auf…

www.fdcuganda.org/pages/publications/10.doc – Ähnliche Seiten

ENTFÜHRT UND MISSBRAUCHT

V. **Menschenrechtsverletzungen** durch die ugandischen Regierungstruppen

… Anfang Oktober 2002 teilte **Oberst Otema** angeblich den Gefangenen mit, dass sie entlassen werden…

www.hrw.org/reports/2003/uganda0703/uganda0703a-05.htm – 14k-Gecached – Ähnliche Seiten

Übereinkunft: Initiativen zur Beendigung der Gewalt in Norduganda

Menschenrechtsmissbräuche spielten eine wichtige Rolle in den Anfängen des Kriegs im Acholiland… Kuteesa und Oberstleutnant Julius Aine räumten ein, dass **Übertretungen** vorgekommen sein könnten…

www.c-r.org/accord/uganda/accord11/peaceprocess.shtml – 31k – Gecached – Ähnliche Seiten

Norduganda: Chronologie

Die NRA [National Resistance Army] begeht angeblich **Menschen-**

rechtsverletzungen, einschließlich außergerichtlicher Tötungen. 18 prominente Politiker und lokale Oberhäupter aus Acholi und Lango sind...

www.c-r.org/our-work/accord/northern-uganda/chronology.php – 46k – Gecached – Ähnliche Seiten

Uganda-CAN Archive
Menschenrechtsverletzungen, von den Streitkräften begangen, führten zu erhöhter... **Oberst Otema** sagte weiter, dass fünf LRA-Kämpfer sich zuvor ergaben...

www.ugandacan.org/archive/1/2005-08 – 206k – Gecached – Ähnliche Seiten

Uganda-CAN Archive
Die Armee ist kritisiert worden wegen Missbrauchs der **Menschenrechte** an... In einer gestrigen Mitteilung nach der Bestätigung der Todesfälle sagte **Oberst Otema** Awany, der Armeechef der...

www.ugandacan.org/archive/1/2005-12 – 144k – Gecached – Ähnliche Seiten

RRIA – Forum – RRIA – Forum – RRIA – Forum – RRIA – Forum
Der amtierende Präsident und seine Regierung beschuldigen die Regierung der Jahre 1980-85, Gräueltaten und schwere **Menschenrechtsverletzungen** begangen zu haben...

www.flok.de/foren/guestbook313072.php?sn=6 – 102k – Gecached – Ähnliche Seiten

Oberst Otema – das Pferd, auf das wir setzen – und seine Einheit werden von Human Rights Watch in Verbindung gebracht mit Misshandlungen, einer Gruppenvergewaltigung und der Erschießung eines Verdächtigen aus nächster Nähe. In den Rücken.

Um sieben Uhr morgens an dem Tag, an dem ich sterben sollte, wartete Michael vor dem Café Green Light auf mich. In den Händen hielt er eine lebensgroße Ziege aus Ton. Die Farbe war noch feucht, denn der Junge hatte die ganze Nacht gearbeitet, um das Werk rechtzeitig fertig zu haben. Er hatte die Sache mit den Nationalfarben von Uganda nicht richtig verstanden. Es sah aus, als hätte jemand darauf gekotzt, und Michael hielt mich bestimmt für verrückt. Die Ziege war schwer, und ihr Schöpfer war mager und müde.

»Hast du was gefrühstückt?«, fragte ich ihn. Er schüttelte den Kopf. »Mittagessen?« Michael schüttelte den Kopf. Ich hätte so weitermachen können – weißt du überhaupt noch, was ein Ei ist? –, aber ich kaufte ihm stattdessen ein Chapati, und er war so schweigend dankbar, dass auch ich nicht sprechen konnte.

Ich schaute auf die bekleckert aussehende Ziege und dachte: »Ziege. Ich werde den Oberst treffen, aber deinetwegen werde ich zurückkommen.« (Ich muss allerdings gestehen, dass mich dieses Tier nie wiedergesehen hätte, wenn das Ganze hier ein Film wäre.) Es war wirklich ein tolles Stück Arbeit. Der Junge hatte das Fell Haar für Haar geschnitzt, die Beschaffenheit der Hufe war genau nachgemalt, und er hatte sogar ein richtiges Blatt in das Maul gesteckt.

Hier ist ein Bild von Michaels Ziege.

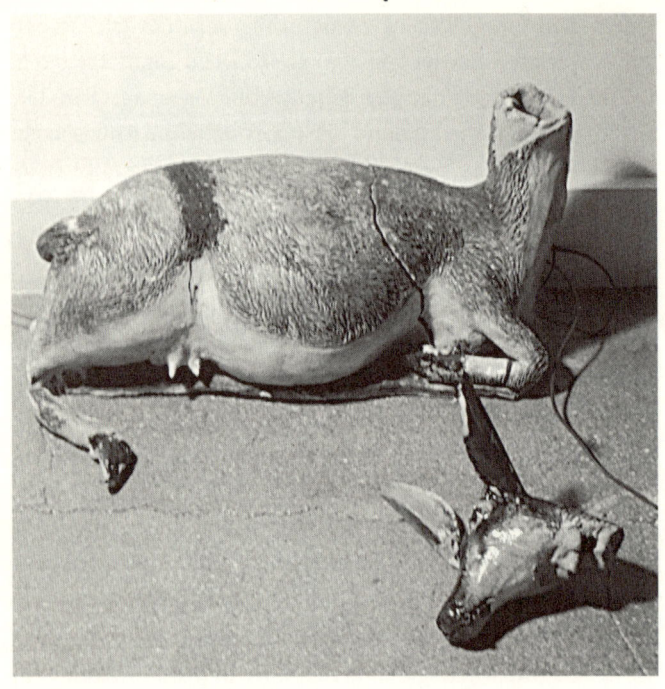

Verdammte Gepäckabfertiger.

61

Das ist Ashton Kutchers Werk

Ich wartete auf den Oberst an der Bar des Acholi Inn. Ich war bereit für eine ernsthafte Kriegsreportage – ich hatte meine geborgte Instamatic-Kamera, mein Safarikleid und eine Reiseflasche mit Babyshampoo dabei. Ich musste gehen, denn etwas an dieser Geschichte war mir rätselhaft geblieben. Eines wusste ich über Oberst Otema: Er mochte es überhaupt nicht, wenn sich jemand über ihn lustig machte, und Kony lachte ihm ins Gesicht – seit Jahren. Otema stand nicht jeden Tag wie ein Idiot da, nur damit die Tochter seines Bosses ein paar Pfund verdienen konnte. Führte er etwas im Schilde? *Schauen Sie sich um.* Um Kinder zu finden, die sich vielleicht frei genug fühlten, offen zu sprechen, musste ich in weit entlegenes Gebiet fahren. Wer war besser geeignet, mich dorthinzubringen als Otema, der Verantwortliche? Und he, eine Verabredung ist eine Verabredung. Mir war klar, dass kein Ehemann mich hätte gehen lassen. Es war also gut, dass ich keinen hatte.

Dann sandte Steven, der frühere LRA-Spion, eine SMS: »Ich fahre mit Ihnen«, textete er, »Sie gehen nicht allein.« Ich rief ihn an.

»Steven, Sie waren ein Spion bei der LRA. Glauben Sie, dass das eine gute Idee ist?«

»Egal, ich komme mit. In fünfzehn Minuten bin ich da. Sie fahren nicht allein.«

Es kam noch schlimmer. Bill rief an. »Ich komme mit. Ich werde meinen Boss bitten, mir einen Tag freizugeben.«

Aber es war zu spät. Oberst Otemas Pick-up hielt knirschend auf dem roten Staub vor dem Hotel, und er stieg aus. Von hinten konnte ich sehen, dass er mit ausgebreiteten Armen lief und seine Beine anhob. *Oh, mein Gott. Er hat auch riesige Eier. O Gott, kein Wunder, dass er immer wütend ist. Das muss sich ja so anfühlen, als ob man versuchen würde, von einem Supermarkt mit einem Beutel Orangen um den Bauch nach Hause zu laufen. Warum habe ich mir das alles angetan?*

Mir kam ein merkwürdiger Gedanke, und ich gab mein neues Notizbuch dem Barmann.

»Würden Sie das bitte für mich aufbewahren?«

»Kommen Sie nicht zurück?« Meine Eingeweide entließen ein schreckliches Geräusch. Der Durchfall setzte ein. *Ich hätte dieses Ziegenfleisch nicht essen sollen. Ich könnte jetzt am Flughafen Entebbe sein und einen guten Martini trinken, auf der Toilette.*

Ich rief Bill an.

»Bill, ich glaube, wir brechen auf…«

»Es tut mir so leid. Ich muss arbeiten. Wirst du's auch allein schaffen?«

»Wir fahren jetzt!«, brüllte Oberst Otema.

»Wird schon schiefgehen«, sagte ich und rief noch kurz Steven an.

»Die Rufnummer, die Sie gewählt haben, ist zur Zeit nicht erreichbar«, sagte die Lady mit der Sirupstimme. »Bitte versuchen Sie es später noch einmal.«

Ich stieg in den Lastwagen des Obersts, und wir fuhren los.

Der Oberst saß vorne, sein kleiner Unteroffizier steuerte, und hinten auf der Ladefläche waren sieben Soldaten seiner UDPF-Einheit. Mein peripheres Blickfeld war voll mit Gewehrmündungen.

Ich hatte alle meine Fragen vorbereitet, aber der Oberst wollte nicht plaudern. Er sagte etwas zu dem Unteroffizier in einer Sprache, die ich nicht verstand. *Ich weiß, was ich mache. Ich werde sie heimlich aufnehmen und Bill dann die Gespräche übersetzen lassen.* Vorsichtig zog ich den Reißverschluss an meiner Tasche auf, drückte die Aufnahmetaste und hielt das Gerät hinter seinen Rücken. Dann sah ich, dass hinter mir ein Fenster in dem Pick-up war. Draußen saßen sieben Soldaten des Obersts in ihren Regenumhängen. Hatten sie etwas bemerkt? Ich würde es wohl erst erfahren, wenn wir in Pader ankamen.

Nun sah mich der Oberst durch den Rückspiegel an, wütend. Ich wusste, das war sein normaler Gesichtsausdruck, aber trotzdem verkrampfte sich mein Hirn. *Das ist kein Verhör, oder? Oh, mein Gott. Ich wette, er hat meinen Computer, meine Kamera und mein Notizbuch. Er bringt mich irgendwo an eine einsame Stelle, um mir in den Kopf zu schießen. Ashton Kutchers Rechtsanwalt. Das hier sah ganz nach Marty Singer aus.*

Ich musste an all die Leute aus dem Westen denken, von denen John Prendergast gesagt hatte, sie würden von hier nicht lebend zurückkehren. Wenn sie später behaupten wollen, dass ich von den Rebellen getötet worden sei, müssten sie mich wahrscheinlich verstümmeln. Wie fühlt es sich an, die eigenen Lippen zu essen? Sashimi? Großartig, ich werde in die Geschichte nicht als Kriegsreporterin eingehen, sondern als das englische Mädchen, das alles über Kannibalismus auf die harte Tour lernte. Ich schickte meiner Schwester folgende

SMS: »Hi, Kate. Alles in Ordnung, aber wenn man mich tot findet, war es Oberst Charles Otema, nicht Joseph Kony (der Kindesentführer). PS: Sag Mutti nichts.« Sie hat sie gelöscht.[*] Ich habe diese SMS nicht gelöscht! Dann war der Telefonempfang weg.

Der Lastwagen rumpelte über Schlaglöcher, und ich hielt meine Eingeweide fest. Zwei Gedanken gingen mir durch den Kopf. Erstens, alles, was ich je getan hatte, war nun bedeutungslos. All die Zeiten, als ich um sechs Uhr morgens aufgestanden bin, um etwas zu erledigen und fertig zu bekommen. All die Zeiten, als ich das Mittagessen, das Mama gekocht hatte, nicht gegessen habe, weil ich wieder einmal irgendeine idiotische Diät gemacht habe. All die Schlüpfer, an denen ich bei Topshop die Preisschilder getauscht hatte – nichts davon war nun noch wichtig. Mein Leben wird heute auf irgendeinem Feld in Uganda enden, alles, was noch Bedeutung hatte, war das, was ich direkt vor mir sah. Zweitens, ich musste dringend aufs Klo. Wenn ich nicht so nahe dran gewesen wäre, mir in die Hosen zu machen, hätte ich mir in die Hosen gemacht.

Schließlich hielt der Oberst am Straßenrand vor einem Betongebäude. Jetzt also? Ist das der Ort, an dem ich sterben werde? Wo ist bloß die Toilette? Der Oberst stieg aus. Die Streitkräfte des ugandischen Volkes starrten mir nach, als ich auf ein Klo rannte. Und natürlich war dort kein Toilettenpapier. Ich hatte endgültig die Schnauze voll von diesem Unsinn, eine Auslandskorrespondentin sein zu wollen.

* SMS von Kate Bussmann.

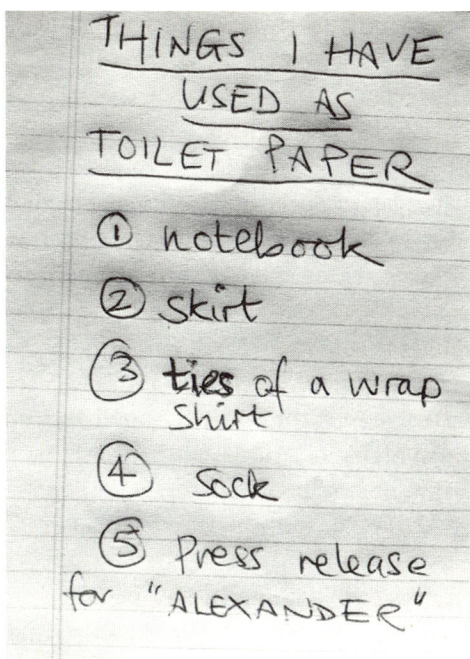

THINGS I HAVE
USED AS
TOILET PAPER

① notebook
② skirt
③ ties of a wrap
shirt
④ sock
⑤ press release
for "ALEXANDER"

1. Offensichtlich.
2. Jeder hat das schon mal gemacht, oder?
3. Dies habe ich von der Herzogin von Kent gelernt.
4. Überraschend schwer runterzuspülen.
5. Ein dreistündiger Film über Posex und Elefanten. Ha, Colin
   Farrell, wer hat jetzt die Arschkarte in der Hand?

Ich ging zurück, um dem Oberst gegenüberzutreten. Er schaute
nach unten. Mein linker Fuß war nackt. Ich zog den Schuh
wieder an, ohne Socke. Auf der einen Seite er: dreißig Jahre
Erfahrung in einer afrikanischen Armee, fast 1.90 m groß,
200 Pfund schwer, das meiste davon sein Mordsding. Auf der

anderen Seite ich: 15 Jahre im Promi-Journalismus, 166 cm, 112 bis 144 Pfund. Das war's. Und ich kann Ihnen eines sagen über den Augenblick, in dem man glaubt, sterben zu müssen: Das Hirn ist eine leere Hülse. Jeder intelligente Gedanke – perdue.

Also sagte ich ohne Überlegung: »Sie sind in erstaunlicher Form, Oberst. Was ist Ihr Geheimnis?« Er starrte mich an, nicht ganz sicher, ob er richtig gehört hatte. Und dann, ich schwöre es, änderte sich sein ganzer Gesichtsausdruck.

»Bewegung! Jeden Tag laufe ich eine Stunde! Nur so hält man sich fit!«, dröhnte er.

Ich starrte ihn an, nicht ganz sicher, ob ich richtig gehört hatte. Nicht nur funktionierte die magische Promi-Frage, sondern ein schwer bewaffneter ugandischer Militäroffizier war die einzige Person, die mir jemals eine ehrliche Antwort darauf gab.

»Bestimmt stehen Sie sehr früh auf«, sagte ich.

»Um fünf Uhr!«, kam die prompte Antwort, begleitet von einem irritierten Blick. »Woher wussten Sie das?«

»Sehen Sie. Wir alle wissen, wofür die ugandische Regierungsarmee berühmt ist«, äußerte ich vorsichtig, »aber was bedeutet es für Sie, wenn Sie merken, dass Ihre inneren Talente nicht geschätzt werden?«

Der Oberst dachte über die Frage nach und sagte dann: »Nun, heute Morgen haben wir einen Rebellen getötet. Wollen Sie ihn sehen?«

*

Wir machten uns also auf die Suche nach der Leiche. Es war das beste Interview seit Jahren. Wir schlenderten über ein Feld mit Zuckermais. Der Oberst sah sich zwischen den Pflanzen um.

»Oberst, sind Sie jemals in London gewesen?«

»Ja, ich gehe immer zu Marks & Spencer in der Oxford Street«, antwortete er.

»Ich ... ich vermute, die haben keine Ahnung, was für ein bedeutender Offizier dort einkauft!«, sagte ich.

»Sie wissen es, wenn ich fünfhundert Pfund für ihre Freizeitkleidung bezahle!«, sagte er. Dann fügte er verärgert hinzu: »Aber jedes Mal versuchen sie mir eine Kreditkarte des Hauses aufzuschwatzen. Na ja, die Hosen bei Next gefallen mir sowieso besser.« Das war ein gutes Zitat, aber es reichte nicht, um gegen ihn Anklage wegen Kriegsverbrechen zu erheben.

Dann kamen wir zu einem Beet. Der Oberst starrte hinunter auf ein frisches flaches Grab, das von Tomatenpflanzen begrenzt wurde.

»O je«, sagte der Oberst. »Ich glaube, sie haben ihn schon beerdigt.«

»Nun, sie sollten ihn lieber ausgraben, nicht wahr?«, sagte ich. ALS SCHERZ. Überleg dir gut, was du dir wünschst. Die Dorfbewohner brachten eine Hacke und fingen an, die weiche Erde wegzuscharren. Vorsichtig, die Klinge ist scharf, wollte ich sagen, dann fiel mir ein, dass der Mann bereits tot war. Die Hacke traf etwas, und die Dorfbewohner kratzten die Erde zur Seite. Die Hacke verfing sich in einer Hand. Ein kleiner Mann lag in der Vertiefung auf dem Rücken, sein Arm flog mit der Hacke vor und zurück.

Der Oberst sprach mit dem sehr kleinen Unteroffizier, der ihm mitteilte, dass der Mann um fünf Uhr getötet worden war, als Rebellen die Landstraße überquerten, etwa fünfzehn bis zwanzig von ihnen auf der Suche nach Beute. Rebellen werden oft getötet, wenn sie aus ihren Verstecken kommen, um Nahrung zu finden. Sie sind sogar bereit, Blätter zu essen. Die hier müssen wirklich hungrig gewesen sein.

»Die Armee stellte ihm eine Falle: ein Regenmantel an einem Stock«, sagte der Oberst. »Der Rebell hat darauf geschossen, und als er sich aufrichtete, nahmen ihn meine Leute ins Visier. Dort sind die Blutflecken.« Der kleine Unteroffizier gestikulierte auf etwas hin, das auf der Straße verstreut lag. »Er hat Lebensmittel gestohlen, sehen Sie dort«, sagte der Oberst. Der Rebell war für ein paar Nüsse getötet worden.

Ich beugte mich über das Grab. Der magere kleine Mensch mit grauer Haut schaute mich mit trüben Augen an. Er mochte etwa dreißig gewesen sein. Ich fragte mich, ob er als Kind entführt worden war. Oder war er einer dieser Dreckskerle von Kommandanten mit fünfzehn Frauen? Falls irgendjemand diesen kleinen Mann im Tomatenbeet vermisste oder ihn vor Gericht bringen wollte, so war es nun zu spät. Sie hatten ihn doch nicht etwa meinetwegen getötet? Mich überkam eine Woge der Schuld, aber das Gefühl habe ich ja immer, und alles, was ich in dem Moment tun konnte, war, möglichst viele Einzelheiten festzuhalten und herauszufinden, ob der Oberst die Wahrheit sagte. *Sein Mund ist offen. Seine Brust ist eingefallen.*

»Sudanesische Uniform«, sagte der Oberst mit einem Blick auf die Leiche, aber die Uniform bestand aus einem Stück Hemd, das locker um den Hals saß. »Das bedeutet, er war wahrscheinlich ein Kommandant. Kony ist erledigt. Wir haben so viele seiner Männer getötet.«

»Wow!«, sagte ich. »Sie sind sich sicher, dass er nicht Kony ist?«

»Diesmal haben wir ihn nicht erwischt. Aber bald.«

»Wer hat ihn als Kommandanten identifiziert?«

»Die Armee«, sagte der Oberst.

»Niemand sonst?«

»Nein.«

»Und nun hat man ihn begraben.«

»Natürlich. Es ist heiß.« Das bricht internationales Recht. Wahrscheinlich. Ich brauchte genauere Informationen, und zwar schnell, weil ich wieder pinkeln musste, und der einzige Ort, wo ich mich ungesehen hinhocken konnte, war das Grab, was wirklich die endgültige Beleidigung gewesen wäre.

»Es läuft ja wirklich gut. Sie haben Kony fast geschlagen«, sagte ich zu dem Oberst. »Haben Sie überhaupt noch Zeit, Kinder zu retten?«

»Wir retten sie die *ganze* Zeit«, sagte er. Der Oberst war nun entspannt und prahlte. »Möchten Sie einige der Kinder sehen, die wir gerade befreit haben?« Ich schaute von der Leiche auf – Bingo.

*

Die Sache war beschlossen. Am nächsten Tag wollte der Oberst mich zu einem Rehabilitationszentrum für Kindersoldaten fahren. Diese Kinder, hoffte ich, würden anders sein: frisch aus dem Busch, hoffentlich nicht zu eingehend befragt und hoffentlich nicht von Typen wie Banya bewacht. Aber zuerst brauchten wir etwas Schlaf.

»Wir fahren nach PADER!«, dröhnte der Oberst. Wir brachen auf, um unser Nachtlager am Ende der Welt aufzuschlagen.

62

Die Mondmenschen

Und Pader *war* am Ende der Welt. Kein Strom, kein fließendes Wasser, es war einfach eine rote unbefestigte Straße ins Nirgendwo. Der Oberst forderte mich auf, in einem Hotel mit dem Namen God's Given House auf ihn zu warten. Als ich den Innenhof betrat, sah ich vier Europäer. Sie gehörten zu den Nützlichen Leuten, aber zu den guten Nützlichen Leuten. Es stellte sich bald heraus, dass sie seit neun Monaten dort waren – vier Fremde, zusammengewürfelt auf dem Mond. Falls die Rebellen Pader angreifen sollten, gab es keine Hilfe im Umkreis von dreißig Kilometern. Es wäre wie eine Belagerung im Mittelalter: Alles Wasser kam in Kanistern, und wenn sie leer waren, dann war's das. Als ich hereinspazierte, drehten sich die Mondmenschen um – *mzungu!*

Da waren ein großgewachsener Franzose, der mit Kindern arbeitete, eine Polin, die Gedichte über Kriege und Konflikte schrieb, und ein Ungar mit Bart, der den ganzen Abend nicht ein Wort sagte. Ich fragte mich, ob irgendjemand wusste, was er dort machte. Er konnte ein Mörder auf der Flucht sein, aber wahrscheinlich gehörte er zu der Hilfsorganisation Save the Children. Der vierte Mondmensch war ein geselliger kleiner Russe, der für das Rote Kreuz arbeitete. Er war sehr liebenswürdig und ganz versessen darauf, mir jede Geschichte zu erzählen, die er in den neun Monaten vermutlich nur einmal erzählen konnte. Er zeigte mir auch das einzige Buch, das er von der Ukraine mitgebracht hatte, über ein Kaninchen, das sich selbst umbringen will.

»Armes blödes Kaninchen«, rief er und lachte schallend.

Die Mondmenschen bereiteten ein Vier-Gänge-Menü zu, und wir hatten eine Dinnerparty auf dem Mond. Jeden Abend, so schien es, setzten sie sich hin und kochten sich etwas mitten in einem afrikanischen Kriegsgebiet. Der schweigsame Ungar brühte sogar Espresso, und ich habe bis heute keine Ahnung wie. Wir aßen bei Kerzenlicht, denn sobald wir Glühlampen benutzten, knallten ständig fünf Zentimeter lange fliegende Ameisen gegen sie, verloren ein Stück von ihren Flügeln, aber flogen dennoch weiter. Wir redeten über Politik und zupften dabei lange schwarze Flügel aus unserem Avocado-und-Rote-Beete-Salat. Einmal flitzte ein merkwürdiges spitzförmiges Tier vorbei. Ein Mungo?

Ich trank zuviel Espresso und wachte mitten in der Nacht auf. Ich musste dringend aufs Klo, zog die Flip-Flops an und stolperte über ein geladenes Gewehr – der Oberst hatte drei Soldaten vor seinem Zimmer liegen. Einer von ihnen griff nach seiner Waffe.

»Schon in Ordnung! Ich muss nur zur Latrine!« Ich weiß, ich weiß, lieber Star-Wars-Fans, ich brach die Regel der Zwei.

Der Russe war immer noch auf.

»Haben Sie Lust, in einen Nachtclub zu gehen? Wir können den Land Cruiser nehmen. Ich nenne ihn eine Kalaschnikow auf Rädern«, sagte er. Ein heißer Anmachspruch von einem Russen.

Der Toyota Land Cruiser ist ein fantastisches Auto mit Spitzensicherheit, genau das, was Menschenretter lieben. Der Russe fuhr eine besondere Ausfertigung für das Rote Kreuz.

Sein Streifenwagen war weiß und fast zweieinhalb Meter hoch. Junge, war er nützlich. Der Wagen hatte eine schwarze dicke Luftleitung, die aus dem Motorraum kam. Damit konnte er der Miliz durch Flüsse entkommen, die bis zu fünfzehn Zentimeter unter die Windschutzscheibe reichten. Die Antenne war so stark wie ein Mast, und das nicht, um irgendein Plapperprogramm der BBC zu hören. Sie machte das ganze Auto zu einer Funkstation, die nützliche Informationen über eine Entfernung von dreihundert Kilometern senden konnte.

»Ist er gepanzert?«

»Genauso wie die bösen Leute, die ihn stehlen wollen.« Er lächelte.

Wir fuhren zu dem Nachtclub. Er war keine hundert Meter entfernt.

»Wir nehmen den Land Cruiser, denn schließlich sind wir hier in Pader«, sagte er.

Abends sprangen die Generatoren an, und kleine Läden waren in farbiges Licht getaucht. Grün schimmerte der Filz eines Billardtischs, orange die Kohlen eines Fleischgrills, blau ein Fernsehgerät.

Der Nachtclub schloss gerade, also landeten wir in einer Bar und schauten fern. Aus irgendeinem Grund war die einzige DVD, die sie hatten, ein Film mit Matthew Perry. Ich sollte ihm wirklich schreiben: Er möchte doch bitte aufhören, sich so mit Drogen vollzudröhnen, dass er sein Auto gegen seinen eigenen Kopf knallt.

Wir fuhren zurück zum Hotel, und ich legte mich wieder hin, aber ein höllisches Schnarchen hielt mich wach. Der Oberst schlief in dem Zimmer neben mir. Sein Schnarchen klang wie ein verwildertes Hausschwein, das von einem Löwen gefickt wird. Genauso.

*

Am nächsten Morgen stand ich auf, um mir anzuschauen, wo genau wir eigentlich waren. Der Morgenschock ist das Beste am Reisen. Ich verbrachte einmal eine Nacht auf einer Fahrt durch einen Wald in Transsylvanien zusammen mit lebensmüden rumänischen Bauern. Sie waren zu traurig, um selbst auf die munterste Plauderei zu reagieren, und zu stolz, um das Obst, das ich noch vom Flugzeug mitgebracht hatte, anzunehmen. Der Morgenschock enthüllte, dass sie an Jetlag leidende Amerikaner waren, die wirklich die Schnauze voll hatten vom munteren Geschwätz und Flugzeugkost.

Pader bei Sonnenaufgang war schön und roch wie Frühstück. Die riesige afrikanische Sonne brach durch den Nebel. Am Rand der Straße ins Nirgendwo wurden frittierte Brötchen zubereitet. Ein Straßenhändler reihte Klumpen aus weißem Teig auf einer Bank auf und ließ sie dann in Öl fallen, wo sie aufgingen wie Quallen.

Ich gab einem Verkäufer zwölf Pence, und während er den Teig mit einem fettigen Stück Karton ausrollte, saß ich mit meiner Instamatic-Kamera neben ihm und wartete auf das perfekte Foto. Es war fast still bis auf die Brutzelgeräusche und das rhythmische Stampfen der Soldaten bei ihrer Morgenübung.

Dies ist ein perfekter Morgen, und falls ich Tbc haben sollte, dann ist sie jedenfalls noch nicht ausgebrochen. Da tauchte plötzlich wie aus dem Nichts ein perfektes kleines Mädchen auf, nackt bis auf eine Bauchkette. Sonnenstrahlen erleuchteten sie, ein wandelndes Jesuskind. Es war eines der eindrucksvollsten Bilder, die ich je gesehen habe. Als ich die Kamera einstellte, hockte sich das kleine Mädchen hin und machte mitten auf der Straße einen perfekten gelben Kreis aus Dünnschiss.

Sie würde meine Glücksbringerin sein.

Da sah ich die Zeitung des Frittiermenschen.

Daily MONITOR

TRUTH EVERY DAY

NO 256 · KAMPALA TUESDAY SEPTEMBER 13, 2005 · USHS 800 (Ksh 40, Tzhs 600)

BUSINESS&FINANCE P15
New power crisis looms

COFFEE BREAK P28
Mbilia's show at Sheraton

SPORT P34
Champions League is back

Entebbe Airport roof collapses

POLITICS

David Pulkol quits FDC party
PAGE 3

NEWS

Kajura says he is not a homosexual
PAGE 2

TRANSPORT

Diesel shortage escalates
PAGE 4

THE LIZARD

YES HE IS A TRUE NOMAD!

DAMAGED: The northern wing of the terminal whose roof collapsed yesterday afternoon. Photo by Mike Odongkara

Ugandan women on hunger strike in UK

Diesen Scheiß konnte ich nicht erfinden, selbst wenn ich wollte. Die wiedergeborenen Christen hatten recht. Ich *war* gerettet. Man beachte: Die Zeitung sagt, alles geht auf dem Entebbe International Airport wie gewohnt weiter, es ist nur das Dach.

63

Ohne Job

Wir stiegen in den Lastwagen des Obersts und brachen auf, um die Kinder zu treffen. Der Oberst zeigte sich auffällig liebenswert und gesprächig. Wenn man ihn reden hörte, so kämpfte er nicht seit zwanzig Jahren vergeblich gegen Kony, sondern gewann den Krieg gewissermaßen in Zeitlupe. Während der Fahrt schwatzte er unaufhörlich über seine Erfolge.

»Sehen Sie? Die Zivilisten haben keine Angst, sich frei zu bewegen«, sagte er und zeigte auf einige Frauen, die auf den Feldern arbeiteten. »Sie können ungestört ihr Essen anbauen … Die Rebellen stinken, weil sie das Leben satthaben. Sie sind wie Tiere, sie waschen sich nicht mehr … Wir unterstützen unsere Infanterie mit Hubschraubern, hochmodernen Hubschraubern. Letztes Jahr griffen die Rebellen jeden Tag an, aber jetzt …«

Wir kamen im Rehazentrum für Kindersoldaten an. Der Oberst übergab mich einem Mann von der Armeeeinheit »Child Protection«, der mich bat, Platz zu nehmen, während er die Kinder holte. Er kam mir irgendwie vertraut vor, aber ich war mir nicht sicher, weil ich in Uganda eine Menge von Kinderdompteuren kennengelernt hatte. Alle waren nun ziemlich entspannt.

Ich sagte zum Oberst: »Es muss für einen Mann wie Sie

schwer sein, wenn Sie die Rebellen bekämpfen und dabei ungewollt Kindersoldaten erschossen werden?«

»Nein, nein, nein«, sagte der Oberst. »Die Armee schießt inzwischen nur noch, um abzuschrecken.«

Von den acht Kindern, die ich interviewte, wussten sechs nichts von diesem plötzlichen Kurswechsel. Besonders nicht die mit Schussverletzungen. Cathy war eine Vierzehnjährige, die erzählte, sie sei in einer Gruppe von sechzig Soldaten gewesen, die meisten jünger als sechzehn.

»Einige von uns wurden entlassen, einige getötet. Das Schießen soll Angst einjagen«, sagte sie. »Aber wenn du wegläufst, dann schießen sie, um dich zu töten.«

Tim, dreizehn Jahre alt, und George, fünfzehn Jahre alt, hatten große Geschwüre an den Beinen. Ich dachte, das seien Moskitostiche, die eiterten. »Von der Schlacht«, sagten sie. Es waren Schusswunden.

Bosco hatte am ganzen Bein wunde Stellen. Einhundert Rebellen waren in Boscos Trupp, als er im März jenes Jahres flüchtete: »Die meisten sind wie ich verletzt«, sagte er und rieb mit den Fingern die offenen Wunden an seinem Schienbein.

George sagte: »Wir wurden von der Armee manchmal zweimal im Monat angegriffen. Einige starben. Es tut weh«, sagte er mit starrem Blick.

Wie Hollywood-Stars befanden sich diese Kinder in einem Zustand gehemmter Entwicklung. Aber anstatt in dem Alter zu erstarren, in dem sie bei ihrer Entführung waren, waren sie Rentner geworden. Während des Gesprächs mit George hatte ich das Gefühl, mit einem sehr alten Mann auf seinem Totenbett zu sprechen, der weiß, dass er nichts mehr zu erhoffen hat. Ich versuchte das Thema zu wechseln. Ich hätte mir eine neue Wechsel-das-Thema-Frage ausdenken sollen.

»Bist du glücklich, dass du nun nach Hause gehen kannst?«

»Ich weiß nicht, ob meine Eltern noch leben.« *Scheiße.
Okay, wie wäre es mit …*

»George, wie steht es mit deiner Gesundheit?«

»Es tut weh«, wiederholte er.

»Was?«

»Die Kugel.« Er rieb seinen Arm. Ich wandte mich an
den Vertreter der Kinderschutzabteilung der Armee. »Bekommt George irgendwelche Medikamente? Er hat da diese
Kugel.«

»Davon höre ich zum ersten Mal«, sagte der Mann.

»Gehen die Kinder nicht ins Krankenhaus?«

»Wir bringen sie dorthin, sobald sie sich beschweren.«

*Sich beschweren? Sie haben Jahre damit zugebracht, Jungs
namens David in Stücke zu hacken, ohne sich darüber zu beschweren.*

»Gut, gut. Nun, ich vermute, Sie haben ziemlich viel zu
tun«, sagte ich.

Nachdem ich das Zentrum verlassen hatte, kamen einige
Vertreter der Hilfsorganisation auf mich zu. »Alle Kinder
bekommen ärztliche Behandlung«, sagten sie. »Er verstand
nicht, was Sie ihn fragten. Die Kinder sprechen nicht gut Englisch. Sie sind sehr …«

»Traumatisiert. Ich weiß.« Jetzt verstand ich, warum diese
Leute mir so vertraut vorkamen. Es waren Presseagenten.

*

Sie denken jetzt vielleicht, dass das hier nichts beweist. Und
in journalistischer Hinsicht stimmt das. Wer weiß schon, wer
auf George geschossen hat? Ich war nicht dabei. Sollte dieses
Interview nicht von einem richtigen Auslandskorrespondenten geführt werden anstatt von einer bescheuerten, Ashton
Kutcher preisenden Illustriertenschreiberin? Das ist ohne

Frage ein sehr gutes Argument, und glauben Sie mir, ich bin da Ihrer Meinung.

Hier ist ein Beispiel, was passiert ist, als ein richtiger Auslandskorrespondent, Callum Macrae, einen Tag mit Oberst Otema verbrachte:

> Es gibt nur wenige Dinge, die einen auf die schreckliche Wirklichkeit vorbereiten können, Zeuge eines »militärischen Sieges« über die entführten Kindersoldaten der ugandischen Lord's Resistance Army (LRA) zu sein.
>
> Ich war in der nördlichen Stadt Gulu und filmte für die BBC-2-Dokumentation *A Day of War*, als Oberstleutnant Charles Otema, der irritierend freundliche Leiter des militärischen Geheimdienstes für die Region, mich kontaktierte.
>
> Er sagte, Regierungstruppen der Streitkräfte des ugandischen Volkes (UDPF) hätten einen »beachtlichen Schlag« gegen die Rebellen ausgeführt.
>
> Er teilte mir mit, dass der stellvertretende Kommandeur der LRA, Vincent Otti, in dem Kampf verletzt worden sei, fünfundfünfzig Rebellen seien getötet worden – und dass, während wir sprachen, Regierungstruppen die übrigen im Busch verfolgten.
>
> Er lud mich ein, mitzukommen und den Beweis mit eigenen Augen zu sehen.
>
> In einem kleinen Militärhubschrauber flogen wir 85 Kilometer nordwestlich in Richtung der sudanesischen Grenze.
>
> Unser Hubschrauber setzte am Rand eines Dorfes auf, das von der ugandischen Armee als Vorposten eingenommen worden war. Der Hubschrauber konnte nicht näher heranfliegen, und wir mussten die restlichen 4 Kilometer zu Fuß zurücklegen.
>
> Und dann erreichten wir das Schlachtfeld.
>
> Es war Schauplatz eines schrecklichen Blutbads. Dutzende Tote lagen verstreut im Unterholz, wo sie gefallen waren.
>
> Die erste Leiche, die ich sah, der erste dieser fünfundfünfzig Rebellen, war etwa vier Jahre alt.
>
> Ziemlich sicher war er in Gefangenschaft geboren worden, wahrscheinlich wie so viele andere das Produkt einer Zwangsehe

zwischen einem älteren Rebellen und einem entführten jungen Mädchen.

Etwa zehn Meter entfernt lag ein solches Mädchen, tot, nackt bis zur Hüfte. Sie mag die Mutter des Kindes gewesen sein.

Im Schatten einer Gruppe von Bäumen befanden sich mehr Leichen – einige Kinder, kaum Teenager, ein älterer Mann und zwei Frauen. Eine der Frauen kauerte an einem Baum, umklammerte ihn, Schutz suchend, den Kopf gebeugt. Sie sah aus, als ob sie noch lebte, bis ich zur anderen Seite ging und sehen konnte, dass zwei Drittel ihres Kopfes nicht mehr da waren, weggeschossen von den Granaten der neuen Kampfhubschrauber der ugandischen Armee.

Dies, wurde gesagt, war die Gruppe, die mit Vincent Otti unterwegs gewesen war, dem stellvertretenden Kommandeur dieser bunt zusammengewürfelten brutalen Armee gestohlener Kinder.

Überlebenden zufolge war er bei dem Angriff verletzt und auf einer Bahre in den Busch getragen worden.

Die andere Tote in dieser Gruppe, erfuhr ich, war eine von Vincent Ottis Frauen. Seine dreijährige Tochter war lebend gefunden worden, sie lief zwischen den Leichen umher.

Wir bewegten uns schnell über den blutigen Schauplatz – die Gegend war noch nicht ganz sicher –, als ich einen Soldaten sagen hörte: »Hier lebt noch einer!«

Es war ein Junge, sicher schon im Kampfalter, also etwa vierzehn. Er lag halb bewusstlos da, seine Brust zuckte. Er hatte dort fast vierundzwanzig Stunden unbehandelt gelegen.

»Gibt es einen Arzt, der etwas für ihn tun kann?«, fragte ich.

»Wir werden ihn zurücktragen und ihn dann behandeln«, wurde mir gesagt.

Aber dann überbrachte fünf Minuten später ein Soldat die Nachricht, dass er tot sei.

»Was für ein Pech!«, sagte Oberstleutnant Otema. »Aber zumindest wissen Sie, dass wir ihn retten wollten.«

Dies ist wirklich ein schrecklicher Krieg.

Kaum jemand leugnet, dass militärische Aktionen nötig sind, um die LRA in Schach zu halten und die Einheimischen zu schützen – aber auf jenem blutigen Schlachtfeld nahe der sudanesischen Grenze war es mir ebenso klar, dass der Preis einer rein militärischen Lösung unakzeptabel hoch ist. Es ist sehr schwer, für die Sache des Friedens das Abschlachten von Vierjährigen zu rechtfertigen.

Ernsthafter internationaler Druck mag beide Seiten zu Friedensgesprächen zwingen, aber bis jetzt geht es zu langsam.

Letztes Jahr entführte die LRA 9.000 junge Menschen.

Der Gedanke liegt nahe, dass die übrige Welt diesem Krieg mehr Aufmerksamkeit schenken würde, wenn die Rebellen Öl statt Kinder gestohlen hätten.

(Quelle: bbc.co.uk)

Ich ging zurück zum Auto des Obersts und stellte ihm die eigentliche Frage. »Oberst, gewinnen Sie diesen Krieg?«

Er sagte: »Natürlich. Kony ist geschwächt. Er kann keine Leute mehr entführen.«

Ich berichtete ihm von den sieben Mädchen, die in Kitgum entführt wurden. Ich teilte ihm mit, dass selbst der Sicherheitsbericht der UNO besagte, Kony entführe nach wie vor. Und der Oberst antwortete, Zitat: »Ach ja. Wissen Sie, diese UNO-Beamten lügen. Denn wenn der Krieg zu Ende ist, sind sie ohne Job.« Als Journalist weiß man, wann man das gewünschte Zitat hat. Und das hier war eins. Mit diesen Worten, die in meinem Kopf klingelten, fuhren wir zurück zum Acholi Inn.

Der Oberst war gut gelaunt und umgänglich. »Wie haben Sie geschlafen?«, fragte er.

»Großartig«, log ich und fügte hinzu, »du riesiges verwildertes Schwein wurdest von einem Löwen gefickt«, aber nur in Gedanken, weil ich ein Feigling bin.

»Ich weiß«, sagte er, ohne eigentlich zuzuhören. »Ich traue den Laken nicht. Ich traue den Handtüchern nicht. Und wenn du mal kurz verschwinden musst, das Klo ist draußen hinter dem Haus.« Das war also Oberst Otemas Achillesferse: Hygiene. Wenn er nicht schnarchte, lag er nachts wach und fragte sich, ob er sich in Kekskrümeln oder Wanzen wälzte.

*

Ich hielt kurz am Schwester-Rachele-Zentrum, einem Rehabilitationszentrum, das den Namen zu Ehren der mutigen italienischen Nonne trug. Zu meiner Erleichterung erwies es sich als großartig. Die Kinder waren gut versorgt, sie bekamen richtigen Unterricht, und das Essen kam nicht zwei Wochen zu spät. Dort hielt man mir keine Babys mit Kopfverletzungen entgegen, und es gab auch keine Kinder mit durchlöcherten Hoden, die der Sorge des großen Kinderarztes Jehova überlassen wurden. Dies waren die Leute, die ich losschicken würde, um Victoria zu finden.

64

Schauen Sie sich um

Das Zitat des Obersts schwirrte immer noch in meinem Kopf, als ich mit Bill an der Bar des Acholi Inn saß. Ich hatte gepackt und war bereit, heimzufliegen. Ich schwor mir, die Geschichte irgendwie publik zu machen. Nach all der Zeit, die ich damit zugebracht hatte, dem Oberst nachzujagen, erschien sein Beweggrund letztlich doch als ziemlich schlicht. Ich hatte diesen Mann des Militärs überanalysiert: Er war nur ein Hanswurst, der das Kämpfen liebte. Sein Job war der Krieg, und wenn er Kony immer wieder entwischen ließ, dann vor allem deswegen, weil er eben seinen Job liebte.

Bill und ich verabschiedeten uns. Ich versprach ihm, ihn als Mitautor über den Artikel in der *Sunday Times* zu setzen – »Von Jane Bussmann und Bill Mulindwe in Gulu«. Er kehrte zu seiner Arbeit zurück, und ich machte mich an den unangenehmsten Job im Journalismus, das Zusammenrechnen der Spesenquittungen. Ich schaffte es, tatsächlich einige Minuten dabeizubleiben, bis ich es leid war und versuchte, den Barmann anzumachen, allerdings mit begrenztem Erfolg.

»Das Cola schmeckt echt super, Roger! Kommen Sie, wir schauen, wo Ihr Boss steckt, und ich sage ihm, wie toll Sie sind!« Dem Barmann gefiel diese Idee nicht.

»Nein ... das geht nicht«, sagte er.

»Warum nicht? Doch nicht etwa aus Selbstrespekt?«, sagte ich.

»Ich glaube nicht, dass ihm das gefallen würde«, sagte Roger.

»Na los, wie heißt er?«

Der Barmann zeigte in Richtung Garten, wo ein Mann mit großen Schritten auf die Fanta-Gang zuging. Diesmal trug er keinen Kampfanzug, sondern lässige Kleidung aus der Frühlingskollektion von Marks & Spencer.

»Otema«, sagte der Barmann.

Sein Boss, der Besitzer des Acholi Inn, war Oberst Charles Otema.

Und ich schaute mich um und sah all die Leute aus dem Westen, die gekommen waren, um Kinder zu retten, alle mit Spesenkonto, und sie alle zahlten direkt an den Oberst. Dort unter dem Mangobaum saß die Fanta-Gang. Die Regierungsarmee trank mit Sam Kolo und Banya und Vertretern westlicher Wohltätigkeitsorganisationen. Ich hatte mich immer wieder gefragt, warum der Oberst nach so vielen Jahren Kony nicht gefasst hatte. Und hier vor mir auf der Theke lag ein Haufen Quittungen vom Acholi Inn.

65

Die Pimmel des Zeus

Ich flog nach London, um den Artikel fertigzustellen und an die *Sunday Times* zu senden. Zuvor jedoch machte ich einen Zwischenstopp in Queenstown und besuchte den Chor. Sie freuten sich so, mich zu sehen, dass sie ein Lied für mich sangen. Die Hälfte von ihnen fehlte – weiß nicht, AIDS vielleicht? –, aber die Baritonstimmen hatten sie noch.

Letztendlich erhielt ich sogar meinen Polizeibericht von den Gesetzeshütern in Gulu, und erstaunlicherweise füllten sie ihn falsch aus, so dass die Versicherung mir zwei Kameras bezahlte und Bill endlich eine richtige bekam.

Als ich den Mikrokosmos Afrika verließ, um mich wieder der Ersten Welt anzuschließen, erwartete ich, mich frisch wie nach einer heißen Dusche und ausgeruht zu fühlen. Aber wir hatten noch nicht einmal von Entebbe abgehoben, als mir klar wurde, dass die Zombies der verdrehten Logik gewonnen hatten. Immer mehr willkürliche neue Gesetze waren von nicht gewählten Körperschaften erlassen worden, mit der Regierung von British Airways angefangen. Zuerst wurden wir alle mit einem Insektizid eingesprüht.

»Das Spray ist unbedingt erforderlich«, erklärte die Stewardess. *Für wen? Nach welchem Gesetz? Nach welcher medizinischen Erkenntnis?* »Es ist nicht schädlich für Menschen, aber es kann zu Reizungen führen. Bedecken Sie deshalb bitte Ihren Mund und Ihre Augen.« *Was? War jede Logik endgültig am Arsch?* Die Kabine füllte sich mit dem Gestank von Flieder, ein künstlicher Mief. Dann, kurz vor der Ankunft, flogen wir längere Zeit im Kreis.

Der Pilot meldete sich: »Leider warten wir noch auf das Okay zum Landen von der Bodenkontrolle.« *Warum? Hast du ihnen nicht gesagt, dass wir kommen? Hast du etwa gedacht: »Ich tauch einfach auf und hoffe auf das Beste.«?*

»Gnädige Frau, Decken müssen unter Ihrem Sitz verstaut werden.« *Ja, ja, für den Fall, dass ich ein Teppichmesser darunter verstecke, aber nun war es zu spät, gerade jetzt landen wir, und das ist der Moment, wo sie die Klimaanlage auf eiskalt stellen, um uns wach für einen Crash zu halten, denn wir sind schließlich so dumm, dass der Absturz unserer 747 uns nicht aufwecken würde …*

Sie starrte mich an, bis ich ihrer Aufforderung nachkam. Ich schaute in ihr ledernes Gesicht mit dem in der Mitte gescheitelten Haar, und jäh wurde mir klar, dass sich etwas verschoben hatte. Ich hatte soviel Riesenbullshit in Afrika gehört, dass ich nicht länger Geduld für das Triviale hatte.

Wenigstens war meine Mama immer noch die Alte, als ich an der Haustür klingelte. Ich glaube, ich hatte ihr gesagt, dass ich heimkomme, aber ich war mir nicht sicher.

»Hallo, Mutti! Ich war Auslandskorrespondentin«, sagte ich.

Meine Mutter antwortete, und ich zitiere: »Das ist schön! Ich mache gerade die Wäsche, hast du irgendwelche dunklen Sachen?«

Die *Mail on Sunday* schickte mich geradewegs nach Rhodos – Erfolg! –, also musste ich gleich wieder packen. Ich rief bei der *Sunday Times* an.

»Hören Sie, diese Geschichte ist größer als John Prendergast. Es geht um Kinder, die bombardiert werden, die Armee lässt einen Entführer frei rumlaufen, und Großbritannien und Amerika finanzieren sie«, rief ich so oder so ähnlich ins Telefon.

Sean Ryan, der coolste Auslandsredakteur, sagte: »Klingt interessant. E-mailen Sie mir noch heute Ihre Stichpunkte. Zweitausend Worte bis Dienstag.«

»Sie bringen es?«

»Wir bringen es nächstes Wochenende.«

Zweitausend Worte in der *Sunday Times*? Das ist verdammt noch mal eine ganze Seite! Heilige … Stichpunkte! Scheiße!

Ich schrieb noch an der Zusammenfassung, als es bereits höchste Zeit war, das Flugzeug nach Rhodos zu erwischen. Draußen hupte ein Minicab, während ich meinen Text in das iBook meines Bruders hämmerte. *Aargh! Es hat nur 256 Megabytes! Tom, warum hast du nicht mehr RAM-Speicher gekauft, du gedankenloser seidenhaariger Mistkerl! Scheiße!* Die Minicab-Zentrale rief an. *Fuck, Fuck, Fuck! Ich muss es doch als E-Mail schicken …* Der Minicab-Fahrer klingelte an der Haustür. *Hochladen, du Arsch – nein, fahr nicht weg –* Ich klickte SENDEN und schaffte es gerade noch zum Flugzeug nach Rhodos.

*

Donnerstag, Freitag, Samstag: in der griechischen Villa eines extravaganten Promi-Astrologen. Mit dem von Klebeband zusammengehaltenen Ersatzlaptop eines Freundes arbeitete ich wie eine Verrückte und schrieb mehr, als ich je zuvor geschrieben hatte. Normalerweise waren 2000 Worte kein Problem, aber dieser Artikel musste wahr sein, und es war wirklich, wirklich schwer. Ich wusste aber, dass das Puzzle am Ende ein vollständiges Bild geben würde. Präsident Museveni sagte ja, Kony sei das Problem. Was passierte mit den Leuten, die versuchten, das Problem zu lösen? Pater Carlos, der versucht hatte, Kinder ungefährdet herauszubekommen, war von der Armee beinahe bei lebendigem Leib verbrannt worden. Betty Bigombe, die das Schulgeld ihrer Kinder für Telefongespräche mit Kony verbraucht hatte, um ihn zu Friedensverhandlungen zu bewegen; Konys Satellitentelefon wurde von der Armee zerstört, so dass die Gespräche nicht weitergeführt werden konnten. John Prendergast, der nur vier Stunden Schlaf findet, weil er Friedensvorschläge zur Beendigung des Krieges in Uganda schreibt. Museveni hatte einen Monat lang so viel zu tun, dass er ihn nicht treffen konnte. Ein weiterer Monat der Überfälle und Verstümmelungen. Selbst eine Presseagentin wie Papilloma würde deswegen vielleicht ein schlechtes Gewissen haben. In der Zwischenzeit errichtete Kony eine ganze Stadt mit Kindern in der Wüste, wo ihn jeder hätte finden können, aber versucht hatte es nur eine Nonne.

Museveni sagte, die Armee habe den Befehl, Kony zu fassen – eine 40 000 Mann starke Truppe. Aber Kony ist noch am Leben, weil die 40 000 nicht nach ihm suchten. »*Wo waren die Soldaten?*« Sie waren nebenan, in der Demokratischen Republik Kongo, das Land voll Gold und Diamanten, und bedienten sich dort reichlich. Was war dagegen ein Hotel in Gulu? Otemas Kollegen in der UPDF führten ihre eigenen Abbauoperationen im Kongo durch und ließen Coltan für Mobiltelefone, Laptops und Computerspiele schürfen. Einheimische Dorfbewohner, die sich nicht fügsam zeigten, bekamen Besuch von der Sorte Männer, über die John Prendergast nur nach langem Zögern anfing zu berichten: kongolesische Miliz, einfallsreiche Vergewaltiger, bewaffnet und ausgebildet von der ugandischen Armee. Und die ganze Zeit floss Bargeld: Wir bezahlten Musevenis Lebensmittelrechnung – 43 Prozent seines Budgets stammen aus ausländischer Hilfe –, und mit dem Geld, das er sparte, kaufte er Mamba-Panzer, Angriffshubschrauber und Panzerfäuste. Seine Armee bewarf einige von Konys Kindern mit Brandbomben, um die Waffenkäufe zu rechtfertigen, dann gingen sie kurz über die Grenze, um ein paar zollfreie Waren einzukaufen. Das Bargeld floss weiter.

Vor zehn Jahren, während Kony so viele Menschen entführte wie nie zuvor, schaffte es Uganda, über 100 Millionen Dollar mehr Gold zu exportieren als es tatsächlich hatte. Im Jahr 2005 verkündete der Internationale Währungsfond, dass Uganda unter der multilateralen Entschuldungsinitiative seine Schulden zu hundert Prozent erlassen werden. 2006 befand der Internationale Gerichtshof Uganda schuldig, in Kongo Kriegsverbrechen begangen zu haben. Aber das Bargeld floss weiter. Ugandas Regierung hatte den Krieg unter Kontrolle, aber eben nicht so, wie man glauben würde.

*

Sonntag, Montag, Dienstag: Ich schrieb zwischen Busfahrten zu Sherrybrennereien und Töpfereien. Während Damen mittleren Alters Zeus' Pimmel auf ihre Souvenirteller malten, transkribierte ich die Berichte von Angela, Marilyn, Pater Benedict… Ich bekam Krämpfe in den Händen, aber John hatte gesagt, eine Seite in einer seriösen Zeitung wäre von Nutzen. Schließlich wird die von einflussreichen Leuten gelesen. Nützlich. Ich machte weiter.

Zweitausend Worte. Würde ich das schaffen? Am Mittwochmorgen führte ich eine Wortzählung durch: 100 000 Worte. Ich hatte ungewollt in vier Tagen einen Roman geschrieben. Scheiße! Und nun? Welches von AIDS gezeichnete, entführte, zum Kindersoldaten und Sexsklaven gezwungene, verstümmelte Kleinkind schnitt ich aus dem Text raus? Es brachte mich zur Verzweiflung. Ellen konnte ich keinesfalls herausnehmen und Laura auch nicht, genausowenig wie Victoria. *Sophies Entscheidung* war Pillepalle dagegen: Dort gab es nur zwei.

Donnerstagmorgen. Das Magazin *Red* rief an: Ich *wisse* doch, dass meine Kolumne über mein glamouröses Leben in Hollywood schon eine Woche überfällig war? Was? Was? Okay, gut. »Heute, ging zu einer Party, sah Eve pinkeln.« SENDEN. Ich glaube, in Wirklichkeit habe ich ihnen etwas über Promibabys geschickt, in der Annahme, dass Promis höchstwahrscheinlich welche hatten. Aber ich war wirklich auch auf einer Party und habe Hip-Hop-Star Eve pinkeln sehen. Sie trug Plüschstiefel, als wäre sie auf zwei Biber getreten.

Endlich, am Donnerstag um 18 Uhr, Greenwich-Zeit, meine Hände gekrümmt wie die Pfoten des Schimpansen Cornelius (aus der *Planet der Affen*), hatte ich den Artikel auf 7000 Worte gekürzt – das sind fast 2000. Ich mailte der *Sunday Times*: »Ich wüsste gern, ob Sie schon Gelegenheit hatten, einen Blick auf meine Stichpunkte zu werfen, denn ich bin mit dem Artikel fast fertig.«

Sean Ryan antwortete: »Jane, ich habe diese Stichpunkte nicht bekommen.«

An jenem Tag, allein mit dem kränkelnden iBook meines Bruders, hatte ich diese Stichpunkte statt an Sean Punkt Ryan, dem Auslandsredakteur der *Sunday Times*, an Sean Hayes, den großartigen Nebendarsteller aus der Fernsehserie *Will & Grace*, gemailt.

Sean Hayes riet mir, mich auf die Geschichte der Lord's Resistance Army zu konzentrieren. Nein, Sean Hayes tat nichts Derartiges. Denn auch er hatte die E-Mail nicht bekommen. Meine Geschichte war erledigt, und das nicht unbedingt zu Unrecht.

66

Die Schlampe bei Channel 4

Nun war ich noch schlimmer als nutzlos. Dieses Mal hatte ich wirklichen Schaden verursacht, denn ich hatte diesen Kindern versprochen, dass ich ihnen helfen würde.

Bei meiner Ankunft in Hollywood befand ich mich in der richtigen Stimmung für eine Mission: BRING DIE GE-SCHICHTE RAUS.

So begannen die meisten meiner Tage um sechs Uhr mit einem Telefonanruf: »Hallo, ich rufe noch mal an wegen des Features über den Friedensstifter und die entführten Kinder ... Okay. Ich versuch's bei der *Sunday Times*. Danke.«

»Hallo, ich hatte Ihnen einen Artikel über Kinder in Afrika zugeschickt. Sie würden?« Eine lange Pause. »Ich verstehe vollkommen, was Sie meinen, aber Angelina Jolie war nicht da.« Eine kürzere Pause. »Nein, Madonna auch nicht. Es gab dort überhaupt keine prominenten Leute.«

Eine Sonntagsbeilage griff schließlich zu, und ich arbeitete die nächsten drei Wochen an dem Artikel. Dann erhielt ich die Mitteilung, dass die Zeitung einen Imagewechsel vorgenommen habe und mein Beitrag nicht mehr zu der neuen Richtung passe.

»Wenn Sie in der Lage gewesen wären, ein paar Zitate von, keine Ahnung, Angelina Jolie oder so, zu bekommen ...«, sagte der Redakteur der Sonntagsbeilage. Draußen vor dem Fenster sprang ein Mann auf einem Pogostick vorbei.

Ich erhielt eine E-Mail von Bill Clintons Büro. Ein Zitat von Bill Clinton über John. »Jane, leider zu wenig, leider zu spät«, sagte der Redakteur der Sonntagsbeilage. Willkommen in meinem Leben, und wahrscheinlich sieht's bei Bill nicht anders aus.

*

Niemand wollte die Story. Dann kam ich eines Tages nach Hause und fand auf meinem Anrufbeantworter eine Nachricht, und sie war nicht vom Anwalt Marty Singer. »Jane? Hier spricht Tony Grant. Bekam Ihre Nachricht, und ich möchte gern mit Ihnen sprechen...« Seine Stimme klang altväterlich britisch, als ob er jede gefährliche Situation verstünde und allen versicherte, es gebe keinen Grund, hysterisch zu werden. Ich wusste gleich, dass Tony Grant nicht verlangen würde, die Reise nach Gulu noch einmal zu machen und diesmal Angelina Jolie mitzunehmen. Tatsächlich war Tony Grant einer der erfahrensten Produzenten von BBC Radio 4. »Rufen Sie mich zurück, wenn Sie Zeit haben«, sagte er, »und dann können wir über Fooc sprechen...« Fooc? FOOC!*

Ich fuhr zu einem der BBC-Studios in L.A. auf einem alten Filmgelände in Silverlake. David Willis, der ehrwürdige L.A.- und Bagdad-Korrespondent der BBC, brachte mir bei, mit wirklich vornehmem Akzent zu sprechen. Willis setzte mich vor ein Mikrophon aus alten Rundfunktagen, und irgendwie schaffte ich es, meinen Text dort hineinzubekommen. Nie-

---

* From Our Own Correspondents – eine wöchentliche Radiosendung des Programms Radio 4 der BBC mit Beiträgen der eigenen Korrespondenten.

mals in meinem Leben hätte ich gedacht, dass ich einmal das Radio anstellen und Kate Adie würde sagen hören: »Guten Morgen. Heute in *From Our Own Correspondent*... Jane Bussmann, die gerade aus Uganda zurückgekehrt ist...«

Unglaublich, ich war wirklich eine Auslandskorrespondentin. Für vier Minuten und vierzig Sekunden.

*

Aber ich erhielt weiterhin SMS-Texte von der Gruppe der Kindersoldaten. »Wie geht es Ihnen? Mir geht es gut. Meine Schwester ist an Malaria gestorben, mein Bruder auch...« Der Krieg ging immer noch weiter, Kony entführte immer noch Kinder, und immer noch wurden Kinder in Lager abgeladen. Mehrere hundert junge Sexsklaven lagen mir auf dem Gewissen – sowieso schon ein überfüllter Ort –, und da war das Versprechen, ihnen zu helfen. Aber wie? Dann brachte mich etwas, was Tony Grant gesagt hatte, zum Nachdenken. »Warum haben Sie die Story gebracht?«, hatte ich ihn gefragt, nachdem alle anderen Medien die Geschichte abgelehnt hatten.

»Die Story hat mir gefallen«, sagte Tony. »Bei allem Ernst hat sie doch auch was von Promi-Journalismus.« Ich schaute mir noch mal die gescheiterte Dokumentation über John an. Rollen mit Filmmaterial, das zeigt, wie dieser wahnsinnig tolle Mann durch die Korridore der Macht von einer blinden Turteltaube verfolgt wird. Das hatte etwas, auch wenn es alles andere als schön war, und es war ganz sicher nicht ein eindringlicher Beitrag zum Zeitgeschehen. Zwei Zitate tauchten auf.

Die Schlampe bei Channel 4: »Wir können das nicht verwenden. Es sieht so aus, als ob sie scharf auf ihn ist.« Der Mann von der Sonntagsbeilage: »Wir können das nicht bringen. Wenn Sie nur ein paar Prominente dringehabt hätten...«

Ich zerlegte die ganze Dokumentation in Teile und fügte sie zu einer Comedy zusammen. Anstatt der edlen Geschichte von John, der die Kinder vor dem schrecklichsten und brutalsten Mann der Welt rettet, erzählte ich die unwürdige Geschichte von mir, wie ich versuchte, ein Verhältnis mit jemandem zu beginnen, der über meinem Niveau war. Ich stopfte sie voll mit allen Prominenten, die ich je interviewt, übertrieben gelobt und über die ich je gelogen hatte. Da ich kein Geld mehr für einen Film hatte, musste ich es live auf der Bühne spielen, aber John, der Narr, hatte mir für die Dokumentation Filmmaterial geschickt, und zwar ernsthafte Aufnahmen, die ihn und Don Cheadle beim Rundgang durch mehrere Lager in Uganda zeigten. Ich wollte sie nun, völlig aus dem Zusammenhang gerissen, für eine geschmacklose Comedy benutzen und hinter mir auf der Bühne auf eine Leinwand projizieren. Ich versuchte, meine neue Idee John mitzuteilen, aber er hatte zu viel zu tun. Nun, »versuchte mitzuteilen« hieß, ich schickte ihm eine E-Mail: »Wäre es für Sie okay, dass ich eine Show darüber mache, wie mich der coolste Friedensstifter der Welt inspiriert hat, nach Uganda zu gehen?« Und er antwortete nur: »Nichts wie ran!« Was wollen Sie? Ich bin ein Feigling.

Wie schwer konnte es sein, in einer Bühnenshow als Schauspielerin, Produzentin und Regisseurin zu agieren? Ich hätte das sechs Monate später beantworten können, als ich mich mit psychosomatischen Bauchschmerzen in der Toilette eines Off Broadway Theatre krümmte, und da hatte ich schon ein professionelles Team, das den schlimmsten Druck von mir nahm. Die Show hatte Premiere im Manland, leider keine Schwulendisco, sondern ein Outdoor-Hobbyraum des Sitcom-Stars Sean Maguire, und bei einem dreifachen Wodka überfiel mich die triste Einsicht, dass das Ganze drei Stunden dauern und ein völliges Desaster werden würde. Dann spazierte Robbie

Williams herein und sang »Sergeant Pepper's Lonely Hearts Club Band«, was ich für ein Omen hielt, von was, war mir unklar, aber ich beschloss weiterzumachen.

Ich mietete das einzige Theater in Hollywood, das ich mir leisten konnte. Es war winzig und roch nach Pisse. Dann kreuzte eines Abends ein befreundeter Comedy-Schreiber zusammen mit seinem Agenten auf. Das war nun wirklich ein völliges Desaster: Ich war zum Raum 209 des Theaters übergesiedelt, ein noch kleinerer Raum mit neun Stühlen, der nicht nach gewöhnlicher Pisse roch, sondern nach Pennerpisse.

Die Show war bei weitem noch nicht so weit, um von irgendeinem Agenten begutachtet zu werden, ganz zu schweigen von einem Agenten wie diesem, einem einflussreichen britischen Comedy-Spezialisten von der Pentagon-Agentur, dort, wo der alte Schwarze die Schuhe der Agenten putzte, während sie sie noch anhatten. Schlimmer noch, dieser besondere Agent hasste mich. Wir hatten uns erst ein paar Tage zuvor in Las Vegas getroffen, an dem einen Abend im ganzen Jahr, den ich wählte, um nichts zu schreiben und stattdessen mit einem der wichtigsten Klienten der Agentur große Mengen sehr starker Magic Mushrooms einzuschmeißen. Danach heiterte ich den Agenten mit saukomischen wahren Geschichten darüber auf, wie wir von der Nevada Highway Police auf der Autobahn nahe Pahrump in dem Sportwagen des Spitzenklienten mit einem Kofferraum voll bewusstseinserweiternder Drogen rausgewunken wurden. Der Agent fand das gar nicht lustig.

Jedoch stellte sich heraus, ein großes, fettes, unwahrscheinliches Hollywood-Wunder, dass dieser Agent auch in Uganda gewesen war und wusste, wovon ich sprach. Er hatte sogar unfreiwillig eine Zeit mit einer Gruppe von Bergpygmäen verbracht, und ich glaube, dass die Show bei ihm verdrängte Erinnerungen auslöste.

Am Tag danach war der Agent ganz verändert. Brüllend und mit wildem Blick telefonierte er pausenlos herum. Es gelang ihm, die Show auf dem Edinburgh Festival unterzubringen. Wir begannen mit zwei Abenden in New York, in einem Off Broadway Theatre, das nicht nach Pisse, sondern nach gutem Wein roch. Über diesen besonderen Premierenabend später mehr, da er sich als ziemlich wichtig erweisen sollte. Am besten gefiel mir diese Kritik: »Ich hoffe, dass sie weiß, was vor sich geht, wenn sie von mehreren Männern vergewaltigt wird.«

Die Sache wurde immer surrealer. Das Soho Theatre bot an, die Show in London aufzuführen. Obwohl ich jeden Abend sturzbetrunken voller Angst auf die Bühne ging, waren die Vorstellungen ausverkauft, und der unerschütterliche Agent und sein unerschütterlicher Londoner Kollege luden eine Reihe von Filmleuten ein. Sie stellten mir anschließend eine Frage: Könnte ich aus der Show ein Drehbuch machen? Durch eine groteske Folge von Ereignissen war ich nun, nach all den Jahren, auf dem Weg ins Innere des Magischen Königreichs für ein Treffen mit der 21st Century Fox.

67

Managerspielzeug

Wieder in Hollywood, musste ich auf den Eintritt in die Zauberburg vorbereitet werden. Ich wurde zu einem Hollywoodakteur geschickt, um an der Präsentation zu arbeiten. Wenn du dem Leiter eines Filmstudios deine Idee für einen Film erläuterst, glaubst du, ihm eine aufregende Story zu erzählen. Aber mach dir nichts vor. Du bittest ihn darum, achtzig Millionen vom Geld seines Bosses für etwas auszugeben, das nicht existiert, und du bist nicht Clint Eastwood. Also, das Treffen ist nicht ein gemütliches »Wäre es nicht lustig, wenn?«, sondern eine prägnant verfasste, tadellos einstudierte Zwanzig-Minuten-Show darüber, warum dein Film ihn nicht den Job kosten wird und warum gerade du »Das Nächste Große Ding« bist. Mit anderen Worten, es ist die reinste Qual.

Der Hollywoodakteur, der die Aufgabe hatte, mir zu helfen, wohnte in Beverly Hills hinter einem Zen-Garten. Ich war mir nicht sicher, ob ich dort beten oder pinkeln sollte. Alles, was ich über das magische Königreich wusste, war, dass es in seinem Innern zwei Sorten von Studiobossen gab: Undurchschaubare und Schwanzschwinger. Die Undurchschaubaren sind ohne Probleme verständlich. Bei Treffen mit ihnen verzichtet man darauf, auch nur zu raten, was sie denken, und es wird dir schnell klar, was an deinen Ideen, deiner Kleidung, deinem Zugang zu romantischen Liebesgeschichten falsch ist, von deinen Hoffnungen auf eine Zukunft ganz zu schweigen. Schwanzschwinger sind viel unterhaltsamer. Schwanzschwingen ist eine Kunstform in Hollywood, der vulgärsten Stadt auf diesem Planeten. Menschen sind im Wesentlichen nett, es sei denn, sie sind hungrig oder bedroht. In Los Angeles ist jeder auf Diät und befürchtet, von jemandem, der toller und sexier ist, ersetzt zu werden. Diejenigen, die essen, leben wie Schimpansen weitgehend von Proteinen und Bananen und sind daher streitsüchtig und angeberisch. Schwanzschwinger benutzen einen merkwürdigen Geschäftsjargon, fragen dich nach deiner Meinung und sagen dir dann, warum sie falsch ist. Vor allem aber laden sie dich ein, um dich mit Nichtbeachtung zu strafen. Wenn man seine Position in Hollywood herausfinden will, muss man nur die Anzahl der Minuten zählen, die man ignoriert wird, nachdem man in ihr Büro gebeten wurde, und noch 1000 dazuzählen. Herzlichen Glückwunsch, Sie sind die 1011. bedeutendste Person im Showbusiness. Hier ist das Beispiel eines Treffens mit einem Schwanzschwinger. (Die schlimmsten Schwanzschwinger sind übrigens Frauen. Dünne Frauen.)

»Josh, schick sie rein.«

Du gehst in ihr Büro.

»Na, dann lassen Sie mal sehen, was Sie dabeihaben.« Dein Demoband beginnt zu laufen. Sogleich meldet sich Josh über die Sprechanlage, so wie es ihm beigebracht wurde. »Ich habe Harvey am Apparat«, sagt Josh.

»Entschuldigen Sie. Ich muss diesen Anruf entgegennehmen ...« Nun glaub auch nicht für eine Minute, dass du wegen Harvey Weinstein, dem berühmten Produzenten, ignoriert wirst. Bist du *high*? »Harvey, ich habe Ihren Leuten ausdrücklich gesagt, ich möchte das Zeichen *mitten über der Tür* haben...« Du wirst dann für acht bis neunzehn Minuten wegen eines Gesprächs mit einem Bauunternehmer ignoriert.

Ein anderer Schwanzschwinger, ein anderes Treffen. Nachdem die Phase der Nichtbeachtung endlich vorbei ist, legt der Schwanzschwinger den Hörer auf, seufzt und wendet sich dir zu.

»Also, dann erzählen Sie mal was über sich und Ihre Show. Welchen Schauspieler stellen Sie sich darin vor?«

»Bill Nighy...«

»Nein. Das ist keine gute Idee. Das Studio wird das nicht wollen. Auch die Fernsehgesellschaften wären nicht begeistert. Und das Publikum schon gar nicht. Über was sonst würden Sie gerne schreiben? Sie können alles machen, was Ihnen gefällt.«

»Vielleicht eine Liebesgeschichte...«

»Nein. Nein. Wenn man nichts zum Picknick mitbringt, darf man sich nicht wundern, dass einem kalt wird...« Sie deuten auf ein signiertes Foto mit der Filmbesetzung einer Erfolgsshow hin. Dies war ihr Werk, sie entwickelten es, sie allein machten den Film- und Fernsehverantwortlichen klar, dass der Schöpfer der Show ein Genie ist, es sei denn, die Show stürzt in der nächsten Saison ab. In dem Fall wird das Foto mit der Filmbesetzung entfernt, und sie erklären dann, wie sie den Schöpfer der Show gewarnt hätten, womit er danebenlag, aber jeder wisse ja, dass der Mann *notorisch* schwierig ist und auf niemanden hört.

Sie glauben, ich schmücke die Geschichte aus? Nein, ich spiele sie herunter. Während des ersten Treffens verließ der Schwanzschwinger während des Telefonanrufs das Büro und kam nicht mehr zurück.

*

Wenn der Schwanzschwinger wirklich mit dem echten Harvey Weinstein zuerst sprechen muss, dann wartest du in einem Konferenzzimmer mit Blick auf den Ozean und einem Tisch in der Größe eines Rettungsboots. Und dann kommt »Thrilled Man« herein. »Thrilled Man« oder »der Begeisterte« ist eine Führungskraft mit unbestimmtem Job, aber seine Hauptaufgabe besteht darin, in Konferenzräumen zu sitzen und die Gäste zu fragen, ob das Hotel schön ist und ob sie schon Gelegenheit hatten, während ihres Aufenthalts in der Stadt irgendwelche Shows zu sehen. Er wird dafür bezahlt, die Wartenden so bei Laune zu halten, dass sie über ihre Nichtbeachtung nicht ungehalten werden. Aber dafür machten diese Leute sicherlich nicht den Juraabschluss in Harvard, also versuchen sie dir im Tonfall eines Selbstmörders schönzutun.

»Wir sind so begeistert, dass Sie sich mit uns treffen konnten. Wir sind der Ansicht, dass Sie erstaunlich talentiert sind«, sagt der Begeisterte und bekommt vor lauter Depression seine Augen nicht mehr richtig auf. »Und *Sie sind* erstaunlich ...« *Ist da eine einzelne Träne hinter dem Dior-Gestell zu sehen? Gott, ich hoffe nicht ...* »Ihre Stimme ist wahrhaftig einzigartig, wir freuen uns so darauf, es zu ... zu ...« Er erinnert sich an seine jugendlichen Hoffnungen und Träume und fällt vor lauter Seelenschmerz mit dem Gesicht auf den Mahagonitisch.

»Erstaunlich« ist übrigens eine sprachliche Übertreibung für »Ich höre noch zu«. »Haben Sie vor, Disneyland zu besuchen, während Sie hier sind? Disneyland ist erstaunlich. Wir haben uns Ihr Demoband angeschaut. Erstaunlich.«

*

Der Hollywoodakteur, der mir bei den Vorbereitungen auf diese Treffen helfen sollte, verschwendete keine Zeit. Er hatte braune Augen, eine schwarze Krawatte, und ich glaube, dass die Jahre, die er als »Begeisterter« gearbeitet hatte, seiner Stimme irreparablen Schaden zugefügt hatten, denn wenn seine Augenbrauen versuchten, sein Gesicht zu einem Lächeln hochzuziehen, behielt seine Stimme ihren monoton depressiven Klang.

»Erstens: Sie müssen Ihre Idee mit zwei ähnlichen Filmen vergleichen, die eine Menge Geld eingebracht haben.«

»Hmm, *Der ewige Gärtner* kam ziemlich gut an ...«

»Nur in Europa. Hier war er ein Desaster. Vierunddreißig Millionen? Mein Gott, *eine Katastrophe*«, sagte er strahlend. »Noch andere?«

»Es gibt nicht wirklich irgendwelche Comedys über ... Kriegsverbrecher ... äh, Afrika, Entführungen ...«

»Macht nichts. Die Geschichte hat ja einen journalistischen Blickwinkel, also sollten Sie an einen Film wie *Der Teufel trägt Prada* denken, das ist das Szenario, das Sie sich zum Vorbild nehmen sollten. Haben Sie schon über jemanden für die Hauptrolle nachgedacht, Reese Witherspoon zum Beispiel?«

»Ich werde mir auf jeden Fall darüber Gedanken machen«, sagte ich und meinte es ernst.

»Das sollten Sie. Sie ist eine Schauspielerin, hinter der jedes Studio her ist. Also, dann lassen Sie mal Ihre Story hören?«

Ich erzählte sie ihm und war selbst davon begeistert, als ich sie beendet hatte. Ihm ging es genauso.

»Erstaunlich. Es klingt wie ein Männerfilm. Joseph Kony, *das* ist wirklich mal ein Schurke.«

»Er hat über zwanzigtausend Kinder entführt.«

»Kinder. Ach so. Dann ist es eher ein Frauenfilm. Wenn Sie eine Frau in Gefahr haben und ein Typ kommt, um sie zu retten, könnte es *Auf der Jagd nach dem grünen Diamanten* sein.«

»Wovor müsste sie gerettet werden?«

»Afrika. Meryl Streep wartet auf Redford, um sie nach *Jen-*

seits von Afrika zu bringen. Nur ein Witz«, sagte er und war wieder ganz niedergeschlagen. »Aber man sollte ein Remake machen ... mit Reese Witherspoon ... Ich denke, wir wissen beide, was das eigentliche Problem ist, das Sie hier haben. Muss es *unbedingt* in Afrika sein? Ich frage ja nur.«

»Es handelt sich ... es ist eine reale Person«, sagte ich. »Die Kinder gibt es wirklich, er hält sie als Geiseln – in diesem Moment im Kongo.« Sein Gesichtsausdruck verriet Zeichen von schwachem Optimismus, also fuhr ich fort. »Die Republik Kongo ist in Afrika«, sagte ich.

»Oh«, sagte er enttäuscht. »Wenn Sie das Ganze vielleicht in Hollywood beginnen ... und hier auch enden lassen ... ich meine, wären dann *viele* Afrikaner zu sehen? Ich persönlich bin ganz auf Ihrer Seite, aber Sie wissen ja, wie die Leute denken.«

»Na ja, man kann dabei auf Joseph Kony schwer verzichten. Es ist *der* Kriegsverbrecher.«

»Aber muss es ein Kriegsverbrecher sein? Wie wär's mit einem Polizisten? Ein Exbulle, der losgeschickt wird, um dieses Mädchen zu schützen? Dann hätten Sie die Kombination Chris-Rock-Jamie-Foxx. Ach so, da ist ja dann das Problem mit dem Ficken. Ich meine, Jamie Foxx will natürlich ficken, aber was ist mit den Zuschauern? Wollen die einen schwarzen Kerl und eine weiße Frau zusammen sehen? Nein. Nicht ich sage das. Mensch, ich würde das toll finden. Aber in Europa drüben sind die Leute total rassistisch. Chris Rock kann nicht mal nach Europa gehen. Ich meine, er kann zwar dorthin fliegen, aber er darf das Flugzeug nicht verlassen.«

Nun waren wir beide traurig. Wir suchten gemeinsam nach einer Lösung. Ich fand eine.

»Ah! Was wäre wenn ... sie nach Afrika geht, um Kony zu finden, und einige Typen helfen ihr dabei, einfach so als

Freunde?« Bill hätte bestimmt keine Einwände. Die Augenbrauen des Hollywoodakteurs rissen seinen Mund hoch, er war wieder für einen Moment glücklich.

»Dann ist es also wie *Rush Hour 2*«, sagte er.

*

Um in Ruhe an der Präsentation arbeiten zu können, zog ich in die Wohnung einer Freundin. Natürlich verlief das nicht ganz ohne Hindernisse. Wir sind hier schließlich in Hollywood. Die Banken meldeten sich wegen meiner überzogenen Kreditkonten zur selben Zeit, als mir klar wurde, warum erfolgreiche Geschäftsleute wie Donald Trump bekanntermaßen nicht in Theaterproduktionen investieren. Ich war in großen Schwierigkeiten.

Während einer Hitzewelle zog ich in das nette kleine Apartment, und als Erstes brach ich den Griff des einzigen Fensters ab, so dass es sich nicht mehr öffnen ließ. Schlimmer noch, als Gegenleistung hatte ich auf die Katze aufzupassen und konnte die Tür nicht öffnen aus Angst, dass das Tier weglief. Monster war alt und hatte einen Bauch, der schlenkerte, wenn er lief, struppiges graues Fell, das ausfiel, ein funktionierendes Auge, das andere ähnelte einer schorfigen Rosine, und seine Pfoten waren so riesig wie die eines Schnabeltiers.

»Ich liebe Katzen«, sagte ich zu der Freundin. »Allergisch?! Nein, nein! Ich habe nur einen Schnupfen.«

»Selbst du wirst sie mögen. Sie ist so anschmiegsam, sie liebt Umarmungen«, sagte ihre Besitzerin.

Die nächsten drei Wochen verbrachte ich also damit, den Zudringlichkeiten des haarigen Vierbeiners auszuweichen. Monster sprang mir nach wie ein Osterhase aus Bazillen und hüllte mich in schimmernde Wolken aus Katzenschuppen. Meine Augen tränten, und ich musste ständig niesen. Ich lief in

458

dem winzigen Zimmer auf und ab und lernte meinen Text. *Es ist* Die Jagd nach dem grünen Diamanten *trifft auf … Das Paar läuft weg, sie sieht einen Löwen, klar, wenn dies nun* Jenseits von Afrika *wäre, könnte er ihn erschießen, aber diesmal verjagt er ihn nur …* Bridget Jones *trifft auf … und das ist der perfekte Moment für den Trailer – Peng, Peng, Peng, sie werden von Hubschraubern bombardiert …* James Cameron macht daraus natürlich einen Film, »in dem alles mit allem zusammenkommt«.

Nach ein, zwei Tagen gab ich das Hin- und Herlaufen auf und versteckte mich vor dem liebestollen Monster mit meinem Laptop unter der Bettdecke. Jedes Mal, wenn ich unter der Decke hervorschaute, blickte das Tier mich mit seinem einen Auge zärtlich an. Aber ich ahnte nicht, dass die haarige Sexplage seine Schnabeltierfüße dazu benutzen konnte, Decken wegzuziehen. Ich bekam jedenfalls nichts mit. Aber eines Nachts wurde mir immer heißer, ich hob die Steppdecke hoch und fand die Katze dicht an meinen Rücken gedrängt, ihre Pfoten um mich geschlungen. Sie war über den Körperkontakt so selig, dass sich ein großer warmer Kreis von Katzenpisse unter uns beiden ausgebreitet hatte.

*

Ich war vorbereitet. Die Präsentation der Filmidee war vorzeigbar. Sie verband *Die Jagd nach dem grünen Diamanten* mit *Bridget Jones – Schokolade zum Frühstück* und *Schütze Benjamin,* und ich war im Begriff, sie der »Königin der Girlie-Comedy« und dem »König des innovativen Blockbusters« anzubieten. Das waren ernsthafte Meetings mit den wahren Größen des Geschäfts.

Ich hielt vor dem Tor des Filmstudios, wo ein netter Mann auf meinen Ausweis schaute und mir sagte, ich solle nach links fahren.

»Links. Danke. Großartig. Links«, sagte ich und fuhr nach rechts.

Ich war im Inneren der Burg und machte mich auf den Weg zum Bergfried. Er war voll mit Postern bekannter Filme. Ich traf mich mit den Produzenten, die unseren Film finanzieren würden, falls der Königin mein Vorschlag gefiel. Es waren nette Produzenten, und sie machten dies hier ständig. Ich weiß nicht, ob sie bemerkten, dass ich hinkte, weil ich mir keine neuen Absätze für meine Stiefel leisten konnte, sie sagten jedenfalls nichts. Mehr Sorgen machte mir der Umstand, dass ich nur eine Stunde hatte, bevor mein Gesicht Risse zeigen würde, da ich kaum noch Grundierungscreme gehabt hatte und ein extrem absorbierendes Bühnenmake-up trug.

Die Nichtbeachtungszeit vor dem Büro der Königin der Girlie-Comedy dauerte etwa dreißig Minuten, dann bat uns ihr Assistent herein, um uns nochmals warten zu lassen. Ich spürte die Fassade in meinem Gesicht bröckeln und legte meine Wange in die Hand, um mir ein gleichgültiges Aussehen zu geben, aber unerbittlich zogen sich die Minuten dahin, und ich kam mir immer mehr vor wie Harpo Marx.

Endlich stolzierte die Königin herein, ihrer Garderobe nach war sie anscheinend auf dem Weg zu einem Golfspiel mit Agatha Christie und schaute uns mit wilden Augen an.

»Hallo ...«, begann der Produzent.

»Sitzen Sie nicht dort! Das ist der Stuhl für den, der die Idee vorstellt!«, sagte die Königin. »*Ich* sitze hier, *Sie* sitzen dort, der Produzent *dort*, und sie sitzt *dort*.« Der Produzent kicherte freundlich. Wir dachten alle, sie würde Spaß machen. Um zu zeigen, dass dem nicht so war, verließ sie den Raum wieder. Wir tauschten die Plätze, und das Ganze begann von vorn. Übrigens war das Büro mit Managerspielzeug ausgestattet.

Anschließend fragten die Produzenten sie, was sie von der Idee halte.

»Sie werden sie nicht mögen«, sagte sie. »Unser Geschäft besteht nicht darin, Zeug an die Wand zu werfen, um zu sehen, was hängenbleibt.« *Nein, aber ich vermute, dass du 'ne Menge Bananen isst,* hätte ich sagen sollen.

Egal. Da war ja noch der »König des innovativen Blockbusters«. Ich probte, bis Bilder aus dem Bridget-Jones-Film meine Träume beherrschten. Als ich vor dem Studiotor hielt, dachte ich: »Vergiss diesen Augenblick nie! Du bist keine Journalistin, keine Touristin, du hast tatsächlich eine geschäftliche Besprechung in einem Filmstudio.« Ein netter alter Mann schaute auf meinen Ausweis und wies mich an, nach links zu fahren. Ich bog nach rechts ab. Ich war im Innern des magischen Königreichs und verirrte mich völlig. Eine Stunde lang fuhr ich durch endlose Studiostraßen, die nach Künstlern wie Muddy Waters benannt waren. Leute trugen Teile von Bühnenbildern und einen zehn Meter großen Kelsey Grammer. Schließlich fand ich ein Büro. Es hing voll mit lebensgroßen Postern bekannter Filme. Ein netter junger Mann gab mir eine Flasche Wasser. Irgendetwas hinderte mich daran, sie leerzutrinken, als ob ich gewusst hätte, dass ich das Wasser noch brauchen würde.

Der König ließ mich nicht warten, war auch nicht für Golfspiele zwischen den Kriegen angezogen und führte sich nicht aggressiv auf.

»Na, dann erzählen Sie mal was über Ihre Idee«, sagte er. Als ich zu reden begann, wurde mir jäh klar, dass ich keine Ahnung hatte, was er dachte. Sicher war nur, dass ich zuviel Make-up und zuviel Parfüm trug. *Warum ist mein Rock so kurz? Ich hätte keine Netzstrümpfe anziehen sollen. O Gott, bestimmt kann er durch die Löcher meine Unterhose sehen,*

nicht dass er interessiert ist, wenn ich so abstoßend aussehe und
offensichtlich geisteskrank bin. Bitte lass ihn schwul sein. Wa-
rum spreche ich so abschätzig über meine eigene Show? Warum
habe ich dem Typ, der sagte: »Ich hab das nur für dich getan,
bitte mich nicht, es noch mal zu tun«, meine Wohnungsschlüssel
überlassen? Warum habe ich das Apartment in Queen's Park
verkauft? Ich werde nie wieder ein eigenes Zuhause haben... Ich
schaffte es noch bis zu der Bridget-Jones-Analogie und verlor
dann den Faden.

Er starrte mich einige Sekunden an, ohne ein Wort zu
sagen. Ich behielt meine entspannte Pose bei, nahm die Wasserflasche und verfehlte meinen Mund. Das Wasser spritzte
auf meinen Minirock, da sagte der »König des innovativen
Blockbusters«: »Mir gefällt die Geschichte sehr, aber die Art,
wie Sie es machen wollen, würde nicht wirklich... Naja, das
ist nicht das, was wir hier machen. *Der ewige Gärtner*, der international ein großer Erfolg war, das ist unser ideales Vorbild.« Er lächelte das Geben-Sie-nicht-auf-Lächeln. »Aber Sie
sehen toll aus.«

68

Sechzehn Cent

Das Großartige an der Redewendung »Schlimmer kann es nicht werden« ist, dass sie eine Einladung zu Schlimmerem ist. Ich zog in eine Wohnung mit Kakerlaken und einer Katzenratte – eine Ratte, die von Schnauze bis Schwanz so groß wie eine Katze war – und drei Männern, die die ganze Nacht auf der Fensterbank saßen und über ihre Zeit im Knast sprachen. Ich zog schließlich die Jalousie hoch und sah nicht drei schwergewichtige Männer, sondern drei hübsche junge Damen. Ich weiß nicht, ob sie Eddie Murphy und die Geschichte mit dem Transvestiten kannten, aber noch mal, dies hier war Hollywood. Wie standen die Chancen?

Es kam schlimmer. Zwei piekfeine Produzenten bezahlten nicht für gelieferte Skripts, und die Kassiererin in der Bank erklärte, dass ich diesmal zu weit gegangen sei.

»Ich habe meine Kreditkarte nicht benutzt«, fuhr ich sie an und machte mir nicht genug klar, dass ich durch das Überziehen des Kontos jemand anderem das Recht gegeben hatte, meine Karte zu benutzen, nämlich der Bank. Sie zeigte mir einen Ausdruck. »Aber… Sie erheben Gebühren dafür, dass Sie Gebühren erhoben haben«, sagte ich.

»Sie müssen das so mit den Kreditkartengesellschaften ausgemacht haben.«

Der Kunde hinter mir äußerte sein Missfallen. Ich gab auf und tat etwas, das Donald Trump wahrscheinlich eher selten tut: Ich legte einen Beutel mit kleinen Münzen auf den Tresen.

»Kann ich dafür Scheine bekommen?«, fragte ich, noch etwas, das Donald Trump vermutlich kaum jemals sagt, außer in Bezug auf seine Exfrau.

»Sie müssen die Münzen selbst einrollen. Wir machen das nicht.« Sie gab mir einige Papierrollen. Ich saß mitten in der Bank und legte vor allen Kunden Cents in die Rollen. Ich hatte das Gefühl, vom nonchalanten Hochhalten des Kopfes würde mir der Hals brechen. Neun Dollar und sechzehn Cent. Ich kaufte für neun Dollar Benzin und fuhr zu einem letzten Treffen wegen einer Kindersoldaten-Comedy.

»Wir würden niemals von Ihnen verlangen, dass Sie es so machen wie *Sex and the City*«, sagten sie, »aber *Sex and the City* war ein großer Erfolg. Und Sie sind es, die sich weigert, mit ihrer femininen Seite in Berührung zu kommen …«

»Ich …«, sagte ich.

»Die weibliche Hauptrolle – sie muss unbedingt ein Baby bekommen, das dann stirbt«, sagten sie. »Denn sonst werden die Zuschauer es ihr nicht abnehmen, dass sie ausgerechnet nach Afrika gehen will.«

»Ein totes Baby? In einer Sitcom? Ich …«, sagte ich.

»Darüber haben wir doch bereits diskutiert! Sie hat zu Hause einen Verlobten. Warum sollte sie ihn verlassen?«

»Er ist einfach ein Schwachkopf. Ich …«

»Nein. Sie hat einen Mann. Sie würde ihn nie verlassen. Bei Ihnen war das ja anders, Sie hatten keinen Mann, und da war einer in Afrika, die Zuschauer fänden das total verständlich …«

In der Nacht schlief ich auf einem Haufen Kartons, da ich noch keine Zeit gehabt hatte, sie auszupacken. Ich warf einfach eine Futonmatratze obendrauf. Ich rollte mich auf die Seite, und ein Karton brach unter mir zusammen. Ich redete mir im Halbschlaf ein, dass nichts passiert sei. Um sechs Uhr stieg ich aus dem Karton und stellte fest, dass über Nacht Wasser aus dem Badezimmer über mir heruntergelaufen war und ich in einer Pfütze geschlafen hatte.

Ich ging joggen, lief an den Obdachlosen vorbei und sagte mir, dass ich mich glücklich schätzen konnte. Dann blieb ich jäh stehen. Ich hatte auf einem Haufen Pappkartons geschlafen, und ein Fremder hatte mich angepinkelt, während ich schlief. Das war das Ende.

*

Weihnachten flog ich nach Hause und lief durch das West End, um wieder zu Verstand zu kommen. Am 22. Dezember schlich ich bedrückt die Little Mortimer Street entlang und fragte mich, ob es wohl zu spät für eine Reise zurück in die Vergangenheit war, um mein Leben mit einer Lackdauerwelle und als Persönliche Assistentin von Gary Davies neu zu beginnen. Da klingelte mein Telefon. Es war der Boss einer coolen Filmgesellschaft, einer britischen diesmal.

»Wie lief es in Amerika?«, wollte er wissen.

»Oh, mein Gott, es war ein totaler Albtraum«, sagte ich. Wäre ich noch im Goldenen Zeitalter der Bescheuerten gewesen, hätte ich gesagt: »Es war großartig«, aber zu diesem Zeitpunkt war mir alles egal. »Sie fragten, ob es in dem Film viele Afrikaner geben wird, und als ich sagte, die Frau hat einen schwarzen Freund, sagten sie: Es ist also wie *Rush Hour 2*?«

»Ha!«, lachte der Boss der Filmgesellschaft. »Gut, dann machen wir es.«

69

Fünfzehn Paar Gummistiefel

Obwohl ich mir im Klaren darüber war, dass die meisten Filme, ganz zu schweigen von Comedys über Kindersoldaten, am Ende nicht produziert werden, bestieg ich am zweiten Weihnachtstag ein Flugzeug und flog wieder nach Uganda. Im Endeffekt tat ich das allein aus dem Grund, um die Tatsache anzuerkennen, dass wenigstens einer aus der Branche gesagt hatte, er würde es gerne machen.

Ich besuchte die Gruppe der Kindersoldaten und fand sie in guter Verfassung vor. Vieles hatte sich in Gulu verbessert. Banya verlor seinen Job als Babysitter, nachdem ein leidenschaftlicher Reporter bei *Monitor* den Skandal aufgedeckt hatte. Die Kindersoldaten verkündeten, dass sie auch für mich eine Berufsbezeichnung gefunden hätten: Sie ernannten mich zu ihrer internationalen Koordinatorin. Offensichtlich hatten sie meinen Lebenslauf nicht gelesen, aber wie schwer konnte es sein, eine Gruppe ehemaliger ugandischer Kindersoldaten und Sexsklavinnen international zu koordinieren?

Als Erstes wollten sie, dass ich mit einem Mann von einer britischen Wohltätigkeitsorganisation sprach, der sie besucht hatte. Ich koordinierte international ein Essen in einem japanischen Restaurant mit dem Repräsentanten, der jünger war als erwartet und sehr verständnisvoll. Die britische Wohltätig-

466

keitsorganisation unterstützte die Gruppe der Kindersoldaten finanziell. Sie sollte ein neues Büro bekommen, das sich nicht mehr neben einer Autowerkstatt befand, und außerdem Motorräder, um einfacher zu den Lagern zu gelangen.

Bei einem Bier gestand ich meinem Landsmann lachend, wie paranoid mich Uganda gemacht hatte, und wie überzeugt ich war, dass ich von der Geheimpolizei verfolgt wurde, als mein Laptop aus dem Hotelzimmer verschwand. Der Mann erzählte einem Bekannten in Gulu davon. Dieser Mann gab es an den Oberst weiter.

»Es ist in Ordnung«, soll ihm der Oberst gesagt haben. »Sie kann ihren Computer jetzt wiederhaben.«

Und ich bekam eine SMS.

Joseph Kony wollte mich für ein Interview im Süden des Sudans treffen. Als kleines Zeichen der Dankbarkeit verlangte er »25 kg Bohnen, 100 kg Reis, Taschenlampenbatterien, Antibiotika, 15 Paar Socken und 15 Paar Gummistiefel«. Ich interviewte ihn nicht. Der Redakteur für die Fernsehnachrichten ließ offiziell mitteilen, dass ihr Mann in Uganda sagt, die LRA habe seine Nummer und wenn Kony ein BBC-Interview machen wolle, was er für sehr, sehr unwahrscheinlich halte, würden sie BBC-Leute direkt in Afrika kontaktieren. Natürlich gab Kony nicht lange danach einem anderen freien Journalisten ein Interview. Aber um ehrlich zu sein, ich hatte bereits dem Kriegsverbrecher Banya Drinks spendiert, und fünfzehn Paar Gummistiefel für Big Man, den Anführer persönlich, hätten mein Karma endgültig erledigt.

*

Ich hatte John seit jenem Abend im Sheraton nicht mehr gesehen, aber ich wusste, es war nur eine Frage des richtigen Zeitpunkts und des richtigen Ortes. Ich setzte große Hoffnungen auf neue Verbrechen gegen die Menschlichkeit in Darfur.

Nun zurück zum ersten von zwei Abenden Off Broadway. Die Show fand in dem eleganten 59E59-Theater mitten in Manhattan statt. Es war alles Chrom und Glas, und die Zuschauer tranken edlen Rotwein, während sie auf den Beginn der Show warteten, die nur ein unbedeutendes Ereignis im Kalender viel aufwändigerer Produktionen war. Ich war wie gewöhnlich auf dem Klo. Meine körperliche Verfassung hatte sich seit der Rückkehr aus Uganda nicht verbessert, im Gegenteil: Mir ging es so schlecht, dass ich am Telefon mit meiner Mutter über die Sprechstundenhilfe meines Hausarztes in London und meinen verschwundenen Stuhltest diskutierte. Es war das dritte Gespräch, das wir zu diesem besonderen Thema führten, da ich wusste, dass meine Krankheit nicht psychosomatisch war. Es verlief in etwa so:

»Wie ist es möglich, dass sie meine Kacke verloren hat? Ok, verlegt, wie schafft man das? Mutti, sag ihr, dass ich nicht ›kurz vorbeikommen‹ kann, ich bin in New York. Ich könnte mich bücken und auf London zielen, wenn du willst. Ich bin nicht widerlich, es ist nicht mal mehr Stuhl, es ist Coca-Cola. Irgendwas stimmt mit meinem Darm nicht. Nein – Mutti –, hör zu! Ich muss auf die Bühne gehen und eine Comedy machen über Kinder, die von Bomben zerfetzt werden, und das Publikum denkt, es ist eine Beziehungskomödie, weil auf dem Poster Titten zu sehen sind. HÖR MAL ZU! Sie stehen dort draußen … Ich weiß, es ist meine Schuld. Okay, ich will nur wissen, ob der Arzt glaubt, dass es Krebs ist? Denn es ist entweder Darmkrebs oder ein Parasit von der Größe eines Kondors. Ich habe Angst, überhaupt noch was zu essen für den Fall, dass er herausspringt und meine Gabel packt. Ich schrei dich nicht an … Mutti, aber es gehört zu ihrem Job, Stuhlproben zu sammeln, und sie hat meine Kacke verloren … Bleib dran, ich kriege gerade einen Anruf …«

Ich würde Johns Telefonnummer jederzeit wiedererkennen, obwohl ich sie selten gewählt hatte. Dieser Anruf half meinen keineswegs psychosomatischen Magenschmerzen auch nicht. Während ich ihm eine E-Mail geschickt hatte, um ihm mitzuteilen, dass ich eine Show über ihn machte, hatte er sich nach wie vor um 500 E-Mails pro Nacht zu kümmern, von denen 499 mehr Sinn ergaben als meine. Und trotz allem, die Show musste weitergehen.

Irgendwann bekam ich von ihm eine Antwort. »Von einem Freund habe ich gehört, dass es da diese Show in New York gibt und ich irgendwie darin vorkomme?« John war wirklich ein Diplomat.

Ich drückte SPRECHEN.

»Hey, ich bin's, John«, sagte er.

»Wo sind Sie?«, fragte ich.

»Ich glaube, ich bin vor dem Theater.«

Ich bat ihn, sofort zur Bühne zu kommen und mit niemandem zu sprechen, weil ich ihm zuerst ein paar Dinge zu sagen hätte. Ich bekam mich einigermaßen wieder unter Kontrolle und wartete auf der leeren Bühne auf ihn. Stellen sie sich vor, wie ich mich fühlte, als er hereinkam. Ich hatte ihn seit Uganda nicht mehr gesehen. Ich hatte für die Show das DKNY-Safarikleid angezogen und sah aus wie eine Figur aus einem Monty-Python-Sketch. Er trug ein blaues Hemd, glaub ich – in dem Moment konnte ich kaum etwas sehen, und ein stechender Schmerz fuhr durch meine Eingeweide. Er sah besorgt aus. Ich bat ihn, sich zu setzen.

Ich hätte ihm gestehen können, dass ich nie eine richtige Journalistin war. Oder dass ich kein Recht gehabt hatte, ihm in Kofi Annans Sitzungsraum zu folgen, ganz zu schweigen von

Uganda. John hätte sicher erfahren müssen, dass sich in London, Los Angeles, Edinburgh und einigen anderen Orten eine ganze Bühnenshow damit beschäftigte, wie scharf ich auf ihn war. Aber da in zehn Minuten der Vorhang für die Premiere in New York City hochging, musste ich mich entscheiden.

»John, drei Dinge. Erstens, jenes Filmmaterial, das Sie mit Don Cheadle in Uganda gedreht und mir zugeschickt haben. Ich benutze es ganz.« John verzog keine Miene. »Zweitens, es ist eine Comedy.« Da zuckte er zusammen. »Und drittens, ich bin keine Stalkerin, die in Sie verliebt ist.« Nun stellen Sie sich vor, wie *er* sich fühlte. Nummer drei war übrigens zum Teil wahr.

Die Show begann, ich ging auf die Bühne und präsentierte eine Menge äußerst fragwürdigen Materials über meine Schwärmerei für John – in seiner Gegenwart. Nach einer Minute furchterregender Stille hörte ich ihn lachen. Dann lachte das Publikum. Die Diaprojektion funktionierte nicht: Unter den Zuschauern war ein tauber Mann, der jedes Mal, wenn die Leute lachten, fragte: »Was hat sie gesagt?«, und da seine Frau es ihm erklärte, konnte ich mit Verzögerung meine eigenen Worte hören. Aber letztlich ging alles gut, und als die Show vorbei war, kam John herauf und umarmte mich. »Das ist bestimmt abgesprochen«, dachten die Leute. »Das ist der längste Weg zu einer Umarmung«, dachte ich, eingehüllt in Rasierwasser, einem sauberen Männerhemd und kräftigen Armen. Er war ein ganzes Stück größer als ich. John wurde natürlich vom Publikum umlagert, Studenten, Frauen und Eierköpfe machten ihm schöne Augen, während ich ihm durch den Raum zulächelte. Es war das schlimmste Rendezvous, das ich je hatte, aber es endete gut.

*

Und auf der letzten Seite wurde mir bewusst, dass diese Geschichte ein Hollywood-Ende hat, weil ich gelernt habe, dass eine Person einen Unterschied machen *kann*. Ja, Ashton Kutchers Anwalt weiß es noch nicht, aber ich habe Angela und Victoria und ihre beiden Vergewaltigungsbabys in seinem Namen unterstützt: das Marty-Singer-Stipendium. Du hast mich nur einmal reingelegt, Marty, und nun hast du vier Kinder. Und sie sind alle schwarz.

Epilog

Frühstück in Hollywood

Der Wirbel um die Show führte dazu, dass ich mit dem mächtigsten Agenten in Hollywood in der Polo Lounge frühstückte. Er repräsentiert die Spitzenleute im Comedy-Geschäft. Die Polo Lounge war herrlich unmodern, es gab dort schweres Silberbesteck und Teller auf Teller und eine Aussicht auf einen alten Garten.

Der mächtigste Agent in Hollywood traf ein, groß, schlank und mit perfekter Bräune. Er wusste genau, wo er sitzen wollte, obwohl das Restaurant fast leer war. Er bestellte Grapefruitsaft, Putenschinken, eine Schale Brombeeren gemischt mit Blaubeeren und ein Ei auf einem Teller – das Frühstück eines Mannes, der die Traumfabrik Hollywood an diesem Morgen auf Vordermann bringen würde. Ich bestellte drei Muffins, eine Kanne heiße Schokolade und drei Kaffee, das Frühstück einer Person, die Stimmungsschwankungen hatte und eine Sitcom über AIDS schreiben wollte. Es war klar, dass das eine Traumgelegenheit war. Jeder in Hollywood hätte für diese Alles-oder-nichts-Chance gekämpft, sich als größten Autor aller Zeiten herausbringen zu lassen. Ich machte mir nichts vor: Ich würde nie zu den Besten der Comedy gehören, aber ich konnte zumindest ein Versprechen einlösen.

Ich holte mein ramponiertes Exemplar von *Across My Lips:*

the Burgles of Mortal Dignity heraus und zeigte es ihm. Der mächtigste Agent in Hollywood, ein Branchenprofi, der nie »Das nächste große Ding« übersieht, las den Abschnitt, der mit dem Satz endete: »Er sah aus wie ein mächtiger Schimpanse mit steifen muskulösen Genitalien.« Der Agent stellte seine Blaubeeren auf den Tisch.

»Das ist erstaunlich«, sagte ich und schaute dem mächtigsten Agenten mit aller in Hollywood möglichen Ehrlichkeit direkt in die Augen. »Aber Sie sollten sich schnell entscheiden, weil Mel Gibson versucht, die Filmrechte zu bekommen.« *Was soll's. Da geht sie dahin, meine Karriere.*

»Ach wirklich?«, sagte der mächtigste Agent in Hollywood und beugte sich wieder über die Seite.

Anhang

Ugandas Geschichte in Kurzfassung

Karte

Hier ist eine Karte. Uganda liegt in der Mitte Afrikas, zwischen Ruanda, dem Sudan, Kongo und Kenia: Völkermord, Völkermord, Völkermord, Kaffee.

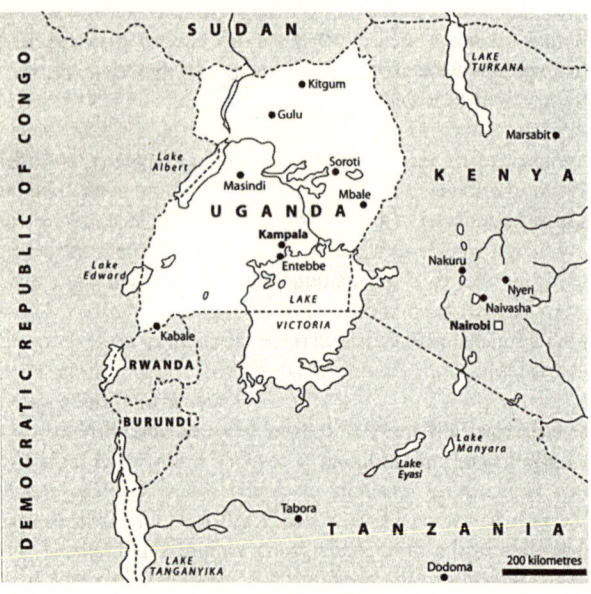

Ugandas Geschichte in Kurzfassung

o–1888: Ugander sammeln und jagen und betreiben Ackerbau. Viele ethnische Gruppen, die größtenteils miteinander auskommen, gelegentliches Aufflammen von Gewalt.

1888: Briten übergeben Uganda der British East Africa Company, der Halliburton von Männern in Tropenhelmen. Großbritannien teilt das Land in Nord und Süd. Bestimmt, dass der Norden die Heimat großer, dunkler, furchterregender Menschen (vorwiegend Acholi, Langi und Alur) ist und zwingt sie in die Armee. Bestimmt, dass der Süden Heimat der hellhäutigeren, kleineren, vertrauenswürdigeren Menschen (vorwiegend Bantu) ist und gibt ihnen Jobs in der Regierung. Als der König Einwände erhebt, entthronen sie ihn und ersetzen ihn durch seinen gerade geborenen Sohn.

1888–1962: Der Norden und der Süden werden stinkwütend aufeinander.

1962: Die Briten verlassen das Land. Zu dem Zeitpunkt sind der Norden und der Süden besonders wütend aufeinander.

1962–1985: Verschiedene Dreckskerle töten Tausende, am wildesten treibt es Idi Amin, der sich im Land behauptet, weil er extreme Gewalt anwendet und international ungestraft davonkommt, weil er lustig ist und großartig mit der Presse umgehen kann. Ja wirklich. Beim Silberjubiläum der Königin bat Amin unsere Monarchin, ihm ihre »fünfundzwanzig Jahre alten Schlüpfer« zu schicken. Zu der Zeit waren Amins Gefängnisse »Beseitigungskammern, übersät mit ausgerissenen Augen«. (*Time*)

1986: Der neue Präsident Yoweri Museveni kommt an die Macht. Großbritannien und Amerika vertrauen ihm und schenken ihm Geld. Bis 2005 hatte Großbritannien Museveni 740 Millionen Pfund gegeben.

1987: Der religiöse Irre Joseph Kony erklärt Museveni den Krieg, überfällt Mitglieder seines eigenen Stammes der Acholi, um ihnen eine Lektion zu erteilen, weil sie Museveni unterstützten, auch wenn die meisten ihn in Wirklichkeit gar nicht unterstützten. Konys Verhalten ergab keinen Sinn. Trotzdem rekrutiert er gewaltsam eine Armee von mehreren tausend Kindern, die den ganzen Norden verwüsten.

2009: Mehr als zwanzig Jahre später hat Museveni es immer noch nicht geschafft, Kony zu fassen.

Wenn du wissen willst, wo deine Schlüpfer-Steuer landet,
wirf einen Blick auf

www.theyworkforyou.com

und besorg dir die E-Mail-Adresse deines Abgeordneten.

Kingdom of Gonzo

Interviews mit Hunter S. Thompson

Edition TIAMAT

Paperback, 256 Seiten, 18,-EUR

»Thompson war einer der erbittertsten Kritiker des US-Establishment. Der Interview-Band offenbart die Seele eines Wütenden.« (*Gentlemens Quaterly*)

»Hier läuft er noch einmal zu großer Form auf.« (*die tageszeitung*)

»Eine gute Auswahl von Interviews, die Auskunft geben über die Vielschichtigkeit von Thompsons Denken.« (*Frankfurter Allgemeine*)

www.edition-tiamat.de